보은
성주
서주
김천
함양
청주
거창
진주
하동
남원
구례

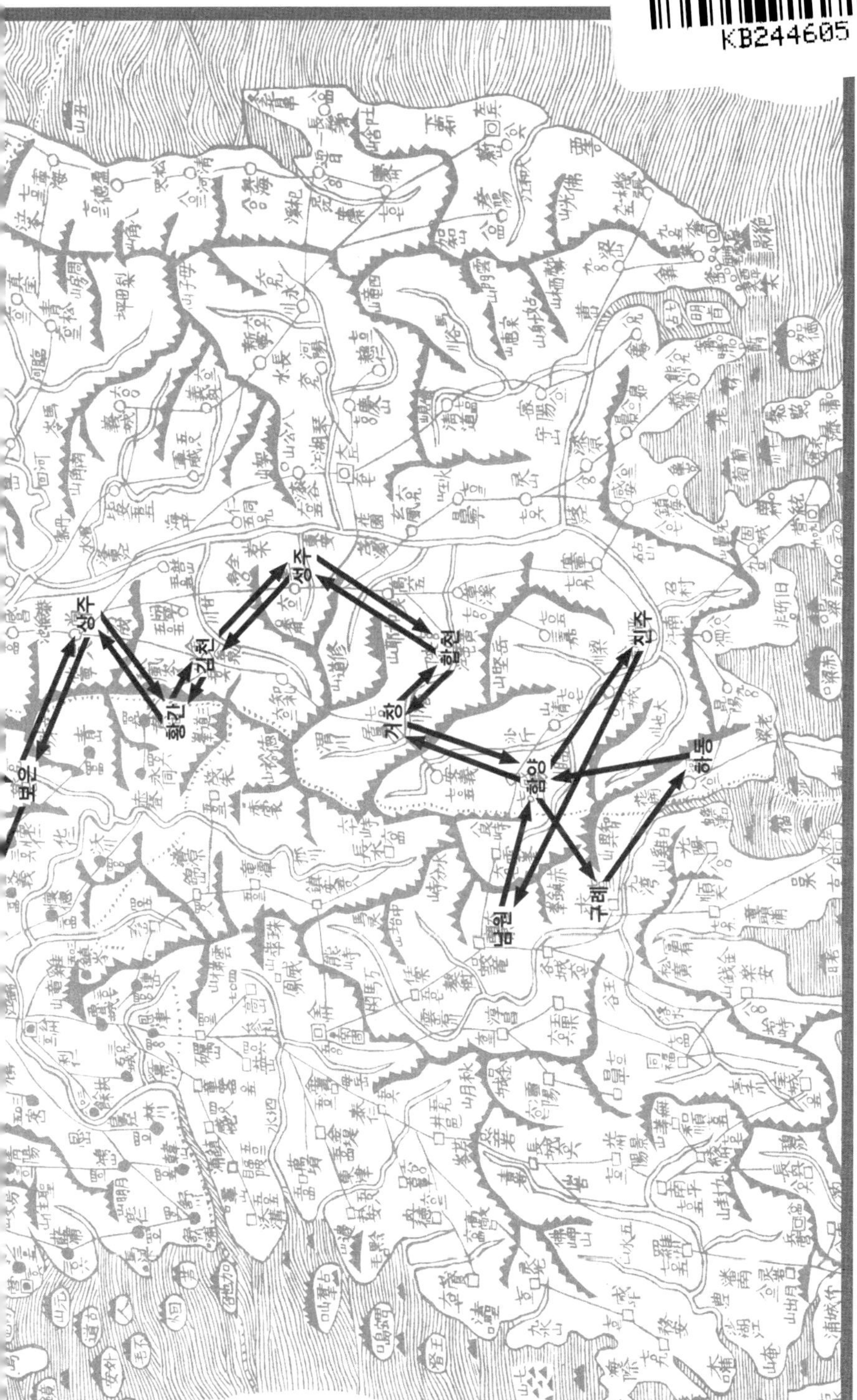

산중일기

산중일기

저자 **정시한 丁時翰**(1625~1707)

조선시대 후기의 학자. 본관은 羅州. 자는 君翊, 호는 愚潭. 아버지 丁彦璜과 어머니 橫城趙氏 사이에서 태어났다. 고향은 서울이지만 1649년 겨울부터 부모를 따라 강원도 원주 法泉에 내려가 이 곳에서 평생을 지냈다. 1650년 생원시에 합격했으나 부모 봉양과 학문 정진을 위하여 대과에 응시하지 않았다. 그러나 효행과 학행으로 당대 최고의 지식인 가운데 한 사람으로 꼽혔다. 40대 이후 蔭職과 모두 열여섯 차례에 걸쳐 사헌부 지평 등의 관직을 제수받았으나 모두 사양하였다. 평생 명산대찰을 찾아가 심신을 단련하였는데, 1649년 금강산을 시작으로 하여 지리산 · 두타산 · 백운산 · 팔공산 · 치악산 등 이후 거의 평생 동안 전국을 유람하였다. 특히 1686년에서 1688년까지 강원도 · 충청도 · 경상도 · 전라도 일대의 명산과 사찰을 찾으면 남긴 기록이 『산중일기』로, 당시 사찰의 현황과 인물에 대한 귀중한 자료가 된다. 1707년 여든세 살에 원주 법천에서 별세했으며, 사후 道東書院에 제향되었다. 저술로는 『산중일기』를 비롯하여 『壬午錄』, 『漫錄』, 『管窺錄』, 『四七理氣辨』, 『辨誣錄』 등을 지었으며 이들은 문집 『愚潭集』에 수록되어 있다.

역자 **신대현 申大鉉**

1985년 동국대학교 사학과를 졸업하고 2000년 동 대학원 미술사학과에서 박사학위를 받았다. 호림박물관 학예사(1985~1986), 동국대학교 박물관 학예연구원(1999~2000)으로 있었으며, 이 기간 동안 여러 차례 절터 발굴에 참여하였다. 1995년부터 대구가톨릭대학교와 동국대학교에 출강하였고, 대구가톨릭대학교 미술대학 예술학과 겸임교수를 지냈다. 1995년부터 현재까지 寺利文化研究院 연구위원으로 있으면서 전국의 800여 전통사찰과 사찰문화재를 답사 조사하였다.

저서로는 『한국의 사찰현판 1』(혜안), 『적멸의 궁전 사리장엄』(한길아트), 『한국의 사찰』上下(대한불교진흥원), 『한국의 사리장엄』(혜안), 『金山寺誌』(금산사), 『전통사찰총서』 3~18권, 『禪本寺誌 - 갓바위 부처님』, 『普門寺誌』, 『奉恩寺誌』, 『洛山寺誌』(이상 사찰문화연구원) 등을 펴냈고, 논문으로 「「淵泉翁遊山錄」 懸板을 통해 본 松廣寺 歷史의 一面」, 「韓國玉器研究」, 「韓國古代 舍利莊嚴 研究」, 「天工開物 研究」, 「古玉圖譜 小攷」, 「群山 佛智寺 高麗時代 觀音菩薩像 研究」, 「統一新羅時代 舍利莊嚴의 造形的 特徵」, 「中國 陝西省 法門寺塔 舍利莊嚴 小考」, 「英陽 三池洞 模塼三層石塔 舍利莊嚴 小攷」, 「統一新羅 舍利莊嚴의 주요 樣式에 대한 考察」, 「奉化 智林寺 磨崖如來三尊坐像 小攷」 등이 있다.

산중일기 17세기 선비의 우리 사찰 순례기

정시한 저 | 신대현 번역 · 주석

2005년 7월 12일 초판 인쇄
2005년 7월 18일 초판 발행

펴낸이   오일주
펴낸곳   도서출판 혜안
등 록   1993.7.30 제22-471호
주 소   121-836 서울시 마포구 서교동
          326-26번지 102호
전 화   3141-3711~3712
팩 스   3141-3710
E-mail   hyeanpub@hanmail.net
ISBN   89-8494-248-0 03910
값 28,000 원

산중일기

17세기 선비의 우리 사찰 순례기

정시한 저 | 신대현 번역·주석

혜안

아무래도 내가 이 책을 번역하게 된 계기와 과정을 조금 얘기하고 넘어가지 않을 수 없다.

『산중일기』를 처음 본 것은 지금으로부터 20년 전, 1986년의 어느 늦은 봄날이었다. 교정에는 하얀 벚꽃이 눈꽃처럼 흩날리고 있었다. 우연히 동국대학교박물관 연구실의 서가 한 구석에 먼지 자욱하게 꽂혀 있던 영인본을 보았는데, 제목이 무척 서정적이어서 퍼뜩 눈길이 갔다. 처음에는 가벼운 기분으로 책을 뽑아들었던 것인데, 막상 책갈피를 한장 한장 넘기면서는 그 안에 실려 있는 다양한 내용의 사찰 이야기에 나도 모르게 매료되어 버렸다. 절의 역사에서 전에 못 보던 내용이 풍부히 담겨 있었고, 또 무엇보다 아주 사실적인 묘사를 곁들였다는 점이 특히 인상적이어서 좀처럼 눈길을 거둘 수가 없었던 것이다. 지금 와서 보면, 조금 전에 말한 것은 이 책의 장점 가운데 일부분일 뿐이다. 『산중일기』의 가장 큰 매력은 절에 대해서 아주 따뜻한 시각으로 서술하고 있는 점이라고 생각한다. 흔히 알고 있듯이 숭유억불의 조선에서, 그것도 학문과 덕행으로 당대에 널리 알려져 있던 유학자가 우리의 절을 이렇게 사랑하는 시선으로 보고 있다는 점은 다른 책에서는 쉬 찾아보기 어려운 일이다. 아니, 거의 유일하다고 해야 할 것이다.

어쨌든 그 날 이후로 온통 번역작업에만 매달렸는데, 특히 여름 두 달 동안에는 그야말로 두문불출하며 하루 종일 땀범벅인 채 원고지와 씨름했던 기억은 지금도 새롭다. 독자들은 과연 상상이 되실런지? 20대 중반의 혈기방장한 청년이 무더운 여름 내내 방에 꼭 틀어박혀 외부출입은 뚝 끊은 채 그야말로 침식을 잊고 번역에 끙끙 매달리는 모습을! 용맹정진에 비할 바야 못 되었지만 그래도 나름대로 꽤 힘들게 보냈던 한철이었다.

사실 번역을 하면서도 꼭 책으로 내야겠다는 생각은 없었다. 그저 여러 모로 요긴한 글이니 서투르나마 내가 한 번 해보아야겠다고만 생각했을 따름이다. 지금 돌이켜보면 내가 봐도 참으로 우직한 일이 아닐 수 없었다. 지금 하라고 한다면 도저히 하지 못할 일이다.

그리고는 그 원고를 까맣게 잊고 있었다. 물론 한두 번 생각이 나지 않았던 것은 아니지만, 그 원고를 어떻게 해야겠다는 생각은 하지 못했다.

그 동안 세월은 참 빨리도 흘렀다. 나도 신상에 여러 가지 일이 있었고, 너무도 바쁜 일들이 내 곁에서 떠날 줄을 몰랐다. 사찰 탐방과 그에 관한 글을 쓰는 일은 10년 동안 내 천직이 되어 있었다. 그 사이 누구누구가 산중일기에 대한 논문을 썼다고도 했고, 또 누구누구는 그 책의 번역에 지대한 관심을 보이더라는 등의 얘기도 들었지만, 남의 얘기인양 애써 무관심한 채 그냥 그렇게 시간만 흘려보내고 있었다. 내가 알기로는 산중일기 번역은 내가 가장 처음이었을 터인데, 그것을 활자화하려는 생각을 전혀 못했던 것은 어떻게 보면 어리석기 짝이 없는 일이었다. 내 인생이 그러하듯 나의 번역원고 역시 굼뜨기 한량없고 무감각하기 그지없는 세월을 먼지 속에서 나와 함께 보내고 있었던 것이다.

  1999년에 김성찬(金成讚) 씨의 노력으로 『산중일기』가 번역되어 국학자료원에서 출판되었다. 내가 이 책을 본 것은 2004년의 일이었는데, 반갑기도 하고, 한편으론 아쉽기도 한 마음으로 책장을 넘겼던 기억이 난다. 애쓰고 고민한 흔적이 곳곳에서 보이는 노작(勞作)이었다. 다만 아쉬운 것은 『산중일기』는 이름 그대로 산사(山寺) 생활 체험담인데 그 사찰에 대한 정보와 불교 용어의 해설이 부족하고, 또 정시한이 보았던 17세기와 지금의 상황이 대비되지 못한 점이 아쉬웠다.
  그 뒤 몇몇 지인들과 함께 『산중일기』에 대한 얘기를 하였는데, 그들은 한결같이 원고를 사장시킬 것이 아니라 출판을 해보라고 권고하였다. 번역서가 반드시 하나만 있을 필요는 없고, 정말 애쓴 작업이라면 또 다른 번역서가 나와도 좋은 일이 아니겠느냐는 것이었다. 그 말에 내가 크게 고무되었음은 물론이다. 곧바로 오래된 원고를 다시 붙들고 고칠 것은 고치고 바꿀 것은 바꾸고 또 본문에 가득 주석을 달아 넣었다. 지난 10년 동안 쉼 없이 사찰을 다녔던 경험이 이 주석에 녹아들어 있다. 앞선 번역본에서 보였던 아쉬운 점 등도 이 책에는 상당 부분 보완되었다고 생각한다.

감사를 전해야 할 분이 있다. 고(故) 민영규(閔泳珪) 선생이 『산중일기』를 영인하여 세상에 소개한 것은 1967년의 일이었는데 선생의 노고가 없었다면 내가 이 책을 과연 접할 기회가 있었을까 싶다. 선생은 2005년 2월에 별세했다. 나는 한 번도 선생을 뵌 적이 없었으나 논문이나 지상에 발표된 글은 거의 빠짐없이 읽어 선생 학문의 깊이에 늘 외경해하던 터였다. 이 자리를 빌려 선생의 명복을 빌고, 아울러 고마움을 전한다.

또 김성찬 씨가 번역한 『산중일기』에는 본문에 등장하는 나주 정씨와 그와 관계된 여러 인물들의 약력과 생활연대 등이 소개되어 있는데 이것은 꽤 공들인 부분으로, 나 역시 이 책의 도움을 받았음을 이 자리에서 밝혀둔다. 역사적으로 알려진 인물이 아니라 정시한의 집안사람들이므로 그 집안 후손들의 도움이 없이는 알기 어려운 일이기 때문이다. 1986년에 처음 번역했을 때 『산중일기』에 자주 등장하는 이들에 대해 전혀 알 길이 없어 꽤 답답해했었는데 김성찬 씨 번역본을 통해 막힌 것을 풀 수 있었다.

『산중일기』를 번역하고 주석하면서 새삼 느낀 것은 자신의 생각을 담아내는 저서와 남의 글을 옮기는 번역서는 확실히 여러 모로 다르다는 것이었다.

동양학을 연구하는 어떤 학자는 번역서는 저서 이상의 가치가 있다고 역설했는데, 나도 그 말이 꽤 일리 있는 주장이라고 여기고 있다. 자신만의 판단으로 쓰는 책은 잘 됐든 못 됐든 간에 오로지 자신만이 책임지면 되지만, 번역서는 잘못 했다가는 번듯한 남의 글까지 완전히 망쳐버릴 수도 있어서다. 얼핏 번역서 내는 일을 쉽고 편한 일로 생각하기 십상이지만, 번역이야말로 이중 삼중의 중압감이 따르는 작업임은 온 힘을 다해 번역서를 내본 사람만이 이해할지도 모르겠다. 게다가 번역서는 번역으로서만 그치는 것이 아니라 원문보다 몇 배나 상세한 주석이 있어야 가치를 더하기에 이래저래 힘든 작업인 것이다.

불교사와 불교미술을 공부한 지 20년이 지났고, 사찰 탐방과 조사를 일삼아 다닌 지도 어언 10년이 훌쩍 넘었다. 그 사이 갔던 사찰이 꽤 되는 것 같아, 근래에 가장 많이 다니는 사람 가운데 하나가 아니겠느냐는 말도 듣는다. 듣기에 따라서는 공부 열심히 한다는 말로도 해석될 수 있으니까 나로서야 과분한 상찬이지만, 그만큼 나 자신의 부족함도 절실히 느끼고 있는 것도 사실이다.

『산중일기』를 처음 번역한 지 20년이라는 세월이 흘렀고, 그동안 했던 사찰 순례도 아마 내가 정시한 선생보다는 좀더 많을 것 같다. 천사(千寺)에 다소 못 미치는 사찰을 다녔으니까. 『산중일기』에 등장하는 사찰들도 북한지역을 빼고는 이미 다 다녀보았다. 하지만 요즘에 와서야 그분이 노구에 3년씩이나 전국의 사찰을 찾아다녔던 마음을 이해할 수 있을 것 같다. 굳이 종교적인 관점에서가 아니라 확실히 사찰은 그 곳을 찾는 사람의 마음을 편하게 해주는 무언가가 있기 때문이다. 그 이유에 대해 사찰은 대부분 경승지에 자리해 있어 사람들이 즐겨 찾기 때문이라고 말하는 사람도 많다. 하지만 사찰의 미덕이 비단 지리적 장점에만 있는 것일까? 절에 가면 딱히 말로 표현하기 어렵지만 어쩐지 답답했던 기분이 안정되고 상쾌한 마음이 되는 것을 느끼는 경우가 많다. 나는 그것을 우리의 사찰은 종합문화공간이기 때문이라고 생각한다.

정시한 선생도 바로 이러한 면을 일찌감치 간파하였으므로 그토록 사찰을 찾아다녔던 것이 아니었을까? 일생동안 유학의 연마로 다져진 품성 위에 사찰의 문화를 향유함으로써 도학의 완성을 이루려고 했던 것은 아니었을까 생각하는 것이다. 그런 상황은 300년 전이나 지금이나 다를 바가 없는 것 같다. 혹시 그렇다면 오늘날 우리가 잃어버린 감수성을 찾는 길은 바로 사찰문화에 대한 탐구가 아닌가 하는 생각이 든다. 바로 이런 점이 여러 부족한 면을 무릅쓰고 이 책은 선보이는 까닭이기도 하다.

『산중일기』를 번역하여 여러 사람들에게 보이려는 것은 누군가 말했듯이 옛것을 무조건 숭상하자는 엄숙주의도 아니요, 또 그렇다고 겉모습만 따라하려는 경박성에서 나온 것도 아니다. 내가 생각하기에 『산중일기』는 어언 고전의 반열에 오르지 않았나 싶다. 여기에는 조선후기 사찰과 그 안에서 수행하고 생활했던 사람들의 모습이 엄정한 선비의 눈으로 정밀화처럼 세밀하게 묘사되어 있다. 그렇다고 불교든 유학이든 사상과 이념의 과잉이 있는 것도 아니고, 작가의 지나친 감수성에 부담스러워할 대목도 이 책에는 없다. 그저 작가가 갔던 여정에 따라 편한 마음으로 따라가기만 하면 되는 것이다.

다만 『산중일기』의 이러한 미덕과 가치를 내가 현대의 표현으로 얼마나 잘 담아내었는가가 문제일 것이다. 하지만 마른 나무도 풍경에 일조(一助)를 한다는 말도 있지 않은가. 부족하나마 이 책을 통해 그 옛날 도학자가 산사를 순례하며 느꼈던 감동이, 힘든 세상을 살아나가는 오늘의 우리에게도 아무쪼록 진한 감흥으로 다가와 삶의 보탬이 되었으면 하는 마음 간절하다.

2005년 6월 26일 둔산방(屯山房)에서

정시한의 생애

우담(愚潭) 정시한(丁時翰, 1625~1707)은 고위 관료였다거나 혹은 문학가로서 소설이나 시문으로 유명하던 분은 아니다. 황희나 허균 등은 잘 알아도 오늘날 그의 이름 석 자를 대하고는 낯설어하는 사람이 많을 줄 안다. 그도 그럴 것이 평생 관직 한 번 지내지 않았고 그렇다고 문학으로 이름을 내지도 않았기 때문이다. 우리가 옛날 사람들을 아는 데 즐겨 쓰는 습관대로 관직이나 문명(文名)으로는 도통 익숙한 이름이 아닌 것이다.

그러나 그는 결코 이름 없이 초야에 묻힌 문사는 아니었다. 오히려 당대의 어느 고관이나 문학가 못지않게 흠앙의 대상이 되어 존경받는 선비였다. 그것은 일평생 학문에 심대한 공력을 기울였고 또 학문으로 익힌 것을 하나 어김없이 그대로 실천했던 학행일치(學行一致)의 전형을 보였기 때문일 것이다. 이것이야말로 조신의 유학이 궁극적으로 성취하려고 했던 선비의 모범 그 자체가 아닌가. 한 번도 관로에 나서지 않은 것도 자신의 학문을 순수하게 지켜내려는 의지의 표현일 거라고 나는 생각한다.

그의 본관은 나주(羅州)로, 1625년 11월 27일 관찰사를 지낸 정언황(丁彦璜, 1597~1672)과 어머니 횡성조씨(橫城趙氏) 사이에서 태어났다. 그의 가문은 이른바 명문거족으로, 누대에 걸쳐, 정확히 말한다면 7대에 걸쳐 잇달아 과거에 급제한 집안이었다. 그 중에서도 증조부 정윤복(丁胤福, 1544~1592)은 정승 판서보다도 더 명예롭다는 대사헌을 지내 가문을 빛냈다.

『산중일기』를 읽어보면 여행의 첫 발자국은 언제나 원주에서 출발하였다. 그의 집이 원주에 있었기 때문으로 정시한과 원주는 특별한 인연이 있다. 그는 서울 회현동 외가에서 태어나 결혼도 하고 청년기를 보냈다. 하지만 아버지가 병약한 편이라 강원 감사를 지내고 나서 건강을 위해 강원도 원주 법천(法泉)에 별장을 마련하여 내려가게 되었고, 그도 부모와 함께 원주에 내려간 뒤 줄곧 그 곳에서 지냈다. 말하자면 원주가 제2의 고향인 셈이다. 아버지 정언황은 원주에서 14년 동안 지내다가 일흔여섯 살에 돌아가는데, 당시 정시한은 마흔여덟 살이었다. 정시한은 아버지의 간병에 온 정성을 다하여 평소에도 낮이나 밤이나 항상 옷고름을 여미고 있었다고 한다. 그의 부모에 대한 효성은 이미 당시에도 널리 알려져, 그의 사후 『조선왕조실록』에도 언급될 정도로 다른 사람의 본보기가 되었다.

선생은 효행뿐만 아니라 학행으로도 유명했다. 그래서 나라에서는 그의 재주를 아까워하여 유일(遺逸)로 천거하기도 하였다. 40대에 의금부 도사, 전설사(典設司) 별검(別檢)을 받았고, 50대에 사옹원 참봉 및 주부, 공조 좌랑, 정릉 참봉, 진보 현감, 60대에 사헌부 지평 및 장령, 세자시강원진선, 70대에 사헌부 집의, 성균관 사업(司業) 등의 벼슬을 받았으나, 그 때마다 부모 봉양과 학문수양, 그리고 노경(老境)을 이유로 모두 사양하고 나아가지 않았다. 이렇게 관직을 제수받은 게 모두 열여섯 번이나 된다. 비록 한 번도 관직에 나서지는 않았으나 품계는 하사되어 여든 살인 1704년에 통정대부에 올라 절충장군용양위부호군(折衝將軍龍驤衛副護軍)과 첨지중추부사(僉知中樞府事)의 직첩을 받았다.

선생은 이렇듯 평생 동안 세속과 시류에 가까이 하지 않고 학문에 전념함으로써 그의 이름은 더욱 알려졌고, 또 그를 존경하는 사람도 많아졌다. 그 중에서도 이현일(李玄逸)과 이유장(李惟樟)과는 일생동안 깊은 우정을 나누었는데, 이현일은 특히『산중일기』에도 자주 그 이름이 나온다.

선생은 평생 이전투구의 정치판에 발을 들여놓지는 않았지만, 세상이 바르게 돌아가는 일에 대해서는 나름대로 적극적이었다. 그래서 나라의 정책이 시류에 맞지 않게 흐른다거나 왕의 통치가 본분을 잃었다고 생각될 때는 누구보다도 앞장서서 중앙의 위정자뿐만 아니라 왕에게도 직언을 서슴지 않았다. 예컨대 1690년(숙종 16)에 당시의 거센 반대여론을 무릅쓰고 희빈 장씨와의 사이에 출생한 왕자를 원자로 책봉하려는 숙종에게 선생은 「만언소(萬言疏)」를 올려, '임금의 마음을 바로잡을 것', '집안 다스리기를 엄격히 할 것', '나라의 근본을 배양할 것', '조정을 바르게

할 것', '인재를 쓰고 버림에 신중히 할 것', '언로를 열 것' 등의 6조를
제시하였다. 이 상소의 구절에 숙종이 분노한 것은 말할 것도 없다.

1691년에는 서인을 몰아내고 남인이 집권하는 권력교체의 이른바 기사
환국을 맞았을 때, 그 자신은 남인에 속하면서 서인 계열에 속하는 인현왕
후를 폐위시킨 일이 잘못이라고 상소를 올렸다. 또 1694년 서인들이 인현
왕후 복위운동을 일으켜 갑술옥사가 일어나 결국 인현왕후가 복위되어
서인이 집권하고 남인이 실세한 정치적 상황에서 1696년 희빈 장씨가
정비에서 희빈으로 강등하는 데 대하여 다시 반대상소를 올렸다. 어떻게
보면 처음에는 인현왕후 폐위를 반대하다가 나중에는 희빈 장씨가 강등되
는 데 반대를 하고 있으니 모순된 행동이 아닌가 볼지도 모르겠다. 하지만
선생의 논의를 자세히 보면 당파적 이해에 구애받지 말고 또 나라의
중대사를 왕이 감성적 대응을 함으로써 나라의 근간을 흔들어서는 안
된다는 올곧은 주장인 것을 느낄 수 있다. 그래야 백성이 편하게 살 수
있다는 것이다. 다시 말해서 선생은 당시의 위정자들에게 당파적 입장을
떠나 오로지 나라와 백성을 위한 정책을 펼 것을 역설하였고, 합리적이고
정의를 숭상하는 일관된 입장을 지키고 있었던 것이다.

선생은 1707년 여든세 살의 천수를 누렸다. 자신이 돌아갈 날을 미리
안 것처럼 정월 초하루에 손수 유서를 쓰고 5일에 법천 초당에서 세상을

하직했다. 선생이 생전에 만났던 고승과 방불한 종신(終身)이었으니 참으로 선생다운 아름다운 마감이라고 해야 하겠다. 사후에 도동서원(道東書院)에 배향되었다.

17세기 사찰자료의 보고 산중일기

『산중일기』는 정시한 선생이 예순두 살 때 전국을 유람하면서 하루하루 빠짐없이 그 날 있었던 일과 자신의 감상을 기록한 글이다. 예순두 살이면 결코 적은 나이가 아닌데 왜 이 때부터 장기여행을 시작했을까 궁금하지 않을 수 없다. 아니 어떻게 보면 여행 시기보다는 왜 전국의 명산대찰을 유람하고픈 생각을 하게 되었을까 하는 동기의 문제가 더 궁금하기도 하다. 그의 연표를 들여다보면서 생각나는 것은 비교적 장수한 부모의 공양과 부모 별세 뒤의 3년상을 들 수 있다. 노경의 부모를 곁에 모시는 입장에서 장거리 여행을 할 수 없었던 것이다.

아버지의 별세 10여 년 뒤에는 어머니도 이 곳에서 세상을 등졌다. 어머니의 3년상을 마치고 났을 때는 선생의 나이 예순을 넘기고 있었다. 이 때부터 3년 동안 전국의 사찰을 순력하여 『산중일기』를 남겼다. 그런데 선생이 산과 산사를 탐방한 것은 이 때가 처음은 아니었고, 이미 그 전부터 부모 봉양과 학문하는 짬에 전국의 명산을 두루 다녀보았던 것이다. 첫 여행은 1648년 스물네 살 때였는데, 당시 선생은 아버지의 임지에 따라가 강원도 회양(淮陽)에 있었다. 회양은 금강산으로 유명한 곳. 선생은 금강산을 유람하면서 우리나라 산천의 아름다움에 흠뻑 빠졌던 것 같다. 다만 아버지의 건강 때문에 장기간의 여행을 하기는 어려웠으므로 아버지 임지에 있는 주변의 사찰을 찾거나, 아버지가 원주에 별장을 꾸며 정착하고부터는 원주 부근의 산사를 왕래하는 데 만족하였다. 그 뒤 아버지가 별세한 뒤부터 제법 먼 여행지까지 다니기 시작하여 1676년 속리산을 시작으로, 1680년 백운산과 두타산을 갔다 왔다. 하지만 이 무렵에도 어머니를 봉양하고 있었으므로 장기간의 여행은 할 수 없었을 것이다. 1683년 선생의 나이 쉰아홉 살에 어머니가 타계했는데, 3년상을 마친 다음부터 선생의 본격적인 전국 산사 탐방이 시작되었고, 그 긴 여정을 기록한 것이 바로 『산중일기』인 것이다. 또 『산중일기』를 지은 이후에도 노구를 마다않고 기회 닿는 대로 유람의 길을 놓지 않았다. 1689년 소백산과 학가산, 1690년 청량산과 치악산, 1691년 미륵산 등 해마다 명산대찰 탐방하여 우리 산하에 대한 끝없는 사랑을 몸소 보여주었다. 정시한은 현실 정치에 발을 들여놓거나 타협하는 대신 학문 연구에 매진하였고, 도학 실천의 하나로 우리 땅 순력과 사찰문화에 대한 탐구를 병행하지 않았던가 생각해 본다.

『산중일기』에 보이는 그의 여행은 가히 철각(鐵脚)이라고 하지 않을 수 없어서, 1686년 3월 13일 첫 걸음을 뗀 이래 이듬해인 1687년 1월 23일 1차 여행을 마쳤고, 이어서 1687년 3월 8일부터 3월 17일까지 2차 여행, 또 같은 해 8월 2일부터 10월 20일까지 3차 여행, 그리고 마지막으로 1688년 4월 10일부터 9월 19일까지 4차 여행을 마쳤다. 평지를 다닐 때는 노새나 말을 타기는 했지만, 산중 사찰을 다닐 때는 전적으로 도보에 의지했을 텐데 그 험한 길을 다닌 것은 참으로 보통 일이 아니었을 것이다.

1차 여행 때는 속리산·지리산·덕유산 등을 주로 다녔고, 2차 여행은 비교적 짧은 여정으로 치악산 일대를 다녔다. 3차 여행에서는 금강산 일대를 답파하였으며, 4차 여행 때는 경상북도 안동·의성·청송 등지의 서원과 팔공산 주변을 순력하였다. 햇수로 3년이고 개월 수로 22개월, 총 여행일정 600일이 넘는 대장정이었다.

옛 사람 가운데 여행을 즐긴 이는 이루 헤아릴 수 없을 것이고, 또 그들 가운데 상당수가 일기 등의 기록을 남겼지만 여행일수로나 지역으로 볼 때 정시한 선생만큼 오래, 그리고 광범위한 지역을 다녔던 사람은 이전에도 없었고 이후에도 없었다. 거기다 더욱 중요한 것은 이 600일이 넘은 여정이 하루도 빠짐없이 일기로 기록되어 있다는 점이다.

지금이야 어지간히 높은 곳에 있는 산사라 하더라도 그 중 상당수가 절 앞에까지 이르는 포장도로가 놓여 있으니 걷는 거야 말할 것도 없고 웬만하면 자동차로 수월하게 찾아갈 수 있다. 하지만 300년 전의 당시야 이런 일을 꿈이라도 꾸었겠는가. 기껏해야 가마를 타는 정도인데, 정시한은 이마저도 극도로 절제해서 주로 도보로 험한 산길을 올라갔다. 그래서 『산중일기』에는 "온 힘을 다하여 산에 올라갔다."는 말이 유난히 자주 나온다. 그만큼 괴로움을 마다 않고 몸소 힘들여 산사를 찾았던 것이다.

정시한 같은 도학자가 예순이 넘은 나이에 힘겨움을 무릅쓰고 그토록 사찰을 찾은 것은 어떤 이유에서였을까? 그것은 바로 우리의 사찰은 종합문화공간이기 때문일 것이다. 거기에는 고래로 내려오는 고도의 정신 문화와 전통문화가 함께 숨쉬고 있으니 자신만의 정신세계를 키우고 확립하는 데 있어서 이만한 공간이 더 있을까 싶다.

『산중일기』의 가장 큰 미덕은 다른 어느 기행문보다도 풍부한 사찰자료가 담겨 있다는 점이다. 3년 동안의 탐방 도중에 들른 사찰이 300개에 육박하고, 그 노정에 만났던 스님은 이루 헤아릴 수가 없을 정도다. 이 가운데는 여전히 많은 사람들의 마음의 안식처이자 수도처로 법등을 밝히고 있는 절도 많고, 반면에 지금은 황량하게 남은 터에 주춧돌만 남아버린 곳도 또한 많다. 그 많은 사찰마다 나름대로의 인상과 환경, 그리고 그 곳에서 만난 스님들의 이름과 성격, 특징까지 꼼꼼하게 적어놓은 기록열(記錄熱)에서는 혀를 내두를 정도다. 지금에 와서는 이 기록이 아주 중요한 의미를 갖거나 그 사찰에 대한 유일한 언급인 경우도 허다하다. 예를 들면 법주사에 가보니 이층으로 된 법당을 짓고 있다고 하였는데, 법주사의 다른 어떤 자료에도 이러한 기록은 전하지 않고 있다. 또 석굴암에 가서는,

"석문은 돌을 무지개처럼 쌓아올렸으며 그 가운데에 커다란 석불상이 마치 살아 있는 듯 생생히 모셔져 있다. 좌대석도 바르고 고르게 되어 있어 그 기이한 기교가 돋보인다. 굴 위에는 뚜껑돌과 여러 돌들이 올려져 있는데 바르고 깔끔하게 되어 있어 기울어지거나 흠이 있는 곳이 하나도 없다. 불상들이 살아있는 듯 열 지어 서 있다. 참으로 기괴하여 그 모습을 말로 다 할 수 없다. 이런 기관(奇觀)은 보기 드물다."

라는 말을 남겼다. 이 기록은 현재 전하는 석굴암의 모습과 아주 방불할 뿐만 아니라 1688년 당시 석굴암의 완전한 모습을 전하는 소중한 사료이기도 한 것이다.

또 법주사 대암암에서 월담 설제(月潭雪霽) 스님과 그 제자 환성 지안(喚醒志安) 스님을 만났을 때의 소감도 『산중일기』의 가치를 말하면서 빼놓을 수 없다. 이 두 스님은 17세기와 18세기 우리 불교계에서 뚜렷한 발자취를 남긴 거목이었는데 정시한과 이들과의 만남은 가히 역사적 만남이라고 해도 지나치지 않다. 특히 지안 스님에 대해서,

"나이는 스물세 살이다. 용모와 행동거지가 출중한데다 문장에도 능하

니 앞날에 얼마나 발전할지 헤아리기 어렵다."라는 평을 남겼다. 지안 스님은 정시한의 예언대로 그 뒤 화엄사상과 선을 함께 닦는 전통을 이루어 '환성파'라는 문중을 이룰 정도로 뛰어난 고승이 되었으니, 정시한 의 혜안에 감탄하지 않을 수 없다.

그 밖에 『산중일기』에는 당시 사찰의 형편과 정황, 그리고 그 곳에서 수도하는 스님들의 생활상이 돋보기를 갖다 댄 것처럼 자세하고 세밀하게 묘사되어 있다. 이런 글들을 읽노라면 마치 우리가 직접 그 곳에 가 있는 듯한 느낌마저 갖게 되는 것이다. 이런 점은 『산중일기』의 또 다른 미덕이 라고 해야겠다. 게다가 지금은 사용하지 않는 용어들, 예컨대 첨지승(僉知 僧)·지로승(指路僧)·남한승장(南漢僧長)·집강승(執綱僧)·불존승 (佛尊僧) 등과 같은 말을 통해 당시 스님들의 위상과 역할 등도 짐작해 볼 수 있을 것이다.

『산중일기』의 가치는 하나하나 설명하기 어렵다. 오히려 중요한 것은 이러한 소중한 기록물에 대한 활용이다. 비록 『산중일기』만한 것은 드물다 하더라도 사실 이러한 종류의 기행문은 주변에서 제법 많이 찾아볼 수 있다. 그렇지만 그것을 활용하는 것에 대해서는 꽤나 무감각한 게 현실이 아닌가 싶다. 우리의 산사는 경관이 뛰어난 곳에 있기에 예로부터 수많은 문인 학자들의 탐방이 끊이지 않았고, 그들은 다 자기 나름의 방식으로 기록을 남기곤 했다. 그런 것이 시일 수도 있고 요즘 식으로 말해서 기행문일 수도 있다. 거기에는 자신의 감상도 담겨 있고, 또 그 사람이 찾았던 사찰 역사의 편린이 녹아 있을 수도 있다. 이런 기록을 제대로 활용하게 되면 우리의 불교문화 연구가 훨씬 깊어지고 풍부해질 수 있음은 다시 말할 필요도 없다. 하지만 현실적으로 그런 노력이 만족할 만하다고 말하기는 어렵다. 이들 기록에 대한 번역은 극히 일부만 이루어져 있고, 그나마도 국문학 또는 국어학의 입장에서 접근한 것이 대다수다. 사찰의 역사와 문화는 불교계와 사찰문화 전공자들이 앞장서서 나서야 한다는 것은 당연한 일이 아닌가. 『산중일기』를 통해서 이런 문화의식이 좀더 공고하게 자리 잡았으면 하는 바램을 가져본다.

목 차 |

일러두기 |

‖ 이 책은 우담(愚潭) 정시한(丁時翰, 1625~1707) 선생이 1686년 3월 13일부터 1687년 1월 23일까지, 3월 8일부터 3월 17일까지, 8월 2일부터 10월 20일까지, 1688년 4월 10일부터 9월 19일까지 명산대찰과 경승지를 여행한 기록을 번역한 것이다.

‖ 번역에 사용한 텍스트는 1967년 연세대학교 인문과학연구소에서 펴낸 목판영인본을 사용하였다.

‖ 번역뿐만 아니라 필요하다고 생각되는 곳에는 주석을 달았다. 사찰의 경우 그동안 필자가 조사하고 답사한 내용을 덧붙여 원문의 이해를 도왔다.

‖ 절 이름이나 사람의 이름은 두 번째 나올 때는 한글 표기만 했다. 다만 두 번째 이상 나오는 이름이라도 앞에 나온 것과 너무 멀리 떨어져 있을 때는 한자 표기를 했다.

‖ 본문에는 암자 이름이 庵과 菴으로 섞여 나오는데, 의미상 차이가 없으므로 여기에서는 庵으로 통일했다. 예) 金剛臺菴→金剛臺庵

‖ 본문에는 날짜 표기에서 月이 나오지 않고 日만 기록되어 있지만 여기에서는 편의를 위해 일 앞에 월을 표기했다. 예) 15일→ 9월 15일

‖ 본문에는 날짜 표기에 이어 날씨만 기록되어 있지만 독자의 이해를 돕기 위해 본문을 참조하여 그 날의 숙박지를 기입해 넣었다.

‖ 본문에 나오는 사찰에서 정시한이 보았을 당시와 지금과 차이가 있을 경우 현재의 상황을 주석을 달아 설명했다.

산중일기

상권

병인년(1686) 3월 13일에 강원도 원주(原州)를 출발하여 16일부터 산과 강, 그리고 도로를 다녔던 내용을 일기로 쓰기 시작하였다

원주 법천(法泉)[1]에서 충주(忠州) 갈동(葛洞)을 지나 괴산현(槐山縣)에서 80리 거리에 있는 불정(佛頂)[2]에 도착했다. 그리고 다시 서쪽으로 40리를 가 고개 하나를 넘어 청주현(淸州縣)을 지나 30리를 가서 공림사(空林寺)로 향했다.

공림사에서 남쪽으로 속리산(俗離山)을 넘어 30리를 가서 대암(大庵)에 도착했다[이것 말고 또 다른 길이 있으니, 공림사에서 구현(龜峴)[3]을 지나 판근(板斤)[4]을 경유하여 속리동 입구로 들어가는 길이 그것이다].

먼저 수정봉(水精峯)을 본 뒤에 오십동(五十洞)[5]·지운암(智雲庵)·대암사(大巖寺)를 지나 삼존암(三尊庵)에 올랐다. 이 곳의 경치는 아주 뛰어나다. 운장대(雲藏臺)를 보고 나서 상사자암(上獅子庵)과 중사자암(中獅子庵)을 거쳐 달마암(達摩庵)에 이르렀다. 또 복천상암(福泉上庵)·금강굴(金剛窟)·상고암(上古庵)[6]·운대암(雲臺庵)·청량굴(淸涼窟)·하가섭암(下迦葉庵)·본속리암(本俗離庵)·상환희암(上歡喜庵)·관불암(觀佛庵)·서방갑암(西方甲庵)을 지나 탈골사(脫骨寺)에 도착했다.

그리고 다시 속리산 큰절[7]로 돌아왔는데, 이 곳은 대곡서원(大谷書院)

---

1) 강원도 원주시 부론면 법천리. 이 곳에 신라시대에 창건한 법천사가 있어서 지명을 법천이라 하였다. 정시한의 선대는 줄곧 서울에서 생활하였으나, 스물다섯 살인 1649년부터 아버지가 법천에 터를 잡았으므로 정시한도 줄곧 이 곳에 머물렀다.
2) 충청북도 괴산군 불정면. 475년(장수왕 63) 고구려가 이 지역을 관할한 이래로 충주에 속했으나 1895년(고종 32) 개편으로 괴산군에 편입되었다. 불정(佛頂)은 부처님의 정수리, 곧 불상 가운데 가장 중요한 부분이라는 뜻으로 불교와 연관이 깊다. 아마도 이 지역을 불교의 성지로 여겼음을 이 지명을 통하여 알 수 있다.
3) 충청북도 옥천군 옥천면 구일리 자고티 서남쪽에 있는 마을.
4) 충청북도 보은군 내속리 상판리와 중판리에 걸쳐 있는 마을.
5) 오십동굴암(五十洞窟庵).
6) 上庫庵.

관음암

과 30리 떨어진 거리에 있다. 또 20리쯤 가서 동관음사(東觀音寺)와 상낙수암(上落水庵)에 이르렀다. 여기에서 5리쯤 되는 곳에 염불암(念佛庵)과 봉서암(鳳捿庵)이 서로 인접해 있으며, 적사(寂寺)는 그 동쪽 끝에 위치해 있고 서지암(瑞止庵)은 그 남쪽에 있다. 동서 사이로 난 고개 하나를 넘어 화령(化寧)[8]에 도착했다. 여기까지는 20리 길이다. 화령에서 상주읍(尙州邑)까지 50리, 여기에서 다시 무량동(無量洞)까지는 20리가 넘는다.

3월 16일 맑음 | 보은 봉서암

장암촌(藏巖村)[9]을 떠나 오후에 관음사(觀音寺)[10]에 도착했다. 학능(學能) 스님이 전부터 알던 사람이라도 만난 듯이 반갑게 맞아주었다. 삼보승(三寶僧)[11] 초민(楚敏) 스님도 있었다.

저녁 식사 뒤에 낙수암(落水庵)[12]에 올라가니 신응(信應) 스님이 나와 맞아주었고, 염불암(念佛庵)[13]에 갔더니 수좌(首座)[14] 혜영(惠英) 스님이

---

7) 요즘의 본사와 말사 개념과는 달리, 정시한은 암자를 거느린 절을 본사라고 썼다. 여기서는 법주사(法住寺)를 가리킨다.
8) 지금의 경상북도 상주시 화서면 신봉리 일대.
9) 충청북도 보은군 탄부면 일대.
10) 충청북도 보은군 내속리면 사내리 속리산에 있는 절. 법주사의 산내암자로 지금은 관음암이라 한다. 663년(문무왕 3) 회월(晦月) 스님이 창건했는데, 관음보살이 상주하는 곳이라 하여 관음암이라 했다고 한다. 자세한 연혁은 전하지 않는다. 주변에 조선시대 중기의 무신 임경업(林慶業, 1594~1646) 장군이 수도했다는 경업대, 입석대 등의 명소가 있다.
11) 절에서 스님들이 맡는 여러 직책 가운데 하나. 삼보, 또는 삼강(三綱)은 본래 그 절의 가장 중추적인 세 사람을 일컫는 말이었지만 나중에는 반드시 세 사람이 아니더라도 이렇게 불렀다.
12) 경상북도 상주시 화서면 동관음사 북쪽에 있던 절.
13) 경상북도 상주시 화서면 낙수암 서쪽에 있던 절.
14) 절에서 스님들이 맡는 여러 직책 가운데 하나. 본래 선종에서 대중의 우두머리에 해당하는 스님을 수좌라 하였는데, 우리나라에서는 선원에서 참선하는 스님들을 수좌라고 부르기도 했다.

맞는다. 밤에 봉세암(鳳勢庵)[15]에서 수좌 상희(尙熙) 스님과 함께 묵었다. 밤에 예불하고 경을 외우는 모습을 보았는데 그 기운이 매우 맑았다.

3월 17일 맑음 | 보은 염불암

아침 예불이 있었고, 아침 식사 뒤에 상희 스님과 함께 염불암의 혜영 스님이 와서 함께 앉아 얘기를 나누었다.

낮에 여러 스님들이 모두 낙수암에 가서 재를 드리므로 나 혼자 앉아 있다가 밖에 나가보았다. 온 산에 맑은 기운이 두루두루 넘쳐나 마음이 넓어지고 시야도 탁 트이는 듯하다.

노사성(盧思聖)[16] 부자가 일부러 애써서 찾아왔다. 신시[17]에 그의 아들 노서문(盧瑞文)[18]을 남겨두고 돌아갔다.

염불암에서 묵었다.

3월 18일 | 보은 염불암

노서문과 함께 관음사와 서지암(捿止庵)을 둘러보았고, 낮에 화령에 도착해서 노 생원의 집에서 묵었다.

3월 19일 | 상주 무량동 외고모댁

아침에 정승 노숭(盧崇)*의 영당(影堂)에 나아가 참배했는데 이 분은 나의 외10대조가 되신다. 5대조 이상공(盧貳公)** 께서 김지평(持平)[19]의

---

15) 봉서암(鳳棲庵). 경상북도 상주시 화서면 염불암 서쪽에 있던 절.
16) 1643∼1716. 자는 희천(希天), 호는 지령(芝靈). 음사(蔭仕)로 적성(積城) 현감을 지냈다.
17) 오후 3시에서 5시 사이.
18) 1669∼1695. 정시한의 아들 정도진의 딸과 결혼하였다. 곧 정시한의 손녀 사위다.
19) 김경문(金慶門). 감찰(監察)을 지냈다. 숙종 때 역관을 지낸 金慶門(?∼?)과는 동명이 인이다.

사위가 되었고, 지평은 동지(同知) 노덕기(盧德基)[20]의 사위이므로 노숭은 곧 노덕기의 증조부다. 따라서 내게는 10대조가 되시는 것이다.

노서갑(盧瑞甲)[21]의 집에 들러 그의 막내딸을 보았다.

오후에는 상주 읍내에 가서 밥을 해먹고 말도 먹였다. 어두워진 뒤 무량동[22]의 외고모 댁에 가서 문안을 드렸다. 외고모는 감기에 걸려서 벌써 12일째 몸이 불편하시다고 한다. 이성지(李性至)[23]와 함께 잤다.

* **노숭**(1337~1414)
고려 말 조선 초기의 문신. 본관은 광주(光州). 자는 중보(中甫), 호는 상촌(桑村). 아버지는 감찰지평(監察持平) 노준경(盧俊卿)이다. 1357년(공민왕 6)에 진사가 되고, 1365년 문과에 급제하여 정언(正言)·지신사(知申事)·대사헌·지밀직(知密直) 등 요직을 두루 역임하였다. 우왕 때는 왕이 놀기 좋아하는 것을 여러 차례에 걸쳐 간하여 왕의 미움을 사기도 하였다.
1389년(공양왕 1) 전라도관찰사가 되어 용안(龍安 : 지금의 益山)과 영산(榮山 : 지금의 나주시)에 각각 득성창(得成倉)과 영산창(榮山倉)을 세우고 성을 쌓아 조운을 편리하게 하고 왜구로부터의 피해를 막았다. 또한 조세를 3년 동안 면제시켜 주도록 조정에 건의하였으며, 의창(義倉)이 없는 주군(州郡)에 이를 설치하도록 하였다. 『정진개국원종공신녹권(鄭津開國原從功臣錄券)』에 의하면 조선 개국 후 한양윤(漢陽尹)으로서 개국원종공신에 추가로 녹훈되었고 공신전 30결을 받았다.
1395년(태조 4) 개성유후(開城留侯)를 거쳐 1397년에는 경기좌도도관찰사(京畿左道都觀察使)가 되었다. 이 때 경기 내의 땅에 고관들의 별장이 많았는데 그 차역(差役)을 고르게 하고 청탁을 하지 않아 청렴함을 보였다. 태종이 즉위하자 삼사좌사지의정부사(三司左使知議政府事)로 발탁되었으나 노모의 상을 당하여 사직하였다.
다음 해에 참판승추부사(參判承樞府事)로 기복(起復)되었고, 그 뒤 참찬의정부사(參贊議政府事)를 거쳐 검교우의정(檢校右議政)에 이르렀다. 상주의 옥연사(玉淵祠)에 제향되었으며, 시호는 경평(敬平)이다.

** **정옥형**(丁玉亨, 1486~1549)
조선 전기의 문신. 본관은 나주(羅州). 자는 가중(嘉中), 호는 월봉(月峰). 병조참판

---

20) 1414~1479. 예빈시(禮賓寺) 부정(副正), 공조 참의 등을 지냈다.
21) 노서갑은 초명이고 나중에 하서(夏瑞)로 이름을 바꾸었다.
22) 경상북도 상주시 낙동면 동부리에 있는 마을.
23) 1620~1689. 자는 휘언(徽彦), 호는 신와(新窩).

수강(壽崗)의 아들이다.

1513년(중종 8) 식년문과에 병과로 급제하여 승문원검열이 되고, 승정원주서를 거쳐 1511년 조광조(趙光祖)와 더불어 경연검토관으로서 활약하였다.

그 뒤 이조좌랑을 지내고, 1518년 사헌부의 지평·장령을 역임한 뒤 1521년 의정부사인이 되었다.

이듬해에 홍문관 교리·응교를 지내고, 사간원사간·사헌부집의를 지냈으며, 1525년 홍문관전한·직제학을 거쳐 부제학에 올랐다. 이어서 좌부승지·병조참지·이조참의를 역임하고, 1533년 도승지가 되었다. 청요직(淸要職)을 두루 거친 뒤 대사간·대사헌에 이르러 국가의 기강을 확립하는 데에 힘썼다.

당시 김안로(金安老)가 권세를 잡고 멋대로 휘두르자, 그와 가까워지는 것을 꺼려하여 외직으로 나가 충청도관찰사가 되고, 임기가 끝나자 다시 전라도관찰사가 되어 선정을 베풀었다.

1536년 병조참판으로서 태자진하사(太子進賀使)가 되어 명나라의 북경에 다녀왔고, 이듬해에 예조참판·이조참판을 역임하고 다시 외직으로 경기도관찰사가 되었다. 이듬해에 다시 병조참판을 지내고 1539년 공조판서에 올라 형조판서를 거쳐 대사헌을 다시 역임하였다. 이어서 우참찬·예조판서·좌참찬을 거쳐 지돈녕부사가 되었다가 1544년 병조판서가 되어 국방문제를 총괄하였다. 이듬해 명종 즉위와 더불어 형조판서가 되어 소윤(少尹)에 가담, 대윤을 제거하는 데 협력하여 보익공신(保翼功臣) 3등에 책록되고 금천군(錦川君)에 봉해졌다.

그 뒤 좌찬성에 올랐다가 죽었다. 기국 도량(器局度量)이 있고, 직무에 과단성을 보였으며, 언행에 책임을 졌고, 권세가들의 간섭에도 굴하지 않고 직무에 충실하였다. 시호는 공안(恭安)이다.

3월 20일 흐린 뒤 갬 | 상주 무량동 외고모 댁

무량동에 계속 머무르고 있다. 원장(院長)24) 이재관(李在寬)25)이 마침 묘제(墓祭)에 가는 길에 들렀으므로 반갑게 만나 함께 묵었다.

3월 21일 흐린 뒤 갬 | 상주 무량동 외고모 댁

원장 이휘언26)이 월천(月川)으로 돌아간다 하므로 시를 나누며 작별했다.

---

24) 서원의 책임자.
25) 이재관은 정시한의 이모 횡성 조씨(趙氏)의 큰조카.
26) 이재관.

3월 22일 흐린 뒤 개고, 바람이 불었다

중약(仲若) 이성지와 함께 말을 타고 도남서원(道南書院)[27]을 찾았다. 거리는 무량동에서 15리쯤 된다.

사당을 배알하였다. 정포은(鄭圃隱)[*], 김한훤(金寒喧)[**], 정일두(鄭一蠹)[***], 이회재(李晦齋)[****], 이퇴계(李退溪) 등의 다섯 분은 주벽(主壁)에 모셔져 있고 유서애(柳西崖)는 서벽 동향으로, 노소재(盧蘇齋)[*****]와 정우복(鄭愚伏)[******]은 동벽 서향으로 모셔져 있다.

재임(齋任) 김여기(金汝錡)와 이 서원의 유생인 왕삼명(王三命)이 나와 맞아주었다. 돌아가는 길에 분양(汾陽)[28]의 초학대(招鶴臺)·낙지정(樂志亭)에 올라가 주위를 둘러보니 이 곳이 바로 창석(蒼石)[*******] 선생이 소요하며 경치를 감상하던 곳이다. 분양의 주인인 이재시(李在時)[29]와 그 아들 효지(孝至)[30]가 마중 나왔다. 이시철(李時哲)은 곧 오성(鰲城)[31]의 서손(庶孫)이다. 초대해 주어 뵙고는 돌아왔다.

***정몽주**(鄭夢周, 1337~1392)

고려 말기 문신·학자. 호는 포은(圃隱). 본관은 영일(迎日). 1360년(공민왕 9) 문과에 급제하여 예문관의 검열·수찬을 지냈다. 1363년 동북면도지휘사의 종사관으로 여진족 토벌에 참가하고 돌아왔다. 1367년 예조 정랑으로 성균관 박사를 겸임하였으며, 태상소경(太常少卿)과 성균관 사예·직강·사성을 지내고, 1372년 경상도 안렴사·우사의대부 등을 지냈다. 1376년(우왕 2) 성균관 대사성으로 배명친원(排明親元)의 외교방침을 반대하다가 언양(彦陽)에 유배되었다. 그러나 이듬해 풀려나 사신으로 일본에 건너가 왜구의 단속을 요청하고 잡혀간 백성 수백 명을 귀국시켰다. 1380년 조전원수(助戰元帥)로 이성계(李成桂)를 따라 왜구를 토벌하고 돌아왔고, 1384년 성절사로 명나라에 가 긴장 상태에 있던 명나라와의 국교를 회복하는 데 공을 세웠다.

---

27) 경상북도 상주시에 있던 서원. 1606년에 세워져 정몽주·김굉필·정여창·이언적·이황을 제향하고, 노수신·유성룡·정경세 등을 배향했다.

28) 경상북도 상주시 낙동면 분양리.

29) 1629~?. 통사랑(通仕郎)을 지냈다.

30) 1662~?.

31) 이항복(李恒福, 1556~1618).

1389년(공양왕 1) 이성계와 함께 공양왕을 왕위에 올렸다. 그러나 조준(趙浚)·정도전(鄭道傳)·남은(南誾) 등이 이성계를 왕으로 추대하려 하자, 이들을 제거하고 고려를 끝까지 지키려 했지만 이방원(李芳遠)에 의해 피살되었다. 오부학당·향교를 세워 교육의 진흥을 꾀하는 한편,『신율(新律)』을 간행하여 법질서의 확립을 기하고, 기울어가는 국운을 바로잡으려 하였다. 성리학에 조예가 깊고 시문에 뛰어났다. 개성 숭양서원(崧陽書院) 등에 제향되었다. 저서로『포은집』이 있다. 시호는 문충(文忠).

김굉필(金宏弼, 1454~1504)

조선 전기의 문신·학자. 본관은 서흥(瑞興). 호는 사옹(蓑翁)·한훤당(寒喧堂). 김종직(金宗直)의 문하에서 학문을 닦았고, 1480년(성종 11) 생원시에 합격하여 성균관에 입학하였다. 1494년 이극균(李克均)의 천거로 남부참봉에 제수되면서 관직생활이 시작되었다. 1496년(연산군 2) 군자감 주부를 지낸 뒤 곧 사헌부 감찰을 거쳐 이듬해에 형조 좌랑이 되었다. 1498년 무오사화가 일어나자, 김종직의 문도로서 붕당을 만들었다는 죄목으로 평안도 희천에 유배되었다가 2년 뒤 순천에 이배되었다. 그는 유배지에서도 학문연구와 후진교육에 힘썼으며 조광조(趙光祖)에게 학문을 전수하여 유학사의 정맥을 잇는 계기를 마련하였다. 1504년(연산군 10) 갑자사화가 일어나자, 무오당인이라는 죄목으로 극형에 처해졌다. 중종반정 뒤 사림파의 개혁정치가 추진되면서 성리학의 기반 구축과 인재 양성에 끼친 업적이 재평가되었는데, 이는 조광조를 비롯한 제자들의 정치적 성장에 힘입은 바가 컸다. 그 결과 1517년(중종 12) 정광필(鄭光弼)·신용개(申用漑) 등에 의하여 무고하게 피화되었음이 역설되어 우의정에 추증되었다. 1577년(선조 10)에는 시호가 내려졌고, 1610년(광해군 2)에는 대간과 성균관 및 각 도 유생들의 상소에 의하여 정여창(鄭汝昌)·조광조·이언적(李彦迪)·이황(李滉) 등과 함께 오현(五賢)으로 문묘에 종사되었다. 학문적으로는 정몽주(鄭夢周)·길재(吉再)·김숙자(金叔滋)·김종직으로 이어지는 유학사의 정통을 계승하였다. 저서로는『경현록』『한훤당집』등이 있다. 시호는 문경(文敬).

정여창(鄭汝昌, 1450~1504)

조선 전기의 문신·학자. 본관은 하동(河東). 호는 일두. 판전농시사 정복주(鄭復周)의 손자, 함길도병마우후 증한성부좌윤 정육을(鄭六乙)의 아들이다. 일찍이 아버지를 여의고 혼자서 독서에 힘쓰다가 김굉필과 함께 김종직의 문하에서 학문을 연마하였다. 1480년(성종 11)에 성종이 성균관에 유서를 내려 행실을 닦고 경학에 밝은 사람을 구하자 성균관에서 그를 으뜸으로 천거하였다. 지관사 서거정(徐居正)이 그를 경연에서 진강하게 하려 하였으나 나가지 않았다. 1486년 어머니가 이질에 걸리자 극진히 간호하고, 어머니가 죽자 최복(衰服)을 벗지 않고 3년 동안 시묘하였다. 1490년 참의 윤취(尹就)에 의해 효행과 학식으로 추천되어 소격서참봉에 제수되었으나 자식의 직분을 들어 사양하였다. 성종은 그의 사직상소문의 끝에 "너의 행실을 듣고 나도 모르게 눈물이 났다. 행실을 감출 수 없는데도 오히려 이와 같으니 이것이 너의 선행이다."라고 쓰고 사임을 허가하지 않았다. 그 해 별시문과에 병과로 급제하고, 예문관검열을 거쳐 시강원설서로서 정도(正道)로써 동궁(연산군)을 보도하였으나 동궁이 좋아하지 않았다. 1495년(연산군 1) 안음현감(安陰縣監)에 임명되어 백성들의 질고(疾痼)가 부렴(賦斂)에 있음을 알고 편의수십조(便宜數十條)를 지어 시행한 지 1년 만에 정치가 맑고 백성들로부터 칭송을 들었다. 1498년 무오사화 때 경성으로 유배, 1504년 죽은 뒤 갑자사화 때 부관참시되었다. 중종대에 우의정에 증직되었고, 1610년(광해군 2) 문묘에 배향되었다.

****이언적(李彦迪, 1491~1553)

조선 중기의 문신·학자. 호는 회재 외에 자계옹(紫溪翁)이라고도 했다. 본관은 여주 (驪州). 1514년(중종 9) 문과에 급제하여 이조 정랑·장령·밀양 부사 등을 지냈다. 1531년 사간에 있으면서 김안로(金安老)의 중임을 반대하다 파직되어 경주(慶州) 자옥산에 들어가 성리학 연구에 전념했다. 1537년 김안로가 죽자 종부시첨정으로 다시 관직에 올라 전주부윤으로 있으면서 선정을 베풀었다. 1545년(명종 1) 좌찬성에 오르고 을사사화 때 추관(推官)을 지낸 뒤 관직에서 물러났다. 1547년 양재역벽서사 건(良才驛壁書事件)에 무고하게 연루, 강계(江界)로 유배되어 그 곳에서 죽었다. 저서 로 『중용구경연의(中庸九經衍義)』, 『봉선잡의(奉先雜義)』, 『회재집』 등이 있다. 문묘 와 경주의 옥산서원에 배향되었다. 시호는 문원(文元).

*****노수신(盧守愼, 1515~1590)

조선 중기의 문신·학자. 본관은 광주(光州). 호는 소재·이재(伊齋)·암실(暗室)·여 봉노인(茹峰老人). 우의정 노숭(盧嵩)의 후손이며, 아버지는 활인서별제(活人署別提) 를 지낸 노홍(盧鴻)이다. 1531년 17세에 당시 성리학자로 명망이 있었던 이연경(李延 慶)의 딸과 결혼하고, 장인의 문하생이 되었다. 1543년 식년문과에 장원한 뒤로 전 적·수찬을 거쳐, 1544년 시강원 사서가 되었다. 인종 즉위 초에 정언이 되어 대윤(大 尹)의 편에 섰으나 1545년 명종이 즉위하고 소윤(小尹) 윤원형(尹元衡)이 을사사화를 일으키자 이조 좌랑의 직위에서 파직, 1547년 순천으로 유배되고, 이어 양재역벽서사 건(良才驛壁書事件)에 연루되어 죄가 가중됨으로써 진도로 이배되어 19년간 섬에서 귀양살이를 하였다.

1565년 다시 괴산으로 이배되었다가 1567년에 선조가 즉위하자 풀려나와 즉시 교리 에 기용되고, 이어서 대사간·부제학·대사헌·이조판서·대제학 등을 지냈으며, 1573년에는 우의정, 1578년에 좌의정을 거쳐 1585년에 영의정에 이르렀다. 한편 휴정(休靜)·선수(善修) 스님 등과도 교분이 있었으므로 그의 학문은 불교의 영향을 입기도 하였다. 그는 온유하고 원만한 성격을 가진 문신이자 학자로서 사림의 신망을 지녔으며, 특히 선조의 지극한 존경과 은총을 받았다. 충주의 팔봉서원(八峰書院), 상주의 도남서원(道南書院)·봉산서원(鳳山書院), 진도의 봉암사(鳳巖祠), 괴산의 화 암서원(花巖書院) 등에 제향되었다.

저서로는 『소재집』 13권 8책이 있다. 시호는 문의(文懿)이며, 뒤에 문간(文簡)으로
고쳤다.

******정경세(鄭經世, 1563~1633)

조선 중기의 문신·예학자(禮學者). 호는 우복·일묵(一默). 본관은 진주(晉州). 유성
룡(柳成龍)의 문인으로 1586년(선조 19) 문과에 급제하였다. 그 뒤 승문원 부정자로
등용되고 검열·봉교를 지냈다. 1592년 임진왜란 때 의병을 모집하고 전공을 세워
수찬이 되었고, 정언·정랑을 거쳐 1598년 경상도 관찰사가 되었으나, 전라 감사로
있던 1610년(광해군 2) 정인홍(鄭仁弘) 일당의 사간원 탄핵으로 삭직되었다. 1623년
(인조 1) 인조반정(仁祖反正)으로 다시 부제학에 발탁되었고, 대사헌을 거쳐 1629년
이조판서 겸 대제학에 이르렀다. 저서로 『우복집』·『상례참고(喪禮參考)』·『주문작
해(朱文酌海)』가 있고, 의정부좌찬성에 추증되었다. 시호는 문장(文莊).

*******이준(李埈, 1560~1635)

조선 중기의 문신. 본관은 흥양(興陽). 호는 창석. 유성룡의 문인으로, 1582년(선조
15) 생원시를 거쳐 1591년 별시문과에 병과로 급제하였다. 임진왜란이 일어나자
피란민과 함께 안령에서 적에게 항거하려 하였으나 습격을 받아 패하였으며, 그
뒤 정경세와 함께 의병 수천 명을 모집하여 고모담(姑姆潭)에서 왜적과 싸웠으나
또다시 패하였다. 1594년 의병을 모아 싸운 공으로 형조좌랑에 임명되었으나 사양하
였다. 이듬해 경상도 도사가 되었다. 1597년 지평이 되었으나 유성룡의 국정 운영에서
의 잘못 등으로 인하여 공격을 받을 때 함께 탄핵을 받고 물러났다. 같은 해 가을
소모관(召募官)이 되어 의병을 모집하고 군비를 정비하는 등 방어사(防禦使)와 협력
하여 일하였다. 이어 예조정랑·단양군수 등을 거쳐, 1603년 수찬이 된 다음 형조와
공조의 정랑을 거쳤다. 광해군 때 제용감 정을 거쳐, 교리로 재직 중 대북파의 전횡이
심해지고, 특히 1611년(광해군 3) 정인홍이 이황(李滉)과 이이(李珥)를 비난하자 그에
맞서다 벼슬을 버리고 고향으로 돌아갔다. 1623년 인조반정으로 정국이 바뀌자 다시
교리로 등용되었다. 1624년(인조 2) 이괄(李适)의 난이 일어나자 군대를 모아 의승군
(義勝軍)이라 이름 하였으며, 그 뒤 부응교·응교·집의·전한·사간 등 삼사의 관직
을 각각 여러 차례 지냈다. 1627년 정묘호란이 일어나자 의병을 모집하였고, 조도사
(調度使)에 임명되어 곡식을 모았으나 화약이 맺어지자 수집한 1만여 섬의 군량을
관에 인계하였다. 이 공으로 첨지중추부사에 임명되었다. 경상북도 상주의 옥성서원
(玉城書院)과 풍기의 우곡서원(愚谷書院)에 제향되었다.

3월 23일 흐리고 저녁에 바람이 심했다 | 상주 무량동 외고모 댁

밤이 다되어 시숙(時叔)32)이가 태남(太男)·경숙(庚宿)33)이와 함께 말

먹이를 지고 원주에서 왔다. 원주 집에는 지금 감기가 심하게 돌아 아프지 않은 사람이 없다 하니 매우 근심이다.

3월 24일 흐린 뒤 갬. 바람이 크게 불었고 날씨가 이상스러웠다 | 상주 죽모현

아침에 외고모께 문안드린 뒤 시숙이와 같이 황씨 집안에 시집간 누이 집(黃妹家)이 있는 상주 죽모현(竹牟縣)[34)에 갔다. 가서 들으니 (처남) 황종만(黃鐘萬)은 병을 피하러 신천리(新川里)[35)에서 지낸다 하기로 그곳으로 가서 문병했다. 전오수(全五綬)·황종수(黃鐘粹)[36) 등과 함께 늦도록 둘러앉아 얘기하였다.

3월 25일 흐린 뒤 맑음. 큰 바람이 하루 종일 불었다 | 상주 안평촌 누이 댁

전오수·황종수 두 생원은 먼저 돌아갔다. 식후 느지막이 안평촌(安平村)[37)에 돌아가서 누이에게 인사했다. 누이 곁에는 황성몽(黃聖蒙)·황구몽(黃龜蒙) 두 손자가 있는데 모두 얼굴이 단정한 것이 매우 귀엽다.

객실에 들어가 보니 아이들이 있고, 학장(學長)[38) 이진성(李震晟) 부자가 와 있으므로 만나보았다. 자리를 옮겨 생원 황정(黃霆)[39)을 만났는데, 황종대(黃鐘大)[40)·황종서(黃鐘瑞)[41)는 그의 아들이고 황종협(黃鐘協)[42)·황종수는 조카들이다. 모두 다 문장에 능하고 용모가 준수하지만

---

32) 1644~1719. 본관은 나주.
33) 이들은 모두 정시한의 여행에 따라나선 노비들이다. 이들 외에 기룡(己龍)·경복(庚福)·연립(延立) 등도 나온다.
34) 경상북도 상주시 모동면 용호리 일대.
35) 경상북도 상주시 모동면 신천리.
36) 1666~1716. 자는 순부(純夫).
37) 경상북도 상주시 모동면 덕곡리 서쪽에 있는 마을.
38) 조선시대 향교에서 교육을 담당한 사람.
39) 1632~1708. 본관은 장수. 호는 자용헌(自容軒).
40) ?~1690. 자는 대이(大而).
41) ?~1733.

그 가운데서도 황종수가 특히 뛰어났다.

저녁에 황 생원이 왔다가 밤이 깊어서야 돌아갔고, 나는 객실에서 묵었다.

3월 26일 맑음. 바람이 저녁까지 심했다 | 황간 신천 황종만 댁

식후에 황종대와 같이 냉천(冷泉)43)에 간 다음 내게 10대조가 되시는 황익성공(黃翼成公)*의 영당에 참배했다. 영정의 모습이 마치 살아있는 듯 만면에 화기가 가득한 것이 실로 태평시대 재상의 모습이었다.

고개 하나를 넘어 황간(黃澗)44) 읍내를 지나 냉천에 닿았다. 대 위에 올라가 앉으니 커다란 내가 합류하고 석봉이 우뚝 솟아 있다. 산양벽(山羊壁)과 월유봉(月逾峰) 등의 봉우리는 우뚝 솟아 매우 높았으며, 물 아래는 돌이 널려 있어 맑은 기운이 가득했다.

다시 송촌(宋村)을 돌아나와 비취같이 아름다운 바위들을 두루 보았다. 두견45)이 솔숲 사이로 활짝 피어 있는 것이 가히 기경이었다. 다만 흠이 있다면 돌들이 모두 짙은 검은색을 띠고 있는 것이다.

읍내 마을로 돌아와 밥을 지어먹고는 읍(황간)의 옛터인 동악(東岳)의 가학루(駕鶴樓)46)를 둘러보았다. 여기에 동악(東岳)공**을 비롯한 여러 사람들의 제영(題詠)47)이 걸려 있다. 날이 저문 뒤 신천(新川) 황종만이 사는 곳으로 가서 묵었다. 오늘 약 60리를 왕복했다.

*황희(黃喜, 1363~1452). 조선 초기의 문신
자는 구부(懼夫), 호는 방촌(尨村). 본관은 장수(長水). 1389년(공양왕 1) 문과에 급제

---

42) 1664~1730. 자는 화숙(和淑). 호는 긍당(肯堂).
43) 경상북도 성주군 북쪽에 있는 샘.
44) 충청북도 영동군 황간면.
45) 진달래꽃.
46) 충청북도 영동군 황간면 남성리 140번지에 있는 조선시대의 정자. 현재 충청북도유형문화재 제22호로 지정되어 있다.
47) 시(詩) 혹은 시가(詩歌).

하여 이듬해 성균관학록(成均館學錄)이 되었다. 고려가 멸망하자 두문동(杜門洞)에 은거하였다가 1394년(태조 3) 조정의 요청과 두문동 동료들의 천거로 성균관학관으로 제수되었다. 이후 형조·예조·이조의 정랑, 우사간대부·승정원지신사를 지냈으며, 1408년(태종 8) 민씨(閔氏) 일파의 횡포를 제거한 뒤 형조·병조·예조·이조 판서를 지냈다. 1418년 판한성부사(判漢城府使)로 세자인 양녕대군(讓寧大君)의 폐출이 불가함을 건의하다가 교하(交河)로 유배되었다. 세종의 즉위와 함께 복관되어 좌의정에 이르렀다가 후에 영의정에 올랐다. 1449년(세종 31) 벼슬에서 물러난 뒤에도 계속 세종의 자문에 응하였다. 성품이 너그럽고 청렴하기로 이름이 높았으며 농사개량, 예법개정 등의 치적을 쌓았다. 저서로『방촌집』이 있으며 경상북도 상주의 옥동서원(玉洞書院), 전라북도 장수의 창계서원(滄溪書院), 세종의 묘정에 배향되었다. 시호는 익성.

****이안눌**(李安訥, 1571~1637)

조선 중기의 문신. 본관은 덕수(德水). 자는 자민(子敏), 호는 동악. 진사 이형(李泂)의 아들이며, 어머니는 경주 이씨.

18세에 진사시에 수석 합격하였으나 동료들의 모함을 받고는 과거 볼 생각을 버리고 문학에 열중하였다. 동년배인 권필(權韠)과 선배인 윤근수(尹根壽)·이호민(李好閔) 등과 교우를 맺었는데, 이러한 모임을 동악시단(東岳詩壇)이라고 하였다. 29세 때 다시 과거에 나아가 문과에 급제하였다. 여러 언관직(言官職)을 거쳐 예조와 이조의 정랑으로 있다가 1601년 서장관(書狀官)으로 명나라에 다녀온 뒤, 성균직강(成均直講)으로 옮겨 봉조하(奉朝賀)를 겸하였다. 공조로 옮겼다가 주시관(主試官)으로 호서와 관서지방 나갔으며, 다시 예조에 들어왔다가 단천 군수가 되었다. 1607년 홍주 목사와 동래 부사를 거쳐 1610년 담양 부사가 되었으며, 1년 만에 병을 이유로 돌아왔다. 3년 후에 경주 부윤이 되었다가 곧 호조 참의 겸 승문원 부제조로 임명되었다. 동부승지에서 좌부승지가 된 뒤 사직하고 강화 부사가 되었다. 어머니의 3년상을 마치고, 인조반정으로 예조 판서에 임명되었으나 비방하는 말들이 생겨 사직하였다. 이듬해 이괄(李适)의 난에 방관하였다는 이유로 귀양을 갔다. 1627년 정묘호란이 일어나자 사면되어 강도유수(江都留守)에 임명되었다. 1631년 함경도 관찰사가 되었으며, 다음 해 예조 판서 겸 예문관 제학을 거쳐 충청도 도순찰사에 임명되었다. 조정에서 청렴근면한 관리를 뽑는 데 들게 되어 숭정대부(崇政大夫)의 가자(加資)를 받고, 형조판서 겸 홍문관제학에 임명되었다. 1636년 겨울 병자호란이 일어나자, 병중의 몸을 이끌고 왕을 호종하여 남한산성으로 갔다가 환도한 뒤에 병세가 악화되어 죽었다.

특히 시작에 주력하여 문집에 4,379수라는 방대한 양의 시를 남겼다. 두보(杜甫)의 시를 만 번이나 읽었다고 하며, 시를 지을 때 일자일구도 가벼이 쓰지 않았다고 한다. 저서로『동악집』 26권이 있다.

김천 직지사 내경

3월 27일 흐린 뒤에 개고, 바람이 심했다 | 김천 직지사

아침에 생원 황정이 와서 만났고, 생원 황재후(黃載厚)[48]는 아들을 보내어 내 안부를 물어왔다.

식후에 시숙이와 함께 길을 떠났다. 가는 길에 황재후를 만났고, 오후에 용배촌(龍背村)[49]에 도착했는데 이 곳은 바로 황씨 집에 시집간 누이의 농장이기도 하다. 밥을 지어먹은 뒤 시숙이와 짐말들은 남기고 나 혼자서 말을 타고 10여 리를 가서 직지사(直指寺)[50]에 도착했다.

---

48) 1626~1702. 자는 중숙(重叔). 본관은 장수.
49) 경상북도 김천시 봉산면 덕천리 남전 북쪽에 있는 마을.

문루에 올라 산세를 두루 살펴보니 지형이 평탄하고 낮은 것이 그다지 넓고 두터운 경치는 아니다.

여러 스님들이 마중 나와 주었다. 깨끗하고 시원한 방을 골랐지만 들어가지 않고 동쪽 가에 있는 방에 들어갔다. 저녁 무렵에 매우 피곤하여 어두워지자마자 깊이 잠이 들어 오경[51) 무렵에야 깼다. 일어나서 건욕(乾浴)[52)을 하고 나니 전처럼 몸이 평온해졌다. 오늘은 전부 50여 리를 지나왔다.

3월 28일 맑음 | 김천 직지사

아침에 국청(國淸) 스님과 함께 절을 두루 살펴보았다. 무척 크고 화려한 것이 스님들이 지내기에 충분해 보이건만, 앞으로 또 팔상전(八相殿) 2층 전각을 지으려 한다며 산중의 스님들이 분주히 일하는 것을 보니 안쓰럽다.[53)

여상(呂尙) 스님이 반갑게 맞아주었다. 아침 예불 뒤에 체송(遞送)[54)

---

50) 경상북도 김천시 대항면 운수리 황악산에 있는 절. 대한불교조계종 제8교구 본사다. 418년(눌지왕 2) 아도(阿度) 화상이 창건한 뒤 645년(선덕왕 14) 자장(慈藏) 스님이 중창하였다. 그 뒤 고려시대와 조선시대에 걸쳐 여러 차례의 중건과 중수를 이루며 이 지역의 대표적 사찰로 자리매김되었다.

51) 오전 5시나 6시.

52) 물로 하는 목욕이 아니라, 두 손을 비벼서 전신의 피부를 손으로 마찰하는 것. 일종의 마사지라고 할 수 있다. 정시한은 여행중에 건욕을 수시로 하면서 건강을 유지하였다.

53) 현재 직지사에는 팔상전이 없다. 뿐만 아니라 직지사의 역사에서도 17세기에 2층 전각을 지었다는 기록은 전혀 찾아볼 수 없다. 팔상전은 석가부처님을 봉안하는 곳인데, 비슷한 개념의 전각으로 응진전이 있다. 직지사에도 응진전이 있어서, 1656년(효종 7) 관음전으로 지은 건물을 그 뒤에 응진전으로 바꾸었다는 기록이 있다. 하지만 정시한이 말한 팔상전 2층 건물은 응진전의 규모와도 전혀 맞지 않는다. 기록에는 팔상전상량문이 있어서, 전부 12칸으로 1688년에 상량한 것으로 나와 있다. 그렇다면 이 건물이 바로 정시한이 본 건물일 텐데, 12칸이라면 2층 누각으로는 도저히 규모가 맞지 않아서 여전히 의문이 남는다.

54) 사찰과 암자 사이의 연락을 맡은 스님. 혹은 큰절에서 외부 인사들에 대한 사찰 안내를 하는 역할.

스님과 서전(西殿)에 가서 부도(浮屠) 8기를 보고, 부도암(浮屠庵)55)에
올라 학조(學祖)* 스님의 부도를 보았다. 명적암(明寂庵)56)에 도착한 다음
다시 능여암(能如庵)57)에 닿았다. 여기에서 덕륜(德倫) 스님과 잠시 얘기
한 다음에 영운암(靈雲庵)58)을 거쳐 운수암(雲水庵)59)에 도착해 수영(首
映) 대사를 만났다. '수영'이라는 이름은 '도영(道映)'에서 바꾼 것이라
한다. 다과를 놓고 서로 기쁘게 마주앉았는데 거처하는 곳이 매우 정결했
다. 저녁에 노비와 말을 보내고 함께 본사로 돌아와 밤늦게 얘기하다
잠들었다. 오늘은 10여 리를 산행했다.

***학조**(學祖, 생몰년 미상)
조선 초기의 고승. 본관은 안동(安東). 호는 등곡(燈谷)·황악산인(黃岳山人). 김영추
(金永錘)의 형. 김계행(金係行) 조카.
신미(信眉)·학열(學悅) 등과 함께 선종의 승려로서 세조의 두터운 신임을 받았다.
여러 고승들과 함께 많은 불경을 국어로 번역, 간행하였다. 학덕이 뛰어난 당대의
명승이었으며 웅문거필(雄文巨筆)의 문호로 칭송되었다. 왕실의 귀의를 받아 세조
이후 중종에 이르기까지 수많은 불사를 일으켰다.
1464년(세조 10) 속리산 복천사(福泉寺)에서 임금을 모시고 신미·학열 등과 함께
대법회를 열었다.
1467년 왕명으로 금강산 유점사(楡岾寺)를 중창하였고, 1488년(성종 19) 인수대비(仁
粹大妃)의 명으로 해인사 중수 및 대장경판당을 중창하였다.
1500년(연산군 6) 왕비의 명으로 해인사의 대장경 3부를 간인(刊印)하고 그 발문을
지었으며, 1520년(중종 15) 왕명으로 다시 해인사 대장경 1부를 간인 하였다. 그가
국역한 불전(佛典)을 살펴보면, 『지장경언해(地藏經諺解)』가 초기에 언해된 것으로
추정되며, 수양대군에 의해 완성된 『금강경삼가해언해(金剛經三家解諺解)』를 자성
대비(慈聖大妃)의 명에 의하여 교정, 인출하였다.
1476년에는 『천수경(千手經)』을 언해, 교정하였으며, 1482년에는 세종 때부터 시작
되었다가 중단된 『증도가남명계송(證道歌南明繼頌)』을 역시 자성대비의 명으로 번

---

55) 직지사의 산내암자. 부도전(浮屠殿)이라고도 했다.
56) 현재 직지사의 산내암자로 있다.
57) 직지사의 산내암자. 지금은 터만 남아 있다.
58) 직지사의 산내암자.
59) 현재 직지사의 산내암자로, 직지사 북동쪽에 자리한다.

운수암 법당

역, 완성하였다. 그 밖에 다소 불분명하지만 인수대비의 명에 의하여 언해, 인출되었다
는 점과 그의 발문이 첨부되어 있는 점 등으로 미루어 오대진언(五大眞言) · 불정심다
라니(佛頂心陀羅尼) · 진언권공(眞言勸供) 또한 그의 번역일 것으로 추정된다.

3월 29일 흐린 뒤 갰으며 바람이 불었다 | 김천 직지사 향로전

아침에 태남이가 와서 말하기를 시숙이가 매우 아파 지리에서 일어나지
못하므로 혼자만 여기에 왔다고 한다.

화령에서 쌀 열 말을 가져왔는데 무량동의 누이가 보낸 것이며, 아울러
원주에서 보내온 편지도 동봉해 왔다.

느지막이 시숙이가 인마와 함께 본사에 도착했다고 한다.

오후 점심식사 뒤에 수영 대사와 작별하였다. 호계암(虎溪庵)[60]에 들러

---

60) 경상북도 김천시 대항면 황악산에 있던 직지사의 말사.

서 본사에 돌아왔는데 마침 예목운력취운회(曳木運力取運會)61)가 열려 여러 종류의 깃발들이 나부끼며 북소리도 요란했다.

향로전(香爐殿)에서 묵었다.

불존승(佛尊僧)62) 승관(勝寬)·석오(釋悟) 스님과 산을 유람하고 다니는 일에 대해 많은 말을 나누었다. 시숙이의 병이 다소 나아졌다. 누이의 농장에서 노비가 쌀 네 말, 좁쌀 한 말, 콩 두 말, 그리고 벼 네 말을 갖고 왔다.

3월 30일 맑다가 흐려졌고, 저녁에 비와 눈이 내렸다 | 성주 쌍계사 미타암

시숙이가 머물며 병을 조리하는 동안 나는 혼자서 일찌감치 직지사를 떠났다. 점심 때 쯤 지례(知禮)63) 읍내를 지나서 유시(酉時)64)에 성주(星州) 쌍계사(雙溪寺)65)에 도착했다.

미타암(彌陀庵)의 숭헌(崇憲) 종장(宗匠)66)의 방에 들어갔다. 숭헌 스님은 감기로 아픈 것을 무릅쓰고 나와서 함께 오랫동안 얘기를 나누었다.

본사67)의 승통(僧統)68) 충신(忠信) 스님이 와서 만났는데 나이 일흔다

---

61) 이 모임, 혹은 행사가 정확히 어떤 성격을 띠는 것인지 이 글만으로는 확인하기 어렵다. 이름으로 본다면 목재를 조달하기 위해 산의 나무를 베어 운반하는 일을 촌락 단위의 행사로 연 것이 아닐까 추측해 볼 수는 있다.

62) 절에서 스님이 맡는 역할의 하나.

63) 지금의 경상북도 김천시 지례면.

64) 오후 5시에서 7시 사이.

65) 지금의 경상북도 김천시 증산면 유성리 불령산(佛靈山)에 있던 절. 신라 말에 도선(道詵) 국사가 창건했다고 전한다. 1950년 6·25전쟁으로 폐사되었는데, 그 전까지 대웅전을 비롯하여 명부전·사천왕문·요사 2동 등이 있었다.

66) 종사(宗師)의 교묘한 설법이 마치 공장(工匠)이 무리를 가르치는 것과 같다 하여 종장이라 한다.

67) 직지사.

68) 승려 관직의 하나. 승통은 중국 위(魏)나라에서 처음 만들었고, 수(隋)나라 때 관직이 정립되었다. 조선에서는 조선 중후기에 대체로 큰 절마다 승통을 두어 행정을 맡아 보았다. 한 절에 승통이 여러 명인 경우도 있었다.

섯 살로 우직하고 신실한 사람이다. 이 절의 스님들이 모두 믿고 따르는 분으로 공경할 만하다.

미타암 한 절에만 계시는데, 여러 스님들이 이 분을 믿고 따르니 가히 받들 만한 분이다.

미타암에서 묵었다.

오늘 약 70리를 왔다(숭헌 스님은 나와 동갑이고, 그 상좌는 말을 참 잘한다. 나이는 열다섯인데 아주 총명하다).

4월 초하루 주위의 산에 온통 눈이 하얗게 내렸고 하루 종일 비가 내렸고 바람도 차다 | 성주 쌍계사 미타암

태남이와 짐말을 직지사로 보냈다. 본사의 밀현(密賢) 스님이 찾아와 애기를 나누었다.

4월 2일 맑음 | 성주 쌍계사 미타암

아침식사 뒤 사언(思彦) 스님과 같이 가서 입암(立巖)[69]을 보았다. 운학대(雲鶴臺)에 가서 잠시 있다가 다시 선유동(仙遊洞)[70]에 가서 오랫동안 있었다. 취병교(翠屛橋)를 건너 입암에 다다르니, 이 세 곳[71] 모두 기이한 경관이나 그 가운데에서도 입암이 가장 빼어난 경치인 듯하다. 흰 돌이 평평하게 깔려 있고 물은 얕으며 진달래가 층암절벽 사이로 만발해 있다. 황간 냉천의 돌 색깔에 비해 매우 깨끗하다.

정구(鄭逑)[72]의 한강정(寒剛亭)[73]에 올라 이리저리 마음 내키는 대로 돌아다니니 참으로 세상이 넓다고 느껴진다.

---

69) 경상북도 성주군 금수면 영천 고방 남쪽에 있는 바위.
70) 경상북도 상주시 모서면 소정리에 있는 명승지.
71) 운학대·선유동·입암.
72) 1543~1620. 조선시대 중기의 학자. 호는 한강(寒岡).
73) 경상북도 성주군에 있는 비위인 한강대(寒岡臺) 위에 지은 정지.

오후에도 다시 와서 앉아 굽이굽이마다 감상했다. 계곡은 깊고 바위가 많으며 냇가의 돌은 감벽색으로 정결하니 세상에 보기 드문 경치다. 왕복 약 40리를 걸었다.

시숙이와 태남이 모두 김산(金山)74) 관아에 갔다가 손님 세 사람과 직지사의 여상(呂祥) 스님 등이 저녁에 본사로 올 것이라고 한다.

흰눈이 아직 없어지지 않았고 바람이 불어 몹시 추웠다.

4월 3일 맑다가 흐려졌다. 저녁에 바람이 세차게 불기 시작해 밤중까지 계속
불었다 | 김천 수도암 조전

여상 스님 등이 인사하고 떠나고 나는 아침식사 뒤에 사언 스님과 같이 청암사(靑巖寺)75)에 들렀다. 절의 스님들은 동토(動土)76)로 인한 와통(臥痛)으로 며칠째 앓고 있다고 한다. 효선(曉善) 스님이 나와 맞아주셨는데, 나는 절에 들어가지 않고 곧바로 수도암(修道庵)77)으로 갔다. 산길이 매우 험하고 높아 매우 힘들여서 올랐다. 길 도중에 왕왕 눈이 쌓여 있어 오후에야 절에 닿았다.

두 곳에서 석불 두 분을 모시고 있다.78) 전각은 소박하고 튼실하면서 또한 오묘하기도 하다. 일찍이 못 보았던 커다란 석불상인데 모습이 매우 위엄스럽다. 좌대석의 조각도 무척 교묘하다. 어깨와 팔은 완연히 청색을

---

74) 경상북도 김천시 개령면 일대.
75) 경상북도 김천시 증산면 평촌리 수도산에 있는 절. 858년(신라 헌안왕 2) 도선 국사가 창건했다. 신라 말에 이른바 구산선문 가운데 하나인 동리산파(桐裏山派)의 시조 적인 혜철(寂忍惠哲, 785~861)이 머물렀다. 1647년(인조 25) 화재로 불타버린 뒤 중건하였는데, 정시한은 이로부터 30년 뒤에 이 곳에 온 것이다. 그 뒤 1782년(정조 6) 다시 불탔으나 곧이어 중건하였다. 현재 우리나라에서 손꼽는 비구니 강원이 있는 절로 널리 알려져 있다.
76) 동티.
77) 현재 청암사의 산내암자로 되어 있다.
78) 현재 청암사 수도암에 모셔져 있는 석조 비로자나불좌상과 약광전 석불좌상을 말하는 듯하다. 각각 보물 제307호와 보물 제296호로 지정되어 있다.

청암사 전경

띠고 있어 그 까닭을 스님에게 물어보니 올해 2월 4일에 청색 땀이 흐르다 굳더니 마치 유리같이 되었다가 사흘이 지난 다음에 말랐는데, 그 뒤로 푸른색을 띤다고 한다. 다가오는 4월 초파일에 관욕(灌浴)[79]할 것이라 한다.

노스님 경훈(敬訓), 불존승 쌍언(雙彦)·도환(道環)·회도(回導)·보신(寶信) 스님 등이 나와서 맞아주었다.

저녁식사 뒤 조전(祖殿)[80]에서 묵었다. 기운이 몹시 피곤하여 일찍 잠자리에 들어 새벽에 일어났다. 일어나서 건욕을 하니 몸이 개운해진다.

---

79) 탄생불(誕生佛) 등의 불상을 깨끗한 물로써 씻어내는 행사. 주로 부처님 오신 날에 거행한다.
80) 조실(祖室)과 같은 말. 스님들의 생활공간인 요사(寮舍)의 이름으로 많이 쓰인다.

수도암 약사불좌상

쌍계사에서부터 수도암까지 20리인데 그 가운데 10여 리를 걸었다.
수도암은 산의 가장 높은 봉우리 위에 자리하지만 터가 평탄하고 넓으며

수도암 비로자나불좌상

바람이 적다. 가야산(伽倻山)과 정면으로 마주하면서 산세가 돌아 나오니 실로 수도할 만한 곳이라고 하겠다. 주위의 산을 바라보니 백설이 아직 다 녹지 않았다.

4월 4일 다소 흐린 뒤에 맑음. 산에는 눈이 아직 하얗게 덮여 있고 강한 바람이 하루 종일 불었으며 밤에는 추웠다 | 김천 수도암 조전

수도암에 머무르고 있다. 전에 머무르던 정중형(鄭重亨)이 아침식사 뒤에 인사하고 돌아갔다.

산세를 두루 살펴보니 사방에 빈틈이 없는데다 지세는 높고도 넓다. 또 절터는 평탄하고 바른 것이 마치 가야산으로 책상을 삼은 듯하다. 봉우리 꼭대기에는 흰 구름이 왔다 갔다 하여 무상한 느낌을 주는데, 앞문을 열어 젖혀 놓고 종일토록 바라보니 의미가 무궁한 것이 실로 절경이었다. 더 머무르고 싶으나 가야 할 길이 있으므로 그렇게 못하는 게 한스럽기조차 하다.

산중의 스님들이 모두 여름용 땔감을 준비하기 위해 나가 있어서 아무도 없다. 나는 혹은 눕고 혹은 앉아 있으면서 하루를 보냈다.

저녁 무렵에 거창(居昌)[81]에서 온 양반 아홉 명이 유람차 걸어 올라왔는데 스님들이 이들을 맞이하느라 분주하였다.

경숙이는 왔다가 본사로 갔다.

4월 5일 맑음. 산에는 아직 흰 눈이 쌓여 있고 바람은 차다 | 성주 쌍계사

아침식사 뒤에 여러 전각들을 둘러본 다음 보신 스님의 인도로 계곡 입구로 내려가서 7~8리를 걸으니 팔작촌(八作村)이 나온다. 30여 가호가 있고 곳곳에 논과 밭이 있다. 물이 있는 곳에 이르러 씻었다.

다시 1~2리를 더 걸어가니 상용추(上龍湫)가 있고, 또 그 곳에서 수백 걸음 떨어진 곳에 하용추(下龍湫)가 있다. 양쪽 골짜기가 모두 절벽이 깎아지른 듯 서 있으며 물줄기가 노도와 같이 힘차게 흘러내려오는데 그 기세가 자못 웅장하며 소리도 마치 우레같이 나므로 사람이 감히 근처에 가지 못한다. 보신 스님과 함께 주위를 둘러보고 나오면서 살펴보니 물빛이 매우 검고 돌들은 깨끗하다. 옆에는 기우단(祈雨壇)도 있어 가히 기이한 경치라 할 만했다.

보신 스님과 헤어져서 혹은 말을 타거나 혹은 걷거나 해서 3~4리를 가 정한강의 서당[82]에 이르렀다. 여기에는 지키는 스님 너더댓 사람이

---

81) 경상남도의 군.

있다. 소나무와 대나무로 숲을 만들었고 세 칸짜리 방이 있는데, 그 가운데 한 칸이 선생이 머무르시던 곳이었고 나머지 두 칸은 현재 승방으로 쓰고 있었다. 왼쪽에 네 칸짜리 판자집이 있는데 이것은 후세 사람들이 지은 것이다. 거기에다『한강집』·『서원세고(西原世稿)』·『심일송집(沈一松集)』[83]·『박송당집(朴松堂集)』[84] 등의 판본이 세 칸에 쌓여 있는데, 그 중 한 칸에는 26개의 책롱(冊籠)이 보관되어 있다.

시냇가에 나아가 보니 하늘이 만들어 놓은 듯한 석대가 있고 그 근처에는 노송과 잣나무 숲이 늘어서 있다. 흰 돌들은 평탄하여 그 밑으로 흐르는 물을 바라볼 만하여 돌아가야 하는 것을 잊게 한다. 소나무 숲은 몇 리에 걸쳐 울창하게 뻗어 있으나 극히 조용하여 실로 은자가 지내기에 꼭 알맞은 곳이다. 오랫동안 이리저리 왔다갔다 하며 놀았다. 아, 선생의 고귀한 풍취는 하늘이 베풀어 주신 것이니 청복(淸福)이 이와 같구나!

이 곳에 있는 스님이 머물기를 청해 왔으나 돌아갈 길이 멀어 되돌아섰다.

쌍계사로 돌아오니 종헌(宗憲) 스님이 반갑게 맞이한다. 시숙은 연일 아프건만 말 타는 것이 병에 좋지 않으니 낭패다. 고민 끝에 걸어서 십리, 말 타고 십리 하는 식으로 가기로 했다. 성주에 사는 선비 문도징(文道徵)과 여성화(呂聖和)가 찾아와 얘기를 나누었다.

4월 6일 맑은 뒤에 저녁에 흐려졌다 | 합천 해인사 원융루

아침 예불 뒤에 숭헌 종장, 충신 스님과 작별하고 쌍계사를 떠났다.

홀음치현(屹音峙峴)을 넘다가 산성승장(山城僧將) 지일(智日) 스님을 만나 서로 얘기를 나누고는 바로 길을 걸었다.

---

82) 무흘서재(武屹書齋)를 말한다.

83) 심희수(沈喜壽, 1548~1622)의 문집. 심희수의 본관은 청송. 자는 백구(伯懼), 호는 일송.

84) 박영(朴英, 1471~1540)의 문집. 박영의 본관은 밀양. 자는 자실(子實), 호는 송당.

다시 해인사(海印寺) 뒷고개에 올라가니 서쪽으로 지리산이 바라다보인다. 산이 높아 마치 하늘 가운데 산을 끼워 넣은 것 같다.

저녁 무렵에 절에 도착하였다. 주지 인현(印玄) 스님이 마중 나와 주었는데 자우(子雨)[85]와는 서로 아는 사이였다. 그리고 능도(能道) 스님은 내가 용인(龍仁)을 왕래하던 때 알던 분이어서 매우 기뻤다.

원융루(圓融樓)[86]의 상헌(尙憲) 스님 방에서 묵었다. 정익(淨翼)·충혜(沖慧) 노스님이 찾아와 주어 밤늦도록 함께 얘기를 나누고 돌아갔다.

---

85) 정시윤(丁時潤, 1646~1713). 1669년 진사가 되었고, 1690년에 문과에 급제하여 교리·병조 참의 등을 지냈다. 자우는 자.

86) 현재 해인사의 누각으로 구광루(九光樓)가 있다. 원융루는 지금은 없는데, 해인사의 역사를 살펴보는 데 있어서 중요한 기록이라고 할 수 있다.

해인사 판전

4월 7일 맑은 뒤에 흐려졌다 | 합천 해인사 희랑대

아침에 인현 스님과 같이 먼저 법당을 보고 다음에 판전(板殿)·진상전(眞常殿)[87]·해행당(解行堂)[88] 등을 보았다. 계단과 섬돌은 높고 넓으며 단단한데 건물의 장려함이 기교하다. 불상은 높고 크며 엄숙하여 그 조화가 마치 사람이 만든 바가 아닌 것 같다.

이 절은 당나라 덕종 18년, 곧 신라 애장대왕 3년[89]에 순응(順應)[90]·이

[87] 고승의 진영을 봉안한 곳으로, 지금의 조사전으로 보인다. 다만 현재는 조사전의 진영이 대부분 극락전과 박물관 등으로 옮겨져 있다.
[88] 스님의 생활공간 가운데 하나.
[89] 802년.

판전경판

정(利貞)[91] 두 스님이 창건한 것이라는데 수백여 년이 흘러도 마치 새것마냥 완연한 모습이니 후세 사람의 재능이 옛 사람의 그것에 멀리 미치지 못함을 알겠다.

판전(板殿)은 무릇 60칸이나 되며 경판은 아주 단정하고 반듯하게 쌓아올려져 있다. 보는 사람의 마음이 절로 숙연해진다. 그러나 여기에는 관리하며 지키는 사람이 없어 선비나 승려나 세속의 남녀 할 것 없이 하루에 수백 명이 관람하는데, 이 사람들이 혹은 마음대로 경판을 꺼내보고 아무곳에나 놓아두거나, 혹은 경판을 손상시키기도 하니 매우 안타까운 일이 아닐 수 없다.

아침식사 뒤에 상헌 스님과 함께 절 안을 두루 돌아다녔다. 석조(石槽)를 본 뒤에 홍제암(弘濟庵)[92] 사명당(泗溟堂)에 갔다. 먼저 유정(惟政)* 스님

---

90) 신라 후기의 스님. 이정 스님과 함께 중국에 다녀왔고, 해인사를 창건했다. 800~809년 사이에 당나라에 갔을 때 양나라 때 죽은 보지공(寶誌公)의 답산기(畓山記)를 받아가지고 돌아왔다. 애장왕후가 등병이 나서 고치지 못하고 있자 이정 스님과 함께 병을 낫게 해주었다. 감복한 왕은 두 스님의 원에 따라 802년 해인사 창건을 도왔다. 그 뒤 해인사에서 후학을 지도하였고, 입적하자 이정 스님이 뒤이어서 많은 사람들을 가르쳐, 학풍이 뚜렷한 지금의 해인사 사풍(寺風)의 터를 닦았다.

91) 순은 스님과 함께 해인사를 창건한 스님.

92) 해인사의 산내암자. 창건연도를 비롯한 정확한 연혁은 알 수 없으나, 1610년(광해군

홍제암 사명대사 영정

2) 사명 대사가 이 곳에서 입적하자 임금이 자통홍제존자(慈通弘濟尊者)라는 시호
   를 내리고 비를 세우게 했다. 이로부터 절 이름을 홍제암이라고 했다.

홍제암 학사대

의 비[**]를 본 다음 영정[93]을 보았다. 그런데 그 진본이 없어졌다기에 까닭을 물어보니, 처음 신해년(1671)에 진본을 잃어버려 다시 모사했는데 뒤에 들어보니 부산 왜관(倭館)에서 그 잃어버렸던 것을 팔더라는 것이다. 사람의 마음이 실로 해괴하기만 하다.[***]

돌아와서 학사대(學士臺)[94]에 올라 잠시 조망한 후에 다시 돌아와서 상헌 스님의 방에서 해인사의 사적기와 세조대왕 때 인쇄한 팔만대장경 한 권을 보았다. 장정(裝幀)되어 인쇄되어 있고 또 자획도 견실하고 정묘하며 좀이 슨 곳이 조금도 없다. 글의 뜻은 다 살피지 못한 채 경배하며 살펴보기만 했다. 세조대왕은 해인사를 각별히 보호했는데, 세조대왕의 육필 글씨 및 고려 왕의 필적을 오랫동안 경건히 감상했다.

상헌·인현 두 스님과 같이 무설당(無說堂)과 만월대(滿月臺)를 보고 함허당(涵虛堂)에 들렀다가 지족암(知足庵)[95]에 이르러 잠시 앉아 쉬었다. 다시 희랑굴(希郎窟)에 가서 희랑대(希朗臺)[96]에 올라 오랫동안 앉아 있었다. 그리고는 혼자서 백련암(白蓮庵)[97]에 올라갔다. 백련암은 가야산 중봉에 있는데 매우 멀리 떨어진 곳에 자리해 있다. 종장 혜능(惠能) 스님은 나이 일흔두 살인데 마주하여 반갑게 애기했다. 제자인 태보(太普)·각총(覺聰)·보헌(寶憲) 스님 등은 모두 준수하고 총애할 만하다. 또한 백억달(白億達)이라는 열일곱 살 된 청년이 조용히 앉아 있는데 뜻이 있어 보였다.

---

93) 현재 홍제암에는 사명대사 영정 외에 서산 대사와 기허 영규 스님의 영정이 봉안되어 있는데, 이 세 폭의 영정은 「임난삼화상영정」이라는 이름으로 현재 경상남도유형문화재 제359호로 지정되어 있다.

94) 현재 해인사 경내 서쪽 언덕에 있다. 최치원이 짚고 다니던 지팡이가 자라났다는 전나무가 있다.

95) 해인사의 산내암자. 현대의 고승 일타(一陀) 스님이 중창하고 머물던 곳이다. 도솔암(兜率庵)이라고도 한다.

96) 해인사의 산내암자. 고려시대 희랑 조사가 참선했다는 바위가 희랑대로, 현재 지장전 뒤에 있는 바위가 이것이다.

97) 해인사의 산내암자 가운데 가장 높은 곳에 자리한다. 현대의 고승 성철(性澈) 스님이 만년에 머물던 곳으로 널리 알려져 있다.

해인사 백련암

밤에 혜능 스님과 백억달과 함께 별사(別舍)에서 잤다.

창 앞에 입암이 있는데 높이 3, 4장쯤 되는 기괴한 바위로 볼 만했다.[98]
암자 뒤편으로는 석벽이 병풍처럼 둘러 있고 앞에는 석봉들이 숲처럼
서 있으니 실로 가야산에서도 볼 만한 곳이라 하겠다. 저녁에 인현 스님과
승통 윤일(允一), 그리고 정익·상헌 노스님 등이 왔다 갔다.

*유정(惟政, 1544~1610)
흔히 사명 대사라고 부른다. 조선 중기의 승병장. 자는 이환(離幻), 호는 사명·송운(松
雲)·종봉(鍾峰). 속명은 임응규(林應奎). 본관은 풍천(豊川). 경상남도 밀양(密陽)에

---

98) 현재 원통전 앞에 있는 바위가 바로 이것이다.

서 태어났다. 13세 때 황여헌(黃汝獻) 밑에서 공부하다가 부모를 잃고 직지사로 출가하여 신묵(信默)의 제자가 되었고, 1561년(명종 6) 승과에 급제하였다. 1575년(선조 8) 봉은사(奉恩寺) 주지로 천거되었으나, 이를 사양하고 묘향산 보현사 휴정(休靜) 밑에서 수도하였다. 3년 뒤 팔공산·금강산·태백산 등으로 다니며 도를 닦다가 1586년 옥천산 상동암(上東庵)에서 무상을 느껴 홀로 참선하였다. 1589년 정여립(鄭汝立)의 일당으로 몰려 투옥되었다가 석방되어 금강산 유점사로 들어갔다. 1592년 임진왜란이 일어나자 승병을 이끌고 휴정의 휘하에서 왜군과 대적, 명나라 군사와 협력하여 평양성을 수복하는 등 전공을 세웠고, 적진에 들어가 왜장 가토 기요마사(加藤清正)와 네 차례에 걸쳐 화의담판을 하고 적정을 탐지하였다. 팔공산·금오산 등지에 산성을 쌓고 양식과 무기를 비축하는 등 방비태세를 정비하였으며, 97년 정유재란 때 명장 마귀(麻貴)·유정(劉綎) 등과 공을 세워 1602년 동지중추부사에 올랐다. 1604년 일본의 도쿠가와 이에야스(德川家康)를 만나 임진왜란 때 잡혀간 3,500여 명의 동포를 데리고 귀국하였다. 휴정 스님이 죽은 이듬해 치악산에 들어갔으며, 해인사에서 설법하고 결가부좌한 채 입적하였다. 밀양 표충사, 묘향산 수충사에 배향되었다. 저서로『사명당대사집』과『분충서난록』등이 있다. 시호는 자통홍제존자(慈通弘濟尊者).

**사명대사 석장비

이 비는 사명 대사의 일대기를 기록한 것으로, 1612년(광해군 4)에 세웠으며『홍길동전』을 지은 허균이 비문을 지었다. 일제강점기인 1943년, 비문의 내용이 민족혼을 불러일으킬 우려가 있다 하여 일본인 합천 경찰서장이 네 조각으로 깨뜨린 것을 1958년에 다시 접합하여 세웠다. 그래서 지금도 비신이 열 십자 모양으로 금이 가 있다. 이 석장비는 현존하는 사명대사비 가운데 가장 먼저 건립되었으며, 문장이 매우 빼어날 뿐 아니라 비문에 대사의 행적이 비교적 소상하게 적혀 있어 역사적인 가치도 높다. 홍제암 뒤 봉우리에 있는 사명대사 석종비와 함께 2000년 보물 제1301호로 지정되었다.

***사명대사 진영

현재 동화사 영정을 비롯하여 국내외에 전부 20여 점 가까이 있다. 정시한의 이 기록을 보면 해인사 홍제암에 전하는 영정은 1688년 무렵에 새로 그린 것임을 알 수 있다. 홍제암 영정은 이른바 삼화상영정이라고 해서 사명대사의 스승 서산대사, 사명대사, 그리고 기허 영기 스님의 영정 세 폭인데 현재 경상남도유형문화재 제359호로 지정되어 있다. 문화재 안내에 보면 이 삼화상 영정의 조성시기를 18세기 후반으로 보고 있으나, 정시한의 이 기록에 따르면 그보다 100년 가량 앞선 작품으로 볼 수 있지 않을까 한다. 그리고 위에서 보이듯이, 해인사에서 도난당한 영정이 왜관에서 판매되었다는 것은 일본인의 수요에 따른 것으로 볼 수도 있지 않을까. 이는 사명대사 영정에 관련해서 매우 중요한 기록이다.

해인사 국일암 법당

사월 초파일 맑음 | 합천 해인사 국일암

아침식사 뒤에 노스님과 함께 마당 앞에 있는 입암의 석대에 올라갔다. 오랫동안 주위를 조망한 뒤 노사와 작별하고 희랑대로 내려와 보헌 스님과 얘기했다.

오후에 국일암(國一庵)[99]에 가니 혜원(惠遠) 스님이 나와서 맞아주셨다. 스님은 을묘생(1639)으로 눈썹이 눈같이 희고 체구가 크다. 서로 만나 기뻐하였다. 또한 이 분의 제자인 탁린(琢璘) 스님을 시켜 차를 내왔는데 이 스님은 서른 살 남짓으로 문필이 매우 뛰어난데다가 인품도 맑아

---

99) 해인사의 산내암자. 현재 비구니 수행도량으로 되어 있다.

서로 얘기할 만했다. 윤학(允學) 스님은 어제 백련암에서 처음 만났는데 오늘도 반갑게 맞이하면서 저녁식사를 정성스럽게 차려주었다. 진귀한 채소가 상에 가득하니 내 마음이 매우 미안했다.

시숙이가 태남·입이(立伊) 등과 함께 본사에 도착했다고 한다.

4월 9일 맑음 | 합천 해인사 극락전

혜원 노스님이 정성스럽게 아침을 준비해 주셨다. 탁린 스님과 함께 계곡 입구로 갔다. 회선암(會仙巖)·첩석대(疊石臺)를 지나 낙화암(落花巖)을 보았는데 석봉이 병풍마냥 주위를 둘렀고 폭포는 흘러내려 여러 층을 이루어 깊은데, 못의 색깔은 아주 푸르다. 석대는 크고도 높다랗게 경사져 있어 위험하다. 오래 전에 어떤 노래하는 기생이 떨어져 빠져죽었기로 바위 옆에다 '落花巖' 세 글자를 새겼다고 한다.

또한 여기에서 몇 리쯤 가면 양쪽 벽이 열려져서 좌우로 석대가 자연적으로 만들어진 곳이 있는데 그 사이가 수백 보나 된다. 층을 이루며 떨어지는 폭포의 울림은 마치 벼락을 치는 듯하며 아래 위의 암석에 분옥폭(噴玉瀑)·제월담(霽月潭)·광풍뢰(光風瀨)·완재암(完在巖)·음풍뢰(吟風瀨)·취적봉(吹篴峰)·홍필암(泓筆巖) 등의 이름이 새겨져 있는데 모두 최고운(崔孤雲)[100]이 이름 지은 것이라 하지만 믿기 힘들다. 산세는 대개 계곡의 바위들은 금강산과 흡사하지만 돌 빛깔에 푸른 기운이 도는 것이 금강산보다 못하다.

다시 1리쯤 가서 '홍류동(紅流洞)'이라고 새겨져 있는 곳을 지나 폭포가 있는 시내를 넘었다. 폭포 옆의 반석(盤石)[101]에는 최고운의 시가 새겨져

---

100) 최치원(崔致遠, 857~?).
101) 너럭바위. 넓고 평평하여 올라 앉아 있을 만한 바위. 정시한은 여행하면서 반석에 올라가 주위를 살펴보며 쉬거나, 혹은 마음에 근심이 있을 때 곧잘 반석에 올라가곤 했다.

있으나 많이 마멸되어 지금은 '狂'·'奔'·'故'·'敎' 정도만 뚜렷이 알아볼 수 있을 따름이니 실로 안타까운 일이다.

<table>
<tr><td>狂奔疊石吼重巒</td><td>쏟아지듯 흘러내리는 시내 바위에 부딪치며 겹
겹 봉우리 울리니</td></tr>
<tr><td>人語難分咫尺間</td><td>옆 사람 말도 구분하기 어렵구나</td></tr>
<tr><td>常恐是非聲到耳</td><td>세상사 시빗거리 들릴까 두려워</td></tr>
<tr><td>故敎流水盡籠山'</td><td>흐르는 물소리로 온 산을 감싸안아 허튼소리
안 들리게 할 요량이겠지</td></tr>
</table>

고운 선생의 자취를 만져보니 감회가 크다.[102] 반석의 네 면 틈새로 붉은 꽃망울이 다 드러나지 않은 채 철쭉꽃이 피어 있다. 문득 꽃망울이 피기 시작하는데 벌써 하늘은 중천이건만 이것을 바라보고 있다가 돌아가야 할 것을 잊어버리고 있었다.

본사의 승통 윤일 스님이 정성스럽게 술과 과자를 준비하셔서 융오(融悟) 스님 편으로 보내주니 미안하여 마음이 편치 않다.

송상(宋相)[103]이 봉우리 밑 석벽에 최고운의 시를 적어 넣었다 하기로 올라가 읽어 보고 내려왔다. 광풍뢰로 돌아와서 전에 받았던 술을 조금 마셨다. 탁린·융오·근신(謹信) 스님 등과 함께 오랫동안 앉아 있다가 극락전으로 돌아왔다. 정특(挺特)·현휘(玄暉) 두 스님이 마중 나와 주었다. 시숙은 나보다 먼저 와 있었다.

앉아 있는데 잠시 뒤에 윤일·상헌·인현·윤학 스님 등이 본사에서 나를 위하여 두부를 정성스럽게 만들어가지고 와서 여럿이 함께 저녁식사를 했다. 마음이 너무 미안하였다.

혜원 종장 스님이 나를 보러 와서 반갑게 얘기하다 돌아갔고, 또 정익

---

102) 현재 이 곳에 농산정(聾山亭)이라는 정자가 세워져 있다.
103) 송시열(宋時烈, 1607~1689).

스님도 왔다갔다. 극락전에서 묵었다.

정특 스님이 아침 식사를 준비했으나 생각이 없어 먹지 않았다.

덕유산(德裕山)[104]으로 향할 준비를 하고 출발하려는데 시숙의 병고가 더욱 심해져 음식도 못 먹을 정도라 몸과 마음이 매우 약해졌으므로 부득이 절에 머물면서 회복하라고 하고, 경숙이와 짐말도 남아 있게 하고 출발하였다.

본사의 함허당(涵虛堂)에 계시는 종장 담화(曇華) 스님이 와서 말하기를 다른 곳에 갔다가 막 돌아오는 길이라고 하며, 또 지리산 백련암의 종장 승현(僧絢) 스님이 마침 나를 만나러 온다고 하므로 함허당에 들어가 서로 얘기를 나누었다.

조금 있다가 본사의 윤일·정익·상헌·승현 스님이 문 밖까지 나와서 전송해 주었고 담화·윤학 스님과 삼보승 사헌(思憲) 스님은 멀리 계곡 입구까지 나와서 전송했다.

돌다리[105]를 건너 몇 리를 가니 혜원 종장과 탁린·인현 두 스님이 고개 밑에 앉아서 기다리므로 말에서 내려 오랫동안 같이 얘기를 하고 아쉬운 마음으로 작별을 했다.

마장령(馬場嶺)[106]을 넘는데 고개가 너무 길어 말을 타고 15리 정도를 갔으나 점차 추워지므로 할수없이 20리 정도만 갔다. 입이를 해인사에 보내 시숙이더러 그냥 절에 있다가 말이 오기를 기다려 원주로 돌아가라고 일렀다.

---

104) 전라도와 충청도의 경계에 있는 산. 덕유산에서 지리산으로 기운이 뻗어나가고 있다.
105) 해인사 입구에 있는 무릉교(武陵橋)를 말한다.
106) 합천군 북쪽에 있는 고개. 마현(馬峴)이라고도 한다.

경숙과 짐말을 이끌고 거창(居昌) 땅 가조현(加祚縣)[107]으로 들어갔다. 태남과 함께 병든 말과 짐 실은 말을 이끌며 혹은 타기도 하고 혹은 걷기도 하면서 몇 리를 가니 말이 힘들어 서 버리고 더 이상 앞으로 나아가려 하지 않는다. 그래서 먼저 태남을 가조현으로 보내어 마을 사람의 집에 매놓게 하고는 새 짐말을 끌고 오게 했다.

혼자서 10여 리를 걸어 용산촌(龍山村)[108]에 닿았는데 여기에서 수재(秀才)[109] 서달영(徐達泳) 소년을 만났다. 나이는 열여덟 살로 지금 사서삼경을 읽는다고 한다. 그가 거처하는 곳을 물으니 가조현이라고 하므로 그와 함께 가는데 태남이 말을 몰고 왔다. 소년과 같이 그의 집으로 가니 말이 일어나지를 못한다. 나 역시 피곤하여 자리에 누웠다가 일어났지만 여전히 어지러운 것이 몸이 매우 불편하다. 해인사에서 가조현까지 약 40리인데 그 가운데 15리를 걸었기 때문이다.

저녁에 입이와 경숙이가 나귀를 몰고 왔다. 식사는 물에 밥을 조금만 말아서 먹었다.

4월 11일 맑다가 흐려졌고, 저녁에 비가 왔다 | 함양읍 김후달네 집

새벽에 일어나 건욕을 하고 나니 기운이 들었으나 아침식사는 물에 밥을 말아서 조금만 했다. 병든 말과 노비는 남겨둔 채 아침식사 뒤에 말을 몰아 일찌감치 출발하여 거창 읍내에서 아침을 먹고, 사근역(沙斤驛)[110]에서 말을 먹였다. 저녁에 함양읍(咸陽邑) 냇가 서쪽에 있는 서원[111] 마을의 김후달(金厚達)네 집에서 묵었다. 고을의 수령 심도명(沈道明)이 찾아왔고, 심민(沈敏)도 따라왔다. 수령과 함께 묵었다. 기쁘고 꿈속의

---

107) 경상남도 거창군 가조면.
108) 경상남도 거창군 가북면 용산리에 있는 마을.
109) 아직 결혼하지 않았거나 벼슬하지 않은 남자를 이르는 말.
110) 경상남도 함양군 동쪽 16리에 있던 역.
111) 백연서원(栢淵書院).

일처럼 좋아서 할 말을 잊었다.

약 100리를 왔다. 괴산에서 화령까지는 양쪽 골짜기 사이로 들판이 전혀 보이지 않았다. 화령에서 상주 읍내를 지나 무량동에 도착해서야 산이 보이고 너른 들이 나타났으니 별세계인 듯하였다. 또 중모현에 도착해서 보니 화령과는 크게 달라서 산 위에도 평평하고 너른 곳이 있어 머무를 만했다. 중모를 거쳐 김산·황간 경계를 지나 직지사·쌍계사·해인사 등에 도착했는데 모두 145리에 걸쳐 양쪽에 골짜기만 서로 묶어놓은 듯 펼쳐져 있다가 거창 가조현에 도착해서야 비로소 평야와 물을 대며 농사짓는 농민의 모습을 볼 수 있었다. 함양읍은 더욱 살 만 해서 커다란 내가 읍을 빙 둘러 흐르고 있어 수목이 그늘을 이루고 있으며, 읍성 안팎의 울타리는 무너져 서로 닿아 있다. 일찍이 최고운이 이 곳의 수령을 지냈으므로 서원이 있는 것이라고 한다.

4월 12일 맑음 | 함양읍 김후달네 집

수령은 아침에 관아에 갔다가 저녁에 돌아와 같이 잤다.

읍에는 평소 해마다 물난리가 났기로 방천을 만들려고 백성 및 승도들을 크게 징발하여 내일부터 공사를 시작한다고 하며, 그 때문에 읍내는 매우 시끄럽고 어지럽다고 한다. 여러 절에서 오신 스님 10여 명이 찾아와 만났다.

4월 13일 아침에 비 내리고 바람이 불다가 맑아짐 | 함양읍 김후달네 집

아침에 백연서원(栢淵書院)[112]에 가서 최고운과 김점필을 배알하고 심원록(尋院錄)[113]에 내 이름을 적어넣었다. 그리고는 별장(別將)[114] 심민

---

112) 경상남도 함양읍에 있는 서원.
113) 방명록.
114) 별장에는 여러 가지 종류가 있었다. 조선시대 의홍친군위의 7품 벼슬, 또는 용호영의

과 함께 이은대(吏隱臺)115)에 올랐다. 이 대는 김점필이 함양 수령으로 있을 때 대를 쌓고 정자를 지어 독서하며 지냈던 까닭에 명명된 곳이다. 읍사(邑舍)를 내려다보니 너른 들에 있는데다 여러 산에 둘러싸여 있어 읍내에서도 경치가 뛰어났다.

식후에 심민과 함께 서계(西溪)에 갔는데 여기에서 약 5리쯤이다. 너른 반석이 있고 폭포와 못도 있는 것이 경치가 아름답다. 바위 사이에는 철쭉꽃이 만발하여 붉고 흰색이 서로 비추고 있어 그것을 바라보고 있으니 피로를 잊게 해준다. 절벽을 따라 놓인 바위에 올랐다가 몇 리 아래위로 내려갔다. 발을 담그고 두건을 씻었으며, 혹은 냇물을 건너다 신발과 버선을 적시기도 하였다.

오후에 거처로 돌아왔다. 수령이 음식과 떡 약간을 보내왔는데, 수령은 아침에 공사를 감독하러 갔다가 저녁에 돌아왔다.

4월 14일 | 진주 안양사

아침에 수령과 작별한 다음 노비와 짐말 열두 필을 남기고, 관아에서 말과 관노 둘을 얻어서 길을 떠났다.

고개 셋을 넘고 산허리를 돌아서 30여 리를 가 오후에 안양사(安養寺)116)에 닿았다. 길이 험하고 경사가 심해 위태로워 근근이 나아가느라 기운이 아주 좋지 않았다.

절은 높은 산 가운데서도 또 가장 위에 자리한다. 지세가 기울어져

종2품 벼슬, 혹은 용호영 이외의 각 영에 딸린 정3품 벼슬을 가리킨다. 그 밖에 산성·도진(渡津)·포구·보루(堡壘)·소도(小島) 따위의 수비를 맡은 무관직도 별장이라 했는데, 여기서는 어느 경우인지 잘 알 수 없다.
115) 경상남도 함양에 있는 고적. 김종직이 군수일 때 지었다. 지금은 터만 남아 있다.
116) 경상남도 진주에 있던 절. 『신증동국여지승람』에는 섬진(蟾津)에서 동쪽으로 고개 셋을 넘어 60리 지점에 있었고, 오대사(五臺寺)와 더불어 대표적 사찰이었다고 나와 있다.

있어서 암석 가운데에 터를 잡았다. 비록 지리산을 안산으로 하더라도 모자랄 정도로 볼 만했다. 단청은 하지 않았는데 장차 다른 곳으로 옮길 계획이라고 한다. 반나절을 절에 머물렀는데 스님이 환대하며 정성스럽게 저녁준비를 해주었다.

경산(京山)117)의 중흥사(中興寺)에서 온 서른한 살의 신행(信行) 스님이 있는데 스스로 말하기를, 일찍이 진사 김창흡(金昌翕)*과 함께 산을 유람하고 다녔다고 하면서 그 때 지은 시를 보여준다. 또 영의정과 좌의정을 지낸 남판(南判), 최부학(崔副學) 등 여러 재상의 시도 꺼내 보여준다.118) 본래 자신의 집은 청문(淸門)119)으로서 배삼익(裵三益)**의 증손인데 가문이 변고를 당해 부모형제가 죽고 자기는 승려가 되었다고 한다.

잠자리에 들어 아침에 일어났는데 기운이 몹시 빠져 있다. 며칠 전부터 감기몸살에 걸린 탓인데 몸이 평소 같지가 않다. 절에 도착한 즉시 관마 한 필과 태남이를 관아로 돌려보냈다. 저녁부터 시작된 비가 밤이 깊도록 내렸다.

***김창흡**(1653~1722).
조선 후기의 유학자. 본관은 안동. 자는 자익(子益), 호는 삼연(三淵). 서울에서 태어났다. 좌의정 김상헌(金尙憲)의 증손자이며, 영의정 김수항(金壽恒)의 셋째 아들이다. 어머니는 안정 나씨(安定羅氏)로 안성두(安星斗)의 딸이다. 형은 영의정을 지낸 김창집(金昌集)과 예조판서·지돈녕부사 등을 지낸 김창협(金昌協)이다.
15세에 이단상(李端相)의 문하에서 공부했다. 과거에는 관심이 없었으나 부친의 명으로 응시하여, 1673년(현종 14)에 진사시에 합격한 뒤 과장에 발을 끊었다.
1689년 기사환국 때 아버지가 사약을 받고 죽자 영평(永平)에 은거하였다.『장자(莊子)』와 사마천(司馬遷)의『사기』를 좋아하고 시도(詩道)에 힘썼으며, 친상을 당한

---

117) 경상북도 성주의 옛 이름.
118) 남판·최부학은 이름이 아니라 직함으로 생각된다. 즉 남판은 남씨 성의 판서, 최부학은 최씨 성의 부제학일 것이다. 이 가운데 남판은 1684년에 우의정이 된 남구만(南九萬, 1629~1711)이 아닐까 생각된다.
119) 정확한 의미는 아니지만, 청렴한 문벌가문 정도로 이해된다.

뒤에는 불전(佛典)을 탐독하여 슬픔을 잊으려 하였다.

1696년에 서연관(書筵官)에 초선(抄選)되고, 1721년(경종 1) 집의에 제수되었으며, 이듬해 영조가 세제(世弟)로 책봉되자 세제시강원(世弟侍講院)에 임명되었으나 모두 사임하고 나아가지 않았다. 신임사화로 절도에 유배된 형 창집이 사약을 받고 죽자 지병이 악화되어 죽었다. 형 창협과 함께 성리학과 문장으로 널리 이름을 떨쳤다. 이조 판서에 추증되었으며 경기도 양주의 석실서원(石室書院), 포천의 요산영당(堯山影堂), 양근(楊根)의 미원서원(迷源書院), 덕원의 충곡사(忠谷祠), 양구의 서암사(書巖祠), 경상북도 울진의 신계사(新溪祠), 강원도 강릉의 호해정영당(湖海亭影堂), 한성의 독충당(篤忠堂)에 제향되었다. 저서로 『삼연집』·『심양일기(瀋陽日記)』 등이 있다. 시호는 문강(文康).

배삼익(1534~1588)

조선 중기의 문신. 본관은 흥해(興海). 자는 여우(汝友), 호는 임연재(臨淵齋). 충좌위부사과(忠佐衛副司果) 배천석(裴天錫)의 아들이다. 대대로 안동에서 살았으며, 이황(李滉)의 문인이다. 1558년(명종 13) 생원이 되고, 1564년 식년문과에 병과로 급제, 성균관의 학유·학록·학정·박사를 거쳐 호조 좌랑이 되었다. 그 뒤 외직인 풍기 군수와 양양 부사를 지내고, 1583년 사헌부 장령·성균관 사예를 지냈다. 뒤에 여러 번 자리를 옮겨 사간원 정언·헌납 겸 춘추관 기주관 등을 역임하였다. 1585년 겨울 승정원 동부승지 겸 경연참찬관이 된 뒤 상호군이 되었다. 1587년 진사사(陳謝使)로 명나라에 다녀왔고, 다음 해 황해도에 흉년이 들자, 병이 있음에도 불구하고 황해도관찰사로 나아가 구황에 힘쓰다 병이 깊어 사직하고 돌아오는 길에 죽었다. 대성(臺省)에 있으면서 같은 성씨끼리의 혼인을 금할 것을 주청하여 조정에서 한때 찬반론이 격렬하였으며, 황해도관찰사 시절에는 병든 몸을 위하여 올리는 쇠고기를 금육(禁肉)이라 하여 끝내 사양하는 강직함을 보이기도 하였다. 저서로 시문집인 『임연재선생문집』 6권이 있다.

4월 15일 비가 그쳤다 | 함양 군자사 향로당

계곡에 흰구름이 이는데 그 모습이 천태만상이다. 내려다보니 생겼다가 없어졌다가 하면서 처마 주위를 에워싸 옷이 모두 젖어버렸다.

느지막이 일어나 길을 떠나려 하는데 스님이 가마를 내왔다. 처음에는 극구 사양했으나 굳이 권하므로 마지못해 타고 갔다.

신행 스님과 작별하였고, 해상(海詳)·학명(學明) 두 스님은 걸어서 5~6리를 따라 나오니 온몸이 땀으로 흠뻑 젖었다.

평지에 도착해 말을 타고 다시 6~7리를 더 가니 두 협곡 사이로 길이 나 있다. 내려다보니 폭포가 우레 같은 소리를 내고 있었다. 맑은 못이 있으며 철쭉꽃이 양쪽 절벽 사이로 피어 있어 매우 경치가 좋아 말에서 내려 감상했다. 좌려암(坐驪巖)·삼성대(三聖臺) 등을 지나 용유당(龍遊堂)120)에 이르렀다. 수백 보 사이에 걸쳐 있는 계곡에 흰 돌들이 어지러이 솟아 있고 흐르는 물소리는 천둥처럼 땅을 뒤흔들 태세다. 냇물의 색깔은 감벽색으로 끝이 없을 정도로 깊어 보여 무서움마저 든다. 좌우에는 붉은 꽃이 활짝 피어 있고, 총석(叢石) 아래위가 모두 신령스런 용이 꿈틀거린 흔적같이 괴이하다. 화산(華山)121) 용유동에 비하면 서로 엇비슷하지 않을까.

천천히 걸으며 이곳저곳을 오랫동안 살펴보았다. 전에 이 곳에서 관아의 말과 관인이 절벽에서 떨어졌으나 다행히 절벽 밑에 있는 나뭇가지를 붙잡아 죽음은 면했다고 한다.

두 스님을 돌려보내고 오후에 군자사(君子寺)122)에 닿았다. 스님이 꿀물과 곶감을 내오며 반긴다.

저녁식사 뒤 향로당(香爐堂)에 묵었는데, 전이(詮頤) 스님의 방이다. 법당과 시왕전을 둘러보았다. 태남이가 돌아와 함양 수령의 편지를 전해주었다.

4월 16일 흐리고 음산하여 몸이 불편하므로 오전에는 잠을 잤다 | 함양 안국사 향로전

저녁식사 뒤 가마를 타고 금대암(金臺庵)123)에 갔다. 대오(大悟) 종장은

---

120) 경상남도 함양읍 남쪽 40리에 있는 못. 용유담이라고도 한다. 『여지도서』에 따르면 못에 스님의 가사 같은 무늬가 있는 가사어(袈裟魚)가 살았다고 한다.
121) 경상남도 함양군 수동면 화산리 일대.
122) 경상남도 함양군 마천면 군자리 지리산에 있던 절. 『여지도서』에 따르면 신라 진평왕이 이 곳에 와 머물면서 태자를 낳고 환국하였는데, 살던 집이 절이 되었다고 한다.

함양 금대암에서 바라본 전나무와 지리산

만나지 못하고 안국사(安國寺)[124]로 향로전에서 묵었다. 이 방은 불존승

---

123) 경상남도 함양군 마천읍 가흥리 지리산에 있는 절. 656년(신라 무열왕 3) 행우(行宇) 조사가 창건했다. 1430년(세종 12) 행호(行乎)가 중창하였으나 1950년의 6·25전쟁으로 불타버렸다. 그 뒤 근대에 와서 금대암복구기성회가 중창했다. 예로부터 경치가 뛰어나 지리산 제일대(第一臺)로 알려졌으며, 많은 문인들이 와서 남긴 시와 기문이 전한다.

124) 경상남도 함양군 마천읍 가흥리 지리산에 있는 절. 656년(무열왕 3) 행우(行宇)가 창건한 뒤 1430년(세종 12) 행호(行乎) 스님이 금대암과 함께 창건했다고 한다. 임진왜란 때인 1598년 왜군이 불태웠고, 그 뒤 다시 중건했으나 6·25전쟁 때 다시 불탔다. 근래에 중창되었으며, 북암·동암 등의 부속암자가 있다. 문화재로는 신라 말 고려 초의 양식을 한 은광(隱光) 대사의 부도가 경상남도유형문화재 제337호로 지정되어 있다.

벽송사 내경

일잠(一岑) 스님의 방이다.

군자사에서 선보(善寶) 스님이 왔다 갔다.

승통 일겸(一謙) 스님과 탄기(坦機) 스님이 꿀물과 진귀한 과일 등을 내오며 반겨주셨다.

진사 박세혁(朴世赫)이 군자사에서 나를 만나러 이 곳까지 왔다.

아침에 관노와 관아의 말을 돌려보냈다.

4월 17일 흐린 뒤에 맑음 | 함양 안국사 향로전

안국사에 머물러 있다.

아침식사 뒤에 벽송암(碧松庵)*의 종장 천륜(天倫) 스님이 찾아와 같이 오랫동안 얘기했다. 오후에는 몸이 불편하여 잠을 잤다.

저녁식사 뒤에 천륜 스님은 돌아가고 나는 일겸·탄기 스님과 함께 서암(西庵)125)까지 걸어갔는데 거리는 벽송암에서 수리 가량이다. 지세가 높고 넓으며 지리산을 마주하고 있는 것은 금대암과 다르지 않다. 어제 금대암에 올랐을 때는 구름이 짙게 깔려 있어서 못 보았는데 이제 보니 바위가 병풍같이 둘러서 있고 봉우리 위에는 빙설이 쌓인 것이 마음과 눈을 시원하게 해준다. 정찬(淨贊) 노스님이 나와 주셔서 잠시 앉아 얘기하다 본사로 돌아왔다.

***벽송암**(碧松庵)

경상남도 함양군 마천읍 추성리에 자리한 절. 지금은 벽송사라고 한다. 신라 말이나 고려 초에 창건된 것으로 보이지만 여러 번의 전란과 화재로 숱한 문화재가 불타버리고 기록도 없어졌다. 1520년(중종 15) 벽송 지엄(智嚴)이 중창한 얼마 뒤부터 벽송사로 불렸다고 전한다. 그러나 이마저도 1950년에 일어난 6·25전쟁으로 가람 전체가 불타 버렸고, 전쟁이 끝난 뒤 곧 벽송사재건위원회가 이루어져 중창하여 오늘에 이른다. 절 뒤쪽에 널찍한 공간이 있고, 여기에 조선시대 부도 3기와 삼층석탑이 있다. 보물 제474호로 지정된 이 석탑은 신라 말 고려 초의 양식을 모방한 조선시대 유일의 탑이라고 하지만, 어느 모로 보더라도 조선시대 탑은 아니고 10세기 무렵의 탑임이 분명하므로 이 부분에 대한 시정이 필요하다. 이 절은 지리산 칠선계곡에 자리하고 있어 경관이 뛰어나다. 또 절에 올라가는 입구 오른쪽에는 경상남도민속자료 제2호로 지정된 목장승 2위가 있는데, 가루지기타령에 나오는 변강쇠와 옹녀를 새긴 것이라는 이야기도 전한다.

4월 18일 흐린 뒤에 맑아졌으며 추웠다 | 함양 안국사 향로전

안국사에 머물고 있다. 집으로 보내는 편지를 10여 장 썼다.

저녁식사 뒤 법당에 가 보니 객승 두 사람이 인사한다. 한 스님은 천정(天淨)이고 또 한 스님은 영기(靈起)였다. 천만뜻밖에 타향에서 두 사람을

125) 지금은 서암정사(西庵精舍)라고 하며, 벽송사의 산내암자 격이다. 굴이 있고 그 안에 여러 가지 조각이 장엄되어 있는 것으로 유명하다.

만나니 반갑기 그지없다. 이 두 스님
은 이제 가사를 지어입고 상고대암(上
高臺庵)126)으로 올라가 둘이 같이 여
름 동안 지낼 예정이라며 곧 작별하고
떠났다.127)

4월 19일 맑음. 추웠다 | 함양 상무주암
　새벽에 그릇에 담긴 물이 얼어서
얼음이 되어 있다. 아침식사를 하고
어깨에 메는 가마를 타고 떠났다. 안
국사에서부터 승통 일겸 스님이 따라
오며 전송하였다. 냇가에 이르니 군자
사의 법안(法眼)·선보 스님 등이 가
마꾼을 데리고 기다리고 있었다. 내를
건너서 나귀를 타고 10여 리 남짓 간
다음 가마를 타고 다시 5리 여를 가서
두타암(頭陀庵)에 닿았다.

함양 상무주암

　원혜(圓慧) 노스님과 그 상좌 영인(靈印) 스님이 나와 맞이해주셨다.
같이 오랫동안 얘기를 나눈 뒤 가마를 돌려보내고 걸어서 무량굴(無量窟)
에 올라갔다. 의철(義哲) 수좌는 을축생(1625)인데 마중 나와 주었다.
　저녁식사 뒤 상무주암(上無主庵)128)으로 올라갔다. 벼랑에 걸려 있는

---

126) 현재 함양 지리산 부근에는 상고대암이라는 절이 없다. 아마도 지금의 상연대암(上
　　蓮臺庵)이 아닐까 생각된다.
127) 하안거(夏安居)를 말한다.
128) 경상남도 함양군 마천읍 삼정리 지리산에 있는 절. 고려시대인 1197년(신종 1)
　　보조국사 지눌(知訥)이 창건했다. 그 뒤 공민왕 때(1351~1374) 구곡 각운(龜谷覺
　　雲)이 머물렀다. 그 밖의 자세한 역사는 전하지 않는다.

석벽을 온 힘을 다해 올라가 5리쯤을 갔다. 열 걸음에 한 번 쉬는 식으로 올라가 겨우 도착해 동대(東臺) 위에서 앉아 쉬었다. 바라보니 지리산의 여러 봉우리들이 둘러져 있는 가운데 주산(主山)[129]의 석봉은 기괴하여 무어라 표현하기 힘들다. 서쪽 가에 석정(石井)이 있어서 거기에서 단물이 솟아오른다. 절터는 만길 높은 곳에 있지만 평온하고 남향이라서 정말로 명당이라 할 만했다. 이 곳에서 여름을 나고 싶다는 마음이 든다. 호준(湖俊) 노스님과 수좌 일곱 분이 이 곳에서 새로 거주처를 만들었다고 한다[130]. 일겸·법안·선보 스님 등이 인사하고 돌아갔다.

묘적암(妙寂庵)의 수좌 사철(思哲) 스님이 찾아왔다. 경진생(1640)이라 한다.

4월 20일 맑음. 바람이 불어 추웠다 | 함양 묘적암

아침식사 뒤 묘적암으로 갈 생각이었는데 마침 사철 스님이 오셔서 같이 갔다. 절터는 비록 무주암(無住庵)에 미치지 못하나 이 곳 역시 매우 밝고 산뜻하다. 다만 초막만 있어서 지내기에 마땅하지가 않다. 오랫동안 앉아 얘기하였다.

돌아오는 길 중간쯤에서 천정·영기 스님을 만났는데, 여름에 가서 두루 둘러보기로 했다.

무주암으로 돌아와서 거처할 방을 별방(別房)으로 정했는데 내일부터 수리를 한다고 한다. 영기 수좌는 인사하고 돌아갔고, 천정 스님은 남아서 일한다고 한다.

태남이가 군자사에서 짐을 싣고 올라왔다. 집으로 보내는 편지를 써서 주었고, 말을 함양 관아로 돌려보내고 나서 입이와 함께 원주로 돌아가라고 했다. 저녁에 입이가 함양 수령이 보내온 편지와 시와 함께 양색과(兩色

---

129) 절 바로 뒤의 산.
130) 요사(寮舍)를 지은 것을 말한다.

果)와 방목(榜目)[131]을 가져왔다. 방목을 보고서야 비로소 조식(趙湜)[132]이 춘당(春塘)[133]에서 장원급제했다는 것을 알았다. 기쁘기 한량없다.

4월 21일 맑음 | 함양 묘적암

윤판옥(輪板屋)[134]을 수리했다. 견성암(見性庵)[135]의 종장 자징(自澄) 스님과 묘적암의 수좌인 사철 스님이 와서 만났다. 입이는 새벽에 돌아갔고, 군자사의 삼보승 수백(守白) 스님이 와서 백지(白紙) 한 권과 밀가루(眞末) 약간을 주었다.

4월 22일 맑음 | 함양 묘적암

군자사의 승통 법안 스님이 와서 만났다. 함께 온 천정 스님이 무명 한 필을 백미 다섯 말, 피지(皮紙)[136] 세 권 열 장, 백지 한 권으로 바꾸어 왔다.

유람하는 객승인 인호(印湖)·성철(性哲)·해신(海信) 스님 등이 와서 만났고, 사철 수좌도 왔다 갔다.

---

131) 과거 합격자 명단.
132) 본관은 횡성. 이 해, 곧 1686년에 급제한 뒤 1693년 황해도 관찰사를 지냈다. 경연(景淵) 이문조(李文祚)의 시문집인『경연당집』서(書)에 조식과 나눈 편지가 실려 있다. 또 문신이자 학자인 김시걸(金時傑, 1653~1701)의 시문집『난곡집(蘭谷集)』잡전(雜傳)에 조식의 노복 정민(丁敏)에 대한 기록이 있다.
133) 춘당대시(春塘臺試)라고도 한다. 조선시대에 창경궁(昌慶宮)의 춘당대에서 실시하던 특별한 과거로, 왕실에 경사가 있거나 유생(儒生)을 시험하기 위해 부정기적으로 실시하던 문·무과(文武科)였다. 1572년(선조 3) 선조가 창경궁의 춘당대에 와서 시험을 치르게 한 데서 비롯되었다. 이 시험만으로 대과 3단계 시험의 마지막 단계인 전시(殿試)를 보는 것과 같은 혜택을 주었다. 시험은 제술과(製述科)만으로 하고, 합격자 수는 일정한 정원이 없었다.
134) 널빤지로 둥그렇게 지붕을 덮은 집.
135) 전라남도 구례군 화엄사의 산내암자.
136) 다나무 껍질의 찌끼로 뜬 종이로 피딱지라고도 한다 대체로 품질이 낮다.

4월 23일 새벽녘에 바람이 불며 어두워지더니 비도 뿌리면서 흐린 다음에 맑아졌다 | 함양 묘적암

객승은 떠나고 사철과 통운(通運) 두 수좌가 왔다 갔다.

덕유산 극락암(極樂庵)의 원휘(元輝) 스님은 초적(草笛)[137]을 잘 부르는데 여러 곡을 부르고 돌아갔다. 천정 스님도 돌아갔고, 금대암의 자현(慈絢) 스님이 왔다.

4월 24일 맑음. 바람이 크게 불며 나무와 집을 뽑아버렸다 | 함양 묘적암

지리산 가득히 커다란 산불이 나 연기가 하늘을 뒤덮었다. 저녁 무렵에는 절 주위로 불이 번져와 눈앞에까지 타올랐다. 여러 스님들이 급히 물을 뿌려대느라 정신없이 뛰어다니니 그 참담한 모습은 형언할 수가 없다. 불길이 바로 계단 아래까지 번지다가 급기야 바람과 함께 불이 집을 덮치니 사람들이 온 힘을 다해 물을 날라 뿌려댔다. 마침 천행으로 역풍이 불어 불이 꺼져 겨우 살아날 수 있었으나 옷이며 이불들은 대부분 불에 탔다. 멀리 바라다보니 100여 리 간에 화광이 하늘을 밝히는 것이 실로 반평생의 장관이었다.

오후에 영기 수좌와 천정 스님, 그리고 박태기(朴泰基)가 와서 서로 인사했는데, 모두 힘을 모아 불을 껐기 때문이다.

한밤이 지나서야 비가 내리고 바람도 다소 멎어 새벽이 되어서는 산불이 전부 꺼졌다.

4월 25일 새벽녘에 비가 조금 내리고 바람이 불고 흐렸다 | 남원 실상사

박태기가 인사하고 돌아갔고, 나는 영기와 천정 두 스님과 함께 걸어서 상무주암에 올라갔다. 가는 길에 천인암(千人庵)에 들러 잠시 있다가 다시 고대암(高臺庵)[138]에 올랐는데, 수좌 보인(寶仁) 스님이 점심을 차려

---

137) 풀잎 피리. 초금(草琴)이라고도 한다.

실상사 전경

주었다.

　미시[139]에 실상사(實相寺)*에 닿았다. 산길이 기이하고 험했지만 철쭉꽃이 만발하여 걸어가며 즐거운 눈으로 바라다보며 피곤함을 잊었다. 약 20여 리를 가니 불존승 담익(曇翼) 스님의 방이 나온다. 계오(戒悟) 스님의 상좌 여건(如健) 스님이 와서 만났는데 시를 써주었다. 정행(淨行) 스님은 나를 기다리고 있다가 여러 가지 진귀한 과일과 꿀물을 대접해 주었다. 또 법당 화주 일행(日行) 스님과 기와 화주 계오 스님도 와서 만났다. 정행 스님은 을축생(1625)이다. 모두 수좌승들인데 얘기할 만했다. 이 절의 스님들은 지금 마을사람들과 절 땅을 놓고 다툼이 있어 앞으로

---

138) 상고대암을 말한다.
139) 오후 1시에서 3시 사이.

실상사 보광전 철불

제대로 보존이 어려운 형국이라고 한다.

사순(思淳) 스님이 왔는데 전에 승통을 지냈던 분이라고 한다.

*실상사(實相寺)

전라북도 남원시 산내면 입석리 지리산에 있는 절. 828년(홍덕왕 3) 증각(證覺) 국사 홍척(洪陟)이 창건하여 구산선문의 하나인 실상산문을 열었다. 고려시대와 조선시대에 걸쳐 대찰이자 명찰로 널리 알려져 왔고, 지금도 금산사와 더불어 전라북도 지역의 대표적 사찰로 자리매김 하고 있다. 보광전에 봉안된 보물 제41호 신라시대 철불은 대좌가 별도로 마련되지 않은 것이 특이하며, 1664년(현종 5)에 만든 동종은 종을 치는 당좌 부분에 점선으로 일본 열도 모양이 새겨져 있어 일제강점기에는 타종이 금지되기도 했다. 그 밖에 국보 제10호 백장암 삼층석탑, 보물 제33호와 34호로 각각 지정된 수철화상능가보월탑과 탑비, 보물 제35호 석등, 보물 제36호 부도, 보물 제37호 삼층석탑 2기, 보물 제38호와 39호인 증각대사응료탑과 탑비, 보물 제49호 백장암 석등, 보물 제420호 백장암 청동은입사 향로, 보물 제421호 약수암 목각탱화 등이 있다. 이 가운데 석등 앞에는 석등에 불을 붙이기 위해 둔 돌로 만든 계단이 있고, 약수암 목각탱화는 현재 금산사 성보박물관으로 이운되어 있다. 백장암과 약수암은 실상사의 산내암자다.

4월 26일 맑음 | 남원 견성암

아침식사 뒤에 담익·천정 스님과 함께 냇가로 가서 구경하였고, 다음에 법당의 옛날 철불(鐵佛)[140]을 보았다. 절의 터로 보아 실로 거찰이다.

스님들이 아침 식사 뒤에 각각 흩어졌으므로 그냥 머물 수밖에 없었다.

저녁식사 뒤에 정행 스님과 견성암의 혜준(慧俊) 스님과 함께 견성암으로 걸어 올라갔다. 열 번 걸으면 한 번 쉬어 가며 10여 리를 갔다. 암자에 도착해서 누웠는데 다시 일어날 기운이 없을 정도로 피곤하다. 이 곳의 스님에게 시를 지어드렸다.

4월 27일 맑다가 흐려짐 | 남원 천인암

태감(太鑑) 스님이 오셔서 만났다. 아침식사 뒤 천정 스님과 같이 계곡의 바위에 앉아 폭포와 바위 위에 핀 꽃을 감상했다.

저녁식사 뒤 천인암으로 옮겼는데 여기에서 겨우 1리쯤이다.

함양에서 편지를 부쳐오고 쌀과 소금 각 두 말씩을 보내왔기로 바로 답서를 써보냈다. 영기 수좌가 왔다. 고을의 일을 보고 있는 허시운(許是雲)과 박문간(朴文間)이 와서 보고 갔다. 군자사 스님이 재를 드렸던 떡을 가지고 왔다.

4월 28일 아침부터 비가 내리기 시작하여 종일 이어졌다 | 남원 천인암

능연(能衍) 스님이 방을 깨끗이 청소하고 창과 벽에 종이를 발라서 방이 따뜻해지니 마음이 매우 상쾌하고 편안해졌다. 왕산(王山) 화주 의암(義巖) 스님과 무주암 스님이 왔다.

4월 29일 아침에 비가 내리고 구름과 안개가 일다가 오후에야 갰다 | 남원 천인암

영기 수좌와 천정 스님이 실상사로 돌아갔다가 서울로 올라간다기에 편지를 전했다. 의암 스님과 무주암의 스님도 돌아갔다.

---

140) 현재 보물 제41호로 지정된 보광전 철불을 말한다.

윤4월 1일 흐린 뒤에 맑음 | 남원 천인암

아침식사 뒤 다시 견성암으로 갔다 왔다. 다리 힘을 조절하기 위해서다.

군자사의 선보 스님이 감(海衣) 약간을 갖고 왔다가 돌아갔다.

함양 수령이 편지로 안부를 물어왔으며 된장(末醬) 세 말과 육포·조기(石首魚) 등을 보냈다.

윤4월 2일 흐리다가 오후부터 하루 종일 비가 내렸다 | 남원 천인암

다시 견성암으로 갔다가 머물렀다. 이 암자의 사철 스님과 무주암의 설청(雪淸) 스님이 왔다 갔다.

윤4월 3일 흐리다가 비가 오락가락했다 | 남원 천인암

견성암에 갔다 왔다. 실상사에서 온 처일(處一) 스님이 와서 만났고, 자징(自澄) 스님도 왔다 갔다. 양초의 찌끼를 털어냈다.

윤4월 4일 맑음 | 남원 천인암

견성암에 갔다 왔다. 처일 스님은 인사하고 떠났고, 능연 스님이 이곳으로 와 정성껏 나를 공양해준다. 스님은 마을까지 10여 리를 가서 미역[葛苣]·미나리[水芹] 등의 채소와 조도미(早稻米)[141]를 구해 저녁식사 때 내놓으니 정말로 마음이 미안한다.

군자사의 불존승 전이 스님과 실상사의 계오 수좌가 왔다. 계오 스님은 식기 사발 한 벌을 주었다. 저녁에 모두 돌아갔다.

윤4월 5일 맑았다 흐리고 오후에는 번개, 천둥이 쳤다 | 남원 천인암

아침식사 뒤 상고대암에 올랐다. 돌이 많은 길이 험하고 경사가 심하다. 그늘을 따라 나 있는 좁은 길에는 꽃들이 시들어 가고 있다. 높다란 석대가

---

141) 예살. 올벼.

있어 올라가 멀리 주위를 바라보니 뭇 산들이 울타리처럼 절과 암자를 빙 둘러서 있다. 눈 밑으로는 큰 내가 가로지르며 꾸불꾸불 흘러가고 하늘 위에는 구름이 오락가락하며 경관이 펼쳐져 있다.

수좌 보인(寶仁) 스님이 바야흐로 가사를 다 지었는데, 곶감을 준비해서 기다리고 있었다. 함께 이리저리 옮겨 다니면서 경치를 완상하는데 무주암의 신순(信淳) 수좌 스님이 찾아왔다. 방사를 도배했고, 또 송첨(松簷)도 만들었으니 나더러 속히 오라고 한다.

다 함께 천인암에 돌아왔다. 유일(裕日) 노스님과 불존승 추우(秋祐) 스님이 저녁을 정성스럽게 차려주어 매우 고맙다.

윤4월 6일 맑음 | 남원 천인암
다시 견성암에 갔다 왔다. 경숙이 무주암에 갔다 돌아왔다.

윤4월 7일 맑고 바람이 심했다 | 남원 천인암
다시 견성암에 갔다 왔다.
군자사의 성문(性文)·법안(法眼) 스님이 왔다 갔는데 미나리를 주고 갔다.

윤4월 8일 흐린 뒤에 맑음 | 함양 상무주암
승임(勝稔) 스님이 아침을 차려주었다. 아침식사 뒤 무주암의 설청 스님과 경숙이와 함께 상무주암으로 옮겼다. 저녁식사 뒤에 사철 수좌와 함께 지자대(止慈臺)에 올라 한참 동안 앉아 있다가 돌아왔다. 윤판옥(輪板屋)에서 사철 수좌와 함께 묵었다.

윤4월 9일 흐린 뒤에 맑음 | 함양 상무주암
아침식사 뒤 삼응(三應) 스님과 함께 묘적암에 가서 잠시 앉아 있다가

사철·삼응 스님과 함께 서동고암(西洞古庵)에 갔다. 암자는 석대 위에 자리잡았는데 좌우의 입석이 기괴하다. 동쪽 가에는 석천(石泉)도 있다. 산세가 휘감아 돌아 바람도 많지 않으니 가히 몇 칸짜리 집을 지을 만하다. 더군다나 맑은 기운마저 서려 있으니 정말로 이 곳은 도인이 수련할 만한 곳이다.

신순 수좌를 무주암으로 오라 해서 집을 짓고 샘을 파면 어떠한지 헤아려보게 했다. 샘을 두 곳 파는 것은 샘물이 부족한 게 흠이기 때문이다. 앉아 있다가 돌아왔다.

경숙이가 군자사에서 잣을 구해왔다. 군자사 스님이 미나리 두 단을 보내왔다.

저녁식사 뒤 다시 지자대의 동대에 갔다온 다음 사철 수좌와 함께 잤다.

윤4월 10일 흐린 뒤 맑음. 바람이 불었다 | 함양 상무주암

아침식사 뒤에 신순 스님과 함께 지자대에 갔고, 또 사철 스님을 데리고 서대(西臺)에 갔다. 이 터에 우물을 파면 좋을 듯하다. 오랫동안 앉아 있다가 무주암으로 돌아왔다.

저녁식사 뒤 설청 스님과 지자대에 다녀온 다음 사철 스님과 함께 잤다.

윤4월 11일 새벽 자시[142] 초에 우레 같은 것이 미방(未方)[143]에서 일어났다. 순식간에 나타나는 게 마치 용같기도 하고 횃불같기도 하였다. 창문이 온통 훤하게 밝았다가 다시 어두워졌다가 하였는데 그 광경을 말로 다 못하겠다. 축시[144] 끝 무렵이 되어서야 비로소 그쳤다 | 함양 상무주암

---

142) 오후 11시에서 오전 1시 사이.
143) 남서 방향.
144) 오전 1시에서 3시 사이.

아침식사 뒤 삼응 수좌와 함께 무량굴에 갔다가 다시 묘적암에 올라가 절터와 굴을 둘러본 다음 묘적암에 도착했다. 사철 스님과 잠시 앉아 얘기하다가 무주암으로 돌아왔다. 약 10여 리를 걸었는데 돌길이 몹시 험하여 오르는데 무척 힘이 들었다.

진사 박세기(朴世基)가 찾아와 같이 잤다.

윤4월 12일 맑은 뒤 흐려짐. 밤에는 바람이 심하게 불었고 비도 내렸다 | 함양 상무주암

박 진사가 인사하고 돌아갔는데, 함께 묘적암까지 가서 작별했다. 나는 여기서 사철 스님과 오랫동안 얘기하다 무주암으로 돌아왔다. 함양 수령이 편지를 보냈는데 시로 안부를 물어왔다. 또 쌀 세 말과 굴비[乾石魚] 두 속, 도미[道味魚] 한 손, 콩잎 열 두릅도 보내왔다.

장흥동(長興洞)에서 편지를 보내왔다. 도항(道恒)[145]이와 사신(思愼)* 이가 보낸 편지도 있다. 이 편지를 읽고 지난달 그믐 전의 소식을 알 수 있어 위안이 된다. 답장을 써서 보냈다.

> ***정사신**(丁思愼, 1662~1722)
> 정시한의 손자. 조선 후기의 문신. 자는 성공(聖功), 호는 기수(畸叟). 정시한의 맏아들 정도겸(丁道謙)의 아들로 원주에서 태어났다. 일찍이 할아버지로부터 학문을 익혀 1687년(숙종 13) 사마 양시에 모두 합격, 생원·진사가 된 뒤, 1691년 증광문과에 병과로 급제하였다. 승문원부정자·승정원주서·성균관전적·병조정랑 등을 거쳐 1693년 수찬이 되고, 이어 정언·지평을 역임하였다. 이듬해 갑술옥사가 일어나자 수찬으로서 상소, 귀양간 권대운(權大運)·목내선(睦來善) 등 남인의 노대신들을 구 하려다가 도리어 왕의 노여움을 사 삭탈관작 당하였다. 1707년 다시 등용되어 안성 군수, 선산 부사, 공조 참의, 호조 참의 등을 거쳐, 1722년 풍덕 부사로 있을 때 임지에 서 죽었다.

윤4월 13일 새벽부터 경천동지할 큰바람이 불었다. 또 비가 내렸는데 사시[146]

---

145) 정시한의 둘째 아들.

함양 상연대암 삼불상

이후에 더욱 심해졌다. 바람으로 초목이 모두 쓰러졌다. 어두워진 뒤 암자로
옮겨와서 잤다 | 함양 상무주암

윤4월 14일 맑은 뒤 흐려짐 | 함양 상무주암

천인암의 능연·추우·지응(智應) 스님 등이 왔다 갔고 사철 수좌도
왔다 갔다. 오후에 다시 윤판옥으로 옮겨서 묵었다.

윤4월 15일 흐림 | 함양 두타암

---

146) 오전 9시에서 11시 사이.

아침식사 뒤 자겸(自謙) 스님이 돌아와 반갑게 마주앉아 애기하고 있는데, 갑자기 상고대암의 수좌 보인(寶仁) 스님, 천인암의 행총(幸聰) 스님이 찾아왔다. 이들과 잠시 애기하다 무주암을 떠나면서 여러 스님들과 작별했다. 요열(了悅) 스님과 경숙이를 데리고 무량굴에 도착했다. 의철 수좌를 도솔암(兜率庵)[147]으로 보내 온돌을 준비토록 했다.

두타암에 내려가니 원혜(元惠)[148]·석겸(釋謙) 두 노장 스님이 서로 맞이해준다.

저녁식사 뒤 숙박 문제 때문에 요열 스님은 인사하고 떠났다.

윤4월 16일 흐린 뒤 맑음 | 함양 두타암

아침식사 뒤에 석겸 스님과 경숙이를 도솔암으로 먼저 보냈다. 잠시 뒤 사철·삼응 스님이 각각 묘적암과 무주암에서 내려왔고, 두 수좌스님과 함께 요열 스님도 왔다. 두 수좌스님과 동행하였고, 요열 스님은 인사하고 떠났다.

우리는 고개 둘을 넘어 사철 수좌가 봐둔 암자터에 올라가 보았다. 터는 바위로 둘러싸여 있고 그 가운데는 기괴한 입석이 많다. 잠시 머물다가 나무그늘로 해서 밑으로 내려와 도솔암에 도착했는데, 의철 스님이 먼저 와 있었다. 온돌이 너무 뜨거웠다.

저녁식사 뒤 삼응 상좌와 상현(尚玄) 스님이 해인사에서 왔는데 엿(飴糖)을 대접했다. 모두 함께 묵었다. 오늘은 약 20여 리를 갔다.

윤4월 17일 흐린 뒤 맑아졌고, 저녁에 비가 내렸다 | 하동 칠불암 승당

아침식사 뒤 의철·상현 스님과 작별하였다. 사철·삼응·석겸 스님 및 경숙이와 함께 도솔암을 출발하여 주봉을 약 5리쯤 넘었고, 다시 산등성

---

147) 경상남도 함양군 마천면 지리산 영원사(靈源寺)의 산내암자.
148) 4월 19일 일기에는 圓慧로 되어 있다.

하동 칠불암

이를 따라 돌만 있고 길이 없는 땅을 15리 남짓 걸어서 반야봉(般若峰)
응막(鷹幕)에 닿았다. 점심 때 청옥채(靑玉菜)[149) 한 단을 캤다. 가장 높은
봉우리에 오르니 구름에 걸친 산과 푸른 바다가 아득하게 눈에 들어온다.
동·서·남의 세 방향으로 바다와 하늘이 맞닿았으며 구름과 노을이
명멸한다. 계룡산·속리산·가야산 등도 눈 밑으로 나열해 있다. 실로
반평생 만에 보는 기이한 경관이었다. 산 위에는 수십리에 걸쳐서 철쭉꽃
이 만발하였는데, 밀집해 피어 있는 곳은 높이가 너더댓 장이나 되며
노송나무숲 사이에서 붉은 꽃과 흰 꽃이 가득 피어 있다. 천천히 걸음을

---

149) 청옥채가 무엇인지 확실하지 않다. 아마 시금치가 아닌가 생각된다.

옮기면서 일찍이 못 보던 기화이초(奇花異草)들을 감상했다. 이들을 보느라 다른 일을 할 틈이 없었다. 고봉준령에 올라갔는데 돌이 삐죽삐죽 높이 솟아 있어 비할 데 없이 길이 험하였으나 다리 아프고 몸이 피곤한지를 느끼지 못했다.

저녁이 다 되어서야 칠불암(七佛庵)[150]에 닿았다. 수좌 해청(海淸) 스님과 승당승(僧堂僧) 광삼(廣森) 스님이 맞아주셨다. 해청 스님이 저녁을 준비해 주었는데 이 스님은 됨됨이가 밝고 민첩한 것이 사랑스럽다. 건물이 퇴락되어 차제에 중창하여 모두 수리하고 있는 중이지만 아직 다하지는 못했다. 석겸 스님과 함께 승당에서 묵었다. 이 방은 바닥의 높낮이가 고르지 않지만 (구들을) 차곡차곡 쌓아서 만들었는데 아궁이에서 불을 때면 그 따뜻한 기운이 끝에까지 이르니 그 까닭을 모르겠다.[151]

사철 스님과 삼응 스님도 선당에서 묵었다. 오늘은 약 40여 리를 걸었다.

윤4월 18일 아침에 비가 왔다. 맑다가 흐려졌고, 추웠다 | 하동 칠불암 선당

들으니 조전(祖殿)[152]에는 여든아홉 살인 수좌 스님이 계신다고 한다. 곧바로 가서 만나보니 이름은 광오(廣悟)인데 혼자 방에 거처하면서 밥도 직접 해 드시고 있다. 그러나 기력은 흡사 60여 세 된 사람 같다. 말하기를,

---

150) 경상남도 하동 쌍계사(雙溪寺)의 산내암자. 본래 이름은 운수원(雲水院)이다. 우리나라의 전통 온돌로 만든 아자방과 주변의 칠불폭포로 유명하다. 최근에는 안자로서의 기능을 잘 못하여 일반인의 출입이 금지되었으나 2004년부터 출입이 허용되었다.

151) 이른바 아자방(亞字房)이다. 이 방의 본래 이름은 벽안당(碧眼堂)으로, 50여 명이 한꺼번에 들어가 벽을 보고 참선할 수 있는데, 크기도 크지만 무엇보다도 방바닥 구조가 '亞'자로 되어 있어 참선에 적합하게 되어 있다. 또 이 방의 구들은 신라시대 효공왕 때 '구들도사'로 불리던 담공(曇空) 선사가 만들었고, 오랜 세월 동안 한 번도 고치지 않았다고 한다. 한 번 불을 때면 49일 동안 따뜻하다고 한다. 칠불암은 1948년 여순사건 때 건물이 모두 불타 없어졌다가 1964년 문수전·보광전·선원 등을 중창했다. 지금의 아자방은 1982년에 복원하였다.

152) 지금은 칠불암에 조전이 없다. 아마도 요사였던 것으로 생각된다.

눈은 어두워졌으나 이빨도 상하지 않았고 듣는 것도 쇠해지지 않았다 한다. 아침식사 뒤에 나를 불러서 금륜암(金輪庵)에 갔는데, 사철 스님 등 세 분과 광삼·광오 노 스님도 동행했다. 금륜암·은암(隱庵)·통일암(通一庵) 등에 가서 주위를 둘러보니 칠불암은 노송나무와 잣나무가 주위에 가득하고 산세도 둘러싼 것이 과연 명불허전이다. 명당이라는 말이 낭설이 아니었다. 사철과 삼응 스님은 다리가 아파 걷지 못하여 남았다. 여러 암자에 스님들이 없고 퇴락을 면치 못하고 있으니 애석한 일이다.

윤4월 19일 흐리고 밤에 비가 내렸다 | 함양 금류동암

아침식사 뒤 사철 스님 등은 인사하고 떠났다. 석겸 스님과 경숙이, 그리고 광삼 스님과 칠불암을 출발해 고개 하나를 넘어서 20리 가량을 걸어 금강대암(金剛臺庵)에 닿았다. 여기에서 잠시 앉았다가 다시 몇 리를 가서 오향대암(五香臺庵)에 도착했다.

오향대의 청언(淸彦) 스님이 저녁을 준비해 주었다. 앉아 있다가 나갈 때 쌀 세 말 다섯 되를 바꾸었다. 수백 보를 걸어 금류동암(金流洞庵)에 도착했다. 계곡 주변에는 폭포가 흐르는데 소리가 쟁쟁하게 울리고 맑은 기운도 가득하다. 암자 건물은 정묘하기는 하지만 너무 깊숙이 들어서 있어서 찾아오는 승려나 일반인이 드물다고 한다. 여기에 있으려니 실로 마음이 상쾌해지는 게 전부터 바래오던 곳이다. 오래 머물러 있어야겠다는 생각이 들었다.

광삼 스님 등은 떠나고 석겸 스님은 남았다. 석겸 스님은 인품이 믿을만하고 착실하여 진실한 마음이 곳곳에 보인다. 손수 식사를 만들어 주는데 마치 친구를 대하는 듯한 정이 느껴진다. 이 절의 보정(普晶)·설종(雪宗)·근삼(勤三)·새진(璽眞) 등의 네 스님은 모두 나이가 어리다.

저녁을 준비했으나 먹지 않고 반석에 올라 앉아 요사 주위를 둘러보았다. 조전방에서 잤다.

윤4월 20일 새벽부터 비가 내렸다 | 함양 금류동암

오향대암에서 명학(明學) 스님이 와서 만났다. 석겸 스님은 헤진 버선을
기웠다.

4월 21일 흐린 다음에 맑아졌다 | 하동 금류동암

석겸 스님은 인사하고 돌아가고, 나는 다시 오향대암에 올라가 청언
스님과 잠시 얘기를 나누다가 본사[153]에 돌아왔다. 보정·설종 스님은
각각 자신의 처소로 갔다.

안음(安陰)[154] 영각사(靈覺寺)[155]의 처우(處又)·선휘(善徽) 스님이 다
른 곳에 들렀다가 왔다. 명학 스님이 와서 잤다.

윤4월 22일 흐림 | 함양 금류동암

두 객승은 인사하고 떠났고, 나는 아침식사 뒤에 다시 오향대암에 갔다.
명학 스님이 저녁식사를 차려주기 위해 왔다가 식사 뒤에 돌아가서는,
잠자러 다시 왔다. 이 곳 스님으로 전에 밖에 나갔던 희안(希眼) 스님이
돌아왔고, 새진 스님은 죽순을 캐가지고 왔다.

윤4월 23일 흐림. 비가 하루 종일 내렸다 | 함양 금류동암

희안 스님이 아침을 준비해주셨다. 보정·설종 스님이 비를 무릅쓰고
돌아갔다.

---

153) 칠불암.
154) 현재의 함양군 안의면(安義面).
155) 경상남도 함양군 서상면 상남리 덕유산 자락에 있는 절. 876년(헌강왕 2) 심광(深光)
     이 창건했고, 조선시대에 들어와 1770년(영조 46) 설파 상언(雪坡尙彦)이『화엄경』
     판목을 새기고 이 곳에 장경각을 지어 봉안했다. 1907년 불이 났고, 6·25전쟁으로
     또 불탔다. 1959년 중창하여 오늘에 이른다. 현재 비구니 수행도량으로 높은 사격을
     보이고 있다.

윤4월 24일 아침에 흐린 뒤 오후에 맑게 갰다 | 함양 금류동암

삼일암(三日庵)[156]의 선혜(善慧) 스님, 오향대의 명학 스님이 왔다 갔다.
저녁식사 뒤 희안 스님과 함께 금강대암에 갔다 왔다가 오향대암에도
들렀다.

윤4월 25일 흐린 뒤에 갰다 | 함양 금류동암

아침식사 뒤 보정 스님과 함께 삼일암[157]에 갔다. 삼일암은 금류동
서남쪽 약 수리 거리에 있다. 산허리에 바르게 터를 잡고 있으며, 백운산을
안산(案山)[158]으로 삼았다. 두치강(頭峙江)[159]은 백운산 안에 있다. 만학
천봉 사이에 구름과 노을이 명멸한다. 암자 주변에는 노송나무와 잣나무가
울창하고, 꽃과 대나무는 측백나무와 노송나무 사이에 숲을 이루고 있다.
암자의 건물은 단정하고 깔끔하다. 바위 위와 숲 사이를 이리저리 돌아다
니다가 누각 난간에 기대어 오랫동안 경치를 조망하다가 나왔다. 폭포수
아래에 이르러 반석 위에 앉아 있다가 암자로 되돌아왔다.

희안 스님과 서 처사가 지은 정자 주위를 둘러보았다. 세상은 참 넓구나
하는 생각이 나날이 새롭게 든다. 반석 위에 앉아서 폭포를 감상했다.

윤4월 26일 아침에 비가 내릴 듯이 흐렸다가 오후에 갰다 | 함양 금류동암

아침식사 뒤 1,000보를 걸었다. 이 절에 온 뒤로 계속 새벽마다 일어나

---

156) 전라남도 구례군 지리산 천은사(泉隱寺) 산내암자.
157) 원문에는 '日'자가 빠져 있다.
158) 절의 맞은편 산. 조산(助山)이라고도 한다. 풍수로 볼 때 절이 자리한 뒷산인
　　주산(主山)과 안산이 똑바로 일치해야 좋은 터로 여긴다.
159) 지금의 섬진강을 고려시대 초부터 두치강으로 불렀다가 1385년 무렵 섬진강으로
　　불렀다. 왜구들이 경상남도 하동 쪽에서 강을 건너 광양 쪽으로 침입하려 하자
　　광양시 진상면 섬거에 살던 두꺼비 수십만 마리가 8km나 떨어진 지금의 전라남도
　　광양시 다압면 섬진마을 나루터로 떼를 지어 몰려와 진을 치고 울부짖어 왜구들이
　　놀라 도망쳤다고 하는 전설이 전한다.

건욕을 했고 잠명(箴銘)[160]을 읽었다.

아침식사 뒤에 반석에 올라가 폭포를 바라보다가 돌아와 여러 암자를 다니다 왔다. 약 1,000보 남짓 걸은 다음에 『잠명』 10여 장을 읽었다. 그 뒤에 『선경(仙經)』[161]을 읽었는데 잠이 오는 듯해서 휴지 여러 장 위에 글씨를 썼다. 저녁 식사 뒤에도 다시 이와 같이 했다.

마음은 날이 갈수록 기운이 고요해지고 편안해진다. 지내는 곳은 깔끔한 데다 고요하기도 하다. 거처 오른쪽에는 반석이 있어서 폭포와 흐르는 시내를 감상할 수 있으며, 왼쪽에는 난이 피어 있어 가히 도가의 풍류를 즐긴다고 할 만하다. 또 내가 하는 일과라는 것이 마치 여기에서 여러 해 머문 것과 같이 하루하루가 이와 같으니 가히 어지러운 세상 밖에 노니는 청복을 누리고 있다. 가슴 속에 있는 찌든 때를 씻어내어 어둡고 막힌 바를 털어내 천과(天果)[162]를 바라보니 이것이 진정 내가 바라던 것이었다.

금강대암에서 경천(敬天) 스님이 왔다가 돌아갔다.

저녁 식사 뒤 금강대암에 갔다 왔다. 설종(雪宗) 스님은 보리를 구하러 (마을에) 나갔고, 보정 스님이 저녁식사를 준비했는데, 밥이 아주 맛있었고 반찬도 역시 아주 정성스럽게 차렸다. 진심으로 대하는 것이 자신의 스승을 대하는 것과 다름없이 한다. 오향대암의 수좌 명학 스님도 마음이 자비스러워 날마다 소채(蔬菜)[163]를 내오는데 반드시 맛있는 것만 가지고 온다.

---

160) 잠명은 '삶의 지침이 되는 교훈적인 글'이라는 뜻인데, 어느 한 책의 이름이 아니라 여러 사람의 문집 등에 있는 소제목의 하나다. 따라서 이 글에서는 어느 책의 잠명인지를 알 수 없다.
161) 중국 송나라의 학자 진서산(眞西山)이 옛 선현의 심법(心法)이 나오는 경전에서 중요한 말들을 뽑아내어 모은 책. 명나라 정민정(程敏政)이 1492년에 출판하였다.
162) 배[梨]를 천과라고도 하지만, 여기서는 하늘이 내린 보답을 뜻한다.
163) 남새. 혹은 푸성귀. 채소와 의미가 거의 같다.

금강대암의 경천 스님이 미나리와 생채(生菜)[164]를 차려주니 성의가
보인다. 평소와 다르게 애쓰니 아주 미안하여 굳이 사양하면서 받지 않고
돌려보냈으나 마음이 편치 않다.

아침식사 뒤 삼일암에 가려고 나섰다. 누에 올라가 바위 사이로 나
있는 돌길을 바라보니 태남이와 입이 등이 짐을 지고 오므로 나가 맞았다.
집 소식을 물어보니 진(晉)[165]이의 병이 점점 심해진다고 하므로 심장과
간이 덜컥 내려앉는 것만 같다. 아침식사 한 것도 목에 걸린다. 편지를
다 읽고 나서 바로 반석에 내려가 혹은 걷거나 혹은 앉거나 하며 오랫동안
있다가 암자에 돌아왔다.

경천 스님이 돌아와서 만났다. 함양 수령이 관노를 보내 편지를 전했고,
아울러 쌀 세 말과 건어·곶감 소찬(素饌)[166] 등을 보내왔다. 내 심사가
당황스러워 마음 둘 곳을 몰라 하루 종일 앉아만 있었다.

군자사의 능열(能悅) 스님이 관노를 데리고 와 마음이 편치 않고 눈에
화기(火氣)가 올라 잘 보이지가 않았다.

저녁식사 뒤에 삼일암에 갔다 왔다.

편지를 썼다. 눈이 어둡고 기운이 몹시 피로하다.

밤에 잠을 편하게 자지 못했다. 아침에 군자사의 능열 스님과 관인이

---

164) 날로 만든 나물.
165) 정도진(丁道晉, 1647~1692). 정시한의 셋째 아들.
166) 나물 반찬.

편지를 받고 돌아갔다.

아침식사 뒤 입이와 태남이가 고향에 보내는 편지를 갖고 돌아갔는데, 함양으로 해서 원주로 갔다.

오향대암에 갔다 왔다. 오후에 기운이 불편하므로 낮이지만 자리에 누웠다.

객승 종선(宗善)·희선(希善) 스님이 왔다. 저녁식사 뒤 청언 스님이 왔다. 희안 스님과 두 객승, 그리고 청언 스님 등과 함께 삼일암에 갔다. 돌아오는 길에 계곡을 따라 내려오며 계곡과 폭포를 감상하고, 반석 위에 올라 앉아 있으니까 기운이 조금 나아졌다.

윤4월 30일 아침에 비가 내렸고, 흐렸다가 갰다 | 함양 금류동암

다시 오향대암에 갔다 왔다. 금강대암의 경천 노장이 소채를 남기고 갔다. 기운이 여전히 편치 않아 아직 해가 지지 않았지만 자리에 누웠다. 세어보니 금류동암에서 오향대암까지 왕복 도합 706보를 걸었다.

5월 초하루 흐리고 비가 오락가락했다 | 함양 금류동암

아침식사 뒤 삼일암으로 갔다. 금류동암에서 720보 거리니까 왕복 도합 1,440보를 걸었다.

집에서 온 편지를 보았다. 화기가 눈까지 올라와 아프다. 날이 갈수록 기운이 없어진다.

아침에 삼일암에 가서 자리에 오랫동안 누워 있다 돌아왔다. 앉아 있기가 힘들어 자리에 누우려 했다. 그런데 문득 마음에 근심이 많으면 병이 날지 모르겠다는 생각이 들었다. 그래서 스스로 힘써 기운을 내야겠다 싶어 회재167)의 『원조오잠(元朝五箴)』* 및 『입잠(立箴)』168) 여러 편, 그리

---

167) 이언적(李彦迪, 1491~1553).
168) 교훈적인 이야기를 모아 놓은 글로, 일명 잠명(箴銘)이라고도 한다. 살아가는

고 『선경』 여러 장을 읽었다. 또 김생체로 백여 글자를 썼다.

저녁 무렵에는 눈이 침침해지고 기운도 몹시 빠지는 것이 어젯밤처럼 마음이 안정되지 못했다. 밤늦도록 잠을 이루지 못했다.

＊원조

정월 초하루 아침에 해야 할 다섯 가지 경계를 말한다. 하늘을 두려워 하고(畏天箴), 마음을 닦으며(養心箴), 몸가짐을 바르게 하고(敬身箴), 잘못을 고치며(改過箴), 뜻을 굳건히 하는 것(篤志箴) 등이다.

원조오잠은 이언적뿐만 아니라 여러 사람들이 어진 사람이 되기 위해서 나름대로 필요하다고 생각하는 요소를 다섯 가지로 나열하곤 했다. 예를 들어 도신수(都愼修, 1598～1650)는 ① 부모를 봉양함에 뜻과 얼굴을 경계하고, ② 학문을 하는 데에 게으름을 경계하고, ③ 벗을 사귐에는 위의를 경계하고, ④ 높은 손님 앞에서는 성의의 유무를 경계하고, ⑤ 불민한 너로서 힘쓸 것을 경계하라 등을 말했다.

5월 2일 새벽에 비가 내렸다. 아침에 흐리다가 식후에 갰다 | 함양 금류동암

『잠명』 12수를 두 번 읽고, 『선경』도 한 장을 읽었다. 김생서체 200여 자를 익혔다.

저녁식사 뒤에 오향대암에 갔다 왔다.

5월 3일 맑음 | 함양 금류동암

『잠명』 12수를 두 번 읽고 『선경』 여러 장을 다시 본 다음에 김생서체 200여 자를 익혔다.

설종 스님이 보리를 구해서 돌아왔다. 삼일암의 선혜 스님이 와서 보고 갔다.

데 지침이 될 만한 글을 엮은 것으로 보면 된다. 이 역시 많은 유학자들이 나름대로의 생각에 따라 필요한 내용을 모았기 때문에 잠명은 어느 한 가지로 고정된 것이 아니라 사람에 따라 매우 다양하다. 이언적이 지은 잠명은 모두 38편으로 되어 있다.

아침식사 뒤 오향대암에 갔다 왔다. 『잠명』10수를 다시 읽고 『선경』 여러 장을 읽었으며, 김생서체 200여 자를 연습했다. 늑삼(勒三)·새진 스님이 돌아왔다.

앞내에 가서 발을 씻었다. 국기(國忌)[169]라서 행소(行素)[170] 하였다.

스님들이 시식(施食)*하고 제선(祭先)[171]하는 것을 보니 처연한 마음을 이길 수 없었다.

느지막이 『잠명』16수를 읽고, 다시 금강대에 갔다.

경천 스님이 여러 종류의 떡과 채소를 갖고 왔다가 돌아갔다.

『선경』여러 장을 읽고 있으려니 연곡사(燕谷寺)**의 노스님 학의(學儀)·희감(熙鑑)이 와서 여러 가지 떡을 대접하며 오랫동안 앉아 있다가 돌아갔다.

김생서체 60여 자를 익혔다.

이 암자의 희안·늑삼·보정 스님 등이 불공을 드리러 반야봉 무착대(無着臺)[172]터에 갔는데 여기에서 무착대까지 20리쯤 된다고 한다. 새진 스님도 집으로 가서 설종 스님만 남아 있다.

오향대암에서 명학·해철 스님이 와서 보고 갔다. 저녁에 바람이 불었고 늦도록 잠을 이루지 못했다.

---

169) 돌아간 임금과 왕후의 제사가 있는 날. 이 날은 효종(孝宗, 1619~1659)의 기일이다.
170) 흰 옷을 입고 맨밥을 먹는 것.
171) 조상에게 제사 지내는 것.
172) 지리산의 봉우리 가운데 하나. 이 곳을 경유하는 등산로가 유명하다. 예를 들면 화개면 19번 도로에서 산행을 시작한다면, 촛대봉을 목표로 해서 황장산−당재− 통곡봉−불무장을 지나 이 곳 무착대를 지난다. 그리고 피아골 직전에 마을로 내려가는 길이 있다.

지리산 무착대

***시식**(施食)

죽은 사람의 기일(忌日)에 올리는 불교식 제사. 관음시식(觀音施食)·전시식(奠施食)·구병시식(救病施食)·화엄시식(華嚴施食)이 있다. 관음시식은 부모나 친족의 제사 때에 행하는 것으로 관음신앙을 바탕으로 하며, 화엄시식은 관음시식과 같으나 화엄신앙을 바탕으로 한 것이다. 구병시식은 죽은 부모와 외로운 넋들의 병을 다스리기 위해 지내는 것이며, 전시식은 모든 외로운 넋들에게 드리는 것이다. 시식 절차는 영혼을 도량에 초청하여 불법을 듣게 하고 불교적 의미를 지닌 음식을 들게 함으로써 극락정토에 왕생하게 한다는 의미를 가진다. 의식에는 영혼이 듣도록 하기 위해 독경·진언·염불이 많다. 제물은 일반음식물을 쓴다. 시식에 관한 의식을 모아 놓은 책으로 『시식의문(施食儀文)』이 있다.

혹은 부모나 그 밖의 외로운 혼령을 위하여 음식을 올리며 경전을 읽는 일도 시식이라 한다.

연곡사(燕谷寺)

전라남도 구례군 토지면 내동리에 지리산 피아골 입구에 있는 절. 8세기 중후반에 연기(緣起) 조사가 창건했다. 1592년에 일어난 임진왜란으로 절 전체가 불탔으나 고승 소요 태능(逍遙太能, 1562~1649)이 중창했다. 1907년 일제의 강점에 대항해 일어난 의병이 여기에 주둔하여 일본 경찰이 불태웠고, 6·25전쟁 때 피아골 전투로 다시 폐사되었다. 최근에 와서는 1981년 대웅전이 지어지면서 중창되었다. 이 곳에는 통일신라~고려 초의 부도 3기가 있는데, 동부도는 국보 제53호, 서부도는 보물 제154호, 북부도는 국보 제54호로 각각 지정되었다. 그 밖에 보물 제151호 삼층석탑, 보물 제152호 현각선사탑비, 보물 제153호 동부도비 등이 있다.

5월 6일 맑다 흐려짐 | 함양 금류동암

이천(伊川)*의 시잠(視箴)에서부터 진서산(眞西山)**의 야기잠(夜氣箴)까지 모두 11수를 읽었다. 그 다음에 다시 『선경』 여러 장을 읽고 김생체 300여 자를 연습했다.

오향대암에서 청언 스님과 거사(居士) 이상원(李尙元)이 왔다 갔다. 새진 스님이 돌아왔다.

*정이(程頤, 1033~1107)

중국 북송시대의 성리학자. 자는 정숙(正叔). 뤄양[洛陽] 출신. 이천선생(伊川先生)이라고 불렸으며, 형 정호(程顥, 明道)와 함께 이정(二程)이라 일컬어졌다. 14세 때 형과 함께 주돈이 밑에서 공부했다. 54세에 철종(哲宗)의 시강(侍講)이 되었고, 엄정한 몸가짐과 높은 식견으로 시강의 지위를 더욱 높였으나, 그 엄격함이 천자의 측근 및 소식(蘇軾) 등 문인파(文人派)와의 사이를 벌어지게 하여 정이의 낙당(洛黨)과 소식의 촉당(蜀黨)이 대립하게 되었다. 또 왕안석(王安石)의 신법에 반대하여 신·구 양당의 당쟁에 휩쓸려 쓰촨[四川]에 유배되었다. 유배에서 풀려난 뒤에도 저서를 폐기당하는 등 말년까지 어려움을 많이 겪었다. 정이의 학설은 남송의 주희(朱熹)에 의해서 계승되어 주자학(朱子學)으로 대성되었다. 주희가 수용한 대부분이 정이의 학설이므로, 주자학을 정주학(程朱學)이라고도 한다. 저서에는 『역전(易傳)』과 『경설(經說)』이 있는데, 문집·어록과 함께 『이정전서(二程全書)』에 전한다.

**진덕수(眞德秀, 1178~1235)

중국 남송시대의 학자. 자는 경원(景元) 또는 경희(景希), 흔히 서산선생(西山先生)이라고 불렸다. 지금의 푸젠성(福建省) 푸청현(浦城縣)에서 태어났다. 1199년 진사에 합격하고, 이종(理宗) 때 천주(泉州)·복주(福州)의 수령을 거쳐 한림학사(翰林學士)·참지정사(參知政事)가 되었다. 한탁주가 주희(朱熹, 朱子)의 학문을 위학(僞學)이라고 하여 탄압하였으나 그 재흥을 위해 힘을 쏟았고, 주돈이·호안국(胡安國)·주희·장식(張栻) 등의 학문을 장려하였다. 후세 사람들이 제왕의 필독서라고 일컫는 『대학연의(大學衍義)』(43권)를 지어 올렸다. 그 밖의 저서로 『서산선생문집』(55권), 『서산독서기』(61권) 등이 있다. 시호는 문충(文忠). 중국 당송시대의 대표적 문장가 여덟 명, 곧 당의 한유(韓愈)·유종원(柳宗元), 송의 구양수(歐陽修)·소순(蘇洵)·소식(蘇軾)·소철(蘇轍)·증공(曾鞏)·왕안석(王安石)을 가리키는 '당송8대가'라는 말은 그가 지은 『서산독서기』에 처음 나온다.

5월 7일 맑다 흐려지고 때때로 안개가 끼었다 | 함양 금류동암

오향대암 스님이 떡과 과일, 그리고 음식을 보내주어 여럿이 함께 먹었다. 이상원이 와서 보고 갔다.

오유(吳幼)의 청리일잠(淸理一箴)에서 정이천의 안락재명(顔樂齋銘)까지 모두 12수를 다시 읽고, 『선경』 여러 장도 읽었다. 김생체 200여 자를 연습했다.

천주암(天柱庵)의 호열(湖悅) 스님이 왔다가 곧바로 갔다. 청언 스님이 와서 성총(性聰)*이 글을 쓴 종이 한 장을 보여준다. 글씨와 문장의 필법이 모두 보통 사람들의 그것보다 훨씬 뛰어났다.

*성총(性聰, 1631~1700)
조선 중기의 고승. 호는 백암(栢庵). 성은 이씨(李氏). 남원에서 태어났다. 13세에 조계산(曹溪山)으로 출가하였고, 1648년(인조 26) 지리산에 들어가서 수초(守初) 밑에서 9년 동안 불경을 공부하여 그의 법을 이어받았다. 1660년(현종 1)부터 순천 송광사(松廣寺), 낙안 징광사(澄光寺), 하동 쌍계사(雙磎寺) 등지에서 많은 학승들을 지도하면서 승려들의 교과서인 『치문(緇文)』 3권에 주를 달아 후학들의 지침서로 제시하였다. 그 뒤 '불법홍통종사(佛法弘通宗師)'로서 추앙받았고, 1692년에는 대화엄회(大華嚴會)를 베풀어서 많은 사람들에게 『화엄경』의 묘의(妙義)를 가르쳤다. 1700년 7월에 70세의 나이로 쌍계사 신흥암(神興庵)에서 입적하였다. 부도는 송광사와 지리산 칠불암(七佛庵)에 있고, 비(碑)는 현재 송광사에 있다.
저서로 『정토보서(淨土寶書)』 1책과 『치문집주(緇門集註)』 3권, 『백암집』 2권, 『지험기(持驗記)』 1책 등이 있다.

5월 8일 맑음. 바람이 불었다 | 함양 금류동암

여여숙(呂與叔)의 『극기잠(克己箴)』에서 『초려자신명(草廬自信銘)』까지 도합 23수를 보았고, 『선경(仙經)』 여러 장도 읽었다. 김생서체 100여 자를 익혔다.

상무주암에서 자겸 수좌가 와서 반갑게 마주앉았다. 또 스님께서 전날에 내가 놔두고 왔던 옷가지와 갖가지 물건 등을 갖고 왔다.

오향대암에서 청언·통견(通見)·명학 스님 등이 같이 와서 보고 갔다. 행소를 했다.

5월 9일 맑다 흐려지고 바람이 불었다 | 함양 금류동암

『심경』7~8장을 보았다. 아침식사 뒤 자겸 스님과 함께 반석에 나아가 앉았다가 함께 삼일암에 갔다. 밤이 되니 빈대가 많아 불을 밝혀 여러 마리 잡았으나 이 때문에 잠이 오지 않았다. 폭포 아래 반석에 올라가 오랫동안 앉아 있다가 돌아와서 저녁을 먹었다.

희안·보정·근삼 등의 스님들이 무착대에서 불공을 마치고 돌아왔다. 『선경』 여러 장을 읽었고 김생서체 70여 자를 익혔다.

5월 10일 흐리고 큰바람이 불었으며 오후부터 저녁까지 비가 내렸다 | 함양 금류동암

자겸 스님은 돌아가고 금강대암에서 경천 스님이 나물반찬을 갖고 왔다가 돌아갔다.

『심경』9장과 『선경』 여러 장을 보았으며, 김생서체 100여 자를 익혔다. 저녁식사 때 처음으로 보리밥을 먹어보았다.

5월 11일 새벽부터 밤까지 비가 내렸다가 그쳤고, 바람이 불었다 | 함양 금류동암

『심경』10장과 『선경』 10여 장을 보고 김생서체 100여 자를 익혔다. 밤에 빈대를 잡았다. 아무리 많이 잡아도 끝이 없다.

새벽에 일어나 자시[173] 밤부터 밝아올 때까지 심사가 복잡하여 안정하기 어려웠다. 흐리고 비가 내리다가 밤에 그쳤다.

『심경』 19장과 『선경』 10여 장을 보고, 김생서체 100여 자를 연습했다.

저녁식사 뒤 피곤하여 자리에 누웠는데 객승 담언(曇彦) 스님이 비를 맞으며 왔다.

5월 13일 흐린 뒤 맑아졌다가 밤에 비가 내렸다 | 함양 금류동암

아침식사 뒤 객승은 돌아갔다.

『심경』 19장과 『선경』 10장을 읽었다. 통견(通見)·해철 스님이 왔다 갔다. 김생서체 100여 자를 익혔다.

5월 14일 흐리고 안개 끼다가 오후부터 비가 내렸다 | 함양 금류동암

늠삼 스님의 형인 필훈(必薰) 스님과 호열 스님 등이 왔다.

『심경』 14장과 『선경』 20여 장을 읽고 김생 서체 100여 자를 익혔다. 필훈 스님은 가고 호열 스님이 나물반찬과 건과를 대접했다.

5월 15일 새벽에 머리 감고 세수하고서 가묘 있는 곳을 바라보며 생각했다. 마음이 편치 못하다. 흐린 뒤에 맑아졌다 | 함양 금류동암

『심경』 종편(終編) 27장을 읽었고, 『선경』 16장을 보았다. 통견 스님이 왔다 갔고, 보정 스님은 마을에 내려갔다. 호열 스님은 돌아갔다.

김생서체 100여 자를 익혔다. 꿈에 아버님을 뵈었다.

5월 16일 맑음. 흰 구름이 때때로 마을을 감쌌다 | 함양 금류동암

『심경』 수편(首編) 26장과 『선경』 10여 장을 보았다. 약간씩 걷기 시작했

---

173) 오후 11시에서 오전 1시 사이.

다.

보정 스님이 돌아와서 청매실(靑梅子)을 주었으나 떫어서 먹지 않았다. 설종·능삼 스님이 보리를 구하러 마을에 내려갔다. 앞내에서 옷 한 벌과 이불을 빨고 발을 씻었다.

김생서 100여 자를 연습했다.

함양의 관인 자만(自滿)이 군자사의 영우(靈祐)·은탁(隱卓) 스님과 함께 와서 함양 수령이 보낸 편지와 함께 쌀 세 말, 팥(小豆) 다섯 되, 반찬 등을 가지고 왔다. 밤에 큰비가 내렸다.

5월 17일 새벽에 일어났다. 새벽부터 밝을 때까지 큰비가 종일 내렸다. 계속 내리는 비로 물이 넘쳐 반석이 전부 가라앉았으며 흐르는 물은 물보라를 만들며 거세게 쏟아져 그 소리가 마치 우레와 같아 지척에서 말하는 소리도 들을 수 없을 정도였다. 스님이 말하기를 물이 이렇게 심하게 넘쳐 내리는 일은 드물다고 한다. 날이 저물어서야 물이 많이 빠졌다 | 함양 금류동암

아침에 (함양 수령에게 보내는) 답장을 썼다. 식사 뒤 자리에 누워 있다가 깬 다음 매우 심심하여 『심경』 10장과 『선경』 여러 장을 보고, 김생서체 10여 자를 연습했다.

능삼 스님이 비를 맞으며 돌아 왔고, 설종 스님도 돌아왔다. 자만 및 영우·은탁 스님 등은 저녁에 비를 무릅쓰고 금강대암으로 떠났다.

5월 18일. 흐리고 비가 내렸으며 안개도 끼었다. 저녁부터 밤까지 비가 많이 내렸다 | 함양 금류동암

『심경』 30장과 『선경』 20여 장을 읽고, 김생서 100여 자를 연습했다. 청언 스님이 왔다 갔다.

5월 19일 흐렸다가 비가 종일 내렸고, 짙은 안개는 걷히지 않았다 | 함양 금류동암

『심경』 21장과 『선경』 1장을 보고, 김생서 100여 자를 연습했다.

명학 스님이 왔다 갔다.

저녁에 자리에 누웠다. 연일 계속되는 비와 안개로 습기가 사람에게
배어서 모두가 피곤하겠지만 나는 특히 심하다. 희안 스님이 이부자리를
기우기 시작했는데 나중에 빨아널 것이라고 한다.

5월 20일 흐린 뒤에 맑아졌고, 저녁에 비가 내렸다 | 함양 금류동암

『심경』 32장과 『선경』 여러 장을 읽고, 김생서 100여 자를 연습했다.
밖으로 슬슬 나가보기 시작했다. 명학 스님이 왔다 갔다.

5월 21일 | 함양금류동암

일찍 일어나 새벽에는 기운이 빠져 낮에 자리에 누웠다. 맑은 뒤에
흐려졌다.
『심경』 15장과 『선경』 여러 장을 보고, 김생서 100여 자를 연습했다.
통견·해철 스님이 와서 솔차를 놓고 갔다.

5월 22일 흐리고 사시[174)에 비가 약간 내렸다 | 함양 금류동암

『심경』 10장과 『선경』 1장을 보고, 김생서 60여 자를 익혔다.
금강대에서 경천 노스님이 와서 품질 좋은 청장(淸醬)[175] 한 종지,
소나무 껍질, 후추(全椒), 여러 가지 자반(兩色佐飯)[176] 등을 놓고 갔다.
『경험방침약(經驗方針藥)[177]』 등 대여섯 조목을 썼다.

---

174) 오전 9시에서 11시 사이.
175) 진하지 않은 묽은 장.
176) 소금에 절인 생선이나 콩·미역·김·쇠고기 등을 간장에 조리거나 기름에 튀겨
   만든 반찬.
177) 한의학에 관한 책. 정시한이 직접 지었다는 것이 아니라 이미 있는 책을 베꼈다는
   뜻이다.

5월 23일 흐림 | 함양 금류동암

『심경』27장과『선경』여러 장을 보았고 김생 서체 100여 자를 익혔다.
오향대암에서 명학스님이 왔다 갔다.

5월 24일 흐린 뒤에 맑음 | 함양 금류동암

『심경』여러 장을 보고 김생서 100여 자를 연습했다.

천주암(天柱庵)에서 회인(懷忍) 스님이 와서 죽순(竹筍)·참외(青苽)·
잣씨(栢子) 등을 놓고 돌아갔다. 그런데 호열(湖悅) 스님의 본명이 회인이
었는데 최근 호열로 바꿨다고 한다. 이부자리를 빨고 풀을 먹였으나 아직
다 마르지 않았다.

희안 스님은 아픈 스님이 있어 간호하기 위해서 금강대암으로 갔다.

5월 25일 흐리고 바람 불며 비도 약간 내리다 저녁에 그쳤다 | 함양 금류동암

아침식사 뒤 방안에 있었는데 희안 스님이 금강대암에서 돌아왔다.

『심경』종편을 34장 읽고 다시 처음부터 6장을 읽은 다음『선경』여러
장을 읽었다.

늑삼 스님은 마을에 내려갔다.

발을 씻었고, 명학 스님이 와서 이부자리를 기웠다.

김생서 100여 자를 익혔다.

저녁식사 뒤 금강대암의 병든 스님의 부음을 통견 스님이 전해와 희안·
보정 스님이 갔다.

입이와 함양 관아에서 보낸 하인, 그리고 안국사의 스님 두 분이 왔는데
집에서 온 편지와 함양 수령이 보낸 편지를 전해 왔다. 읽어보니 진이의
병은 위험한 지경에서 아직 벗어나지 못했다 한다. 심사가 편치 않아
밤에 잠을 편히 이루지 못했다.

함양 수령은 쌀 두 말, 찹쌀 한 말, 콩 두 말, 청장 두 되, 밀가루 누룩

세 덩이, 붓과 먹, 그리고 간폭(簡幅) 등을 보내왔다. 저녁에 이부자리를
빨고 잤다.

5월 26일 흐리고 비 내림 | 함양 금류동암

함양 수령에게 답서를 써서 관인에게 전했다. 두 스님도 모두 돌아갔다.
연곡사에서 승통 여인(如印) 스님이 대오(大悟)·덕홍(德泓)·늑달(勒達)
을 데리고 함께 와서 쌀 한 말과 참외 수십 개를 주었지만 참외는 받고
쌀은 그냥 돌려주었다.

이 암자 스님들이 전부 입적한 스님 다비식을 위해 나무를 베러 금강대암
으로 갔다가 저녁식사 전에 모두 돌아왔다.

집으로 보내는 편지를 썼다. 저녁에 내가 자는 방에 있는 책상과 탁자,
그리고 향로 등을 꺼내 놓았다.

5월 27일 흐리고 비가 종일 내렸다 | 함양 금류동암

밤에 일어나 새벽까지 향촉을 피우고 현주(玄酒)[178]를 따르며 슬피
두 번 절했다. 그러고 나서 새벽까지 앉아 있었다.

집에 보내는 편지와 그 밖의 곳에 띄우는 답서를 써서 입이 편으로
보냈다. 오후에 비를 무릅쓰고 입이가 떠났다.

『심경』11장과『선경』여러 장을 읽었다.

5월 28일 흐리고 비가 종일 내렸으며 저녁에는 번개가 치고 비가 많이 내렸다 | 함양 금류동암

『심경』15장과『선경』2장을 보았고, 글씨 60여 자를 연습했다. 타작한
보리로 만든 떡 세 되를 꿀에 찍어서 여러 스님과 함께 먹었다.

---

178) 술 대신 쓰는 맑은 물.

5월 29일 아침에 비가 오며 천둥과 번개가 쳤고, 비도 종일 내렸다 | 함양 금류동암

『심경』15장과『선경』여러 장을 보았고 글씨 100여 자를 연습했다.

명학 스님이 비를 무릅쓰고 일찌감치 와서 혼자 비어 있는 요사의 지붕을 다시 잇고 비가 새는 곳을 수리하며 집 뜰을 청소하고 돌아갔다.

희안 스님이 저녁에 삼일암에 갔다.

어제 빚은 감주를 저녁에 여러 스님과 함께 나누어 마셨다.

6월 초하루 새벽에 비가 심하게 왔다가 아침에는 오락가락했고 다시 저녁에 비가 내렸다 | 함양 금류동암

희안 스님이 삼일암에서 왔다가 다시 돌아갔다. 금강대암에서 객승 종선(宗善) 스님이 왔다.

『심경』17장을 읽었다. 명학 스님이 자단향(紫檀香)¹⁷⁹⁾을 갖고 왔다. 통견 스님이 왔다 갔다.

비가 심하게 내리므로 집이 새서 보정 스님이 새로 수리했다. 설종 스님은 황둔사(黃芚寺)에 갔다가 돌아왔다.

『심경』15장을 보았고 김생서체 100여 자를 연습했다.

보정 스님은 금강대암으로 갔다.

6월 2일 맑은 뒤 흐림. 새벽에 비가 내렸고 천둥도 쳤다 | 함양 금류동암

암자의 스님들이 모두 금강대암에 가 습골재(拾骨齋)¹⁸⁰⁾에 참석한 뒤 바로 돌아왔다.

보정 스님이 오향대암에서 솔차 한 종지를 갖고 돌아왔고, 희안 스님도 돌아왔다.

---

179) 우리나라의 전통 천연 식물상 향목의 하나. 재질은 향나무의 일종이다. 해풍 때문에 울릉도 바닷가 바위 틈에서 자생하는 눈향나무가 가장 질이 좋다고 한다. 지혈(止血) 등 약용으로도 사용한다.

180) 다비식.

『심경』 종편까지 27장을 다 보았고, 『선경』 2장도 보았다. 글씨 200여 자를 연습했다.

6월 3일 맑은 뒤 오후에 잠깐 흐리며 비가 내렸다 | 함양 금류동암
새벽에 비가 많이 내려 집이 샜다.
『심경』 25장을 보았고, 김생서 200여 자를 연습했다.
경숙이 희안 스님과 함께 베틀 북[梭木]을 만들 나무를 베러 갔다가 비를 맞고 돌아왔다.
『선경』 여러 장을 보았다. 콩 두 말을 빻아서 가루로 만들기 위해 명학 스님에게 보냈다.

6월 4일 맑은 뒤에 가끔 흐렸다 | 함양 금류동암
『심경』 25장을 보았고 글씨 200여 자를 연습했다.
연곡사의 목수승(木手僧)181) 종해(宗海) 스님이 왔다 갔다. 휴지를 겉과 안쪽에 발라서 종이봉투를 만들었다..
경숙은 베틀 북을 만들 나무를 베러 갔다.
『선경』 여러 장을 보았다. 명학 스님이 왔다 갔다.

6월 5일 맑음 | 함양 금류동암
『심경』 15장을 읽었고 글씨 100여 자를 연습했다. 『선경』 여러 장을 보았다. 종이 봉투를 크고 작은 것 합하여 모두 세 개 만들었다.
명학 스님이 콩가루 두 말 다섯 되를 빻아서 보관하고, 나머지 세 되는

---

181) 목수 일을 주로 하는 스님. 조선시대에는 건축과 공예, 그리고 회화 등의 부문에 장인(匠人) 스님이 있었다. 예를 들면 불화를 그리는 금어(金魚) 스님이 있었고, 종을 만드는 종장(鍾匠)도 있었으며, 돌에 글자를 새기는 각수승(刻手僧)도 있었다. 이러한 장인 스님은 절에서 하는 여러 가지 불사에 참여하였으며, 또는 절 일이 아니더라도 각 고을이나 나라에서 하는 사업에 동원되기도 했다.

물에 타서 암자의 여러 스님들과 함께 나누어 먹었다.

6월 6일 흐린 뒤에 맑음 | 함양 금류동암

『심경』31장을 보았고, 『선경』여러 장을 읽었다. 글씨 100여 자를 연습했다.

경숙과 명학 스님이 베틀 북을 만들기 시작했으나 다 만들지 못했다. 명학·해철 스님이 왔다 갔다.

6월 7일 흐린 뒤에 맑음 | 함양 금류동암

청언 스님이 왔다 갔다.

『심경』서문과 발문 10여 장과 원본(原本) 12장을 읽었고, 글씨 200여 자를 연습했다.

암자의 스님들이 보리로 감주를 빚어 두 번에 걸쳐 맛보았다.

『선경』여러 장을 보았고 종이봉투 두 개를 만들었다. 경숙은 베틀 북 한 개를 만들었다. 저녁에는 날이 매우 더워 견디기 어려웠다.

6월 8일 맑음. 몹시 더웠다 | 함양 금류동암

『심경』6장을 읽고 글씨 200여 자를 연습했다. 명학 스님이 잘 빨은 무명[洗木] 한 필을 백미 세 말 일곱 되와 바꿔 왔는데 와서 다시 달아보니 세 말 다섯 되뿐이었다. 경숙은 베틀 북 세 개를 만들었다.

저녁식사 뒤 천인암 수좌 능연 스님과 추우 스님, 그리고 묘적암 수좌 사철 스님이 와서 반갑게 맞이하며 조용히 얘기를 나누었다. 능연 스님이 밥과 청장 한 그릇을 끓여서 차려주었다.

6월 9일 맑고 더웠다 | 함양 금류동암

『심경』10장을 읽었고, 글씨 60여 자를 연습했다. 밤중에 일어났기 때문에 새벽에는 기운이 피곤하였으므로 글을 쓰거나 읽기가 힘들었다.
『선경』여러 장을 읽었다.

명학 스님이 나를 위해 40리 길을 왔다. 능연 스님 등 세 분은 계속
이 곳에 머무르고 있다. 경숙이는 함께 베틀 북 네 개를 만들었다.

천초(川椒)[182] 여러 되를 삼일암에서 빻아서 저녁에 찹쌀[粘米] 세
되와 섞어 떡을 만들어 사철 수좌 및 절의 여러 스님과 함께 먹었다.

6월 10일 맑고 더웠다 | 함양 금류동암

『심경』26장을 읽었다. 아침식사 뒤 능연·추우 스님이 연곡사에 갔다
왔다. 객승 자인(自忍) 스님이 왔는데 장성(長城) 백양산(白羊山)[183]에
있다가 유람차 지나는 길이라고 한다.

저녁식사 뒤 능연·추우 스님이 돌아갔는데 가는 길에 함양 수령 앞으로
보내는 편지를 전했다.

『선경』여러 장을 읽고, 글씨 100여 자를 연습했다.

경숙이는 베틀 북 두 개를 만들었고, 명학 스님은 갓을 팔지 못하고
저녁에 빈손으로 돌아왔다.

6월 11일 맑은 뒤에 흐려졌다 | 함양 금류동암

객승 자인 스님이 돌아갔다.

『심경』20장과『선경』여러 장을 읽었고, 글씨 100여 자를 연습했다.

사철 수좌와 함께 서처사(徐處士)가 있는 곳을 가 보았다.

금강대암 옆에 있는 양진암(養眞庵)의 노스님 각담(覺湛) 스님이 승매
(承梅) 스님을 시켜 맛있는 청장 두 그릇과 오이 10여 개를 보내주었다.

---

182) 초피나무 열매의 껍질. 음식의 양념으로 썼다. 이것을 섞어 담근 장을 '초시(川椒醬)'
    라고 한다.
183) 지금의 백양사를 말하는 듯하다.

백양사 백암산

경숙은 베틀 북 네 개를 만들었다.

6월 12일 맑음 | 함양 오향대암

『심경』 11장을 보았다. 오른손 둘째 손가락이 아파서 붓을 잡지 못하므로 글씨 연습은 하지 않았다.

삼일암에서 선혜 스님이 왔다 갔다. 오향대암에서 해철 스님이 와서 오이 10여 개를 주고 갔다. 경숙이는 베틀 북 두 개를 만들었다. 절의 스님들이 땔감을 모았다.

저녁에 수철 수좌, 명언(明彦) 스님과 함께 오향대암으로 가서 묵었다.

과하주(過夏酒)[184]를 날마다 두세 번씩 마셨는데 오늘 저녁에 다 떨어졌다.

6월 13일 맑은 뒤에 흐려졌다 | 함양 금류동암

아침에 오향대암에서 사철 스님을 만나고 돌아올 때 같이 왔다가 작별했다.

경숙이 천인암에 침장(沈醬)을 갖고 가는 길에 같이 갔다가 함양 군수에게 보내는 편지를 전하도로 했다.

『심경』 14장과 발문 8장을 읽었다. 글씨 100여 자를 연습했는데 아픈 곳이 다 낫지 않았다.

전주(全州) 송광사(松廣寺) 쌍계암(雙溪庵)의 종장 회련(懷璉)과 고산(高山)[185] 대둔산(大芚山)의 안심사(安心寺)* 스님이 찾아왔다. 희안 스님도 왔다고 한다.

> ***안심사**(安心寺)
> 전라북도 완주군 운주면 완창리에 있는 절. 638년(선덕왕 7) 자장 법사가 창건하고 이 곳에 진신사리 10과와 치아사리 1과를 봉안했다고 한다. 875년(헌강왕 1) 연기 조사가 중창하였고, 고려시대에 와서는 10세기 초에 조구(祖丘) 스님이 중창했다. 조선시대에 와서도 여러 차례의 의미있는 중건 불사가 있었다. 특히 1759년 전해 오는 진신사리를 다시 봉안하기 위해 부도전을 지었고, 영조 임금은 직접 글씨를 써서 보냈다. 그리고 절에서는 이 글씨를 보관하기 위해 따로 어서각(御書閣)을 함께 지었다. 그러나 6·25전쟁으로 모든 전각이 불타 없어졌고, 근래에 이르러 법당 등을 다시 지었다. 전라북도유형문화재 제109호 부도, 전라북도유형문화재 제110호 사적비 등의 문화재가 있다. 특히 사적비는 1759년 우의정 김석주(金錫胄)가 짓고 이조판서 홍계희(洪啓禧)가 썼다.

---

184) 약주에 소주를 섞어 빚는 혼양주(混釀酒). 무더운 여름을 탈 없이 날 수 있는 술이라는 뜻에서 얻은 이름이다.

185) 조선시대에 전주와 익산(益山) 사이에 있었던 현.

6월 14일 맑았다가 흐려졌다 | 함양 금류동암

오향대암에서 해철 스님이 또 오이 20여 개를 주었다.

『심경』 25장을 읽었으며, 글씨 200여 자를 연습했는데 손가락 통증이 여전하다. 『선경』 10여 장을 읽었다. 새진 스님이 집에 갔다.

6월 15일 맑음. 새벽에 비바람이 몰려와 어두웠고, 저녁에 비가 내렸다 | 함양 금류동암

일찍 일어나서 가묘를 향하여 참배했다.

오향대암에서 수좌들이 와서 아침식사를 오향대암에서 차렸다고 청하므로 가서 먹고 돌아왔다.

객승 숭신(崇信) 스님이 왔는데 곤양(昆陽)[186] 금오산(金鳥山) 교주사(敎主寺)에서 머문다고 한다. 새진 스님은 돌아갔다. 손바닥에 연결되는 손가락 부분이 계속 아파 붓을 잡지 못하므로 글쓰기는 그만두고 『심경』 5장을 읽었다.

늑삼 스님의 아버지 권선여(權善與)가 왔다가 둘러보고 돌아갔으며, 숭신 스님도 역시 돌아갔다.

6월 16일 맑은 뒤 흐려졌다 | 함양 금류동암

오후에 비가 내려 집이 샜다. 객승인 의련(義璉)·회선(懷善) 스님은 돌아갔다. 『심경』 45상을 나 보았고 『선경』 여러 장도 읽있다.

명학 스님이 솔차 한 종지를 주었다.

6월 17일 흐린 뒤에 갬 | 함양 금류동암

설종·늑삼 스님이 경숙이를 마중하러 아침 일찍 나갔다.

『선경』 발문과 서문 10여 장을 읽었고. 원본은 처음부터 25장을 읽었으

---

186) 지금의 경상남도 사천시(泗川市).

며, 『선경』 22장도 읽었다. 오른손을 폭포 물에 담가보았다.

6월 18일 흐린 뒤에 갬 | 함양 금류동암

아침식사 뒤 설종·늑삼 스님과 함께 경숙이가 돌아와 함양 수령의 편지를 전했다. 함양 수령은 또 백미 세 말, 팥 한 말, 황각(黃角)[187] 한 말, 반찬 약간을 보내주었다.

천인암의 능연 스님이 감장(甘醬)[188] 두 말, 청장 한 종지, 다린 간장 약간을 보내주었다.

『심경』 26장과 『선경』 여러 장을 읽었다. 경천 스님이 왔다 갔다.

6월 19일 자시[189]에 향촉을 피우고 현주를 차려 놓고 고향을 향해 두 번 절했다. 맑은 뒤에 흐려졌으며 비가 내렸다 | 함양 금류동암

탄변(坦卞) 스님은 나이 열아홉 살로 고성(固城)[190] 와룡산(臥龍山) 내원사(內院寺)[191]에서 왔고, 종선(宗善) 스님은 칠불암에서 왔다. 이 두 스님은 앞으로 이 곳에 머물 것이라고 한다.

경숙이가 적삼(單衫) 한 벌과 단고(單袴)[192] 세 벌을 빨았다.

『심경』 21장을 읽었다.

6월 20일 새벽에 비가 내리고 흐렸다. 하루 종일 비가 오락가락했다 | 함양 금류동암

『심경』 25장과 발문 8장을 다 읽고, 『선경』 여러 장을 읽었다.

---

187) 황각채(黃角菜). 청각(靑角)의 한 종류로 청각과 같으나 빛깔이 누르다. 이것은 홍조류(紅藻類)에 속하는 해초인데, 김장 때 김치에 넣기도 하고, 나물로 무쳐 먹기도 한다.
188) 맛이 단 간장. 혹은 간장 자체를 말하기도 한다.
189) 오후 11시에서 오전 1시 사이.
190) 경상남도의 군.
191) 경상남도 고성군 하이면 봉원리에 있던 절.
192) 바지 속에 입는 속바지.

썩은 쥐가 방 옆 누각 아래에 있어 여러 날 동안 악취가 풍겨 두통이 생겼다. 집어다가 냇가에 버리고는 오른손을 씻고 돌아왔다.

6월 21일 아침부터 비가 내리다가 오후에 그쳤다. 흐렸다 | 함양 금류동암
『심경』44장과 『선경』20여 장을 읽었다.

오향대에서 청언·명학·통견 스님이 왔는데, 통견 스님은 오이를 가져왔다.

손가락과 손바닥을 소금물에 여러 번 담갔다.

6월 22일 맑은 뒤에 흐림 | 함양 금류동암
보정 스님이 아침식사를 잘 차려주었다.
『심경』29장과 『선경』여러 장을 읽었다.

청언 스님이 식사를 잘 차려놓고 오라며 청하였으므로 오향대암에서 식사를 하고 명학 스님과 얘기했다. 국수를 먹고, 저녁까지 있다가 돌아왔다.

경숙이도 역시 돌아왔다. 소금물을 세 번 마셨다.

6월 23일 흐린 뒤에 갬 | 함양 금류동암
오향대암에서 해철 스님이 아침식사를 준비하고 청하여 경숙이와 함께 식사하고 돌아왔다.

늑삼·탄변 스님이 대나무 젓가락을 팔고 돌아왔다.

『심경』25장을 다 보고 발문 8장을 읽었으며, 찬서(贊序) 4장과 『선경』 12장을 읽었다.

경숙이와 종선 스님이 베틀 북을 만들 나무를 베러 갔다. 희안·선혜 스님과 함께 폭포 곁에 있는 반석에 앉아 있다 돌아왔다. 계속 소금물을 마셨다.

6월 24일 맑음 | 함양 금류동암

『심경』 50장과 『선경』 여러 장을 읽었다. 회인 스님이 왔다가 바로 돌아갔다. 보정 스님은 광양(光陽)[193] 백운산(白雲山)으로 거처를 옮겼다.

6월 25일 맑음 | 함양 금류동암

희안 스님과 종선 스님이 한양 법운산(法雲山)의 스승이 있는 곳으로 갔다.

『선경』 45장을 다 읽었고, 『선경』 7장도 읽었다.

오향대 수좌 청언 스님과 통견·해철 스님이 길상대암으로 옮겼다.

경숙이는 베틀 북 2개를 만들었다.

설종·새진 스님이 잡물을 지고 인사하고 떠나갔다. 백운산에 갔던 명학·선혜 스님이 왔다 갔다. 계속 소금물을 마셨다.

6월 26일 흐린 뒤에 갬 | 함양 금류동암

『심경』 발·서·찬을 12장 읽었으며, 본문 30장을 읽었다.

무우[菁菜]를 심었다. 경숙은 베틀 북 3개를 만들었다.

삼일암의 수좌 선혜 스님이 절에 있는 잡물을 지고 이 암자에 전하고 여기에서 잤다. 명학 스님이 무우[菁根]와 솔잎을 주었다.

6월 27일 흐린 뒤에 갬. 저녁에 비가 내렸다 | 함양 금류동암

선혜 스님이 아침식사를 준비해서 여럿이 함께 먹었다. 통견·해철 스님이 길상대암에서 잡물을 지고 내려왔다가 돌아갔다. 쌀 두 되로 명학·선혜·늑삼·탄변 등 네 스님이 먹을 저녁을 지었는데 식량이 다 떨어졌기 때문이다.

『심경』 41장과 『선경』 9장을 읽었다. 경숙이는 베틀 북 네 개를 만들었다.

---

193) 전라남도의 시.

6월 28일 흐림. 바람이 아침부터 불었으며 때때로 비도 내렸다 | 함양 금류동암

경숙이는 베틀 북 다섯 개를 만들었고, 선혜 스님은 돌아갔다.

『심경』 25장을 다 읽었으며 발·서·찬 12장을 읽었다.『독서록(讀書錄)』194) 10장과『황정경(黃廷經)』195) 삼장(三章), 그리고『군선요어(群仙要語)』196) 3장을 읽었다.

6월 29일 흐렸고 때때로 비도 내렸다 | 함양 금류동암

『심경』 수편(首編) 25장과『독서록』 중편(中編) 8장,『황정경』 12장(章),『요어』 15장을 읽었다.

늘삼 스님은 연곡사에 다녀왔다. 경숙이는 베틀 북 한 개를 만들었다.

계속해서 소금물에 손가락과 손바닥을 두세 차례 담갔는데 이제 약간 효과가 있는 것 같다.

6월 30일 맑음 | 함양 금류동암

『심경』 제2편 25장과『독서록』 하편(下篇) 8장,『황정경』 12장,『요어』 5장을 읽었다.

금강대암에서 명안(明眼) 스님, 그리고 오향대암에서 명학 수좌가 왔다 갔다. 경숙이는 산에서 대나무를 베어 두 번 쪼갰다. 앞내에 가서 발을 씻었다.

---

194) 중국 명나라의 학자 설선(薛瑄)이 지은 책으로, 몸을 닦고 집을 다스리는 요체를 풀이하였다. 그런데 정시한이 읽은 것은 다른 사람의 글을 말할 수도 있다. 예를 들어 조선 중기의 학자 김우옹(金宇顒)도『독서록』을 썼다는 기록이 있고, 정시한이 존경해 마지않았던 퇴계 이황도『독서만록(讀書漫錄)』이라는 독서록을 지었다.

195) 도교 경전의 하나. 황은 중앙을 의미하는 색, 정은 사방의 한가운데를 말한다. 따라서 황정경이란 도교 수련의 중공경상(中空景象)을 가리킨다. 외경과 내경이 있는데『황정경』이라고 하면 보통 외경을 가리킨다.

196) 어떠한 책인지 알 수 없다. 책 이름으로 보아서는 도교에 관련된 책인 듯하다.

7월 초하루 흐린 뒤에 맑음. 저녁에 비가 내렸다 | 함양 금류동암

일찍 일어나 가묘를 바라보며 참배했다.

늠삼·탄변 스님과 함께 금강대암에서 아침식사를 하고 돌아왔다.

『심경』 제삼편 20장을 읽었으며, 『독서록』 속선(續選) 10장과 종편을 읽었고, 『황정경』 9장(九章) 종내편(終內篇)과 『요어』 6장을 보았다.

경숙이가 산에서 대나무를 베어 왔고, 저녁식사 뒤에도 다시 베어 왔다.

집 소식을 기다리고 있었으나 오지 않아 마음이 편치 못하다.

7월 2일 흐린 뒤에 갬 | 함양 금류동암

새벽에 꿈에서 어머님을 뵈었다.

『심경』 제4편 25장과 발문 8장 종편을 읽었으며 『독서록』 서문 2장, 수편(首篇) 8장, 『황정경』 외경(外經) 상편(上篇), 그리고 『요어』 4장을 읽었다.

금강대에서 경천 노스님이 와서 표고버섯을 주었고, 함께 오랫동안 얘기를 나누다가 돌아갔다.

화엄사(華嚴寺)의 의현(義玄) 스님은 무진생(1628)인데 와서 두루 살펴보고는 갔다.

명학 스님이 옥목(玉穆)197) 세 개를 주고 갔다. 경숙이가 대나무를 쪼개었고, 신감초(辛甘菜)198)로 자반을 만들었다.

---

197) 이것이 무엇인지 전혀 알 수가 없다.

198) 여기에 대해서는 몇 가지 서로 다른 견해가 있다. 먼저 『조선왕조실록』에도 '신감채 (辛甘菜)'가 나오는데, 국역본에는 이것을 시금치로 해석하였다. 하지만 시금치가 아니라 당귀(當歸)의 여린 순을 말하는 '승검초'의 한자식 표현이라는 주장도 있다. 안동 장씨(1598~1680)가 지은 『음식디미방』이나, 빙허각(憑虛閣) 이씨가 지은 『규합총서(閨閤叢書)』(1809)에 승검초를 당귀로 표현하고 있기 때문이다. 또는 신감(甘菜)만 놓고 보아서 이것을 냉이나물로 보기도 한다. 편역자의 생각으로 는 승검초가 맞는 것 같다.

『심경』 여러 편과 『독서록』 중편, 『황정경』 중편과 하편을 읽었다.
소나무 껍질 두 짐을 해서 솔차 두 종지를 만들었다. 명학 스님이 오이
짠지[苽沈葅]를 주고 갔다.

『심경』 제2편과 『독서록』 하편, 『황정경』 오장도(五腸圖) 6장, 그리고
『도장초(道藏抄)』[199] 10장을 읽었다. 경숙이가 베적삼(布單衣) 두 벌을
빨았다.

『심경』 제3편과 『독서록』 속선 종편, 『황정경』 채취도(採取圖) 이하
수십 장, 그리고 종편을 보았다.

의현 스님이 저녁식사 뒤 금강대암에서 왔다 갔다. 계속해서 손가락과
손바닥을 소금물에 담그고 있는데 아직 큰 효과는 없다. 보통 일 하는
데는 불편함이 없으나 붓을 잡는 것은 매우 힘들어 오랫동안 글씨 연습을
못하는 것이 흠이다. 집에서 보내는 편지를 기다리고 있으나 아직 오지
않으니 걱정이 만 갈래로 생긴다.

저녁에 함양의 관노 이황(李黃)과 군자사의 명학 스님이 함께 오면서
수령이 보낸 편지와 집에서 보낸 편지, 또 수령이 보낸 흰쌀 네 말, 콩가루와
쌀 섞은 것 아홉 되, 굴비 한 묶음, 다린 간장[煎醬] 약간과 부채 다섯

---

199) 도장(道藏)이란 도교의 경전을 모은 것으로, 불교로 말하자면 대장경과 같다.
    따라서 도장초라고 하면 도장 가운데 중요한 것만 따로 뽑아놓은 책을 말한다고
    할 수 있다. 도장의 성립은 중국 당나라 현종 때 『삼통경강(三洞瓊綱)』이라는
    이름으로 3,744권이 수록되었고, 그 뒤로도 많은 사람들에 의해 계속 집성되었다.
    지금 전하는 도장은 명나라 영조 때인 1445년에 편집된 『정통도장(正統道藏)』
    5,305권과 신종 때인 1601년에 편입된 『속도장(續道藏)』 180권을 합한 것이다.

자루를 가지고 왔다. 집에서 부친 글을 읽으니 진이가 아직 위험한 지경에서 못 벗어났다 하므로 심사가 편치 못해 밤에 잠을 이루지 못했다. 입이가 말하기를 오는 도중에 말이 병나서 문경(聞慶)[200]에 두고 왔고, 자기도 학질에 걸려 고통이 아주 심해 함양에 도착해서는 일어나지도 못했다고 한다.

7월 6일 아침에 비가 내렸다 | 함양 금류동암

아침식사 뒤에 함양 관아에서 온 노비는 돌아갔다. 비바람이 크게 일었다. 이 절의 터는 산세에 둘러싸여 있어 비록 대풍이 부는 날에도 단지 산허리 위의 바람소리만이 들려올 뿐인데 오늘은 집을 쓰러뜨리고 나무를 뽑아버릴 정도로 강하게 불어서 산악이 전부 위태로워 겁이 나 편히 앉아 있지를 못할 정도였다.

집에서 보내온 편지를 읽다가 놀라 정신이 달아날 지경이었고, 또 날씨가 안 좋아 함양 노비가 가는 일이 낭패일 것 같아 염려되어 마음이 쓰였다. 지붕이 날아가 비가 곳곳에 새다가 밤이 되어서는 더욱 심하므로 승방으로 옮겼으나 잠을 편히 이루지는 못했다. 계곡물이 넘쳐 지난 5월 17일 때처럼 계곡 전체를 흔들어대 곁에 있는 사람이 말하는 것도 듣지 못할 때와 같았다. 오경[201] 뒤에야 비바람이 그쳤다. 집 곳곳이 샌다.

7월 7일 흐리며 비가 약간 내리다가 밤에 다시 많은 비가 내렸다 | 함양 금류동암

『심경』 종편과 『독서록』 상편을 읽었다. 찢어진 문종이를 바르고 방과 집 뜰을 고치며 청소했다. 탄변 스님은 이 일에 참가하지 않고 다른 곳으로 갔다.

늑삼 스님은 오른쪽 다리에 큰 종기가 생겨 고통스러워하다가 며칠

---

200) 경상북도의 시.
201) 오전 5시에서 7시 사이.

만에 농이 빠졌으나 있는 힘을 다해 일했다.

오후가 되어서는 기운이 없고 어지러워 거의 정신을 차리지 못하겠으므로 급히 밥을 먹고 온돌에 오랫동안 누워 있었다. 병중인데다가 식량이 없어 하루에 쌀 다섯 홉만 먹었으므로 원기가 크게 허해져 근력이 없는 까닭이다. 저녁을 먹고서야 겨우 기운을 차렸다. 경천·명학 스님이 왔다 갔다. 편지지를 잘라서 편지 네 장을 썼다.

7월 8일 아침부터 비가 오더니 오후에는 큰비가 내려 집이 샜다 | 함양 금류동암

『발휘심경(發揮心經)』[202) 13장과 『독서록』 중편, 그리고 『황정경』을 첫머리 내경(內景)부터 3장 읽었다.

능삼 스님의 아버지 권선여와 새진 스님이 저녁에 약과(藥果)를 가지고 왔다. 편지 7장을 썼다. 권선여는 학질로 아프다.

7월 9일 아침부터 큰비가 종일 내렸다 | 함양 금류동암

지난 6일 때처럼 계곡의 물이 크게 불어났다. 『선경』과 『발휘심경』 20장, 『독서록』 하편, 그리고 『황정경』 내경 삼장(三章)을 읽었다. 한글로 편지 세 장을 썼다.

새진 스님은 돌아가고 능삼 스님은 나를 위해 작은 촉 두 개를 만들어주었다.

심사가 편치 않아 밤에 잠을 편하게 이루지 못했다. 며칠 전부터 밤마다 빈대를 잡고 있다.

7월 10일 새벽부터 종일 흐렸다. 비가 내리고 안개도 끼어 어두웠으며 밤에도

---

202) 조선시대 중기의 학자 정구(鄭逑, 1543~1620)가 중국 송나라의 진덕수(眞德秀)가 지은 『심경(心經)』을 모방하여, 1570년(선조 3)에 편찬한 책. 『심경발휘(心經發揮)』라고 한다.

『심경』과 『발휘심경』 25장, 『독서록』 속선 종편, 그리고 『황정경』 내경 3장을 읽었다.

연곡사의 목수승 종해 스님이 비를 맞으며 찾아와서 동아(冬苽)[203] 한 개와 따로 자기가 만든 짚신 한 켤레를 주었다. 나는 약과와 쌀 다섯 되를 드렸다.

늑삼 스님의 아버지 권선여가 학질로 크게 아프다.

편지 세 장을 썼으며, 발을 씻었다.

늑삼 스님이 짚신 한 켤레를 만들어 주었는데 종해 스님 것보다 잘 만들었다. 사양했으나 부득이 받았으니 미안했다.

밤에 빈대 50여 마리를 잡았으나 매일 계속 늘어나고 있으니 잠자리에 드는 것이 고통스럽다.

7월 11일 아침부터 종일 비가 내려 흐리며 안개가 끼었다 | 함양 금류동암

지붕이 새서 밤에 일어나 새벽까지 있었다.

아침식사 뒤 늑삼 스님은 아버지와 함께 마을 집으로 내려갔고, 나는 경숙이와 함께 있었다. 명학 스님이 왔다 갔다.

『발휘심경』 10장과 『독서록』 여러 편, 『황정경』 내경 3장을 읽었다.

늑삼 스님이 돌아왔고, 편지 두 장을 썼다. 명학 스님이 와서 묵었다.

밤에 빈대 40여 마리를 잡았다. 여러 날 동안 비와 안개에 젖은 탓에 피곤한데다 빈대로 더욱 피곤해져 잠을 편히 이루지 못하니 기운이 몹시 흐트러져 있다. 한여름이라 낮에도 잠을 이룰 수 없다.

7월 12일 하루 종일 비가 내렸다 | 함양 금류동암

---

203) 박과에 딸린 한해살이 덩굴식물. 호박과 비슷하게 기다란 타원형이며, 겉에 잔털이 많다. 식용한다.

『심경』과 『발휘심경』 17장을 읽어 상권을 다 마쳤고, 『독서록』 중편, 『황정경』 내경 3장을 다 읽었다. 희안·종선 스님이 담양(潭陽)[204]에서 비를 맞으며 왔다.

7월 13일 아침부터 하루 종일 비가 내렸으며 밤에는 비바람도 몰아쳤다 | 함양 금류동암

『발휘심경』 제2권 33장과 『독서록』 하편 및 『속선』 종편을 읽었다. 연일 큰 비가 내려 물 흐르는 소리가 잠자는 방까지 울려 퍼져 편히 잠들지 못한 지가 8일째 된다. 또 빈대에 시달리기도 하여 금강대로 옮기고 싶어한지 여러 날 되었다.

저녁식사 뒤에 앉아서 『황정경』 내경 2장을 읽고 있는데 갑자기 폭우 쏟아지는 소리가 들리더니 건물이 흔들렸다. 깜짝 놀라서 곧바로 비를 맞아가며 옮기려 했으나 절의 스님이 굳이 만류하였다. 그러나 뿌리치고 옷이 젖은 채로 다시 오향대암의 명학 스님에게 갔으나 역시 그냥 있으라고 말린다. 다시 그 말을 듣지 않고 금강대암으로 갔더니 스님이 맞아주었다. 갓과 옷을 갈아입고 조전(祖殿)에서 묵었다. 경천 노스님께서 나를 위해 국수를 만들어주어 먹었다.

순천(順天)[205] 동리산(桐裡山) 대흥사(大興寺)에서 지영(智英) 스님이 마침 왔는데 신유생(1621)이다. 경숙이가 내 물건들을 두 번에 걸쳐 날라다 옮겼다.

7월 14일 아침부터 저녁까지 바람이 심했으며 오후에 비가 그쳤으나 흐렸다 | 함양 금강대암

경천 노스님께서 아침식사를 준비했다. 지영 스님은 인사하고 돌아갔

---

204) 전라남도의 군.
205) 진라님도의 시.

다.

『발휘심경』20장과 『독서록』 수편, 그리고 『황정경』 내경 4장을 읽었다.

일계(一戒) 스님이 저녁을 잘 차려주어 여럿이 함께 먹었다.

능삼·명학 스님이 왔다 갔다. 경숙이 여러 가지 물건들을 두 차례에 나누어 옮겼다. 4, 5일 전부터 심사가 안정되지 않는 것이 괴이하다. 저녁에 절의 스님이 국수로 식사를 준비해 여럿이 함께 먹었다.

7월 15일 맑음 | 함양 금강대암

아침에 일어나 갓과 옷을 갖추어 입고 가묘를 향해 참배했다. 스님들도 역시 시식(施食)을 하였다.

『발휘심경』종편 30장과 『독서록』중편, 그리고 『황정경』내경 3장을 읽었다. 능삼 스님이 왔다 갔다.

7월 16일 맑음 | 함양 금강대암

남암(南庵)의 지문(智聞) 스님 등 세 사람이 일계 스님의 짐을 지고 갔고, 일계 스님의 상좌 탁습(卓習) 스님도 물건을 지고 갔다.

각담 스님이 상좌 정심(正心) 스님을 시켜서 아침식사를 잘 준비해 주어 여럿이 함께 먹었다. 명안 스님도 저녁을 잘 차려 주어 여럿이 함께 먹었다.

마음이 안정되지 않아서 『발휘심경』상권 25장과 『독서록』하편을 읽었다.

명학 스님이 왔다 갔다. 연곡사 어귀에 사는 양반 선필천(宣必遷)이 쌀을 빌려줄 참으로 왔는데 좌수 김치형(金致形)의 이름을 대면서 내 죽관(竹冠)을 팔아준다고 한다. 이 달 20일을 기한으로 하여 알려줄 것이며, 팔리면 값을 보내준다고 하고 갓을 갖고 갔다.

『황정경』내경 3장을 읽었고, 편지 두 장을 썼다.

아침식사 뒤 금류동암에서 희안 스님이 왔다 갔다. 길상암에서 효이(曉頤) 노스님이 잡물을 지고 왔다가 갔다.

『발휘심경』과 『속선』 종편, 그리고 『황정경』 내경 6장을 읽었다.

입이가 저녁식사 뒤에 안국사 승통 일겸 스님과 첨지승(僉知僧)[206] 충간(沖侃) 스님과 함께 와서 함양 수령의 글을 전했다. 수령은 또 콩 두 말과 밀가루 한 말, 소금 한 말, 베적삼 한 벌을 보냈다. 두 스님은 성의를 가지고 무거운 짐을 진 채 멀리 험한 고개를 넘어왔으므로 매우 미안했다.

오늘부터 비로소 개소(開素)[207]하였다.

아침식사 뒤 입이가 실상사에 갔는데 영기(靈機) 수좌 스님이 집에서 부친 편지를 갖고 온다고 한다. 어제 관아에서 입이를 통해 편지를 보내려 했는데 입이가 놓고 왔기 때문에 이번에 다시 보낸 것이다.

서책 같은 여러 가지 물건 약간을 무주암으로 올려보냈는데, 앞으로 그 곳에 올라가 있을 생각이기 때문이다.

충간 스님은 돌아가고 일겸 스님은 남았다. 편지 네 장을 썼다.

저녁식사 뒤 일겸 스님과 함께 수월암(水月庵)[208]에 갔다. 암자의 건물

---

206) 첨지란 첨지중추부사(僉知中樞府使)의 준말로, 조선시대 중추원에 속한 정3품의 무관을 말한다. 나중에는 나이 많은 사람을 가리키는 호칭으로도 쓰였다. 조선시대 중기 이후에는 승려들이 이러한 관직을 갖는 경우가 많았는데, 일종의 명예직이었다. 주로 큰절의 나이 많고 직함 있는 승려에게 붙였던 것 같다. 예를 들면 통정대부(通政大夫)나 절충장군(折衝將軍) 등이 그것이다. 첨지는 잘 나오지 않는 승직인데, 편역자는 화기(畵記)나 기타 사적기 등에서 아직 이런 명칭을 본 적이 없다.

207) 나물만 먹다가 처음으로 고기를 먹는 것.

208) 전라북도 고창군 소요산(逍遙山)에 있던 절. 18세기에 지은 『가람고』에 그 이름이 나온다.

은 많이 퇴락되어 있다. 석대 근처에 있는 소나무들도 역시 바람에 잎이 많이 떨어져 있어 볼 만하지 않았다.

연곡사에서 비전승(碑殿僧)209) 수웅(守雄) 스님이 왔다가 바로 갔다. 집으로 보내는 편지 세 장을 썼다. 경천 스님은 연곡사에 갔다.

7월 19일 맑음. 흐려졌다가 오후에 비가 조금 내렸다 | 함양 금강대암

경천 스님이 돌아왔다.

편지와 『경험방』을 전부 5, 6장쯤 적었다. 편지 7, 8장도 썼다.

입이가 실상사에서 돌아왔는데 영기 수좌는 아직 오지 않았다고 한다.

지리산 금강대암의 산내암자인 양진암에서 각담 노장이 다시 와서 만났다. 경천 노장은 연곡사에서 돌아왔다.

이 절의 스님이 표고버섯을 따가지고 왔다.

입이가 운봉(雲峰)210) 실상사에서 돌아와 말하기를 영기 스님과 천정 스님이 아직 오지 않아 집에서 보낸 편지를 가져오지 못하고 그냥 돌아왔다고 한다. 집으로 편지 7, 8장을 써서 봉했다.

7월 20일 맑음 | 함양 금강대암

며칠 전부터 가을의 서늘함이 느껴지더니 이제 점점 더하다.

아침에 입이에게 편지와 함께 잡물들을 원주로 갖고 가게 했으며, 아울러 함양 수령에게 답서도 전하게 했다.

안국사 승통 일겸 스님도 입이와 함께 떠났다. 『발휘심경』 12장과 『독서

---

209) 절에서 비나 부도를 한데 모아놓은 곳을 비림(碑林), 또는 부도밭이라고 한다. 부도밭은 야외에 부도를 모아놓은 곳이고, 그 부근에 전각을 짓고 부도를 관리하는 곳을 부도전(浮屠殿)이라고 한다. 비림 역시 그 부근에 비를 관리하는 전각을 두면 대체로 비전(碑殿)이라 한다. 따라서 본문에 나오는 비전승이란 비전에 거주하면서 비림을 관리하는 승려를 말한다.

210) 전라북도의 면.

연곡사

록』 수편을 읽었다. 선필천이 내 갓을 팔지 못하고 돌려보냈다.

『황정경』 내경 삼장과 외경 상편을 읽었다.

경숙이가 나무 한 단을 해왔다.

7월 21일 맑음 | 함양 금강대암

일계 및 두 어린아이가 옮겨 갔다. 남암(南庵)에서 능삼과 수웅 스님이 왔다 갔다. 길상대암에서 정안(淨眼) 스님이 왔다 갔다. 거사 서경신(徐慶臣)이 왔다 갔다.

연곡사의 비전승 혜식(慧識) 스님과 금선대(金仙臺)에서 지찬(智贊) 스님이 왔다 갔다.

『발휘심경』 26장을 읽어 상편을 다 끝냈고, 『독서록』 중편, 『황정경』

외경 중편을 읽었다.

정심 스님이 경숙이의 바지를 기웠다. 명안 스님이 경숙이의 홑장의[單長衣]를 지었으나 다 마치지 못했다. 스님들이 국수를 만들어 여럿이 함께 먹었다.

7월 22일 맑음 | 함양 금강대암

잣씨[海松子] 두 되를 깠다.

『발휘심경』하권 35장과 『독서록』하편, 그리고 『황정경』외경 하편 상권을 다 읽었다.

7월 23일 맑음 | 함양 금강대암

『발휘심경』 25장을 읽었다.

금강대암에서 양진암까지 120여 보를 걸었다.

아침식사 뒤 다시 똑같이 갔다 왔다.

저녁식사 뒤 세 번 갔다 왔다.

『독서록』속선 종편과 『황정경』오장도 및 도장초 심신론(心神論)을 읽었다.

경숙이와 절의 세 스님이 표고버섯을 따 왔는데 겨우 한 말이 조금 넘었다.

7월 24일 맑음 | 함양 금강대암

버섯을 말렸다.

화엄사의 계담(戒湛)·추언(樞彦)·민련(敏聯) 스님이 왔다 갔다. 절의 스님 다섯 명이 방목(房木)을[211) 베었다.

---

211) 백목련. 정원에 많이 심기 위해 방목이라고도 부른다. 매운 맛이 나서 약재로도 쓰는데, 이 때는 신이화(辛夷花)라고 한다.

아침식사 뒤 양진암까지 세 번 왔다 갔다 했다.

저녁식사 뒤 다시 세 번을 갔다 왔다. 『발휘심경』 종편을 읽었다. 희안 스님이 왔다 갔다. 『독서록』 수편을 읽었다.

7월 25일 맑음 | 함양 금강대암

경숙이가 적삼을 만들었다.

행소(行素)를 시작했다. 『발휘심경』을 처음부터 26장 읽었다.

잡물을 분류해서 경천 노장에게 드렸다. 칠불암에서 탁명(卓明) 스님이 왔다 갔는데 이 스님은 바로 정심 스님의 상좌다.

아침식사 뒤 양진암까지 세 번 갔다 왔다. 저녁식사 뒤에 다시 세 번을 갔다 왔다.

각담 노장이 쌀 세 되를, 또 승매 스님은 품질 좋은 표고버섯 여러 되를 주었다.

7월 26일 맑음 | 함양 금강대암

밤중에 일어나 앉아서 졸거나 하며 새벽까지 깨어 있었다.

길상대(吉祥臺)에서 효이·선혜 스님이 왔다 갔다.

『발휘심경』 7장을 읽었다.

아침식사 뒤 양진암까지 세 번 갔다 왔다. 저녁식사 뒤에도 한 번 갔다 왔다.

경천 노장이 금선대에 갔다가 저녁에 돌아왔다.

7월 27일 맑음 | 구례 길상대암

일찍 일어나 다녀보았다.

묘원(妙圓) 스님이 쌀 세 되, 명안 스님은 한 되를 주었다.

아침식사 뒤 스님들과 작별하고 절을 떠났다. 각담 노장은 몹시 섭섭해

하며 수십 걸음을 따라 나왔다. 경천 노장과 경숙이가 짐을 나누어지고 십여 차례 쉬어가면서 돌계단 80여 개를 내려왔다.

대나무 사이를 둘러 가면서 계곡을 따라 폭포를 감상하거나 혹은 반석에 앉아 쉬기도 하면서 낮이 되기 전에 길상대암에 도착했다. 효이·청언·선혜·정안·해철 스님 등은 모두 다 구면이라 서로 반갑게 인사했다.

절터는 산허리에 바르게 위치해 있다. 앞쪽으로 시내와 연곡사 조계문(曹溪門)이 내려다보이고, 소나무와 대나무가 숲을 이루고 있다. 암자의 건물들은 크고 넓으며 붉은색이 빛나고 있으니 실로 화각보당(華閣寶堂)이었다.

잠시 앉아 있으니 늑삼 스님이 순천에서 왔다가 조금 있다가 돌아갔다. 경천 노스님도 역시 돌아왔다. 금류동암에서 희안 스님이 약 10여 리를 와서 보고 돌아갔다.

이 곳에서 금강대암을 돌아보니 만길 높이 솟은 봉우리들이 아득하게 바라다 보이는 것이 마치 구름과 안개 속에 있는 듯하다. 구슬픈 생각이 드는 것을 어찌하지 못하겠다. 또한 백호(白虎)212) 옆으로 해서 곧바로 위로 올라가면 양진암이 있는데 그 터가 절묘하다. 손방(巽方)213) 사이에 우물이 있어 샘물이 솟고 있으며 그 바로 맞은편에 흰 구름 낀 여러 산들이 나열해 있다. 눈을 밑으로 향하면 만학천봉이 둘러있어 서로서로 끌어당기고 있다. 아침저녁으로 구름은 그 모습이 만 가지로 바뀐다. 시야의 광활함은 실로 보기 드문 것으로 티끌 같은 세상을 멀리 하니 신선이 사는 곳과 한가지일 듯하다. 그러나 승속이 모두 그 기묘함을 모르는데 오직 일흔세 살 된 각담 노장만이 그것을 알고 있다. 스님은 거짓으로 짐짓 미친 척 망령된 행동을 하지만 사람들은 그 안에 도(道)가 있음을 살피지 못한다. 스님은 윤판옥을 지어 혼자 거처하면서 10여 년을

---

212) 우백호. 사찰 터의 왼쪽에 있는 봉우리.
213) 동남쪽.

침굉 현변 스님 진영

수련하고 있다. 다리가 아파 멀리 움직이지는 못하지만 식후에 다리 운동
삼아서 하루에 네댓 번 거처에서 나가는데, 그렇게 하면서 오랫동안 가슴
에 품고 있던 그윽하고 아득한 말씀을 들려주었다. 우리가 서로 작별하게
되어서는 무척이나 섭섭해하였다. 그 땅의 경치와 함께 그 인물도 최고라
고 할 만하였다.

『발휘심경』 6장을 읽고 조전에서 묵었다. 스님이 저녁을 차려서 여럿이
함께 먹었고, 식사 뒤에 냇가에 갔다 왔다.

7월 28일 맑음 | 구례 길상대암

아침식사 뒤에 절에서 555보 떨어져 있는 냇가에 갔다가 왔다.

경숙이가 금선법왕사(金仙法王寺)에 갔다. 연곡사에서 방장(方丈) 여인(如印) 노장과 희감 스님이 왔다가 바로 돌아갔는데, 여인 스님은 갑인생(1614)이고 희감 스님은 갑술생(1634)이다. 경숙이가 돌아왔다.

저녁식사 뒤 냇가에 갔다 왔다. 『발휘심경』 31장을 읽었다.

정안 스님이 짐을 운반하러 나갔다. 효이 스님이 침굉당(沈肱堂)*의 필적과 시를 꺼내 보여주었다. 그 시와 필적이 보통 사람들보다 뛰어나다. 침굉 스님이 지은 시 한 장을 얻어 도긍(道恆)이에게 주고 싶다.

희안 스님이 왔다 갔는데 또 다른 이름은 성도(成道)라 한다.

***침굉 현변**(枕肱懸辯, 1616~1684)

조선 중기의 스님. 성은 윤씨(尹氏). 본관은 나주(羅州). 자는 이눌(而訥), 호는 침굉. 어머니는 최씨.

8세에 아버지를 여의고 9세에 천봉산 처우(處愚) 스님에게 출가하여 승려가 되었다. 13세 때 지리산으로 서산대사(西山大師)의 수제자인 태능(太能)을 찾아가 그의 법을 계승하고 오도(悟道)의 선승(禪僧)이라는 말을 들었다. 19세에 윤선도(尹善道)가 양자로 삼아 환속시키려 하였으나 울면서 끝까지 응하지 않았다. 그 뒤 윤선도가 을사사화로 광양에 유배되었을 때 그를 찾아가 창랑가(滄浪歌)를 불러 위로하였다고 한다. 특히 윤선도의 영향을 받아 국문가사를 남기고 있다. 선교(禪敎)에 밝았을 뿐 아니라 유교와 도교에도 조예가 깊었고 서예와 문학에도 능통하였으며, 말년에는 염불이야말로 성불의 직절문(直截門)이라는 서산대사의 정신을 이어받아 염불에서 안심처를 구하였다.

선암사(仙巖寺) 주지를 비롯하여 송광사·연곡사 등 호남 지방의 대찰에 머물렀으며, 전라남도 금화사(金華寺)에서 입적하였다.

자신의 유체(遺體)를 화장하지 말고 냇가나 숲속에 두어 까마귀나 솔개에게 공양하도록 유언하였으므로, 제자들이 시신을 금화산 봉우리 바위틈에 넣었으나 새들도 그의 시신을 범하지 않고 안색도 변하지 않았다고 한다. 저서로 『침굉집』 2권이 있다.

7월 29일 맑음 | 구례 길상대암

경숙이가 아침식사 뒤에 금강대암의 각담 스님에게 갔다. 경천 노장은

연곡사 현각선사비

여러 가지 채소와 과일을 갖고 왔다.

『발휘심경』상권 20장을 다 보았고, 또 하권 11장을 읽었다. 『독서록』
중편을 읽었다.

저녁식사 뒤에 앞 내에 가서 발을 씻었다.

7월 30일 맑음 | 구례 길상대암

군자사에서 법안 스님이 와서 배 네 개를 주었다. 저녁식사 뒤에 스님은
돌아갔다.

『발휘심경』24장을 읽었다.

저녁식사 뒤 연곡사에 가서 비전(碑殿)을 보았다. 선각선사비(禪覺禪師
碑)*는 쪼개진 지 이미 7년이나 되었으나 전각과 당우는 매우 크고 화려했

다. 영자전(影子殿)[214]에는 진감국사(眞鑑國師)[215] 이하 10여 분의 영정이 걸려 있는데 전부 기이하고 오래된 것이라 볼 만했다.

돌아오는 길에 여러 부도들을 보았다. 오는 길에 회안 스님을 만나 같이 돌아왔는데 스님의 이름은 일명 성도(成道)라고 한다. 암석 위에 앉아 잠시 얘기를 나누고는 작별하고 절에 돌아왔다. 명안 스님도 역시 산에 들어갔다.

산음(山陰)[216] 지국사(智國寺)의 처인(處仁) 스님은 스물여덟 살로 됨됨이가 편안하고 조용하다. 또 지성(智性) 스님은 서른아홉 살인데 비전(碑殿)에서 만났다. 부도밭에서 함께 오랫동안 앉아서 얘기하다가 돌아갔다.

연곡사의 학의(學儀) 노장이 10여 리를 따라 나와 전송해 주었다.

*선각선사비

선각 선사는 나옹 혜근(懶翁慧勤, 1320~1376)을 말한다. 그런데 8월 20일 일기에도 나오듯이, 정시한이 말한 禪覺선사는 先覺선사, 곧 도선(道詵) 국사를 이렇게 쓴 것으로 보인다. 先覺선사가 나옹 혜근 스님이든, 혹은 도선 국사이든 간에 연곡사의 역사에는 알려져 있지 않다.

지금 연곡사에는 959년(고려 경종 4)에 세운 현각(玄覺)선사비가 있는데, 빗돌(碑身)은 없고 귀부와 이수만 남아 있다. 이 유물로 본다면 정시한이 현각선사를 선각선사로

---

214) 고승의 진영(眞影)을 봉안한 전각을 말한다. 보통 조사전에 걸거나, 혹은 진영각을 따로 두기도 한다. 진영에는 주인공의 일생을 압축해서 쓴 찬문(讚文)이 들어가는 경우가 많은데, 이로 인해 진영은 단순한 인물 초상화라는 차원을 넘어, 그 스님의 법력과 평가에 대한 기록이기도 하다. 더 나아가서는 불교사와 사찰사의 중요한 자료가 되기도 한다.

215) 진감은 혜소(慧昭, 774~850) 스님을 말한다. 당대의 고승이었는데, 지금 경상남도 하동 쌍계사에 진감국사비가 있다. 이 비는 최치원이 지은 것으로 현재 국보 제228호로 지정되어 있다. 그런데 연곡사에 진감선사 혜소의 영정이 걸려 있었다는 것은 혜소가 이 절의 역사에 있어서 깊은 관련이 있었기 때문일 것이다. 하지만 지금까지 알려진 연곡사의 역사에는 이 부분에 대한 내용이 전혀 없다. 따라서 정시한의 이 기록은 혜소와 연곡사와의 도타운 관계를 알게 하는 최초의 기록이라고 볼 수 있다.

216) 지금의 경상북도 산청군에 해당한다.

잘못 쓴 것처럼 보인다. 그런데 지금 남아 있는 현각선사비의 빗돌은 임진왜란 때 없어졌다고 전한다. 그렇지만 정시한은 빗돌이 쪼개진 지 7년이 지났다고 했으니 당시 부서져 있기는 했어도 아직 남아 있었다는 얘기가 된다. 그렇다면 전해지는 말처럼 임진왜란 때 없어진 것이 아니라 적어도 1686년 이후에 없어졌다고 봐야 한다.

8월 초하루 맑음 | 구례 길상대암

아침 일찍 일어나서 관복을 갖추고 가묘를 향하여 참배했다.

아침식사 뒤에 명안 스님은 갔다. 이 암자의 정안 스님이 아침을 차려주었다. 정안·해철 스님은 동냥 나가기 위해 인사하고 떠났다.

비가 새는 곳을 수리했다.

『발휘심경』 30장을 읽었다. 저녁식사 뒤 청언 스님과 함께 연곡사에 가려고 떠났다가 중도에 먼저 돌아와 냇가에 앉아 있었다. 청언 스님도 역시 절에 돌아왔다.

『독서록』 하편 및 『속선』 종편을 읽었다.

8월 2일 흐렸다 | 구례 길상대암

오후부터 종일 비가 내렸는데, 구름과 안개가 끼는 것이 볼 만했다.

경숙이가 금강대에 갔다 왔다. 연곡사에서 철영(哲暎) 스님이 왔다가 바로 갔다.

『발휘신경』 21장을 읽어 하권을 다 보았다. 또한 상권 11장과 『독서록』 수편, 『황정경』과 도장초 4장을 읽었다.

8월 3일 흐리며 비가 종일 내렸다 | 구례 길상대암

호열 스님이 와서 잣 약간을 놓고 갔다.

『발휘심경』 22장과 『독서록』 중편을 읽었다.

연곡사의 선인(禪印) 스님이 구례(求禮)[217]에 사는 상놈 정자선(鄭自善)

연곡사

과 함께 저녁에 왔는데 내일 아침 기사(忌祀)[218]를 지내기 때문이라고 한다.

『황정경』과 도장초 10장을 읽었다.

청언 스님에게 보리 여섯 되를 빌렸다.

8월 4일 아침부터 종일 비가 내렸다 | 구례 길상대암

(스님들이) 밤중부터 금고를 치고 경을 외다가 새벽에 끝났다. 아침에 연곡사 스님 수십 분이 와서 재를 올렸는데 재에 바치는 음식이 자못 성대했다. 종해(宗海) 스님이 (내 방으로) 들어와서 만났다.

---

217) 전라남도의 군.
218) 제사.

진주에서 온 혜심(慧心) 스님이 남아서 잠시 얘기를 나누다가 돌아갔다. 재가 끝나고 전부 돌아갔다.

연곡사 여인 승통이 햅쌀로 밥을 지어주셨다. 상좌 최광두(崔光斗)를 데리고 비를 무릅쓰고 오셔서 아침을 준비하신 것이다. 저녁식사 때까지 오랫동안 계시다가 돌아갔다. 일계(一戒) 스님이 왔다갔다.

저녁식사 뒤 누에 올라가 앉았다. 구름과 안개가 무궁하게 변화하는 모습을 바라보는 것이 싫증나지 않았다. 『발휘심경』 27장과 『독서록』 하편 및 『속선』 종권을 읽었다. 또한 『황정경』 도장초 17장을 다 보았다.

8월 5일 비가 하루 종일 내렸고 밤에는 더욱 심했다 | 구례 길상대암

아침에 효이 · 청언 스님이 철물(鐵物)을 갖고 연곡사에 갔다.

『발휘심경』 18장을 읽어 상권을 다 보았고 또 하권 11장과 『독서록』 상 · 중 2편과 『황정경』 10여 장을 읽어서 하권을 다 보았다.

효이 스님 등이 호추(戶樞)[219] 등의 잡물을 만들고 돌아왔다.

8월 6일 아침부터 비가 종일 내렸고 찬바람도 크게 불어서 나무와 집을 상하게 했다. 밤에는 비바람도 불었다 | 구례 길상대암

『발휘심경』 40장과 『독서록』 하편 및 『속선』 종편을 보았고 『황정경』 채약도(採藥圖) 등을 10여 장 다시 보았다. 연일 계속해서 찬비가 지리하게 내려 만물이 손상되더니 찬바람마저 불어 농사를 해치고 있다. 산승들도 역시 추워서 저고리를 입는다.

8월 7일 어젯밤부터 찬바람이 크게 일었고 찬비도 더욱 심하니 사람들이 전부

---

219) 지도리. 곧 여닫이문을 여닫을 수 있도록 구멍을 파서 문짝의 뾰족한 고리를 끼워넣은 부분. 이 부분은 문의 여닫음으로 인하여 늘 마찰이 일어나기 때문에 좀과 같은 해충이 서식할 수 없고, 흐르는 물도 고이거나 썩지 않는다고 한다.

추워했다. 냇물이 크게 넘쳤다. 새벽이 되어서야 비가 그치고 바람도 멎었다 | 구례
길상대암

『발휘심경』 36장을 읽어 하권을 다 보았다. 『독서록』 상중하 3편 및
『속선』을 다 읽었다. 『황정경』 오장도를 다시 보았다.

아침에 저고리와 버선을 신었다. 효이 노장에게 쌀 네 되를 빌렸다.

길상대암에는 바람이 크게 불지 않았으나 금강대암·오향대암에서는
지붕이 전부 날아가고 커다란 나무도 뽑히는 등 바람이 심하게 불었다.
그것은 바람은 서쪽에서 불어왔는데 금강대암과 오향대암은 동향으로
산을 뒤에 지고 있기 때문이다.

8월 8일 새벽부터 바람이 불며 비가 내렸다. 비는 그치다 내리다 하루 종일
그랬다 | 구례 길상대암

수일 전부터 눈이 아파서 책 읽는 것이 불편하다. 『발휘심경』 23장과
『독서록』 상·중 2편을 읽었고 또한 『황정경』 내경 9장을 읽었다.

판자를 문으로 만들어 썼다.

8월 9일 흐린 뒤에 갬. 바람도 불었다 | 구례 길상대암

청언 스님이 나무를 해왔다.

『발휘심경』 36장과 『독서록』 하편 및 『속선』 종권을 읽었다.

일계 스님이 상좌인 탁습 스님을 보내어 병을 치료하러 안국사에 간다고
알려왔다. 그래서 그 편에 일겸 스님에게 보내는 편지를 부탁했다.

『황정경』 내경 9장을 읽었다. 발을 씻었다.

8월 10일 맑음 | 구례 길상대암

효이 노장에게 쌀 여섯 되를 빌렸다. 명학 스님이 왔다. 연곡사 동방장(東
方丈) 종장 신감(神鑒) 스님은 을해생(1635)인데 제자인 탁성(卓性) 스님을

연곡사 법당

데리고 왔다. 커다란 약과 다섯 개와 꿀물 한 병을 대접해 여러 스님들과
함께 먹었다. 잠시 있다 돌아갔다. 선혜 스님이 복숭아를 따 주었다.

　『발휘심경』 27장을 읽어 상권을 다 보았고 『독서록』 상·중 2편을
읽었다.

　청언 스님은 나무를 해왔다. 연곡사에서 선인 스님이 와서 초피(椒皮)
자반을 대접하고 돌아갔다.

　『황정경』 내경 9장을 읽었다.

8월 11일 흐림 | 구례 길상대암

심사가 편하지 않다.

금강대암에서 경천 노장이 와서 동과(冬苽)[220] 하나를 주고 갔다.

『발휘심경』30장과『독서록』하편 및『속선』을 다 읽었다.『황정경』
내경 9장을 읽어 내경을 다 보았다.

청언 스님이 나무를 해왔다.

8월 12일 맑음 | 구례 길상대암

경숙이가 금강대암에 가서 무우나물[菁菜]을 얻어 왔다.

『발휘심경』30장을 읽었으며『독서록』상·중·하 3편과『황정경』
외경 상편을 읽었다.

8월 13일 흐린 뒤에 맑음. 밤에 비가 약간 내렸다 | 구례 길상대암

효이 스님에게 쌀 다섯 되를 빌렸다. 호열과 묘원(妙圓) 스님이 왔다
바로 돌아갔다. 절의 스님이 경숙이를 연곡사에 보내어 비지(豆腐滓)를
얻어오게 했다.

『발휘심경』23장을 읽어 하권을 다 보았으며『독서록』속선 및 상편·중
편과『황정경』외경 중편을 읽었다.

묘원 스님이 말하기를 이번의 풍수재해는 예전에 없던 일로 이로 말미암
아 곡식이 탕진되어 사람들이 굶주려 길가에 나가 울부짖는다고 한다.
그 말을 들으니 참상이 떠올라 먹은 것이 소화가 되지 않았다. 심사가
편하지 않아 밤에 잠을 이루지 못했다.

8월 14일 흐림. 밤에 비가 조금 내렸다 | 구례 길상대암

아침식사 뒤에 함양에서 사람이 와서 수령이 보낸 편지를 전했다. 수령
은 또 쌀[大米] 세 말, 붉은 팥[赤豆] 한 말, 무명 한 필, 조기 두 손[二束],221)

---

220) 동아. 박과의 일년생 덩굴 풀에서 나오는 열매. 동아는 줄기가 굵고 모가 졌으며,
    덩굴손으로 다른 것에 기어오르는 풀이다. 여름에 노란 꽃이 피고, 가을에 호박
    비슷한 열매가 익는다. 열대 아시아 원산으로 각지에서 재배한다.
221) 束을 단순히 묶음으로 보면 二束은 '두 묶음'이지만, 수량을 세는 우리말인 '손'을

건포(乾脯)·콩잎 약간씩을 보내왔다. 함양의 사령(使令)[222]인 신애발(申愛發)과 군자사의 은탁 스님이 왔다. 경숙이는 금강대암에 가서 짐 약간을 지고 왔다. 은탁 스님에게 베적삼 크고 작은 것 두 벌, 무명 한 필, 보자기[袱袋] 하나, 향용(香茸),[223] 종이 봉투, 쪽대[片竹] 등을 지고 군자사에 먼저 가서 나를 기다리도록 하였다. 또 사령 편에 함양 수령에게 보내는 편지를 써서 보냈다. 효이 스님에게 쌀 한 말 여섯 되, 청언 스님에게 쌀 여섯 되를 갚았다.

발을 씻고 『발휘심경』 9장과 『독서록』 하편, 『황정경』 외경 하편을 읽었다. 저녁에 떠날 차비를 했다.

8월 15일 흐린 뒤에 갬 | 구례 법왕대

아침 일찍 일어나 관복을 갖추고 고향의 가묘를 바라보고 참배했다. 심사가 더욱 더 처연하다.

아침식사 뒤 절의 스님들과 작별하고 선혜 스님과 함께 연곡사로 내려갔다. 가는 길에 너더댓 번 쉬어 갔다. 도착하니 스님들이 바야흐로 법당에서 시식(施食)하는 중이었다.

비전(碑殿)에 들어가 오랫동안 앉아 있다가 법당을 둘러보았다. 법당은 매우 크고 화려하다. 삼불이 모셔져 있는데 해인사 불상과 비슷하나 단지 원광(圓光)[224]이 없다.[225]

이렇게 쓴 것으로 보인다. 고등어나 조기는 한 손이 두 마리이므로, 여기서는 네 마리가 된다.

222) 관아에서 심부름 하는 하인.

223) 약재의 하나.

224) 광배(光背) 가운데 두광(頭光)을 말한다.

225) 삼불은 석가여래·약사여래·아미타여래처럼 불상 3위를 봉안한 것을 말하는데, 연곡사와 해인사에는 현재 삼불이 봉안된 전각이 없다. 해인사의 금당은 대적광전인데 전에는 비로자나불을 중심으로 좌우에 노사나불과 석가불이 봉안된 것으로 보이지만, 지금은 비로자나불을 중심으로 7보살이 봉안되어 있다. 정시한이 보았던

각 방들은 낡았고 뜰에는 잡초가 무성하다. 스님들도 어렵게 생활하고 있으며 장차 유지하고 보전하기가 어려워 보이니 가련하다.

승통 여인 스님과 학의·희감 노스님이 모두 법당으로 와 만나보고 다른 여러 스님들도 보았다. 신감 스님도 와서 함께 스님의 처소인 동전(東殿)에 앉아서 얘기했다.

신감 스님이 저녁을 대접했는데, 선인 스님도 왔기에 만나보았다.

저녁식사 뒤 호열 스님과 함께 금선대로 갔는데 3~4리를 올라가서 절에 도착했다. 소나무와 대나무가 숲을 이루어 있고 모든 전각은 밝고 아름다웠다. 이 절의 성인(省印) 스님이 마중 나왔다. 잠시 앉아 있다가 법왕대(法王臺)에 갔다. 송죽이 양쪽 길에 늘어서 있는 길은 울창하여 정신이 매우 상쾌해졌다. 1, 2리를 가서 암자에 닿았다. 암자터는 매우 묘하며 건물 역시 정묘하다. 신은(信崑)과 처민(處敏) 스님과 만났는데, 상좌인 국림(國林) 스님은 경술생(1670)으로 사랑스럽다. 비전승 행철(行哲) 스님도 뒤따라 나와 함께 얘기하다 돌아갔다. 금선대에서 성인 스님도 역시 올라와서 오랫동안 함께 얘기하다가 돌아갔다. 약 10여 리를 왔다.

8월 16일 맑은 뒤 흐려짐. 저녁에 비가 내렸다 | 하동 쌍계사

아침식사 뒤 청언 수좌가 길상대암에 와서 곧바로 같이 길을 떠났는데, 신은·처민·국림 스님 등도 뒷산까지 전송 나왔다. 여기서 (신은·처민) 두 스님은 인사하고 돌아갔고 국림 스님이 짐을 지고 함께 갔다. 당현(堂峴)에 닿으니 호열 스님이 뒤따라 왔으므로 국림 스님은 돌려보내고 (청언·호열) 두 스님과 함께 당현을 내려가 쌍계사(雙磎寺)를 향해 갔다.

시기는 1686년으로, 임진왜란의 전화 속에서도 남아 전했던 것인데 지금은 볼 수 없는 것이 아쉽다. 연곡사는 6·25전쟁으로 절 전체가 불타 없어졌는데 아마 이 때 사라진 것으로 보이고, 해인사는 1695년(숙종 21) 이후 여러 차례 있었던 화재 때 없어진 듯하다.

하동 쌍계사

산의 나무는 바람을 맞아 가로로 넘어져 길을 막고 있어 나무 위로 넘어가야 했기 때문에 위험한 곳이 꽤 많았다. 전곡(田穀)은 탕진되어 있고 마치 만마(萬馬)가 짓밟고 지나간 듯 숲이 남아 있지 잃은 참상에 놀랐다. 계곡을 따라 밑으로 10여 리를 내려가는 길에는 단풍잎이 붉어지고 있고 키 높은 소나무가 울창한 것이 맑고 아름다운 경관이다. 감벽색으로 흐르는 물은 맑게 굽이쳐 흐르는 것이 볼 만했다. 그러나 골짜기 너머로 오고가는 남녀의 얼굴에는 근심이 가득하니 마음이 즐겁지가 못하고 흥도 없어진다.

17~18리를 가서 신흥동(神興洞)에 도착했다. 길가에서 두 스님과 경숙

이를 시켜서 세이암(洗耳巖)을 찾아보라 했는데 한참 뒤에 돌아와 찾았다고 한다. 곧바로 두 분 스님과 함께 계곡과 산을 건너고 넘어 신흥사에 닿았다. 그 터 아래로 커다란 시내가 있어 건널 때 짚신이 나뭇가지에 걸려 돌무지 위에 넘어지는 바람에 왼발 엄지발가락 발톱이 찢어져 피가 나왔다. 다리를 문지르니 잠시 뒤에 피가 멈춰 바로 내를 건넜다.

산을 타거나 물을 따라 3리를 가니 못 옆에 입석이 둘러서 있는 곳에 평평한 반석이 널려 있다. 반석 가장 높은 곳에 세이암(洗耳巖)의 세 자가 새겨져 있다. 글자 크기는 매우 크며, 자획은 (여백을) 가득하고 빽빽하게 채운 것이 고운(孤雲)226)의 유(類)는 아니지만 청아하고 깨끗하여 속세를 벗어난 경지가 참으로 뛰어나 오랫동안 어루만져 보았다.

두 스님이 나무를 날라다가 다리를 만들어주어 시내를 건너 다시 신흥사(神興寺)227)에 도착했다. 시내를 따라서 만들어 쌓은 축대는 바르고 고른 것이 마치 하늘이 만든 듯하다. 그 길이가 40, 50칸이고 높이는 몇 길이나 되는데 전부 4층으로 쌓았다. 그 안에는 철불이 있는데 높이가 한 장 가량이나 된다. 다 보고 다시 나와 홍류교(洪流橋) 옆에서 밥을 지어 먹었다. 다음에 12~13리를 가서 쌍계사(雙溪寺)에 닿았다. 냇가 옆에서 청언스님은 전부터 알고 있던 거사네 집으로 가고, 나는 호열 스님과 함께 독목교(獨木橋)를 건너서 조계문(曺溪門)으로 들어가 고방장실(古方丈室)에 들어갔다. 천휘(天輝) 종장 스님의 방에서 가득 잘 차린 저녁을 대접받았다.

약 35~36리를 왔다. 뒷방에서 묵었는데 각통(脚痛)과 요통이 매우 심했으나 새벽까지 편하게 잠들었다. 새벽이 되니 기운도 다시 생긴다.

---

226) 최치원.

227) 경상남도 진주 지리산 자락에 있던 절. 18세기에 지은 『범우고』에 따르면 능파각(凌波閣)에 서산 대사가 지은 기문이 있었다고 한다.

진감국사비

8월 17일 아침에 비가 약간 내렸으며 흐렸다 | 하동 쌍계사

아침식사 뒤 천휘 스님과 함께 먼저 영주각(瀛州閣)·봉래전(蓬萊殿)·

쌍계석문

청학루(靑鶴樓)228)를 본 다음에 동쪽의 법당에 갔다. 진감국사비(眞鑑國師碑)*가 있는데 최고운이 지은 것이다. 그런데 전서(篆書)229)가 불에 맞아 상한 곳이 있어 얼마 안 가서 떨어져나갈 것 같아 안타깝다. 오랫동안 만져보며 감상했다.

법당은 매우 크고 화려한데 단청을 새로 입혀서 금벽(金碧)이 휘황하다. 나한전(羅漢殿)을 지나 영당(影堂)에 이르러 최고운의 진영을 보았다.

---

228) 이 가운데 청학루는 있으나 영주각과 봉래전은 지금 없다.

229) 비석의 제목. 통일신라시대 비석의 경우 맨 위에 용이 서려 있는 이수(螭首)가 있고, 그 아래에 비석의 제목을 전서로 적는다. 비석의 본문은 전서 아래에 있고, 맨 아래에서 비석을 받치고 있는 거북 모양을 귀부(龜趺)라고 한다.

사모(沙帽)를 쓰고 홍포(紅袍)를 입었으며 신발을 신지 않고 의자에 앉아 있는데 구레나룻이 완연한 것이 마치 살아있는 듯하다. 진감국사 및 십여 조사의 진영도 열 지어 걸려 있어 바라본 다음 누각으로 돌아왔다.

의윤(義允) 노스님은 여든두 살이고 옥헌(玉軒) 노스님은 여든한 살이다. 또한 해민(海敏) 스님은 무진생(1628)인데 절의 연혁과 고적을 물어보니 하나하나 설명해 주었다. 천휘·해민 스님과 함께 쌍계사로 갔는데, 옥헌 노장도 함께 따라나섰다. 2, 3리를 가니 쌍계사에 닿는다. 커다란 돌이 좌우로 마주보고 서 있어 마치 문과 같은데 길은 그 사이로 나 있다. 왼쪽 돌에는 '석문(石門)'이라는 커다란 두 글자가 새겨져 있고 오른쪽에는 '쌍계(雙磎)'라는 커다란 두 글자가 새겨져 있다[230]. 글씨의 획이 마치 살아 있는 용이 나는 듯하며 이끼 하나도 끼지 않아 마치 새것 같은 모습이 완연한데, (글씨를) 새긴 흔적이 없다.[231] 폭포는 날리고 못은 깊으니 볼 만하다. 근처를 두루두루 둘러보며 배회하였는데, 해는 벌써 넘어가건만 돌아갈 것을 잊고 있었다. 저녁 무렵에야 돌아왔다.

방장실과 영주각은 서로 동서로 마주보고 있으니, 곧 최고운과 진감선사가 각각 머물렀던 곳으로 도를 논하고 음악[232]을 즐기던 곳이다. 신령스러운 주산(主山)에서 청룡의 맥이 약동하며 60리를 넘게 뻗어 내렸고, 봉우리들이 준걸하게 서 있는데 뒷산의 봉우리는 특히나 우뚝하다. 방장실과 영주각은 그 진맥에 의거해 법도 있게 자리잡아 있고, 그 사이에 작은 법당이 남향으로 자리잡고 있다. 법당의 삼면은 소나무와 대나무에 둘러싸

---

230) 이른바 쌍계석문으로 지금도 그 자리에 있다. 이 글씨들은 고운 최치원이 썼다고 전한다.

231) 이 말은 쉽게 이해가 되지 않는다. 지금 보는 쌍계석문에 있는 '雙磎'와 '石門' 글씨는 모두 돌에 새겨져 있다. 정시한의 말은 새긴 것이 아니라 먹으로 쓴 것이라는 의미로 해석되는데, 그렇다면 정시한이 이것을 본 1686년 이후에 지금처럼 글씨를 새긴 것으로 이해해야 되는지 모르겠다.

232) 여기서 말하는 음악이란 진감선사의 범패를 말하는 듯하다.

여 있고 그 아래로 수만 개의 장대가 심어져 있다. 가히 별천지에 들어서

있는 것 같다.

갑술년(1634)에 벽암 각성(碧巖覺性)** 스님이 동쪽에 지은 전각과 요사,
그리고 법당 등의 커다란 건물들은 청룡의 맥에 터를 잡았는데, 터를
닦을 때 청룡의 입석들이 많이 파괴되었다. 보통 사람이 언뜻 보기에는
합당하지 않은 것 같기는 하지만 어찌 다 헤아리지 않았겠는가.

해민 스님이 말하기를 이 달 4일과 5일 밤에 천왕봉(天王峯)·백모당(百
母堂)·덕산(德山) 등에 눈이 한 길이나 내렸고, 6일 오후부터 7일까지
대풍이 불어서 나무와 지붕이 날라 갔고, 온갖 곡식뿐만 아니라 초목도
말라버려 살아 있는 것은 죄다 없어질 뻔했다고 한다.

『발휘심경』 10장과 『독서록』 속선 종권을 읽었다.

계정(戒定) 스님이 저녁을 잘 차려주었다.

*진감국사비(眞鑑國師碑)

혜소(慧昭, 774~850) 스님의 비석. 국보 제47호로 지정되어 있다. 혜소 스님은 신라
하대 선종의 발전에 크게 기여한 선승이자 불교음악인 범패(梵唄)를 우리나라에 최초
로 도입하고 중국으로부터 차나무를 들여와 차문화 발전에도 공헌하였다. 시호는
진감이며 속성은 최씨로서 비교적 늦은 31세에 출가하였다. 804년(애장왕 5) 당나라
에 유학하여 창주(滄州)에서 신감대사(神鑑大師)의 제자가 되었고, 이후 부단한 정진
과 수행을 계속하여 810년(헌덕왕 2) 당나라 숭산(嵩山)에 있는 소림사에서 구족계를
받았다. 그 뒤 종남산(終南山)에 들어가 선정과 지혜를 닦으며 참선하고 실천적 선
수행을 통해 독자적 선사상을 형성하였다. 830년(흥덕왕 5년) 선사는 귀국하여 국왕
의 환대를 받으며 경상북도 상주(尙州) 장백사(長栢寺)에 주석하였고, 이후 교세의
확장과 문도의 증가에 힘입어 지리산에 쌍계산문을 개창하고, 남종선의 소개와 확산
을 위해 노력하였다. 혜소 스님은 『화엄경』을 중심으로 이루어지던 화엄종의 포교방
식과는 달리 범패를 통해 선사상을 확대하였다. 이후 범패는 수행의 한 방법으로
선사들이 많이 사용하였으며, 신라 말기 선종이 염불사상을 수용한 것도 범패가
가져온 결과였다. 850년 나이 76세, 법랍 41세로 입적하였다. 헌강왕(憲康王)대에
이르러 진감이라 시호하고 탑호를 대공영탑이라 하여 비를 세웠는데, 이 비를 통해
선사의 존재와 행장, 그리고 선사상 등을 알 수 있다.

벽암 각성(1575~1660)

조선시대 중기의 고승. 어머니는 조씨(曺氏)이며, 12월에 충청북도 보은의 서삼산(西三山)에서 태어났다. 9세에 아버지가 죽자 출가를 결심하고 이듬해에 출가하여 설묵(雪默)의 제자가 되었으며, 14세에 보정(寶晶)에게서 구족계를 받은 후 불경을 공부했다. 그 뒤 부휴 선수(浮休善修)의 제자가 되어 스승을 따라 속리산·덕유산·가야산·금강산 등의 명산에서 정진하였다.

임진왜란 때 해전에 참여하였으며, 전쟁이 끝난 뒤 가야산에 있을 때, 명나라 장수 이종성(李宗城)은 "불도징(佛圖澄)과 도안(道安)을 해외에서 다시 보는 것 같다."고 하였다고 한다.

그 뒤 스승과 함께 지리산으로 옮겨 당시 '삼걸(三傑)'로 널리 알려졌던 충휘(冲徽)·태능(太能)·응상(應祥) 등과 함께 수행하였다. 1600년 칠불사에서 스승의 뜻에 따라 강석을 열어서 후학들을 지도하였다. 제자들에게 항상 "생각이 망령되지 않아야 하고, 얼굴에 부끄러움이 나타나지 않도록 해야 되며, 허리를 구부려 앉지 않아야 한다(思不妄面不愧腰不屈)."는 3가지 계로써 일깨웠다.

1612년에 선수가 광승(狂僧)에게 무고를 입어 투옥되자 그도 연루되어 옥에 갇혔다. 그러나 광해군이 직접 치죄하다가 그의 덕에 감복되어 하사품을 내리고 방면하였다. 이 때 사람들은 부휴와 각성을 대불과 소불이라 지칭하였다. 또한 광해군은 봉은사에 머물게 하고 판선교도총섭(判禪敎都摠攝)의 직함을 내렸고, 그 곳에서 많은 사대부와 교유를 갖게 되었으며, 특히 동양위(東陽尉) 신익성(申翊聖)과 가까이 지냈다. 1615년 다시 칠불암으로 옮겼고, 이듬해 신흥사(新興寺)로 옮기자 700명의 대중이 모여왔으므로 밤중에 태백산 전천동(箭川洞)으로 은거하였다.

1617년 광해군이 청계사(淸溪寺)에서 큰 재를 열었을 때 설법을 하였으며, 1624년 조정에서 남한산성을 쌓을 때 팔도도총섭(八道都摠攝)으로 임명되어 승군을 이끌고 3년 만에 성을 완성시켰다. 이에 나라에서는 보은천교원조국일도대선사(報恩闡敎圓照國一都大禪師)의 직함과 함께 의발을 하사하여 그 공을 치하하였다. 1632년에는 화엄사를 중수하였다. 1636년 병자호란이 일어나서 왕이 남한산성으로 천도하자 전국사찰에 '총궐기하여 오랑캐를 쳐부수자.'는 격문을 보냈다. 의승군 3,000명이 모이자 이를 항마군(降魔軍)이라 이름 짓고, 호남의 관군과 함께 적들을 섬멸하면서 남한산성으로 향하였으나, 도중에 전쟁이 끝났으므로 항마군을 해산하고 지리산으로 들어갔다.

1640년 봄에 쌍계사를 중수하였고, 그 해 8월에 호남관찰사 원두표(元斗杓)의 청으로 규정도총섭(糾正都摠攝)의 직을 맡아서 무주 적상산성(赤裳山城)에 있는 사고(史庫)를 보호하였다.

1641년 해인사로 가서 머물 때, 조정에서는 각성을 일본에 사신으로 파견하고자 하였으나 서울로 향하던 도중에 병으로 갈 수 없게 되자 백운산 상선암(上仙庵)에 머물렀으며, 1642년 보개산으로 들어가서 법석(法席)을 베풀었다. 이 때 왕자였던 효종이 그를 만나 화엄종지(華嚴宗旨)를 배웠다.

1646년 가을 속리산 법주사에서 동문인 희언(熙彦)과 은거하였고, 희언이 화엄사로 가서 입적하자 그도 화엄사로 가서 지내다가 제자들에게 '도업(道業)에 힘써 국은에 보답할 것'과 '사후에 비를 세우지 말 것'을 유언한 뒤 입적하였다. 나이 86세, 법랍 73세였다.

8월 18일 흐림 | 하동 불일암

옥헌 노스님께서 아침식사를 준비해주어서 여럿이 함께 먹었다.

아침식사 뒤에 천휘·민혜(敏慧) 스님과 함께 방장실을 나와서 불일암(佛一庵)233)에 올라갔다. 탄식(坦湜) 스님도 따라갔다. 대나무 숲을 헤치며 쌍계사의 주봉으로 올라갔다. 봉우리 뒤 계곡 하나 주변 4, 5리가 전부 대숲으로 둘러싸여 있다. 몇 리를 가니 천휘 스님이 손가락으로 불일암을 가리키는데 그 곳은 하늘의 구름과 산이 맞닿아 있다. 그것을 바라다보니 기분이 상쾌해진다. 봉우리 밑에 이르러 온 힘을 다해 약 6, 7리쯤을 힘들여 올라갔다. 지세가 조금 평평해지면서 산허리를 돌아나가니 불일암이 바라다보인다. 천휘 스님이 말하기를, 산을 유람하는 감병사(監兵使)234)·수령 및 과객들이 여기에 이르러서는 잔교(棧橋)를 건너는 것이 무서워 도로 내려가는 사람들이 태반이라고 한다. 길이 끊겨져 있는 곳에는 횡목(橫木)으로 잔교를 놓았는데 밑을 보면 무서워 머리카락이 곤두서며 땀을 뻘뻘 흘리게 된다. 잔교를 예닐곱 지나 돌로 만든 사다리를 올라가서 겨우 문에 닿았다. 문밖 대(臺) 위에 있는 입석에는 '완폭대(玩瀑臺)'라는 세 글자가 새겨져 있다. 글자의 크기는 손바닥 만하며 글씨체가 '세이암(洗耳巖)'과 매우 흡사하다. 스님이 말하기를 이것은 고운의 친필임에 틀림없다고 한다.

쏟아지는 폭포를 바라보았는데, 향로봉(香爐峰)의 주산 청룡의 맥에서

---

233) 쌍계사의 佛日庵을 말한다.
234) 감사(監司)와 병사(兵使)를 합쳐 부른 말. 감사는 관찰사(觀察使)의 별칭이고 병사는 병마절도사의 준말이다. 감사는 병사를 겸한다.

쌍계사 대웅전

나오고 있다. 그 모습은 마치 백룡(白龍)이 하늘로 오르고 은하수가 밑으로 내려온 듯하다. 오른쪽에 청학봉(靑鶴峯)이 있는데, 만장철벽(萬丈鐵壁)

불일암 현판

사이에 붉은 잎과 푸른 소나무가 가득하다. 천봉(千峰)이 주위를 둘러서 있는 것이 눈안에 들어오는데 맑은 기운이 가득한 것이 내 몸이 마치 삼산(三山)235)의 밖에 온 것 같다. 이 곳을 일찍 알지 못하여 이 곳에서 여름을 나지 못한 것이 한스럽다.

상무주암이나 금류동암은 생각해 보면 이것에 비하여서는 아이들 장난에 불과하다. 이렇게 기다랗게 탄식을 하며 문에 들어서서 암자를 바라보니 잘 중수되어 있고 정결하여 정묘하다. 땅은 평평하고 온건하니 실로

---

235) 삼신산(三神山). 중국에서 신선이 산다는 전설 속의 세 산. 곧 봉래산(蓬萊山)·방장산(方丈山)·영주산(瀛州山)을 말한다. 혹은 우리나라에서는 금강산·지리산·한라산을 말하는데, 여기서는 중국의 삼산을 말한다.

선인이 노닐 만한 곳으로 천문(千聞)이 불여일견이다.

방에 들어갔는데 옷과 신발은 보이건만 사람이 보이지 않아 다시 나가려 하는데 한 스님이 와서 인사하니 바로 이 절의 주인이다. 말하기를 이름은 성욱(性旭)이며 병술생(1646)이라 한다. 금강산에서 와 6월에 이 곳에 도착하여 솔잎을 먹으며 발우 하나 옷 한 벌로 암자를 중수하였고, 앞으로 이 곳에서 겨울을 날 계획이라고 한다. 사람 됨됨이가 바르고 맑아 사랑스러운데 용모는 스무 살 남짓으로 보인다.

경숙이더러 밥을 짓게 했고, 천휘 스님은 돌아갔다. 밥을 먹은 다음 산을 유람한 애기들을 들었는데 전혀 싫증이 나지 않았다. 조금 있다가 쌍계사에서 여징(侶澄) 스님과 함양의 하인인 애발이가 함께 와서 함양 수령의 편지를 갖고 왔는데 아울러 쌀 두 말과 행찬(行饌)236) 약간도 보내왔다. 또한 관아의 말과 관인 두 사람도 보냈다. 전에 내가 편지를 보내어 무주암으로 돌아가기 위해 인마가 필요하다고 했기 때문이다. 여기에 오래 머물러 있지 못하는 것이 아쉽다. 내게 신선이 될 분수가 없음과 뜻대로 되지 않음을 탄식하였다. 애발이를 쌍계사에 보내어 거기에서 먼저 기다리라고 했다. 여징 스님도 역시 인사하고 돌아갔다.

약 10여 리를 걸었는데 마음과 정신은 오히려 맑고 상쾌하다. 밤이 깊어서야 잠자리에 들었다.

8월 19일 하루 종일 비가 내렸다 | 하동 불일암

『발휘심경』15장과『독서록』상·중 두 편을 읽었다.『황정경』외경 하편의 상권을 다시 보았다.

저녁을 지어 성욱 수좌와 함께 먹었다.

8월 20일 맑음 | 구례 화엄사 향로전

---

236) 여행할 때 가지고 가는 반찬.

성욱 스님이 아침을 준비하여 여럿이 함께 먹었다. 쌀이 한 되정도 남았다. 아침식사 뒤에 스님과 함께 뒷산에 올라 보조(普照) 국사가 머물던 곳을 보았다. 여기에서 약 2리쯤에 바로 폭포가 있다. 그 머리 위 청룡 맥에 잇닿아 폭포가 흐르며 석담(石潭)이 있는데 그 아래가 바로 불일폭포(佛—瀑布)[237]다. 향로봉·청학봉 등이 무릎 아래에 펼쳐져 있고, 청룡과 백호가 가까이 있는데 역시 모두 기묘하다. 만산이 빙 둘러 감싸 안고 있어 아무런 빈틈이나 흠이 없는 곳이다. 절터는 평평하고 바르며 손방(巽方)이다. 큰 가뭄에도 마르지 않는 감천이 있다. 그 아래로 중보조(中普照) 터가 있으며 그 남은 기운이 불일암을 이루었다. 이 곳은 상무주암보다 높은 곳에 위치해 있어 바람을 머금고 남쪽을 향하고 있다. 과일나무와 채소밭이 있고 또 흙도 비옥하여 보통 사람의 눈으로도 지리산의 정맥임을 알 수 있다. 사랑스러워 떠나지 못하고 오랫동안 바라보았다.

불일암으로 내려와 쌍계사로 내려가는데, 도중에 천휘·탄식·민혜 스님 등이 마중나와 있었다.

방장실에 들어가 젖은 버선을 갈아 신고 곧바로 길을 떠났다. 옥헌 노장 등 여러 스님들이 문 밖까지 나와서 전송해 주었다. 냇가에 와서 독목교를 건너서 말을 타고 몇 리를 갔다. 민혜 스님은 돌아갔고 승통 회감(懷監) 스님은 계속 따라오셨다. 화개동(花開洞)에 들르니 10여 리 간에 좌우의 양쪽 골짜기 사이로 소나무와 대나무가 울창하고 인가가 잇달아 있는 것이 말쑥하고 깨끗하며 그윽하고 한가로워 보였다. 반석과 맑은 못이 굽이굽이 펼쳐져 있어 바라보았는데 과연 명불허전이었다.

큰 강가에 이르러 회감 스님과 헤어진 다음 강을 따라 위쪽으로 30리를 갔다. 강변에 송정(松亭)이 있어 이 곳에 앉아 쉬며 밥을 지어 먹었다. 강물은 넓지 않으나 돌이 많고 흐름이 급하여 배가 지나가기에는 적당하지

---

237) 佛日폭포.

화엄사 전경

화엄사 각황전 내부

가 않다. 구례현(求禮縣)을 지나 화암동(華巖洞) 입구에 이르렀다. 냇가의 돌이 매우 볼 만했다.

문을 들어서니 전각과 요사들이 나열해 있는데 실로 대찰이다.238) 법당은 크고 아름다운 것이 연곡사나 쌍계사보다 낫다.

향로전에서 묵었다. 불존승 옥철(玉哲) 스님은 정축생(1637)인데 편안하고 조용해 얘기를 나눌 만했다. 승통 삼훈(三訓) 스님이 나와서 맞아주었는데 경오생(1630)이다. 함흥(咸興)에서 온 변훈(辯訓) 수좌는 기묘생(1639)으로 여기에서 여름을 지냈다고 한다. 함께 밤늦게까지 얘기를 나누었다. 불일암에서 여기까지 약 70리를 왔다.

8월 21일 흐린 뒤에 갬 | 남원읍 박백운네 집

절 안에서 밥을 지어 아침식사를 했다. 식후에 옥철·변훈·삼훈 스님, 그리고 다른 여러 스님들과 함께 나한전과 시왕전 등을 두루 살펴보았고,

---

238) 화엄사(華嚴寺)를 말한다.

화엄사 삼층석탑

장륙불상(丈六佛像)*도 보았다.

절터는 평평하고 바르며 또 넓다. 돌에 새긴 법화경판239)은 뒤쪽에
있는 빈 요사에 쌓여 있다. 앞쪽에 있는 석탑은 매우 이상하게 만들어져
있다.240)

---

239) 이른바 화엄경석(華嚴經石)인데, 정시한은 이것을 법화경석이라고 잘못 이해하였
다. 화엄사 화엄경석은 677년(문무왕 17)에 의상 대사가 만들었는데, 현재 보물
제1040호로 지정되어 있다. 지금은 각황전에 보관되어 있으나 정시한이 화엄사를
찾았을 당시에는 다른 곳에 보관했음을 알 수 있다.
240) 화엄사에는 각황전 앞 동서로 나란히 서 있는 오층석탑 2기, 사사자 삼층석탑,
사사자감로탑 등 모두 4기의 석탑이 있다. 동서 오층석탑은 통일신라시대 석탑의
전형 양식을 하고 있으므로 정시한이 보고 이상하게 여긴 탑은 사자자 삼층석탑과
사사자감로탑 둘 중의 하나일 텐데, 문맥으로 보아서는 아마도 사사자감로탑일
것으로 생각된다. 이 탑은 각황전 앞에 있으며, 현재 보물 제300호로 지정되어

또 부도암(浮屠庵)241)으로 올라가서 세워진 부도를 보니 그 모습이 설명하기 어려울 정도로 매우 기묘하다. 이 절은 연기조사(烟起祖師)242)가 창건하여 석가사리(釋迦舍利)를 봉안하였으므로 조사의 석상이 탑 앞에 앉은 형태로 있고, 여인상(女人像)은 탑 밑 바로 중앙에서 탑을 머리에 이고 있는 모습이다.** 스님이 말하기를 여인은 곧 일명 선각조사(禪覺祖師)243)의 어머니 상이라고 한다.244)

장륙전은 임진왜란 때 불타버렸다고 한다. 절터는 넓고 크며 섬돌들도 높게 쌓았으며 석탑도 높고 크니 일찍이 못 보던 절이다. 절 이름은 화엄경 석경 때문에 지어진 것이라 한다.

느지막이 화엄사를 출발하여 40리를 가서 남원(南原) 상동면(上東面) 운주원(雲柱院)에 도착하였다. 여기에서 밥을 지어 먹고 쉰 다음에 숙성현(宿星峴)을 넘어 어두워질 무렵에 응량역(應良驛)245)에 닿아 마을로 가서 역리(驛吏) 박백운(朴白雲)네 집에서 묵었다.

약 70리를 왔다. 오는 도중에 길에서 태익(太益) 종장, 곧 광림(廣林) 법사를 만났다. 쌍계사 소은암(小隱庵)에 머물고 있는 스님이다. 말에서 내려 잠시 함께 얘기하고는 헤어졌다.

＊장륙불상
높이가 1장 6척인 대불을 말한다. 그런데 정시한이 본 장륙상은 현재 화엄사에 없다.

있다.
241) 화엄사의 산내암자.
242) 연기조사의 행적은 분명하지 않다. 정확한 생몰년은 알 수 없고, 현재의 전라북도 고창군에 해당하는 흥덕현(興德縣)에서 태어났다고 한다. 출가하여 여러 산을 다니며 수행하였고, 544년 화엄사를 창건했다.
243) 도선국사(道詵國師, 827~898).
244) 흔히 이 상은 연기조사의 어머니라고 전하는데, 정시한이 보고 들었을 이 당시의 화엄사에서는 도선국사의 어머니라고 말하고 있다. 도선국사의 호 역시 연기(烟起)이기 때문에 착각한 것으로 생각된다.
245) 전라북도 남원읍 동쪽 20리에 있던 역. 응령역(應嶺驛)이라고도 했다.

대웅전에 비로자나·노사나·석가여래의 목조 삼신상, 그리고 각황전에도 석가여래·아미타여래·다보여래의 목조 삼존불상이 모셔져 있어 이 가운데 한 불상이 아닐까 하는 생각해 볼 수도 있다. 대웅전은 벽암 각성 스님이 1630년(인조 8)에 지었는데, 대웅전 삼신상도 이 때 봉안한 것으로 생각되기 때문이다. 그러나 정시한은 장륙상을 3위로 말하지 않았다는 점, 그리고 삼신불상의 크기가 장륙상이 아니라는 점으로 볼 때 의심스럽다. 그리고 각황전 삼불상은 역시 크기도 그렇거니와 1703년(숙종 29)에 봉안된 것이므로 시기가 늦어 정시한이 본 장륙상은 아니다.

하지만 지금 각황전의 전신이 바로 장륙전으로 3층짜리 대형 건물이었으므로 바로 여기에 장륙상이 봉안되었던 것을 알 수 있다. 정시한이 언급한 대로 이 장륙전은 임진왜란 때 불타 없어졌으나, 장륙상만은 그대로 남아 있었던 모양이다. 그렇지만 어떤 까닭에선지 그 뒤 얼마 안 있어 이 장륙상마저 없어지고, 1702년에 각황전을 새로 지으면서 그 안에 봉안한 불상도 새로 만든 것으로 보인다. 정시한이 말한 장륙상 얘기는 화엄사 역사와 연관해서도 매우 중요한 대목이다.

**여인상

경내에서 부도암으로 올라가는 길에 있는 효대(孝臺)에 있는 사사자(四獅子)삼층석탑을 말한다. 이른바 이형(異形) 석탑으로, 기단부 위에 자리잡은 네 마리의 사자가 탑신을 떠받들고 있고, 그 중앙에 여인이 서 있는 모습을 하고 있다. 그리고 이 탑 바로 앞에 석등이 있는데, 한 쪽 무릎을 꿇은 채 손에 잔을 들어 마주한 여인을 향해 바치는 스님의 모습으로 역시 화사석을 머리에 이고 있는 특이한 모습을 하고 있다. 화엄사를 창건한 연기조사는 평소 효성이 지극했는데, 어머니를 이 곳에 모시며 아침저녁으로 차 공양을 올렸다고 한다. 그 뒤 연기조사의 효성을 사모한 자장율사가 연기조사의 효심을 기리기 위하여 645년 무렵에 이 자리에 이 탑과 석등을 세웠다는 전설이 전한다. 사사자삼층석탑은 국보 제35호로 지정되어 있다.

8월 22일 흐림 | 남원 실상사 향로전

아침 일찍 응량역을 출발했다. 영원치[嶺院峙]를 넘어 운봉현(雲峰縣)을 지나 비전(碑殿)에 이르니 바로 이것이 우리 태조(太祖)의 황산대첩사적비(黃山大捷事蹟碑)[246]다. 김귀영(金貴榮)[247]이 글을 짓고 송인(宋寅)[248]이

---

246) 조선을 세워 태조가 된 이성계는 양광(楊廣)·전라(全羅)·경상도(慶尙道)의 순찰사로 있을 때 1380년(고려 우왕 6) 경상도와 전라도에 대거 침입한 왜구를 크게 무찔렀다. 훗날 조선에서는 이 대첩을 기념하여 구체적인 전투 과정을 기록한 비를 1577년(선조 10)에 세웠다. 이 비는 청일전쟁 때 파손되었는데, 1957년 재건하였으나 비신이 여러 조각으로 깨어지고 비문 또한 거의 마멸되었으므로, 오석(烏石)

글씨를 썼으며 남응운(南應雲)[249]이 전서(篆書)를 썼다. 오랫동안 경건히 바라본 뒤에 들어가서 승장실(僧將室)에 들어가는 것을 허락받아 여기서 밥을 해먹은 다음 신시[250] 무렵에 실상사(實相寺)에 도착했다.

비전에서 여기까지 30리 간을 오는 길에 양쪽 골짜기가 하나로 연결된 곳이 있으니, 바로 태조대왕이 진을 쳐서 싸워 왜에 승전한 곳이다. 그때 왜적이 주둔했던 곳을 이 곳에 사는 사람이 하나하나 손으로 가리켜 보였다. 운봉(雲峰)은 산 위 평평하고 너른 곳에 펼쳐져 있다. 흙이 기름져 화령(化寧)의 중모(中牟)와도 흡사한데, 너비는 중모보다 몇 배나 크다. 물길이 수백 리 사이에 흘러가 산수가 어우러져 들이 열린 곳이 하나도 없다가 운봉에 이르러서야 비로소 커다란 들판을 보았다. 넓고 밝은 곳이라 사람이 지낼 만하다. 사면에 높다란 산들이 논밭을 감싸고 있고 멀리 인가가 널려 있는 것이 보인다. 마치 사방에 지나다닐 만한 길이 없어 보이고, 단지 물길 입구를 따라서야 들어갈 수 있으니 옛날의 도원(桃源)과도 흡사하다. 여기를 지나간 적은 없으나 지리산의 위쪽 취락인 듯하다.

냇가에 이르니 승통 정행(淨行) 스님이 마중 나와 있었다. 향로전에

으로 바꾸었다. 따라서 1963년 비를 문화재로 지정하였던 것을 해제하고 대신 비지(碑址)를 사적 제104호로 지정하였다.

247) 1520~1593. 조선 중기의 문신.

248) 1517~1584. 글과 글씨에 능하여 산릉(山陵)의 지(誌)와 궁전의 액(額)으로부터 사대부의 비갈(碑碣)에 이르기까지 많은 글과 글씨를 남겼다. 그는 특히 오흥(吳興)의 필법을 받아 해서를 잘 썼다고 한다. 그의 글씨는 황산대첩비를 비롯하여 경기도 양주의 덕흥대원군신도비(德興大院君神道碑), 여주의 김공석묘갈(金公奭墓碣), 남양의 영상홍언필비(領相洪彦弼碑), 광주(廣州)의 좌참찬심광언비(左參贊沈光彦碑) 및 송지한묘갈(宋之翰墓碣), 전라북도 부안의 김석옥묘비(金錫沃墓碑) 등이 전한다. 시호는 문단(文端).

249) 1509~1587. 전서에 능하여 많은 비에 전서를 썼다. 현재 남아 있는 그의 작품으로는 황산대첩비 외에 개성에 있는 서화담경덕비(徐花潭敬德碑), 과천의 허엽신도비(許曄神道碑), 장단에 있는 허종신도비(許琮神道碑) 등이 있다.

250) 오후 3시에서 5시 사이.

황산대첩비지

들어가 불존승 담익(曇翼)과 화주 일행(一行)·계오(戒悟) 스님 등이 들어와 보았다. 잠시 뒤에 한 스님이 들어오는데 바로 영휴(靈休) 대사였다. 파근사(波根寺)[251]에서 온 지 10여 일 되었다는데, 불상 뒤의 후불탱화를 조성하기 위해서 오셨다 한다. 증명(證明) 스님[252]이 온다기에 만나서 들어보니, 내가 이 곳에 온다는 소식을 듣고 바로 왔다고 한다. 서로

---

251) 지리산에 있었던 사찰. 지금은 없고 절터만 남아 있다. 언제 폐사되었는지 알 수 없으나, 1790년 무렵에 파근사의 조각승 보현(普賢)이 용주사에 왔었다는 기록이 있다. 아마도 불상 또는 불화를 만드는 스님들이 주로 머물렀던 절인 듯하여, 정시한의 이 기록은 매우 중요하다.
252) 불상이나 불화를 조성할 때 그것이 법식과 법도에 잘 맞게 되었는지 인정하는 스님. 대체로 그 절의 노장스님이 맡는다.

기쁘게 얘기를 나누었다. 나이는 갑자생(1624)인데 귀가 매우 어둡다. 수좌승 자경(慈敬) 스님도 왔는데, 됨됨이가 편안하고 자상하여 얘기를 나눌 만했다. 이 스님은 경진생(1640)이다. 또 견성암(見性庵)의 태감(太鑑) 스님도 와서 함께 묵으며 즐겁게 얘기를 했다.

약 70리를 왔다. 절에서 저녁을 지어 여럿이 함께 먹었다. 함양 관아의 노비 애립이와 관노 영달(英達), 신애발 등은 말을 몰고 함양으로 돌아갔다.

8월 23일 흐림 | 남원 실상사 향로전

아침에 태감 스님이 돌아갔다. 영휴·일행(日行)·자경·계오·정행 스님 등이 함께 찾아왔다. 무장(茂長)253)에서 대방(大方) 스님, 순천에서 성유(省裕) 스님이 왔고, 군자사에서 승통 홍간(弘侃) 스님과 자신(自信) 스님도 왔다가 보고 돌아갔다.

8월 24일 흐림 | 남원 천인암

아침식사 뒤 향로전을 나섰다. 영휴 스님이 나와 작별했다. 부도전에 이르러 계오 수좌의 방에 잠시 앉아 쉬었고, 여기에서 담익·일행·자경·정행·유원(惟願) 스님 등과 작별했다.

견성암에 올랐는데 계오 수좌스님을 먼저 보냈다. 가는 길에 사정현(莎頂峴)에 도착하니 천인암에서 수좌 능연 스님이 나와서 맞이해 주었다.

백 걸음에 한 번 쉬며 올라가서 천인암에 닿았다. 태감·설청·계초(戒楚) 스님 등과 만나 반갑게 인사했다. 태감 스님이 저녁을 준비했다. 천인암에서 유일(唯日) 노장과 지응(智應)·유익(惟益) 스님이 와서 만났고, 숭헌 종장의 법제(法弟)인 정명(淨明) 스님도 마침 왔으므로 같이 얘기했다. 의전(義全) 노장 역시 내원암(內院庵)에서 와 함께 묵었다.

경숙이가 무주암에 가서 헤진 버섯을 가져왔다.

---

253) 전라북도의 군.

상고대암(上高臺庵)의 보인(寶仁) 수좌도 와서 만나보고 갔다.
약 10여 리를 왔는데 오는 길이 매우 가파르고 험했다.

8월 25일 흐린 뒤에 갬 | 함양 무주암

능연 스님이 쌀 세 되를 놓고 갔다. 아침 일찍 일어나 스님들과 작별하고 천인암에 올라갔다. 절의 스님들이 반갑게 맞아주었고, 능연 스님이 아침을 준비했다.

이제 바야흐로 단청을 막 끝내 안팎이 휘황하다. 선학(禪學) 스님은 정해생(1647)인데 공사를 시작한 지 한 달이 지났고, 이 달 그믐께면 완성될 것이라 한다.

식사 뒤에 스님들과 작별하고 설청 스님과 같이 무주암에 올랐다. 정명 스님을 먼저 보냈다. 가는 도중에 자겸과 석겸 스님이 무주암에서 내려와 동행했다. 만산에 붉은 잎이 비단같이 둘렀고, 만물의 경관이 맑고 곱다. 돌모서리는 높다랗게 솟았고 붉은 절벽은 깎아지른 듯하여 걸음걸음마다 감상하면서 가니 피곤함을 잊겠다. 나뭇잎이 아직 피기 전에 산에 들어왔는데 지금은 붉은 잎들이 어지러이 날리고 있으니 시간이 오래 흘러갔음을 느끼겠다.

산에 오르니 호준·신순·사철·여행(呂行)·상진(尙雲) 등의 스님들이 나와 맞아주었다. 웃으며 손을 잡고 암자로 안내하여 산과(山果)를 정성스럽게 차려 대접해주며 저녁식사를 차려주었다.

느지막이 안국사 승통 일겸 스님과 불존승 일잠 스님이 왔다 갔다. 마을사람 다섯 명이 매(鷹)를 잡으러 산에 올라와 응막(鷹幕)에 거처하고 있다.

약 6, 7리를 왔다. 설청 스님은 저녁에 돌아갔다.

8월 26일 밤부터 비바람이 일며 오후까지 계속되다가 새벽에야 그쳤다. 새벽에

행소했다 | 함양 무주암

호준 스님이 저녁을 준비해주었다. 비가 내린 뒤에 흰구름이 기다랗게 지리산의 만봉 허리께에 둘러 퍼져 있더니 정상으로 올라가며 모습이 변하였다. 만산홍엽이 옅은 구름 사이로 은근히 비추니 실로 조화공(造化公)이 얼굴을 드러내놓고 껄껄 웃고 있는 것 같다.

의철 수좌가 무량굴암에서 왔다가 갔다.

8월 27일 흐리다 맑음 | 함양 무주암

신순 수좌가 아침식사를 정성스럽게 차려주어 여럿이 함께 먹었다. 식사 뒤 편지를 써서 경숙이편에 함양으로 보냈다.

자겸·석겸 두 수좌가 동냥차 마을에 내려갔다.

여행 수좌가 저녁을 정성스럽게 준비했다.

흰구름이 모습을 바꾸는 것이 기묘했다.

떨어진 머리카락을 땅에 묻었다.

의철 스님과 담론하느라 책 읽을 시간이 없었다.

8월 28일 새벽에 비바람이 일었다. 바람이 찼으며 눈도 뿌렸다 | 함양 무주암

상운(尙雲) 스님이 아침식사를 잘 차려주셨다. 호준 수좌의 상좌인 해축(亥丑) 스님이 마을에서 동냥하고 돌아왔다.

8월 29일 밤에 눈이 내렸고 바람이 차다. 주위의 산에 눈이 하얗게 내렸으며 날이 차가웠다 | 함양 무주암

며칠 전부터 새벽에 일어나면 머리가 어지러워 어젯밤부터 침모(枕帽)를 썼다. 아침에 일어나 앉아 있는데 머리와 눈이 어지러워서 잠시 바닥에 엎드려 있으니 나아졌다. 머리와 눈이 맑지 않고 또한 두통도 있어 아침에 털모자를 쓰고 두꺼운 옷을 입었다. 연일 북쪽으로 난 창호 아래 앉아 있어서 문을 열면 바람이 바로 몸에 닿았다. 비록 나쁜 습관이겠지만 문을 닫지 않고 일부러 그렇게 앉아서 바람을 맞은 것이다.

식사 뒤에 밖에 나가 눈 덮인 산을 보았다. 바람도 세어 마치 한겨울 같다. 스님이 말하기를 월초에는 6~7일 동안 대풍이 불며 주위 산에 흰 눈이 내려 며칠 만에야 녹았다고 한다. 이 달 초 이 암자에 내린 눈도 이번처럼 많이 내리지는 않았다고 한다. 지금 세상일이란 게 지난 경술년 (1670)과 다를 바 없어 승속이 모두 보존이 되지 않을 정도라고 하니, 그 참상은 가슴에 담아두고 싶지가 않다.

두타암(頭陀庵)에서 설웅(雪雄) 스님이 왔다가 바로 갔다. 어두워질 무렵에 아들 도항(道恒)254)이가 이 달 21일의 손자 경신(敬愼)255)이의 혼례 일로 온양(溫陽)256)에 갔다가 바로 이 곳 실상사에 왔다.

저녁식사 뒤 견성암의 설진(雪眞) 스님과 함께 뒷봉우리에 올랐는데 천인암에서 행총 스님과 경복(庚福)이도 함께 갔다. 기력이 많이 떨어져 걱정이다. 행총 스님 등은 인사하고 돌아갔다. 어두워진 뒤 경숙이와 애립이가 함께 함양 수령의 편지를 갖고 왔다. 수령은 또한 흰 쌀 네 말, 붉은 팥 다섯 되, 말린 꿩고기(乾雉) 두 마리, 포(脯) 다섯 두름, 설탕과 감장(甘醬) 약간씩, 간지(簡紙)257) 스무 폭 등 너무 많은 물품을 보내주었으므로 미안했다. 아들 도항이와 함께 밤늦게 얘기하다 잠자리에 들었다.

9월 초하루 아침에 얼음이 얼었으며 맑았다 | 함양 무주암

답장을 써서 함양 노비편으로 보냈으며 짐 약간을 경숙이에게 주어 군자사로 먼저 보냈다. 무량굴에서 석륜(釋倫) 스님이 왔다가 바로 갔다.

---

254) 정시한의 아들.
255) 정시한의 손자.
256) 충청남도 아산시 온양동.
257) 두껍고 품질이 좋은 한지로 만든 편지지.

의철 수좌도 들러서 보고 갔다. 경숙이가 짐 약간을 지고 왔다.

9월 2일 맑음. 아침에 얼음이 얼었다 | 함양 무주암

의철 수좌가 아침을 준비했다. 식사 뒤에 도항이와 혜철(惠哲) 수좌와 함께 묘적암(妙寂庵)에 가 보았다. 도중에 계학(戒學) 스님을 만나 함께 서암(西庵) 터를 가 보았다. 군자사에서 자신 스님도 와서 만났다. 다시 묘적암으로 돌아와 앞에 있는 대(臺)에 올라 방에 들어갔다. 안에는 박광선 (朴光善)이라는 사람이 와 있었는데 을축생(1625)으로 집은 함양 읍내 서원촌(書院村)이라고 한다. 오랫동안 있다가 돌아왔다.

오는 길에 망을 치고 시렁을 설치해 매를 잡는 사람들을 보았다. 봉우리 위마다 이런 것들을 설치하고 있었다.

무주암에 돌아오니 자신 스님이 소주를 권하여 과자와 산과일 몇 접시를 차려서 암자의 스님들과 나누어 먹었다. 자신 스님은 인사하고 돌아갔다. 태남이가 돌아와서 함양 수령의 글을 전했다. 도항이에게 행선축원문을 써서 암자의 벽에 붙여 놓게 했다.

9월 3일 서리가 내렸다. 맑음 | 함양 금대암

여행 스님이 아침을 차렸다. 스님들과 작별하고 도항이와 같이 산을 내려왔다. 의철과 사철 두 수좌도 함께 내려왔다.

천인암에 도착하니 군자사 스님이 내려와 있어 바로 돌려보냈다. 여기에서 두 수좌와 작별하고 능연 스님과 함께 견성암으로 내려와 태감 스님과 인사하고 다시 군자사에 도착했다.

법당에 앉아 있는데 전이(全頤)[258] · 해철 노장, 그리고 법안(法眼) · 성건(性虔) · 홍간(弘侃) · 자신 스님 등이 왔다.

운봉에서 본 노인 강응해(姜應海)를 견성암에서 만났는데 군자사까지

---

258) 4월 15일자 일기에는 '詮頤'로 되어 있다.

금대암에서 내려다본 모습

따라와 함께 얘기를 나누었다. 나이가 여든두 살인데도 기력이 건강하여 마치 40, 50대와 다를 바 없다.

절에서 저녁식사를 했고, 저녁식사 뒤에 스님들과 작별하였다.

말을 타고 금대암에 올라갔다. 아들 도항이는 안국사를 보러 가서 입이와 함께 금대암에 도착하였는데, 종장 대오 스님과 계심(戒心) 스님이 나와서 맞이해 주었다. 영안(靈眼) 노스님은 올해 여든 살이라고 한다. 조금 뒤에 도항이가 왔다. 안국사에서 일잠·탄기 스님 등 대여섯 사람이 같이 왔다. 일잠 스님이 일겸 스님이 보낸 커다란 배 세 개를 가져왔고, 탄기 스님은 꿀물을 대접했다.

집으로 보내는 편지 세 장을 쓰다가 등불이 다했으므로 그만 봉했다. 또 함양 수령 앞으로 금은화(金銀花)[259]를 구한다는 편지도 썼다.

걸어서 25리, 말 타고 5리를 다녔다.

9월 4일 맑음 | 함양 금대암

대오 스님이 아침을 차려주었다. 경복이가 군자사에서 왔다. 숙효(宿曉)·문옥(文玉) 수좌가 왔다 갔다. 아침식사 뒤 입이를 원주로 보냈고, 경숙이는 함양에 보냈다.

동암(東庵)에 가서 문옥 스님을 만나고 절을 두루 살펴보았다. 도량이 있는 곳이 높지 않고 비좁지도 않으며 남향에 바람이 많지 않으니 실로 명당이라는 말이 헛되지 않다. 실상사에서 계오와 영기(靈機)[260] 스님이 함께 와서 보았는데, 저녁식사를 차려주고 돌아갔다. 안국사에서 일잠 스님과 택종(擇宗) 스님이 와서 보고 갔다. 일겸 스님도 왔다 갔다.

안국사 서암(西庵)의 정찬(淨贊) 스님은 을축생(1625)인데 여러 종류의 자반을 가지고 왔다. 함께 조용히 얘기를 나누다 돌아갔다. 이 암자의 담희(湛曦) 스님이 달고 향기 좋은 커다란 배 세 개를 주었다. 계오 스님은 향용(香茸)을 주고 갔다.

9월 5일 흐리고 비가 내렸으며 우박도 쏟아졌다 | 함양 금대암

아침식사 뒤 아들 도항이와 함께 동암에 가서 문옥 스님을 만났는데,

---

259) 한약재의 하나. 인동초를 따서 그늘에서 말린 것으로, 해열·해독·이뇨·종창·창독·종기에 쓴다. 흔히 금은화차(金銀花茶)라 하여 인동초가 아닌 인동꽃을 끓여 그 물을 마시는데 인동꽃은 약간의 독성을 갖고 있기 때문에 위험하다고 한다.

260) 4월 18일자 일기에는 '靈起'로 되어 있다. 같은 사람일 텐데, 어느 쪽이 맞는 이름인지 자세히 알 수 없다. 4월 18일에 처음 이름이 나온 뒤로 靈起로 썼다가 9월 4일부터는 靈機로 쓰고 있기 때문이다.

대오 스님도 따라갔다. 일겸 스님이 나를 찾아와 오랫동안 있다가 돌아갔다.

경복이를 군자사에 돌려보냈다. 경숙이는 함양에서 돌아오며 금은화와 형개수(荊芥穗)[261]를 갖고 왔는데, 갓 망가진 것을 수선할 사람도 함께 왔다. 저녁식사 뒤에 한 그릇을 달여 먹었다.

9월 6일 맑음 | 함양 금대암

안국사에서 일겸·탄기·각희(覺熙) 스님 등이 두부를 만들어 와서 아침식사 때 차려주었다.

아침식사 뒤에 태남이가 군자사에서 왔다가 바로 돌아갔다.

동암에 가서 문옥 수좌와 함께 반나절 동안 얘기했다. 대오 스님도 따라왔다가 바로 같이 내려갔다.

경복이가 군자사에서 쌀을 갖고 와서 저녁을 짓고 돌아갔다.

동암의 해균(海均) 스님이 감을 깎아 주는데 손놀림이 매우 빠르다. 어두워진 뒤에도 1,000개 이상을 깎을 수 있다고 하는데, 그 역시 꽤 기묘한 볼거리였을 것이다.

대오 대사의 제자 묘연(妙衍) 스님이 마을에서 들어왔다.

9월 7일 오후에 비가 내렸다 | 함양 김후달네 집

아침식사 뒤 아들 도항이와 함께 금대암을 출발했다. 대오·문옥·계심 스님 등이 몇 리 밖까지 전송해주었고, 선익(禪益) 스님은 짐을 지고

---

261) 한약재의 하나. 형개라고도 한다. 형개는 1년생 초목식물로 사각형의 입사귀는 아주 가늘며 평상시 강한 향기를 낸다. 매년 5월에 꽃이 피고, 꽃 모양은 이삭 모양을 하고 있어 형개수(荊芥穗)라고 한다. 형개는 신경계통에 아주 좋은 약효가 있으며, 발한과 해열 외에도 말초신경 혈액을 촉진시키며, 경미한 발한을 시켜 체내의 열을 내린다. 또 감기에 걸려 땀을 낼 때 쓰며, 급성 편도선염, 인후염, 산욕열 등의 해열에 효과가 있다고 한다.

와 주었다.

구창촌(龜倉村)에 도착하니 안국사에서 일겸·각희 스님이 창촌 앞까지 따라와 잣씨 한 되와 짚신 한 켤레를 주고는 인사하고 돌아갔다.

안국사 동암의 각자승(刻字僧)[262]인 채간(綵侃) 스님을 길 가는 도중에 만나 동행하여 오도현(悟道峴)[263]에 닿았다. 산길이 험하여 혹은 걷다가 혹은 말도 타며 겨우 고개를 넘어 30여 리를 가서 제안역(齊安驛)[264] 마을에 닿았다. 비가 내렸으나 비를 무릅쓰고 말을 달려 함양읍 시내 서쪽의 백연서원(栢淵書院)이 있는 마을 김후달(金厚達)네 집에 도착했다. 아들 도항이를 함양 수령에게 보내 감사의 마음을 전했다.

저녁에 사근현(沙斤縣) 찰방(察訪)[265] 우성홍(禹弘成)과 수령이 함께 와서 기쁘게 얘기를 나누었다. 어두워져서 우 찰방이 돌아갔고 밤이 깊어서야 태수도 돌아갔다.

채간 스님이 와서 같이 묵었다.

9월 8일 흐린 뒤에 갬 | 함양 황재겸네 집

남한승(南漢僧)[266] 승준(勝俊) 스님이 왔다. 스님은 경신생(1620)인데 산을 유람한 얘기를 오랫동안 나누다가 채간 스님과 같이 돌아갔다.

식후에 김후달과 같이 도항이를 데리고 이은대(吏隱臺)에 올라 읍내를

---

262) 비석이나 바위에 글씨를 새기는 일을 하는 사람. 조선시대에는 승려들 가운데 이러한 일을 하는 사람이 많았다.

263) 경상남도 함양에 있는 고개. 『여지도서』에 따르면 함양부 남쪽 20리 팔량역(八良峴) 동쪽에 있다고 한다.

264) 경상남도 함양에 있던 역. 『여지도서』에 따르면 함양부 서쪽 15리에 있고, 동쪽으로 30리에 사근역이 있었다고 한다.

265) 조선시대 각 도의 역참(驛站)을 관장하던 종6품의 외관직(外官職). 마관(馬官)·우관(郵官)이라고도 한다. 찰방에는 대간이나 정랑직의 명망 있는 문신을 차출하여 지방주현에 파견, 수령의 비행이나 민간의 질병까지도 상세히 고찰하는 등 민생안정에도 기여하였고 유사시에는 부방(赴防)의 임무도 수행하였다.

266) 남한산성과 관련된 직책으로 보인다.

내려다보았다. 읍은 너른 들에 있어 논밭이 몇 천 석이 넘을 정도지만 농사가 잘 되지 않아 곡식이 여물지 않아서 농민들이 시름에 잠겨 있다.

하조대(下釣臺)에서 노니는 물고기를 바라다보았다. 도항이는 산보삼아 나가고 나는 후달과 함께 성 안에 들어가 학사루(學士樓)에 올랐다. 승준 스님 등 너더댓 명이 왔고 잠시 뒤에 태수가 왔고, 또 도항이도 왔다. 태수가 식량과 반찬, 그리고 노잣돈도 주니 매우 미안했다. 또 술좌석도 베풀어 전별해 주었다.

느지막이 작별하고 말을 달려 동문(東門)을 나와 고개를 돌아보니 태수가 누각 머리에서 오랫동안 서서 우리를 바라보는 것이 보인다.

20리를 가서 개평촌(介平村)에 닿아 생원 황재겸(黃載謙)을 찾아갔는데, 곧 상주 중모현에 있는 생원 황재후(黃載厚)[267]의 동생이다. 그는 여기에서 처가살이를 하고 있다. 이 집에는 생원 노붕(盧鵬)·노구(盧泃)·노익(盧瀷) 삼형제가 있는데 저녁식사를 하고 오랫동안 앉아 있다가 돌아갔다. 주인이 와서 중모현의 황씨네에 시집간 누이 앞으로 보내는 편지를 써주었는데, 일을 나누어 태남이를 먼저 보내려 했기 때문이다.

함양 수령이 관아의 노비 분상(分祥)이와 짐말을 보내 쌀과 반찬을 지고 따라가게 했고, 또한 아전(衙前)[268] 조계달(趙繼達)과 사령(使令) 김제일(金第一)을 보내어 숙소를 편안하게 정돈해 놓도록 했다.

9월 9일 맑음 | 함양 김진추네 집

아침에 생원 황재겸, 생원 노붕 및 그의 아들인 노세당(盧世堂)이 와서

---

267) 정시한은 여행을 시작한 지 얼마 지나지 않은 3월 27일 상주 신천에서 황재후를 만났었다.

268) 조선시대 중앙과 지방의 관청에 속한 하급관리. 중앙관청에 근무하는 아전을 경아전(京衙前), 지방관청에 근무하는 아전을 외아전(外衙前)이라고 하였다. 아전은 중인계층으로 양반들로부터 심한 차별을 받았다. 아전이란 군수·현령 등 지방 수령이 근무하는 정청(正廳) 앞에 그들의 청사가 있었기 때문에 생긴 이름이다.

다 함께 일두(一蠹) 정여창(鄭汝昌) 선생과 노옥계(盧玉溪)*의 영정이 있고
또 그가 자라고 컸던 곳을 보았다.

또한 냇가 괴정(槐亭)에는 석대도 있다. 안산(案山)269)에 올라가 산천의
형세를 살펴보니 산세는 주변에 퍼져 있고 주산은 우뚝 솟아있으며, 계곡
은 빽빽하고 조밀했다. 들판은 넓게 열려서 맑고 밝으며, 키 큰 나무들이
가리고 있다. 마을에는 100여 가가 있는데, 사대부 집들은 그 사이 사이에
있으며 매우 부유하다. 선현이 나고 크던 곳은 실로 보통 마을과는 다른
점이 있다.

아침식사 뒤 황·노 두 생원들과 작별하고 아전과 사령은 돌려보낸
다음 길을 떠났다. 큰 내를 돌아 안음현(安陰縣)을 지나서 화림동(花林洞)
입구에 와서 향교270) 앞에 있는 긴 다리(長橋)271)를 건너 점풍루(點風樓)에
올라갔다. 심진동(尋眞洞) 입구와 화림동 입구 두 계곡에서 나오는 큰
내는 누각 앞에서 하나로 합쳐진다. 푸른 솔은 울창하고 대나무가 나열되
어 있는 가운데 인가가 소나무와 대나무 사이, 그리고 계곡 사이로 여기저
기 배치되어 있다, 마치 선인이 사는 별세계인 듯 기쁘다. 오랫동안 조망하
다 뜰로 내려와 다시 길로 나아가서 다리를 건너 물길을 따라 위로 올라가
니 곳곳에 철벽이 있어 바라다 볼 만했다.

10여 리를 더 가서 군자대(君子臺)에 닿았다. 계곡 하나가 모두 돌로

---

269) 사찰이나 사당 등의 건물이 자리한 곳에서 마주보이는 산. 뒷산인 주산의 상대적
　　개념으로 조산(祖山)이라고도 한다.
270)『여지도서(餘地圖書)』안의현 <학교>조를 보면 이 자리는 본래 후암사(朽巖寺)
　　자리라고 한다. 1473년(성종 4) 현감 최영(崔榮)이 문묘를 지었고, 이듬해 현감
　　신윤종(申允宗)이 12위의 위패를 봉안했다. 1597년 왜구가 불태웠으나 1607년
　　양선(梁譔)이 명륜당을 비롯해서 동재·서재를 지어 중창했다. 1619년 정사침(鄭思
　　忱)이 다시 중창했으며, 1635년에 이만정(李萬程)이 또다시 중창했다고 한다. 1729
　　년 읍이 없어져서 문묘에 제향되었던 위패들을 묻었다가, 1736년 다시 읍이 설치되
　　면서 이현량(李顯良)이 중건하였다.
271) 용문교(龍門橋)를 말한다.

이루어져 있으며, 돌의 색깔은 희고 깨끗했다. 말에서 내려 도항이와 함께 천천히 걸어가며 오랫동안 감상했다. 폭포수는 물방아 같고 못이 깊어 바닥이 보이지 않을 정도니 못가에 있는 것이 무서웠다. 못가에 있는 돌 위에는 용의 발톱 흔적이 서너 군데 나 있는데 마치 얼마 전에 내리친 것 같이 뚜렷하다. 한참이나 주위를 떠나지 못하고 어슬렁거렸다. 손을 씻고 맑은 기운을 맡고 있는데 종이 갈 길을 재촉한다.

말을 타고 냇가에 가니 곳곳에 반석이 있고, 그 위에서 보리며 좁쌀 등을 타작하고 있었다. 좌우 양쪽 골짜기에 붉은 단풍잎이 빽빽이 물에 비추이고 있어 들어가면 갈수록 기이한 풍경이 더하였고, 맑은 기운이 가득하였다. 봉우리들은 수려하며 물길은 돌며 흐르는 곳에는 반드시 넓은 들이 펼쳐져 있고 민가가 자리해 논밭이 곳곳에 널려 있다. 가히 거주할 만한 곳이다.

40여 리를 가서 신평(新坪)의 전(全) 좌수가 있는 마을에 도착하여 말을 먹인 다음 다시 20여 리를 더 올라가서 옥산창(玉山倉)[272] 마을의 김진추(金振秋)네 집에서 묵었다. 주인이 환대해 주었으며 방사도 남향으로 새로 지었으니 편안하게 묵을 수 있었다.

군자대는 바로 일두 선생이 안음현 태수로 있을 당시 항상 나와서 노닐던 곳이며 그런 까닭에 후대 사람이 바위에다 '군자대(君子臺)'라고 새겼다 한다.

안음현에 도착해서 먼저 태남이더러 짐을 싣고 상주 중모의 황씨네에 출가한 누이네 집에 간 다음에 해인사에서 나를 기다리라고 했다.

*노진(盧禛, 1518)~1578)
조선 중기의 문신. 본관은 풍천(豊川). 자는 자응(子膺), 호는 옥계. 함양에서 태어났다. 증조부는 예조참판 노숙동(盧叔仝), 아버지는 노우명(盧友明)이다.

---

272) 경상남도 함양군에 있던 관아의 창고. 『여지도서』에 따르면 안의현(安義縣) 서쪽 40리에 있었다고 한다.

영각사

1537년 생원시에 합격하고, 1546년(명종 1) 증광문과에 을과로 급제, 승문원의 천거로 박사가 되고, 전적·예조의 낭관을 거쳐 1555년 지례현감(知禮縣監)으로 나갔다. 그 곳에서 선정을 베풀어 청백리로 뽑혔다. 1558년 필선·부응교가 되고 이듬해 장령·검상·사인·집의·직제학을 지냈다. 1560년 형조참의를 거쳐 도승지가 되었는데, 시골에 계신 늙은 어머니의 봉양을 위하여 외직을 지원하여 담양 부사·진주 목사를 지냈다. 1567년 이조 참의로 있다가 충청도관찰사와 전주 부윤이 되어 선정을 베풀었고, 다시 부제학에 임명되어 중앙으로 들어왔다.

1571년(선조 4) 어머니의 봉양을 위하여 다시 외직으로 나갈 것을 허가받아, 친가와 가까운 곤양군수(昆陽郡守)가 되었다. 이듬해 대사간·이조 참의가 되고 경상도관찰사·대사헌 등을 지냈다. 1575년 예조 판서에 올랐으나 사퇴하고 그 뒤 대사헌·이조·형조·공조·예조의 판서 등의 벼슬에 계속해서 천거되었으나, 모두 병으로 나아가지 않았다. 평소에 기대승(奇大升)·노수신(盧守愼)·김인후(金麟厚) 등의 학자들과 도의(道義)로 교유하였다. 효로써 정려(旌閭)가 세워졌고, 전라북도 남원의 창주서원(滄州書院), 함양의 당주서원에 제향되었다. 저서로『옥계문집』이 있다. 시호는 문효(文孝).

주인이 아침을 차려주었다. 식사 뒤에 길을 떠나 10여 리를 가서 작은 고개 하나를 넘으니 덕유산(德裕山)이 바라다 보인다. 가장 높은 두 봉우리 밑으로 영각사(靈覺寺)[273]가 있다. 가는 도중에 영각사 강선암(降仙庵)의 의옥(義玉) 스님을 만났고, 또 은적암(隱寂庵)의 율의(律儀) 스님도 만나 잠시 얘기를 나누었다.

다시 10여 리를 가서 영각사에 도착했다. 좌우 전후의 산세에 잘 들어앉아 있고 축대나 계단이 차곡차곡 잘 쌓여 있으며, 법당은 그 터에 제대로 배치되어 있다. 실로 사람들 얘기대로 덕유산의 정맥에 있는 명당이라는 말이 헛말이 아니다. 법당에 들어가 앉았다.

객승인 덕화(德和), 불존승 한운(閒雲) 스님, 여든일곱 살의 도천(道天) 노스님, 그리고 승통 담호(曇浩) 스님과 함께 향로전에서 저녁식사를 하였다. 식사 뒤에 혼자서 은경대암(隱鏡臺庵)에 올라가 천순(天淳) 수좌를 방문했다. 스님은 무자생(1648)이다. 이 암자는 영각사 뒤편으로 2리쯤 가는 곳에 있는데 천순 수좌가 새로 창건한 도량으로서 간좌곤향(艮坐坤向)[274]이며 좌우에 기이한 암석이 많다. 바위 아래 손방(巽方)[275]으로 맑은 물이 솟는 샘도 있다. 가히 도인이 수도하는 곳이라 할 만하다. 앉아서 오랫동안 얘기하였으며, 아들 도항이도 와서 절에서 묵었다.

이 암자에는 일천(一天)·선찬(善贊) 스님이 있는데, 직접 절을 지은 것은 일천 스님이라고 한다.

---

273) 정시한은 4월 21일에 영각사에 들린 적이 있다.
274) 정동과 정북 방향 사이.
275) 동남쪽.

은경대암에 머물면서 천순 수좌와 함께 종일 얘기를 나누었다.

9월 12일 맑은 뒤에 갬 | 거창 강남불촌 민가

아침식사 뒤 천순 수좌와 작별하고 강선암으로 내려와 신열(神悅) 수좌를 만났다. 이 스님은 계해생(1623)으로 맑고 온화한 장자(長者)의 풍을 갖춘 분이다. 곁에는 또 정륜(正倫) 스님이 있었는데 갑신생(1644)으로, 역시 문자를 아는 분이라 잠시 앉아 얘기를 나누었다.

도항이가 갈 길을 재촉하니 그만 일어나 작별하였다. 신열 스님이 말하기를,

"혹시 오가시며 소식 전할 일 있으면 제 상좌인 원신(圓信)에게 말하면 되니 그 이름을 잘 적어두시지요."

한다. 영각사 절문을 지나는데 승통 담호 스님 등 여러 명이 다리까지 따라나와 전송해 주었다. 길 안내를 위해 탐정(探淨) 스님을 따라가게 하였는데, 남현(藍峴)에 이르러 그만 돌려보냈다. 고개를 6, 7리 정도 내려오니 계곡과 반석이 10여 리에 연이어 있고, 좌우에는 붉은 단풍과 푸른 소나무가 서로 번갈아 가며 자태를 뽐낸다. 철벽이 주위 곳곳마다 첩첩이 둘러싸 돌로 된 동문(洞門)을 이루어 놓았는데, 내려가면 갈수록 더욱 기이한 경승이니 화림동보다도 뛰어나다. 걸음걸음마다 주위를 완상하며 갔다.

월성촌(月城村)에 도착해 말을 먹이고 다시 10여 리를 가서 농소막(農所幕)에 닿았다. 골짜기가 활짝 열렸고 두 개의 커다란 내가 합류하며, 산 아래 냇가에는 마을이 좌우로 100여 호가 나열되어 있는 것이 마치 도원과도 같다. 마을로 찾아 들어가 보니 마을이 부유하고 과일나무가 많아 숲을 이루고 있다. 기다란 다리를 건너 마정현(馬頂峴)을 넘으며 옛 안음현의 관창촌(官倉村)을 바라보니 촌락이 키 큰 나무 가운데에 걸려 있는 듯이 보인다. 커다란 들은 평평하고 넓어 논밭이 600~700두락 정도

가섭암 마애불

된다.

  다시 몇 리를 가서 강남불촌(江南佛村)에 도착하여 마을 사람의 집에서 묵었다. 마침 수억(守億) 상좌가 와서 가섭암(迦葉庵)[276]의 형세에 대해서

276) 경상남도 거창군 위천면 상천리 금원산(金猿山) 중턱에 자리했던 절. 자세한 연혁은 전하지 않고, 석굴을 법당으로 사용하였다. 주변에 보물 제530호로 지정된 마애삼

자세히 물어보았다.

9월 13일 맑음. 바람이 차가웠다 | 거창 가섭암

아침식사 전에 아들 도항이, 수억 스님과 함께 말을 타고 몇 리를 가서 산 아래에 말을 매어 놓고 산기슭으로 해서 산으로 올라갔다. 길이 매우 험한데 5리쯤 가서 산허리를 도니 커다란 바위 하나를 지나게 되었다. 그 바위 아래로 내려가니 집같이 넓고 맑은 자리가 있는데 그 곳을 돌아가 자 가섭암에 닿았다.

암자는 커다란 암석 아래에 사방(巳方)[277]을 향하여 자리하며, 서쪽의 바위 아래에 우물이 있다. 우물은 아주 정결하다. 그 앞과 왼쪽에 입석이 있는데 마치 일부러 깎아놓은 것 같다. 앞에 있는 것은 높이가 4~5길 가량이고 넓이는 7~8뼘쯤이다. 왼쪽 것은 그 모습이 앞의 것과 비슷하나 크기가 약간 작은데, 생김새가 서로 아주 닮았다. 그 주위는 사방이 막혀 있어 마치 당(堂)같기도 하고 옥(屋) 같기도 하다. 도끼로 깎아 놓은 듯 웅장하고 기괴하여 그 형상을 말로 설명하기 힘들다.

유치평(劉致平)이라는 사람이 나와서 맞아주는데, 이 사람은 계곡 위에 있는 깊은 골짜기에서 산다고 한다. 이 곳에 있는 처한(處閑) · 탁규(卓圭) 스님은 모두 수좌행(首座行)을 하는 중이라고 한다.

앉아서 잠시 쉬며 헌(軒) 앞에서 비로소 아침을 지어 먹었다. 식사 뒤에 유치평과 함께 사문(沙門)[278]을 나서서 돌계단을 밟으며 내려왔다. 바위 사이로 채소밭이 곳곳에 있는데 땅도 기름지다고 한다. 바위를 붙잡 고 내려와 가섭암 터를 지나서 바위 사이를 따라 내려갔다. (바위의)

존불상이 있는데, 이 불상은 1111년(예종 6)에 조성된 것이므로 적어도 그 이전에 창건되었음을 알 수 있다.

277) 동남쪽.
278) 사문은 승려를 가리키는 말인데, 여기서는 절 문을 말하는 듯하다.

등과 배가 모두 커서 마치 깊은 계곡으로 떨어지는 듯한 기분을 느꼈다. 어렵사리 한 곳에 도착하니 양쪽의 바위가 서로 마주 서 있는데 그 높이가 일곱 여덟 장이나 되며 마주 접한 중간에 감실(龕室)이 있어서 마치 집 같기도 하다. 남쪽 가에 있는 암벽에는 가섭상(迦葉像) 3위가 새겨져 있으며,279) 두 바위 위에는 관(冠)같은 입석이 있으니 역시 기이하다.

가섭암 터로 내려왔다. 터도 역시 바위에 의지하고 있으며 불상이 새겨진 곳 아래가 법당이다. 냇가에는 또 두 개의 커다란 바위가 있다. 하나는 거북처럼 생겼고 땅에 맞닿아 있는 곳이 평평하게 되어 있는데, 가히 그 위에서 노닐 만하다. 다른 한 바위는 사면이 깎아 놓은 듯 웅장하게 서 있는데 중간에 아무런 틈새가 없다. 높이는 10여 장이나 되고 그 둘레는 70~80뼘이나 되어 일찍이 본 적이 없는 것이다. 동쪽 가에는 돌이 서로 마주보고 서 있고 그 사이로 길이 나 있어 석문이라고 부른다. 밑으로 내려가면 역시 감실이 있는데 40~50명이 있을 만한 곳이다.280)

대개 절문 앞으로 해서 밑으로 내려가면 내에 이르는데, 냇가에 큰 바위들이 서로 포개어 혹은 가로로 누워 있고 혹은 언덕처럼 세로로 겹쳐져 있는 것이 마치 집 같기도 하고 배 같기도 하니 실로 기이한 광경이었다.

냇가 바위 위에서 잠시 쉬고 있다가 마침 지나가는 상천촌(上川村)에 사는 생원 유윤효(劉潤孝)를 만나 같이 얘기했다. 나올 때는 여러 바위들을 따라가다가 북쪽 산기슭을 지나는 길을 돌아서 나왔는데 길이 매우 험했다.

오후에 유 생원은 돌아갔다.

저녁식사 뒤 동대(東臺)에 오르니 이 곳은 곧 저대암(杵碓巖)의 등에

---

279) 삼존불을 말하는 듯하다. 여기에서 말하는 가섭이란 석가부처님의 제자 가운데 한 명인 가섭이 아니라 과거칠불 가운데 한 분인 가섭불을 가리킨다.
280) 가섭암의 석굴 사원을 묘사하고 있다.

수송대 반석

해당된다. 100여 명이 앉을 수 있을 만큼 넓다.

처한 스님은 바로 의천(義天) 스님의 제자가 된다. 명산을 두루 돌아다녀
봐서 조금은 같이 얘기할 만했다.

9월 14일 맑음 | 거창 가조현 문남로네 집

아들 도항이와 함께 일찌감치 길을 떠났다. 처한 스님이 짐을 졌고,
유 생원과는 작별했다. 도중에 노비가 짐말을 끌고 기다리므로 처한 스님
은 돌려보냈다.

옛 현(縣)을 지나 긴 다리 두 개를 건너 커다란 시내를 따라 위로 올라갔

다. 냇가에 있는 커다란 바위는 내 중심으로 쑥 들어가 있다. 내 깊은 쪽으로 (물에 잠긴) 대(臺) 세 개가 있고, 서쪽으로는 옛 현이 바라다 보이며 북쪽에는 마을이 있다. 못의 물은 넓고 크다.

다시 몇 리를 올라가 냇가에 면해 있는 촌락을 지나 수송대(愁送臺)[*]에 닿았다. 커다란 내 한가운데에 높다랗고 큰 바위 하나가 있는데, 바위 위에는 작은 돌로 대를 쌓았다. 대 위에는 고송 몇 그루가 그늘을 이루고 있고 대 아래에 있는 반석은 매우 반듯하면서도 넓고 깨끗하고 희어 기괴한데, 수백 명이 앉을 만큼 넓다. 흐르는 물이며 맑은 못 등이 청아하여 정말 완상할 만하다. 바로 월성천(月城川)의 하류로서 일찍이 못 보던 곳이다. 대의 동쪽 아래 위쪽으로 마을이 있고 100여 호가 있는데 땅이 비옥하여 참으로 선인이 노닐던 별천지 같다. 앉아서 오랫동안 감상하다가 대를 내려와 반석 위를 거닐어보았다. 대 아래는 공간이 넓어서 마치 집 같다. 대석(臺石)에는 '장주갑(藏酒岬)'의 세 글자가 새겨져 있으며, 또한 방백(方伯)인 유홍(兪泓)[**]의 시 네 수가 새겨져 있다.

다 보고 나서 말을 타고 밑으로 돌아와 다시 시내의 다리를 건너 옛 현을 지나 30여 리를 가서 거창 읍내에 닿았다. 마을에서 말을 바꿔 타고 다시 40리를 가서 거창 가조현(加祚縣)에 있는 좌수 문남로(文南老)네 초당에서 묵었다.

***수송대**(愁送臺)

지금의 수승대(殊勝臺)를 말한다. 거창군 서북쪽 덕유산국립공원 안에 있으며 1986년 8월 국민관광휴양지로 지정되었다. 삼국시대에 백제에서 신라로 사신을 떠나보내던 곳이라 하여 처음에는 수송대라 불렀으나, 1543년 퇴계 이황이 이 곳의 산수를 보고 속세의 근심을 잊을 만큼 경치가 빼어난 곳이라고 격찬하며 수승대로 바꿔 부를 것을 권하여 이후 수승대라 부르게 되었다고 한다. 하지만 정시한은 본래의 이름인 수송대로 쓴 것이 특이하다.

수승대는 본래 높이 10m의 커다란 천연 바위로, 덕유산에서 흘러내린 성천·산수 천·분계천과 송계의 갈천이 위천으로 흘러들어 큰 못을 이루면서 생겨났다. 수승대 위에는 자고암이라는 암자를 비롯하여 요수정(樂水亭)과 관수루(觀水樓)·구연서원

(龜淵書院) 등이 수려한 경관 속에 어우러져 있다.

유홍(1524~1594)

조선 중기의 문신. 본관은 기계(杞溪). 자는 지숙(止叔), 호는 송당(松塘).
판서 유여림(兪汝霖)의 손자고, 생원 유관의 아들이며, 어머니는 의령남씨(宜寧南氏)
로 사복시정(司僕寺正)에 증직된 남충세(南忠世)의 딸이다.
1549년(명종 4) 사마시에 합격하고 1553년 별시문과에 병과로 급제, 승문원 정자·전
적·지제교·지평·장령·집의 등 요직을 역임하였다.
1557년 강원도 암행어사로 나가 민심을 수습하고, 1563년 권신 이량(李樑)의 횡포를
탄핵하였다.
이듬해에 시관(試官)으로 있으면서 이이(李珥)를 뽑았으며, 1565년 문정왕후(文定王
后)가 승하했을 때는 산릉도감(山陵都監)으로 치산의 일을 맡았고, 춘천 부사가 되어
서는 선정을 베풀어 선정비가 세워졌다.
1573년(선조 6) 함경도 병마절도사로 회령 부사를 겸하였고, 그 뒤 개성부 유수를
거쳐 충청·전라·경상·함경·평안도의 관찰사와 한성 판윤 등을 역임하면서 치적
을 쌓았다.
1587년 명나라에 사신으로 가서 그동안 조선왕조의 시조가 고려의 권신 이인임(李仁
任)의 아들로 잘못된 것을 바로잡았으며, 1589년 좌찬성으로서 판의금부사를 겸하여
정여립(鄭汝立)의 역모를 다스렸다. 이러한 공으로 1590년 종계변무(宗系辨誣) 1등,
토역(討逆) 2등에 책훈(策勳)되어, 평난공신(平難功臣)호를 하사받고 보국숭록대부
(輔國崇錄大夫)·기성부원군(杞城府院君)에 봉해졌으며, 이조판서·우의정에 승진
되었다.
1592년 임진왜란 때 선조를 호종하였고, 평양에서는 세자(뒤의 광해군)와 함께 종묘
사직의 신위를 모시고 동북방면으로 나아가 도체찰사를 겸임하고, 이천(伊川)에서
격문을 여러 도로 보내어 각 도의 의병들을 격려, 지휘하여 방어태세를 갖추었다.
이듬해에 왜적이 서울에서 물러나자, 먼저 서울에 들어와서 불탄 도성을 정리하고
전재민을 구호하는 데 힘을 기울였다.
1594년 좌의정으로서 해주에 있는 왕비를 호종하다가 객사하였다.
성품이 중후관대하고, 의리를 위하여 기개를 굽히지 않았으며, 시문에 뛰어났고 장서
가 많았다.

9월 15일 서리가 내려 추웠으며 날씨는 맑았다 | 해인사

아침식사 뒤 일찌감치 문 좌수와 작별하고 마장령(馬場嶺)을 건넜다.
걷다가 말을 타다가 하면서 오후에 해인사에 닿았다.

향로전에서 쉬고 있는데 불존승 석륜(釋倫)[281] 스님과 주지인 신암(信

해인사 대적광전

庵) 스님, 정익282) 노스님, 삼보승 사헌 스님 등이 와서 만났다.

　저녁식사 뒤에 아들 도항이는 홍류동에 가고 나는 혼자 석륜 스님과 함께 판전(板殿)과 여러 전가들을 둘러보았다. 그리고 하사대(學士臺)에 올랐다가 북암(北庵)에 가보고 돌아왔다.

　함허당(涵虛堂)에서 앉아 쉬었는데, 여찬(如贊) 노스님이 홍시를 주셨

---

281) 정시한은 9월 1일 견성암에 있을 때 무량굴에서 온 석륜 스님을 만난 적이 있다.
　　지금 해인사에서 만난 석륜과 동명이인인지 확실하지 않다.
282) 정시한은 이전인 4월 6일 해인사에서 정익 스님을 만났었다. 다만 당시에는 이름이
　　淨益인데 여기에서는 定翼으로 되어 있다. 동명이인은 아닐 테고 아마 정시한의
　　착각인 듯 싶은데, 어느 쪽 이름이 맞는지 알 수 없다.

청암사 대웅전

다. 향로전으로 돌아오니 종장 혜능(惠能) 스님과 백억달이 함께 찾아와
보고 갔다.283)

9월 16일 서리가 내렸고, 맑은 뒤에 흐렸다 | 김천 청암사 토존

아침식사 뒤 절을 떠나 고개를 넘었다. 산길이 높고 급하여 말에서
내려 걸어서 두 고개를 계속 넘으니 땀이 많이 흐른다.

성주(星州) 쌍계사(雙溪寺)284)에 닿았다. 계곡 입구에서 말에서 내려
반석에 앉아 밥을 지어먹으며 쉬었다. 냉수를 마신데다가 땀이 난 후에
찬바람을 맞으니 몸이 몹시 추워진다. 절에 들어가 승통 충신(忠信)285)
노스님의 방에서 잠시 같이 얘기하다가 바로 말을 타고 청암사(靑巖寺)286)
에 올랐다. 혜원287) 노스님이 기쁘게 맞아주시며 준비해 둔 여러 가지
과일을 대접했다.

저녁식사 뒤 노비와 말은 돌려보내며 도항이더러 이 곳에 올라오지
말고 사람들과 함께 쌍계사에 그냥 머물러 있으라고 했다. 나는 학도(學徒)
인 효선(曉善) 스님과 함께 토굴에서 묵었다. 스님은 사람 됨됨이가 편안하
고 자상하며 불경에 능통한데다가 시도 또한 잘 짓는다. 종장 스님의
일을 맡아하고 있다.

---

283) 정시한은 4월 7일 해인사 백련암에서 혜능 스님과 백억달을 만났었다.
284) 경상북도 김천시 증산면 유성리 불령산(佛靈山)에 있었던 절. 도선(827~898)
　　국사가 창건했다고 전하는데, 그 뒤의 역사는 전하지 않는다. 6·25전쟁 때 불타
　　폐사되었다. 현재 절터에 당간지주·배례석·부도 등이 남아 있다.
285) 정시한은 3월 30일 쌍계사에서 충신 스님을 만났었다.
286) 경상북도 김천시 증산면 평촌리 불령산에 있는 절. 858년(헌안왕 2) 도선 국사가
　　창건했고, 조선시대에 벽암 각성 스님의 제자가 중창했다. 현재 비구니 수행도량으
　　로 유명하며, 산내암자로 수도암과 백련암이 있다. 대웅전은 경상북도문화재자료
　　제120호고, 그 앞에 경상북도문화재자료 제121호 석탑 등의 문화재가 있다.
287) 정시한은 4월 8일에 국일암에서 혜원 스님을 만났었다.

9월 17일 맑음 | 김천 미타암

아침식사 뒤 스님을 보내어 수도암(修道庵)[288]에서 오는 숭헌[289] 종장을 마중하게 했다. 나와 숭헌 종장, 그리고 혜원 스님, 이렇게 세 명이 앉아서 이야기를 나누었다. 혜원 스님이 국수를 만들어 먹은 다음에 계곡으로 내려가 흐르는 물과 못을 두루 구경하고 돌아왔다.

저녁식사 뒤에 혜원·숭헌 스님, 효선 스님과 함께 쌍계사로 걸어 내려갔다. 양쪽 골짜기 사이를 가면서 시내를 따라갔는데 붉은 단풍과 푸른 소나무가 길을 끼고 주변에 만발하고, 계곡물은 졸졸 소리를 내면서 흐르고 있다. 세 분 고승과 같이 천천히 걷다가 좋은 자리가 있으면 가서 앉다가 하며 자연을 감상하니 흥취가 절로 인다.

절에 도착한 다음 산길을 따라 내려가다가 아들 도항이를 만났다. 도항이는 입암(立巖)을 구경하고 또 한강(寒岡)[290] 선생의 서당을 보러 무흘(武屹)로 오는 길이라 한다. 그 애더러 올라가게 하고는 나는 여러 스님들과 함께 미타암(彌陀庵)에 도착해서 묵었다.

충신 스님이 꿀물을 내오셨다.

저녁에 도항이가 돌아왔다.

9월 18일 흐린 뒤에 갬 | 황간 용포촌 민가

절에서 연일 식사를 차려주어 여럿이 함께 먹었다.

아침식사 뒤에 길을 떠났는데 혜원·숭헌·충신 등 여러 노스님들이 따라나서서 절 앞의 시내를 건너서야 서운한 작별을 했다. 집으로 돌아갈 때 다시 만나기로 했다.

---

288) 청암사의 산내암자. 현재 비구니 수행도량으로 널리 알려져 있다.
289) 정시한은 3월 30일에 성주 쌍계사 미타암에서 종헌 종장을 처음 만났다. 두 사람은 동갑으로 나이가 같다.
290) 정구(鄭逑, 1543~1620).

10여 리를 가서 고개 하나를 넘어 고개 밑에서 말을 먹인 다음 걸어서
고개 하나를 또 넘었다. 어두워진 뒤에야 황간(黃澗) 용포촌(龍浦村)에
닿아서 황씨 집안에 시집간 누이의 농장 노비인 만복(萬福)이의 집에서
묵었다. 약 60여 리를 왔다.

9월 19일 흐린 뒤에 갬. 바람이 차가왔다 | 김천 중모현 누이 댁

아침식사 뒤 만복이와 함께 추풍령(秋風嶺)을 넘어 황 생원 소유의
산에 올라 주위를 오랫동안 바라보았다. 보통 사람이 보기에도 뒤의 산세
가 좋고 혈(穴)이 떨어져 나와 묘한 것을 알 수 있다.

만복이는 보내고 고개 하나를 넘어 말을 먹인 다음 상주 중모현 신천촌에
도착했다. 도항이를 보내어 황일청(黃一淸)[291]을 불러와 길가에 앉아
잠시 얘기 하다가 모두 함께 중모현에 가서 누이를 뵈었다. 무량동 외고모
댁이 평안하시냐고 소식을 물었다. 저녁에 진사 성세황(成世璜)[292]과
생원 황종대(黃鍾大)가 찾아와 만났고, 황진하(黃鎭夏)·이기정(李基丁)
이 왔다 갔다. 생원 황종우(黃鍾羽), 황일청과 함께 묵었다.

9월 20일 서리가 내렸으며 흐린 뒤에 갰다 | 김천 중모현 누이 댁

아침에 생원 황정(黃霆)과 그의 둘째 아들인 황종서(黃鍾瑞)가 와서
만났다. 성 진사와 황종대·황종협(黃鐘協)·황종수(黃鍾粹), 생원 홍상
민(洪相民), 그리고 황삽근(黃霅勲)·황종정(黃鍾鼎)[293]·황종태(黃鍾
泰)[294]가 함께 왔다. 이 가운데 황종정이 가장 기백도 있고 재능도 있어
보인다.

---

291) 1668~1717.
292) 1648~1708. 호는 화음(華陰).
293) 1651~1733.
294) 1655~1902.

9월 21일 맑음 | 김천 황정네 집

아들 도항이와 함께 냇가에 가서 두루 살펴보았고 여러 황씨들과 생원 홍상민과 함께 생원 황정의 집에 갔다. 집 뒤에는 초당 한 칸이 있는데 아직 다 짓지는 않았다. 지세가 매우 높으며 앞에는 너른 들이 있다. 또 작은 골짜기가 있다. 몇 리를 갔더니 천석당(千石堂)이 있는데, 조용하고 그윽하며 암석과 못 위에 지은 대(臺)도 있어 경치가 좋다. 다만 터가 옹색하고 비좁은 것이 흠이다. 황 생원이 감을 내와 같이 먹었다.

날이 저물어 돌아와서 함께 얘기하다가 여러 황씨들은 밤에 돌아갔다.

9월 22일 맑은 뒤에 흐림 | 상주 무량동 정시헌네 집

일찌감치 아침식사를 한 뒤에 매형에게 인사하고 떠났다. 황 생원의 집에 가서 여러 사람들과 작별하고 나왔는데 황일청은 몇 리 밖까지 따라 나오며 작별했다.

입이가 원주에서 돌아와 집에서 보낸 편지를 전했다. 상주 읍내에 도착해서 말을 바꾸고 정시헌(丁時獻)의 처 과수(寡嫂)에게 인사했다.

저녁 무렵에 무량동에 도착해서 외고모295)부 댁으로 가 인사했는데 집이 편치 않아 나와서 계형(季亨)296)의 집에서 묵고 계신다고 한다. 정시헌의 처 과수가 술과 과일을 보내주며 안부를 물어왔다.

9월 23일 종일 비가 내렸다 | 상주 무량동 정시헌네 집

무량동 정시헌 과수 댁에 계속 머물러 있었다. 노비는 돌아갔다.

9월 24일 흐린 뒤에 갬. 밤에 비가 약간 내렸다 | 상주 무량동 정시헌네 집

---

295) 외할아버지의 딸.
296) 이재하(李在夏, 1635~1699). 통사랑(通仕郎)을 지냈다. 호는 수형(秀亨)이라 쓴 곳도 있다.

아들 도항이는 입이를 데리고 원주로 돌아갔다.

구태악(具泰岳)은 경술생(1670)이고 구요악(具堯岳)은 갑인생(1674)으로 외고모부의 외손이다. 부모가 함께 죽어 며칠 전에 이리로 왔다. 이들은 도항이와 함께 원주로 돌아갔다.

9월 25일 새벽에 비가 내렸고 흐리다가 갰다. 바람도 불었다 | 상주읍 박기봉네 집

아침식사 뒤 외고모부께 인사하고 이성지(李性至)와 작별한 다음 무량동을 출발했다. 명찰(明察) 스님이 마침 마을에 왔다가 나를 찾다와 보고는 바로 갔다.

바람을 맞아 가며 말을 타고 가서 오후에 상주 읍내에 도착했다. 정시헌 과수에게 인사하고 나와서 박기봉(朴起奉)의 집에서 묵었다. 그는 노직동지(老職同知)[297]로서 2남1녀를 두었는데 모두 한 마을에서 결혼했으며 효성 봉양이 지극하다.

정시헌 과수가 저녁에 술과 과일을 보내주어 여러 사람과 함께 먹었다.

9월 26일 맑았고, 바람이 차갑게 불었다 | 상주 노사성네 집

아침식사 뒤 장차 떠나려하는데 마침 생원 이홍달(李弘達)이 찾아와 잠시 얘기하였다. 정시헌 과수와 이 생원과 작별하고, 신시[298] 무렵에 화령(化寧)의 생원 노사성(盧思聖)의 집에 도착했다. 노사현(盧思賢)[299]도 역시 밖에서 왔다. 저녁을 먹고는 떠났다. 정시헌 과수가 쌀 두 말, 그리고 말에게 먹일 콩과 죽 각 한 말씩을 보내주었다.

9월 27일 새벽에 비가 뿌렸고, 흐리다가 맑았으며 바람도 불었다 | 보은 동관음사

---

297) 노직은 노인에 대한 공경을 위하여 만든 명예직. 동지는 종2품의 관직.
298) 오후 3시에서 5시 사이.
299) 1645~1721. 호는 청사(晴沙). 조선 태조의 정비 신의왕후(神懿王后) 한씨(韓氏)의 능으로 개성에 있는 제릉(齊陵) 참봉을 지냈다.

보은 관음암 법당

아침식사 뒤 노 생원과 작별하였다.

오후에 속리산(俗離山) 동관음사(東觀音寺)에 도착했다. 일탄(一坦)·학능[300]·선찬(善讚) 스님 등과 병풍을 만드는 장인이 나와서 맞이해 주었으며, 승통 일겸[301] 스님도 와서 같이 얘기했다. 태남이와 경숙이더러 말과 나귀를 이끌고 화령으로 돌아가게 했다.

9월 28일 맑음 | 보은 봉서암

일탄 스님이 아침식사를 준비하여 여럿이 함께 먹었다. 식사 뒤에 동암(東庵)에 가서 일겸 스님이 봉양하는 스승인 올해 여든한 살 되신 덕원(德元) 스님과 함께 산을 유람하는 흥취에 관해 잠시 얘기하다가 내려왔다.

집으로 보내는 편지 몇 장을 썼다. 태남이 생원 노서주(盧瑞冑)의 화령 농장에서 쌀 열 말을 지고 왔는데 다시 달아보니 아홉 말 일곱 되다. 장차 원주 본가의 쌀과 바꾸려고 하기 때문이다.

저녁식사 후 편지를 봉해 태남이 편으로 원주에 보냈다. 어두워질 무렵 경복이와 함께 봉서암에 올랐다. 삼보승 초민(超敏)[302] 스님을 중도에서 만나 같이 올라갔다. 민심(敏心) 노스님은 여든한 살이시고 혜영(惠英)[303] 스님은 예순여섯 살이신데, 성해(性海) 스님과 더불어 모두 나와 구면이다. 일흔한 살의 신옥(神玉) 스님과 학성(學性) 스님, 이렇게 다섯 분과 함께 얘기를 나누었다. 어두워진 뒤 이 절의 진경(晉瓊) 스님이 이불과 베개를 갖고 왔으며, 혜영 스님은 떡과 과일을 내오셨다.

9월 29일 맑음. 밤에 비가 내렸으며 바람도 불었다 | 보은 봉서암

---

300) 정시한은 학능 스님을 3월 16일 관음사에서 만났었다.
301) 정시한은 4월 16일 안국사에서 일겸 승통을 처음 만난 뒤 여러 사찰을 함께 다니거나 서찰을 주고받으며 매우 가깝게 지냈다.
302) 정시한은 3월 16일 관음사에서 초민 스님을 처음 만났었다.
303) 정시한은 3월 16일 관음사에서 혜영 스님을 처음 만났었다.

보은 동암 전경

아침식사 뒤 학성 노장과 함께 염불암(念佛庵)과 낙수암(落水庵)을 가보았다. 두 절 모두 비어 있고 황폐해 있어 애석하다.

오후에 돌아와 보니 관음사의 염일(念一) 스님이 이 곳으로 옮겨와 계신다. 저녁에는 혜연(惠演) 스님이 미타암(彌陀庵)에서 왔다. 인욱(印旭)·명보(明寶) 스님은 동냥 갔다가 왔다. 혜영 스님이 저녁식사를 준비해 여럿이 함께 먹었다.

『발휘심경』 10여 장을 읽었다.

9월 30일 새벽에 비바람이 불었고 오후에는 두 차례 벼락이 크게 일었다. 우박도 내렸으며, 밤에는 비도 내렸다 | 보은 봉서암

성해 스님이 아침식사를 차렸다. 지흡(智洽) 스님이 왔다 갔다. 이 암자

관음암에서 바라본 속리산

의 석일(釋一)·탁섬(卓暹) 스님이 동냥 갔다가 오면서 나무를 짊어지고
동냥한 쌀을 갖고 왔다.
　『발휘심경』 20장과『독서록』하편, 그리고『황정경』여러 장을 읽었다.

　10월 조하루 아침에 비가 내려 흐렸다가 갰으며, 바람도 불었디 |
　일찍 일어나서 의복을 갖추어 입고 본가의 사당을 향해 참배했다.
　이 절의 스님이 나무를 하러 갔는데 경복이도 함께 갔다. 삼보승 초민
스님이 왔다가 갔다.
　『발휘심경』 20장과『독서록』속선 종편,『황정경』하권 여러 장을 읽었
다.
　생원 노사성이 화령에서 왔다. 일겸 스님이 따라왔다가 바로 돌아갔다.

법주사 대웅전 비로자나불

노서주가 쌀 여섯 말을 보내왔는데 다시 달아보니 다섯 말 일곱 되라고 한다.

식후에 생원 노희천(盧希天),[304] 염일 스님과 함께 염불암에 갔다. 가는 도중에 일탄 스님을 만났는데 나를 만나러 오던 길이라 함께 동행 했다. 염불암에 잠시 앉아 있다가 또 다른 절터를 보러 갔다. 낙수암 앞에 이르러 일탄 스님은 먼저 돌아갔다.

동쪽으로 고개를 넘어 석봉을 돌아 벼랑을 따라 밑으로 내려가 양쪽 골짜기 사이로 들어가니 축대와 계단이 있는 옛 절터가 나왔다. 또한 윤판옥(輪板屋) 터도 있고, 동·남·서쪽에 샘물 네 곳도 있다. 남향인데다가 그윽하고 떨어져 있어 거주할 만하다. 손방(巽方)[305]이기는 하지만 매우 좁고 사방이 막혀 있다. 잠시 앉아 있다가 낙수암으로 다시 내려와 주위를 살펴보고

---

304) 노사성. 희천은 그의 호.
305) 동남향.

오후에 돌아왔다.

10월 3일 맑음 | 보은 봉서암

귀현(貴賢) 상좌는 열세 살인데 새벽에 선친의 기재(忌齋)를 올렸다. 생원 노사성은 인사하고 돌아갔는데, 관음사에 가서 다린 간장 한 종지를 얻어 보내왔다.

10월 4일 새벽부터 음산한 바람이 불다가 맑아졌다 | 보은 관음사 향로전

『발휘심경』 34장을 읽어 상권을 다 보았고, 『독서록』 상편, 『황정경』 하권 여러 장을 읽었다.

저녁식사 뒤 관음사로 내려갔는데 혜영·성해 스님이 중간까지 따라 나오셨고, 염일 스님은 관음사까지 왔다가 돌아갔다. 명보 스님은 짐을 지고 따라왔다가 역시 돌아갔다.

향로전에서 묵었다. 불존승 법환(法還) 스님은 함께 얘기할 만한 분이었다. 학능·일겸·일탄·선찬 스님 등도 왔다.

10월 5일306) 흐리다 맑았으며 바람도 불었다 | 보은 법주사 부도전

식후에 노희천이 사람과 말을 보내주어 스님 한 분과 경복이에게 옷가지와 이불, 그리고 식량과 반찬거리를 지게 하고 관음사를 출발하였다.

저녁 무렵에 속리산(俗離山) 대법주사(大法住寺)에 닿았다. 법당과 전각 등 주변을 두루 둘러본 다음에 부도전(浮圖殿)에서 묵었다.

편지를 써서 희천의 가노에게 맡기고 법주사에서 말을 먹인 다음 내일

---

306) 10월 5일부터 10월 14일까지의 일기가 두 번 중복되어 있다. 아마도 초고를 먼저 쓰고 그것을 토대로 나중에 덧붙여 원고를 완성한 듯하다. 그런데 왜 이 부분만 초고가 남아 있는지는 분명하지 않다. 원문에는 10월 5일부터 14일까지 나열된 다음 다시 5일부터 14일이 수록되어 있으나, 여기에서는 읽고 비교하기에 편하도록 같은 날을 나란히 배열했다.

법주사 팔상전

상고암

새벽에 돌아오라고 했다. 30여 리를 왔다.

10월 5일 흐리다 맑았으며 바람도 불었다 | 보은 법주사 부도전

아침식사 뒤 나아가서 사람과 말을 기다렸으나 오지 않았다. 정림(淨林) 스님과 경복이가 옷가지와 이불, 그리고 식량과 반찬거리를 짊어지고 걸어서 조계문(曹溪門) 밖까지 내려갔다. 생원 노사성이 이락(李樂)에게 말 한 마리와 사람을 빌려 식량과 콩을 보내왔다. 희천에게 글을 보내고, 절에서 말을 먹인 다음 뒤따라오라 하고 나는 걸어서 7~8리를 내려왔다. 사람과 말이 곧바로 따라와 바로 말을 타고 갔다.

커다란 고개 하나를 넘으니 큰길이 나왔다. 멀리 속리산 석봉을 바라보니 춤을 추듯이, 혹은 날아가듯이 자리하고 있으며 봉우리 꼭대기의 색은

흰 눈 같기도 하고 흰 구름이 가로 걸린 듯 같기도 하다.

말을 달려 법주사 큰절에 닿았다. 절은 수정봉 밑에 있는데 땅이 고르고 평평하다. 말을 내려 제삼문(第三門)을 들어서니 구리로 만든 기둥307)이 있는데 높이가 7~8길쯤 된다. 여러 전각과 요사를 지나니 오층으로 된 각(閣)308)이 있고, 그 안에 여덟 분의 불상이 봉안되어 있다. 이층에는 미륵불입상이 모셔져 있다. 그 높이가 매우 커서 장관인데 일찍이 못 보았던 것이다. 또한 나머지 세 층마다 전부 불상이 모셔져 있다. 대웅전309)에 가보니 역시 이층으로 되었는데, 삼불상(三佛像)이 봉안되어 있다.310) 전부 해인사(海印寺) 불상보다 큰데, 다만 원광(圓光)이 없다.

다 보고 나서 부도암에 갔다. 여든네 살의 천호(天湖) 스님과 지관·도헌 스님과 함께 묵었다. 희천에게 감사하는 편지를 써서 희천네 노비에게 주었고, 말을 법주사에서 먹이게 한 다음 새벽에 돌아오게 했다.

10월 6일 맑음 | 보은 대암암 영자전

아침식사 뒤 도헌(道憲) 스님과 함께 수정봉에 올라가 운장대(雲藏臺)311) 동쪽의 상고암(上庫庵)312)과 천왕봉(天王峰) 위의 본속리암(本俗

---

307) 이른바 철당간(鐵幢竿)으로, 1006년(고려 목종 6)에 높이 90척으로 만들었다.

308) 지금의 팔상전(捌相殿)이다. 임진왜란 때 불탔으나 1605년에 중건을 시작하여 1626년에 완공했다. 현재 국보 제55호로 지정되었고, 1968년에 해체 복원되었다. 현존하는 유일의 조선시대 목조 오층탑으로, 찰주까지의 높이가 22.7m로 현재 전하는 우리나라의 탑 가운데 가장 높다.

309) 팔상전과 마찬가지로 임진왜란 때 불탔으나 1624년에 벽암 각성 스님이 중건했다. 규모가 매우 커서 부여 무량사 극락전, 구례 화엄사 각황전과 더불어 우리나라 3대 불전(佛殿) 가운데 하나로 꼽힌다. 현재 보물 제915호로 지정되어 있다.

310) 중앙의 비로자나불상을 비롯하여 그 왼쪽에 노사나불, 그리고 오른쪽에 석가불이 봉안되어 있다.

311) 文藏臺.

312) 충청북도 보은군 내속리면 사내리 속리산에서 가장 높은 위치에 있는 절. 720년(성덕왕 19) 창건되었다. 처음에는 법주사를 짓기 위한 목재 창고였다는 말도 있다. 근대에 와서 퇴락되었다가 1963년 중건되었다. 본래 상고암을 비롯해서 중고암·

離庵)을 바라다보았다. 두 절 모두 남향에 그윽한 곳에 들어가 있으니 장차 겨울을 이 두 곳에서 보내야겠다는 생각을 하고 내려왔다.

지관(智寬) 스님과 경복이에게 잡물을 지게 하고 오십동굴암(五十洞窟庵)에 갔다. 식사 뒤에 외석문(外石門)으로 해서 내석문으로 들어가 산허리를 지나 석봉에 올라가서 대암암(大巖庵)에 닿았다. 대암암은 이 산중에서도 커다란 절이다. 종장 설제(雪霽) 스님과 운밀(雲密) 스님이 맞아주었다.

절 뒤편에 있는 영자전(影子殿)의 방에서 잤다. 약 10여 리를 왔다.

10월 6일 맑음 | 보은 대암암 영자전

식후에 바로 지관 스님과 경복이더러 먼저 짐과 옷가지와 양식을 짊어지고 오십동굴로 가게 했다.

도헌 스님과 함께 수정봉에 올랐다. 열 걸음 걷고 한 번 쉬며 하는 식으로 가니 아직 반도 못 오르고 있는데 경복이가 뒤따라왔다. 온 힘을 다해 산을 올라가니 봉우리 위에 반석이 있다. 그 형상은 마치 거북이가 엎드린 것 같으며 100여 명이 앉을 만큼 넓다. 옆에는 거북머리[313]와 같은 것이 있는데 깨져 있었다. 도헌 스님이 말하기를 송상(宋相)[314]이 석회를 바르고 사적(事蹟)을 기록한 비석을 절 문 밖에다 세웠다고 한다.

봉우리는 속리산의 한가운데에 있는 까닭에 여기에서 바라보면 속리산의 참모습이 전부 보이는 것이 마치 금강산 정양사(正陽寺)와 같았다. (법주사의 전각들은) 미륵청(彌勒廳)[315]이 수정봉을 주봉으로 하여 동향인데, 나머지는 전부 남향이다. 스님들도 쇠잔하여 몇 분 되지 않는다. 여러 암자들이 눈에 들어오는데, 동암(東庵)·오십굴암·대암암·상사

하고암이 있었는데, 나머지 두 암자는 1920년 무렵에 폐사되었다고 한다.
313) 아마도 비석 귀부(龜趺)의 일부로 보인다.
314) 우암 송시열.
315) 미륵청이라는 말은 확실하지 않다. 아마도 현재의 가람 배치로 볼 때 팔상전을 가리키는 듯하다.

자암·상고암·본속리암(本俗離庵)316) 등 하나하나 다 쓸 수가 없다. 그러나 그 가운데 태반이 비어 있고 무너져 있다.

오랫동안 앉아 있다 부도암으로 내려와 잠시 쉬고는, 다시 경복이와 함께 오십동굴암으로 올라갔다. 가보니 단지 태백(太白) 스님 한 분만이 있어서 맞이한다. 저녁을 지어먹은 뒤 태백 스님과 함께 절을 나와서 수십 보를 걸어갔는데, 지관 스님이 짐을 옮기려 올라왔으므로 스님에게 짐을 맡기고 시내를 건너 대암암으로 향했다. 몇 리를 가서 외석문에 닿았다. 두 개의 커다란 바위는 위가 서로 붙었고 밑은 비어 있어 마치 문같이 생겼는데, 수십 명이 드나들 수 있을 정도로 넓다. 반석이 널려 있고 돌 옆에는 물길도 있다. 문을 들어서서 4~5리를 가서 산허리의 가파른 길에 닿으니 두 골짜기가 서로 묶여져 있는 듯하다. 석봉은 높고 험하며 암석은 기이하고 묘하다. 시냇물과 폭포는 검푸른 색으로 다른 산과는 다르다. 지팡이를 짚고 수목 사이를 지나가는데 숲이 크고 울창하여 하늘을 덮고 있는 것이 마치 세상에서 탈속하여 나 홀로 물외의 경지에서 노니는 듯하였다.

다시 길이 끊겨진 곳으로 가보니 암석 하나가 있는데 그 크기가 상당하여 몇 사람이 앉아 있을 만하다. 바위 안쪽의 석문으로 들어가 몇 걸음 가보니 골짜기로 길이 나 있다. 다시 몇 리를 올라가다가 스님 한 분을 만났다. 이름이 자순(自淳)인데 대암암에서 내려가는 길이라고 하면서 가는 길을 가리켜 준다. 혼자 내려와 길을 알려준 것이 매우 괴이하다. 스님은 잠시 얘기하다가 내려갔다.

다시 4~5리를 가니 등에 땀이 홍건히 흘러내리고 다리가 몹시 피곤하여 겨우 대암암에 닿았다. 갓같이 생긴 커다란 바위 하나가 절 앞에 서 있고, 그 앞과 좌우에도 커다란 바위 아닌 게 없으니 대암암이라는 이름이

---

316) 속리사(俗離寺).

붙은 것은 이 때문이라고 한다. 축대와 계단을 높게 쌓았고, 법당이나 요사도 매우 큰 절이다. 높고 너른 곳에 자리해 있어 법주사나 여러 봉우리들을 내려다보고 있다.

설제(雪霽)*·운밀(雲密) 두 종장이 학도 수십 인을 이끌고 7월에 황악산(黃岳山)에서 옮겨 왔다고 하는데, 이 두 분은 모두 임신생(1632)이다.

난간 앞에 앉아서 오랫동안 부채를 부치며 땀을 말렸다. 스님 한 분이 방 문을 열고 나와 인사하고 들어갔고, 다시 한 분이 나와서 맞아주는데 그 행동거지와 용모가 다른 스님과는 다르다. 이름을 물어보니 운밀이라고 한다. 방에 들어가기를 청하므로 들어가 보니 설제 스님이라는 분도 다른 방에서 왔는데 그 모습이 밝고 뛰어나고 태도도 진실하다.

경복이와 지관 스님이 옷가지와 양식을 지고 잇따라 올라왔다. 날이 어두워져 암자 뒤편의 영자전(影子殿)으로 옮겼다. 방의 주인인 홍연(弘演) 스님은 출타중이므로 성희(性熙) 스님이 맞아주었으며, 두 분 종장도 역시 왔다가 갔다.

15여 리를 걸어서 왔다.

***월담 설제**(月潭雪霽, 1632~1704)
성은 김씨, 본관은 창화. 1644년(인조 22) 열세 살 때 설악산 숭읍(崇揖) 스님에게 출가하고, 1647년 계를 받았다. 풍담 의심(楓潭義諶)은 그를 보고 칭찬하면서 묘향산에 데리고 가서 선과 교의 종지를 가르쳐 주었다. 문장에 능하였고, 『화엄경』과 『선문염송』을 늘 외우며 후학들을 가르쳤다. 금강산 정양산에서 지내다가 만년에 전라남도 순천시 남안면 금화산 징광사(澄光寺)로 옮겨서 1704년(숙종 30) 1월 4일 입적했다. 다비 뒤에 사리 2과가 나왔고, 징광사에 탑비가 세워졌다.
정시한은 이 날 설제 스님을 처음 만났는데, 그의 모습이 밝고 뛰어났으며 태도도 진실되었다고 하였다. 고승의 풍모를 한눈에 알아본 것이다. 불교와 유교의 역사적 만남 가운데 하나가 아닐까 한다. 정시한은 또 이 때 설제 스님의 제자로 훗날 대선사로 추앙받는 환성 지안도 처음 만났다.

10월 7일 아침에 비가 내렸으며 흐렸다 | 보은 대암암

10월 7일 아침에 비가 내렸으며 흐렸다 | 보은 대암암

아침에 두 분 종장 스님이 왔다. 식후에 설제 스님의 방에 갔는데 바야흐로 문도들에게 교학(教學)을 강의하려는 참이라 잠시 앉아 있다가 돌아왔다.

저녁식사 뒤 도량을 둘러본 다음 운밀 스님의 방에 갔다. 설제 스님도 오셔서 같이 오랫동안 얘기하다가 돌아왔다. 방의 주인인 홍연 스님이 돌아왔으며, 중은(重隱) 노장도 왔다.

『선경』 몇 장을 읽었다.

10월 8일 맑음 | 보은 대암암

행소(行素)를 시작했다. 설제 스님이 저녁을 차렸다.

10월 8일 맑음 | 보은 대암암

아침에 설제 스님이 와서 만났다. 식후에 설제 스님의 방에 가서 오랫동안 앉아 있다가 돌아왔다. 설제 스님이 저녁을 준비하여 여럿이 함께 먹었다.

식후에 청룡대(靑龍)[317]에 올라갔다가 부도대(浮屠臺)로 갔는데, 여기는 바로 정관대사(靜觀大師)* 의 탑이 있는 곳이다. 또 다른 탑 하나가 있으나 글씨가 떨어져나가 알아볼 수가 없다. 중은 노장이 뒤따라와서 함께 오랫동안 주위를 조망하다 돌아왔다.

『선경』 수십여 장을 읽었다.

> ***정관 일선**(靜觀一禪, 1533~1608)
> 성은 곽씨(郭氏). 충청남도 연산(連山)에서 태어났다. 서산 대사 문중 4대파 중의 하나인 정관파의 창시자. 15세에 출가하여 선운(禪雲)에게 『법화경』을 배우고 그의

---

317) 절을 감싸고 있는 오른쪽의 산. 좌청룡.

법화사상을 이어받았다. 그 뒤 법화신앙에 심취되어 『법화경』을 부지런히 독송하였고 그 공덕의 뛰어남을 역설하는 한편, 시주를 얻어 3,000권의 종이를 마련하고 1,000부의 경전을 인출하여 보시하는 등 경전 유포에 큰 공훈을 남겼다.

한때 법주사에 머물렀고, 만년에 휴정(休靜)의 강석에 참학(參學)하여 그의 심인(心印)을 이어받았다.

1608년 가을에 병을 얻어 덕유산 백련사(白蓮社)에서 입적하였다. 그는 임진왜란 중에 승려들이 왜적을 물리치기 위하여 의승군으로 나아가 전쟁에 참여함을 보고 승단의 장래를 깊이 걱정하였고, 전쟁에 참여하는 일이 승려의 본분인가에 대하여 개탄하였다.

또한, 유정(惟政)에게 글을 보내 전쟁이 끝났으니 한시 바삐 관복을 벗고 승가(僧家)의 본분을 다할 것을 권하기도 하였다.

철저한 수도승으로서 전쟁에 직접 참여하지는 않았지만, 경전을 인출하거나 왜란에 휘말려 있는 승단을 깊이 걱정한 점은 또 다른 현실참여를 나타내고 있다. 저서로 『정관집』 1권이 있다.

10월 9일 맑음. 밤에 큰 바람이 불었다 | 보은 대암암

운밀·지명(智明) 스님이 아침과 저녁식사를 준비해 주었다.

10월 9일 맑음 밤에 큰 바람이 불었다 | 보은 대암암

운밀 스님이 아침식사를 준비하여 여럿이 함께 먹었다. 식후에 뜰을 거닐다가 설제 스님 방에 들어갔다. 스님은 문도를 이끌고 불경을 강학하고 계셨는데 그 가운데에는 지안(志安)[*] 스님도 보인다. 나이는 스물세 살이다. 용모와 행동거지가 출중한데다 문장에도 능하니 앞으로 얼마나 발전할지 헤아리기 어렵다.

지명 스님이 저녁을 차렸고 또 떡과 과일도 내오셨다.

『선경』 요어 수십 장을 읽었다. 설제 스님이 와서 만났다.

***환성 지안**(喚醒志安, 1664~1729)

조선 후기의 대선사(大禪師). 성은 정씨(鄭氏). 강원도 춘천에서 태어나 15세 때 미지산 용문사(龍門寺)로 출가하였고, 정원(淨源)으로부터 구족계를 받았다. 17세 때 설제(雪霽)를 찾아 법맥을 이어받은 뒤, 침식을 잊고 경전을 연구하였다.

환성 지안스님

1690년(숙종 16) 모운(慕雲)이 직지사에서 법회를 열었다는 소식을 듣고 참여하였는데, 모운이 수백 명의 학인을 그에게 맡기고 다른 곳으로 떠나갔으므로 뒤를 이어 그들을 지도하였다. 그의 강연은 뜻이 깊고 묘하고 특이한 것들이 많았으므로 의심을 품는 자들도 많았다. 그러나 육조대사(六祖大師) 이후의 여러 주석서(註釋書)를 실은 빈 배가 전라도 낙안의 징광사 부근에 왔는데, 그 주석서들의 내용이 지안이 말한 것과 조금도 틀리지 않았으므로 모두가 탄복하였다.

그 뒤 전국의 명산을 순력하고 지리산에 머물렀는데, 어떤 도인이 다른 곳으로 갈 것을 명하여 급히 옮기자, 며칠 뒤 그 절이 불타 버렸다.

또 금강산 정양사에 머물다가 큰비가 쏟아지는 날 절을 떠났는데, 도중에 한 부잣집에서 자고 갈 것을 권하였으나 듣지 않고 오두막집에서 잤다. 그날 밤 정양사와 그 부잣집이 물에 잠겼다고 한다.

1725년(영조 1) 금산사(金山寺)에서 화엄대법회를 열었을 때 학인 1,400명이 모여 강의를 들었다.

1729년 법회 관계 일로 무고를 받아 호남의 옥에 갇혔다가 곧 풀려났으나, 반대의견 때문에 다시 제주도에 유배되었고, 도착한 지 7일 만에 병을 얻어 입적하였다. 입적할 무렵, "산이 사흘을 울고 바닷물이 넘쳐 오른다(山鳴三日 海水騰沸)."라는 임종게를 남겼다. 나이 65세, 법랍 51세였다.

해남 대흥사에 비가 있다. 임제종의 선지(禪旨)를 철저히 주창한 선사였으며, 조선 후기 화엄사상과 선을 함께 닦는 전통을 남긴 환성파(喚醒派)의 시조이자 대흥사 13대종사(大宗師)의 1인으로도 숭봉되었다. 법맥은 휴정(休靜)―언기(彦機)―의심(義諶)―설제(雪霽)―지안―체정(體淨)―상언(尙彦) 등으로 연결된다. 저서로『선문오종강요(禪門五宗綱要)』1권과『환성시집(喚醒詩集)』1권이 전한다.

정시한은 이 날 지안 스님을 처음 만났는데, 한 눈에 앞으로 대성할 재목이라는 것을 알아차렸다. 정시한은 설제 스님을 만나서도 드물게 높은 평을 내린 바 있는데, 유학자를 대표하는 정시한과 설제·지안 사제와의 만남은 곧 유학과 불교가 서로를 인정하는 역사적 만남이라고 할 수 있다.

10월 10일 새벽에 큰 바람이 불었고 종일토록 비가 내렸다 | 보은 달마암

밤에 일어나 영천(榮川)318)에 있는 가묘를 향해 참배했다.*

홍연(弘演) 스님이 아침식사를 차렸다.

대암암을 출발하여 중사자암(中獅子庵)을 들러서 운장대와 상사자암(上獅子庵)을 바라다보기만 하고 올라가지는 않았다. 달마암(達摩庵)319)

---

318) 지금의 경상북도 순흥(順興).
319) 충청북도 보은군 내속리면 법주사의 산내암자. 지금은 폐사되었다.

중사자암

에 도착했다. 약 7~8리를 왔다.

*이 날은 정시한의 증조부 정윤복(丁潤福, 1544~1592)의 기일(忌日)이다. 정윤복은 병조 판서 정옥형(丁玉亨)의 손자로 좌찬성 정응두(丁應斗)의 아들이며, 어머니는 군수 송충세(宋忠世)의 딸이다.

1567년(명종 22) 사마시에 합격하고, 그 해 식년문과에 을과로 급제, 승문원에 등용되고, 이어 예조좌랑·수찬·집의·우승지·대사성·부제학·도승지·병조판서·동지중추부사 등을 지냈다.

1589년 정여립(鄭汝立)의 난이 일어나자 정여립과 친하였다는 이유로 사간원의 탄핵을 받아 파직되었다가 다시 행호군으로 보직되었으나, 계속 말썽이 일어나므로 물러나 수년 동안 한거하였다.

임진왜란 때 동서로호소사(東西路號召使)로 기용되고, 이어 우통어사(右統禦使)가 되었다.

선조가 북쪽으로 피란할 때 다리가 불편하여 따라가지 못하고, 분조(分朝)인 이천(伊川)으로 가서 병조참판을 제수받고 가산군에 이르렀을 때 병이 심해져 죽었다.

10월 10일 새벽에 큰 바람이 불었고 종일토록 비가 내렸다 | 보은 달마암

밤에 일어나 머리를 빗고 씻은 다음 옷을 갖추어 입고 영천에 있는 가묘를 향해 참배했다. 느지막이 낮잠을 잤다.

홍연 스님이 아침을 차렸다. 설제 스님이 일찌감치 와서 만났다. 대암암을 떠나며 설제·운밀 스님과 작별했다. 성희 스님이 옷가지와 식량을 지고 따라왔다.

중사자암(中獅子庵)*에 도착했는데 절의 스님은 모두 나가고 단지 상좌 차현(此賢) 스님만 있다. 뜰 앞에는 암대(巖臺)가 있어 올라가 도량을 두루 살펴보았는데 다른 암자와 특별히 다른 점은 없다. 잠시 앉아 감상하다가 차현 스님더러 짐을 지게 하고 다시 길을 출발하였다. 고개를 넘으며 상사자암을 바라다보니 공허해 보인다.

달마암에 닿으니 심각(心覺)·서영(瑞瑛) 노스님이 맞아주었다. 서영 스님의 상좌 만일(萬一) 스님은 열세 살로 사랑스럽다. 약 5리 남짓 왔다.

***중사자암**(中獅子庵)
충청북도 보은군 내속리면 사내리 속리산 문장대(文藏臺) 아래에 있는 절. 720년 창건되었는데, 절터에 있는 바위 모양이 사자와 같다고 해서 사자암이라 하였다. 본래 상사자암과 하사자암도 근처에 함께 창건되었는데, 1900년 무렵에 폐사되었다고 한다. 조선에서는 세조 임금이 이 곳에서 기원법회를 열었고, 1641년(인조 19) 임금의 명에 따라 인조의 아버지인 원종(元宗)의 원당을 세웠다. 이 때 원종의 아들이자 인조의 동생인 능원대군(綾原大君, 1592~1656)이 전답을 절에 바쳤다. 중사자암은 이렇게 왕실의 지원으로 발전했는데, 그 뒤에도 1757년 영조의 명에 따라 중수하였고, 1837년(헌종 3)과 1887년(고종 24)에도 왕실의 지원이 있었다. 그렇지만 6·25전쟁으로 가람 전체가 불타버렸고, 1957년에 중건이 시작되었다. 문수도량으로 유명하다.

10월 11일 새벽에 큰 바람이 불었고, 종일토록 비가 내렸는데 밤에는 여름 장마마냥 내렸다 | 보은 달마암

『선경』 30여 장을 읽었다.

10월 12일 안개가 끼며 어두웠으며 종일토록 비가 내렸다 | 보은 달마암

스님 두 분이 동냥차 나갔다가 돌아왔다. 『선경』 40여 장을 읽었다.

10월 13일 흐리며 안개가 끼었다가 갰다 | 보은 달마암

『군선요어』 여러 장을 읽은 다음 다시 처음부터 40여 장을 읽었다.

10월 14일 흐리며 안개가 끼었다가 갰다 | 보은 달마암

오후에 입이가 와서 집에서 보낸 편지를 전했다. 들으니 이숙주(李叔主)가 돌아가셨다 한다.

여기에서 상고암까지는 15리고, 본속리암에서 상고암까지는 7~8리라 한다. 날이 좋아지면 가보려 한다.

10월 14일 흐리며 안개가 끼었다가 갰다 | 보은 달마암

『선경』 수십 장을 읽었다. 입이가 아침식사 때 원주에서 보내온 편지를 가져왔다. 그래서 비로소 옥천(沃川) 이민후(李敏厚)320) 숙주(叔主)321)의 부음 소식을 들었다. 7월 14일이 상이었는데 이제야 듣게 되었으니 괴이하다.

행소(行素)를 시작하였다.

태남이와 경숙이 등은 충주로 돌아가다가 달천(㺚川)322)에서 도적을 만나 죽을 뻔했고 의복 잡물을 뺏겼는데, 말과 노새는 버려졌으므로 다음

---

320) 누구인지 자세히 알 수 없다. 다른 책에는 옥천 고을의 원을 지냈다고 하는데, 편역자는 확인하지 못했다. 정시한과는 촌수로 외가쪽 아저씨뻘이 되는 듯하다.

321) 숙부(叔父). 아저씨.

322) 충청북도 괴산군 괴산읍과 충주시를 흐르는 하천, 길이 123km, 유역면적 1614.37km². 달래강·감천(甘川)이라고도 한다. 충주시에서 남한강 상류에 합류한다. 청주시 부근 산성리(山城里)와 보은군 속리산 서쪽 사면에서 발원하여 보은군의 북쪽을 지나 괴산군 동쪽을 흐르고, 동쪽 산지에서 발원하는 동진천(東津川)·음성천(陰城川) 등과 합류, 충주시 가금면을 지나 남한강에 흘러든다. 충북선 철도가 충주시 용두동에서 달천을 가로지른다.

복천암

날 찾으러 간다고 한다.

10월 15일 흐린 뒤에 갬. 바람이 불었는데 밤에는 찬바람이 매우 차가웠다 | 보은
달마암
집에 보내는 편지를 써서 봉했다.

10월 16일 새벽에 바람 불고 추웠으며 날은 매우 맑았다 | 보은 달마음
입이더러 편지를 갖고 원주로 가게 했다.
『선경』 수십 장을 다 읽었고 다시 처음부터 수십 장을 읽었다.

10월 17일 흐린 뒤에 맑았으며 추웠다 | 보은 영학암

아침식사 뒤 달마암을 출발하여 복천사(福泉寺)323)에 도착했는데 약 4리 정도다. 법당과 샘을 둘러보았는데 샘은 청룡변(靑龍邊)의 바위 틈에서 흘러내려오고 있어 매우 기이했다. 방에 들어가니 지통(智洞)·인관(印寬) 두 노스님이 맞아주었다. 고적(古跡)을 꺼내어 보여주는데 바로 세조대왕이 신미(信眉)* 스님에게 보낸 편지 두 장이었다.324) 그런데 그 가운데 한 장은 종이가 찢어져 글씨가 없으므로 판별할 수가 없었다. 이것은 판서 김수온(金守溫)**이 왕명을 받들어 지은 것이며 불상 권선문(勸善文)325)도 있었다. 오랫동안 경건히 감상했다. 스님은 또한 신미 스님의 가사와 선의(禪衣)도 꺼내어 보여주었는데, 선의는 화완포(火浣布)326)로 짙은 홍색을 띠고 있다. 신해년(1671)에 도적이 훔쳐가면서 불에 던지고 도망갔으나 타지 않았다고 한다.

지통 스님이 음식을 차려주었다. 하가섭암(下迦葉庵)의 각령(覺靈) 스님은 스물여덟 살인데 절에 돌아왔기에 얘기를 나눈 다음 짐을 짊어지고

---

323) 충청북도 보은군 내속리면 사내리 속리산에 있는 절. 720년 창건되었고, 고려시대 공민왕(재위 1351~1374)은 무량수(無量壽)라는 친필 편액을 내렸다. 1464년(세조 10) 세조는 당대의 고승 신미·학조·학열 등을 불러서 3일 동안 기도를 드리고, 절 앞에 있는 샘에서 목욕을 하자 피부병이 완치되었다. 그래서 절을 중수하고, '만년보력(萬年寶歷)'이라는 사각형 옥판을 하사했다고 한다. 문화재로는 충청북도유형문화재 제12호 수암화상부도, 충청북도유형문화재 제13호 학조등곡대사부도 등이 있다.

324) 1464년 세조가 속리산에 왔을 때 병풍연(屛風淵)에 갔다가 이튿날 법주사와 복천암 등에 들렀었다. 세조는 함께 따라온 김수온에게 이 여행길을 기록하게 하였는데, 이 편지가 이 일과 관계있는지 모르겠다. 이 편지는 지금 전하지 않는다.

325) 불교에서 어떤 커다란 행사나 불사를 할 때 사람들의 참여를 권유하는 글.

326) 석면으로 만들어 불에 타지 않는 직물로 만든 옷. 화취(火毳)라고도 한다. 중국 송나라 때 나온 불교서적인 『벽암록(碧巖錄)』에 "십주(十州) 가운데 염주(炎州)에서 이 화완포가 나온다."고 적혀 있고, 전당시(全唐詩)에도 "서역에서 화완포를 바치네(西域獻火浣布)"라는 구절이 보인다. 또 중국 청나라 때인 1749~1804년 사이에 출판된 자연과학 백과사전 『박물지(博物誌)』에도 "서북쪽 오랑캐인 서융(西戎)이 화완포를 바쳤다."는 기록이 있다. 그 밖에 중국 곤륜산 불 속에 사는 소보다 큰 쥐의 붉은 털을 깎아 만든 것이라는 등 여러 전설에도 화완포가 등장한다.

수암부도(왼쪽) 학조부도(오른쪽)

함께 복천암을 떠났다. 인관 스님이 따라 나왔는데, 동쪽 골짜기에 올라가
니 신미와 학조(學祖)*** 스님의 부도 2기가 있다.327)

　잠시 쉬었다가 바로 하가섭암으로 갔다. 절은 황폐해져 있고 아직 보수
도 하지 않아 묵을 수가 없었다. 잠시 앉아 쉬고 있는데 각령 스님이
산과실을 내왔다. 다시 뒷봉우리에 올라 청량굴암(淸凉窟庵)과 금강굴암
(金剛窟庵)을 바라보았다.

　있는 힘을 다해 위로 올라가 영학암(靈壑庵)에 닿았다. 수좌 스님 한

---

327) 복천암신미화상탑과 복천암학조등곡화상탑이라는 이름으로 현재 각각 보물 제
　　1416호와 제1418호로 지정되어 있다. 신미 스님의 부도는 겉면에 '秀庵'이라고
　　새겨져 있어 신미 스님의 법호가 수암임을 알 수 있다.

분이 있는데 이름은 영신(靈信)이며 쉰여섯 살이다. 각령 스님은 돌아갔다. 여기까지 약 15리를 왔다. 지세는 높고 넓어 눈 밑으로 여러 산들이 펼쳐져 있는 것이 보이는데 그 중에서도 계룡산이 가장 높고도 크다.

*신미(信眉)

조선 세조 때의 고승으로 정확한 생몰년은 모른다. 본명은 김수성(金守省)이며 본관은 영동(永同). 아버지는 옥구진(沃溝鎭) 병사(兵使)였던 김훈(金訓)이며, 동생은 유학자로서도 숭불을 주장한 김수온(金守溫, 1410~1481)이다.

법주사에 출가하여 사미 시절에 수미(守眉)와 함께 대장경을 읽고 율을 익혔다. 그 뒤 세종 말년에 왕을 도와 불사를 중흥시켰다. 세종은 말년에 두 왕자와 왕후를 3년 사이에 잃게 되자 심경의 변화를 일으켜 불교를 믿었다. 이 때 신미와 김수온은 세종을 도와 내원당(內願堂)을 궁 안에 짓고 법요(法要)를 주관하는 등 불교를 일으키기에 노력하였다. 또한 세종을 도와 복천사를 중수하고 아미타삼존불을 봉안하였다. 문종은 선왕의 뜻을 이어 그를 선교도총섭(禪敎都摠攝)에 임명하였다. 세조 때는 왕사와 같은 역할을 하였다. 세조는 왕위에 오르기 전부터 그를 경애하였고, 왕위에 오르자 불교의 중흥을 주관하게 하였다. 1458년(세조 4) 나라에서 해인사에 있던 대장경 50부를 인출하고자 하였을 때 이를 감독하였고, 1461년 6월 왕명으로 간경도 감을 설치하여 훈민정음을 널리 유통시키기 위하여 불경을 번역, 간행하였을 때에도 이를 주관하였다. 그의 주관 아래『법화경』·『반야심경』·『영가집(永嘉集)』 등이 국역되었으며, 함허 득통(涵虛得通)의『금강경오가해설의(金剛經五家解說誼)』도 교정하여 간행하는 등 불전의 국역과 유통을 위한 막중한 역할을 하였다. 1464년 2월 28일 세조가 속리산 복천사로 행차하였을 때 그곳에서 사지(斯智)·학열(學悅)·학조(學祖) 등과 함께 대설법회를 열었다. 또한 같은 해에 상원사(上院寺)로 옮겨 왕에게 상원사의 중창을 건의하였다. 이에 왕은 오대산상원사중창권선문을 지어 이를 시행하도록 하였는데, 이 권선문에는 그에 대한 왕의 존경심이 그대로 나타나 있다. 세조는 그에게 혜각존자(慧覺尊者)라는 호를 내리고 존경하였다.

**김수온(金守溫)

1410(태종 10)~1481(성종 12). 조선 초기의 문신. 본관은 영동. 호는 괴애(乖崖). 신미 스님의 형으로 1441년(세종 23) 식년문과에 병과로 급제, 교서 관정자가 되었으나 곧 세종의 특명으로 집현전학사가 되었다. 1446년 부사직이 되고, 이어서 훈련주부·승문원교리·병조정랑을 거쳐 1451년(문종 1) 전농 소윤, 이듬해 지영주군사(知榮州郡事) 등을 차례로 역임하였다.

1457년(세조 3) 성균사예로서 문과중시에 2등으로 급제, 첨지중추부사가 되고, 이듬해 동지중추부사에 올라 정조부사(正朝副使)로 명나라에 다녀왔다. 1459년에 한성부윤, 이듬해 상주목사, 1464년 지중추부사·공조판서를 역임하고 1466년 발영시(拔英試)에 이어 등준시(登俊試)에 모두 장원, 판중추부사에 오르고 쌀 20석을 하사받았는데, 문무과 장원에게 쌀을 하사하는 것은 이로부터 비롯되었다. 이어서 호조판서를 거쳐 1468년(예종 즉위년) 보국숭록대부(輔國崇祿大夫)에 오르고, 1471년(성종 2) 좌리공신(佐理功臣) 4등에 책록, 영산부원군(永山府院君)에 봉해졌으며, 1474년 영중추부사를 역임하였다.

세종 때 수양대군·안평대군이 존경하던 고승 신미의 동생으로 불경에 달통하고 제자백가·육경(六經)에 해박하여 뒤에 세조의 총애를 받았다. 특히 시문에 뛰어나 명나라 사신으로 왔던 한림 진감(陳鑑)과 희정부(喜晴賦)로 화답한 내용은 명나라에까지 알려졌으며, 성삼문(成三問)·신숙주(申叔舟)·이석형(李石亨) 등 당대의 석학들과 교유하며 문명을 다투었다. 『치평요람(治平要覽)』·『의방유취(醫方類聚)』 등을 편찬하고, 『석가보(釋迦譜)』를 증수했으며, 『명황계감(明皇誠鑑)』·『금강경』 등의 번역에 참여하였으며, 원각사비명(圓覺寺碑銘)을 짓고 사서오경의 구결(口訣)에 참여하였다.

***학조(學祖)

조선 초기의 고승으로 생몰년은 알 수 없다. 본관은 안동(安東). 호는 등곡(燈谷)·황악산인(黃岳山人). 김영추(金永錘)의 형. 김계행(金係行) 조카.

신미·학열(學悅) 등과 함께 선종의 승려로 세조의 두터운 신임을 받았다. 여러 고승들과 함께 많은 불경을 국어로 번역, 간행하였다. 학덕이 뛰어난 당대의 명승이었으며 웅문거필(雄文巨筆)의 문호로 칭송되었다. 왕실의 귀의를 받아 세조 이후 중종에 이르기까지 수많은 불사를 일으켰다.

1464년(세조 10) 복천사에서 임금을 모시고 신미·학열 등과 함께 대법회를 열었다. 1467년 왕명으로 금강산 유점사(楡岾寺)를 중창하였고, 1488년(성종 19) 인수대비(仁粹大妃)의 명으로 해인사 중수 및 대장경판당을 중창하였다. 1500년(연산군 6) 왕비의 명으로 해인사의 대장경 3부를 인출하고 그 발문을 지었으며, 1520년(중종 15) 왕명으로 다시 해인사 대장경 1부를 인출하였다. 그가 국역한 불경은 『지장경언해』가 초기에 언해된 것으로 주정되며, 수양대군에 의하여 완성된 『금강경삼가해언해(金剛經三家解諺解)』를 자성대비(慈聖大妃)의 명에 의하여 교정, 인출하였다. 1476년 『천수경』을 언해, 교정하였으며, 1482년에 세종 때부터 시작되었다가 중단된 『증도가남명계송(證道歌南明繼頌)』을 역시 자성대비의 명으로 번역, 완성하였다. 그 밖에 다소 불분명하지만 인수대비의 명에 의하여 언해, 인출되었다는 점과 그의 발문이 첨부되어 있는 점 등으로 미루어 오대진언(五大眞言)·불정심다라니(佛頂心陀羅尼)·진언권공(眞言勸供) 또한 그의 번역으로 추정된다.

10월 18일 흐리고 추웠으며 저녁에 눈이 내렸다 | 보은 본속리암 조실

보은 상고암에서 바라본 일몰

아침식사 뒤 지팡이를 짚고 뒷봉우리에 올라 상고암(上庫庵)에 닿았다. 절은 새로 창건하였는데 여름에 단청을 하여서 눈부시게 빛나지만 단지 성준(性俊)·계호(戒湖) 두 스님만 머물고 있다. 곧바로 성준 스님과 함께 북쪽에 있는 골짜기에 올랐다. 시야가 확 트이는 것이 덕유산(德裕山)·대둔산(大芚山)·계룡산(鷄龍山) 등이 발 아래에 있는 것처럼 매우 작게 보인다. 여러 산들은 마치 드넓은 바다에 일렁이는 파도처럼 보인다. 오랫동안 조망하다가 다시 내려와 보니 영신(靈信) 스님과 경복이가 짐을 지고 와서 앉아 쉬고 있었다. 잠시 있다가 바로 성준 스님에게 짐을 짊어지도록 하고 영학암으로 내려와 영신 스님과 작별했다.

본이암(本耳庵)으로 해서 본속리암에 도착했다. 이 절은 바로 천왕봉의 허리께에 위치하여 한적한 것이 머물기에 매우 알맞은 곳이다. 회인(懷忍)

스님은 쉰여섯 살인데 함께 얘기할 만한 분이다. 산과일과 생강 등을 내오면서 마치 친구처럼 기쁘게 대해 주셨다.

조실(祖室)에 들어가 『선경』 여러 장을 읽었다. 약 5~6리를 왔다.

염불암의 영준(靈峻) 스님은 먼저 이 곳에 와 기다리고 있다가 기쁘게 맞아주었고, 경복이와 함께 쌀을 찧었다.

이 절의 천웅(天應) 스님이 나갔다가 돌아와서 같이 반갑게 얘기했다. 회인 스님이 저녁을 차렸다.

10월 19일 흐린 뒤에 갬. 아침에 산 허리 이상에 있는 나무에 눈 같은 서리가 내렸다 | 보은 본속리암 조실

천웅 스님이 아침을 차렸다. 식사 뒤에 절을 둘러보았다. 절은 간좌곤향(艮坐坤向)[328]으로 주된 형세는 좌우 모두 기암에 둘러싸여 있으며, 좌청룡 우백호에 해당하는 석봉도 기기하다. 안산(案山)[329]의 암석은 좌청룡 지세의 가장자리를 안고 있는 듯하다. 바위 틈에서는 샘물도 솟고 있다. 터는 매우 좁으나 높고 깊으며 그윽하고 조용하니 참으로 도인이 있을 법한 곳이다. 보통의 눈으로도 이 곳이 이 산중의 제일명당인 것을 알 수 있었다. 단지 동남방이 너무 높아 겨울에는 오후가 되어야 해를 볼 수 있다는 것이 흠일 뿐이다.

천웅·회인 스님이 조실을 수리하여 새로 문도 바르고 벽의 틈새도 메웠다. 밝은 창이 있는 고요한 방에 홀로 앉아 책도 읽으며 생각도 하니 마치 신선이 사는 곳에 있는 듯했다. 전부터 이처럼 세월을 나고자 했었다.

오후에 노희천이 보낸 안부를 묻는 편지를 동관음사의 사노(寺奴)와 운밀 스님 편으로 보내왔으므로 바로 답장을 써서 보냈다. 경복이는 식량을 가지러 관음사에 갔다.

---

328) 북동쪽에서 남서쪽을 향하는 방향.
329) 절이 자리한 곳 건너편의 산.

보은 상환암

『선경』 10여 장을 읽었다. 석률(碩律) 스님이 와서 잠자리가 편안한지 물었다.

10월 20일 새벽에 바람이 불었다. 흐렸고 추웠으며, 오후에는 눈도 내렸다 | 보은 본속리암

경복이가 동관음사에서 양식 쌀 두 말과 다린 간장 작은 종지 한 개, 소금 두 되, 잣 두 되, 토란(土蓮) 여러 되를 갖고서 저녁식사 때 돌아왔다.

『독서록』을 전편에서 종편까지 읽었으며 『선경』 수십 장도 읽었다. 이 절의 신경(信敬) 스님이 나갔다가 돌아왔다.

10월 21일 맑음. 바람이 차가웠다 | 보은 본속리암

『독서록』 수편에서 종편까지 읽었고 『선경』 수십 장을 읽고 다시 처음부터 10여 장을 보았다. 경복이더러 상환희암(上歡喜庵)330)에 가보게 했다. 각령 스님이 와서 대추(大棗) 한 되 남짓을 주고 갔다.

10월 22일 흐림 | 보은 본속리암

『독서록』을 두 번 읽었고, 『선경』 여러 장을 보았다. 솔잎을 땄다.

10월 23일 맑음 | 보은 본속리암

『독서록』을 한 번 읽었고, 『선경』 10여 장을 읽었다. 솔잎을 땄다. 영대암(靈臺庵)의 영신(靈信) 스님이 들렀다 갔다. 회인 스님이 대추와 배를 대접했다.

10월 24일 맑음 | 보은 본속리암

절에서는 장차 수륙재(水陸齋)를 여는 탓에 매우 바쁘고 소란스러우므로 아침식사 뒤에 짐을 꾸려 상환희암으로 옮길 생각을 하고 있었다. 그런데 재를 주관하는 옥준(玉俊) 스님이 와서 말하기를, 이 절이 좁아서 서방갑암(西方甲庵)331)에서 재를 지낼 거라고 한다. 회인·천응·석률·영준 스님 등도 와서 계속 머물러 있기를 권했다.

『독서록』을 한 번 읽었고, 『선경』 30여 장을 읽었다.

---

330) 충청북도 보은군 내속리면 사내리 속리산에 있는 법주사 산내암자인 상환암을 말하는 듯하다. 720년 길상암으로 창건되었고, 고려시대인 1391년(공양왕 3)에 조선을 건국한 이성계가 이 곳에서 백일기도를 드렸다고 한다. 세조가 복천암을 다녀갈 때 이 곳에 7일 동안 머물며 기도하였는데, "선왕(先王) 태조의 유적을 추모하는 즐거움이 비할 데 없다."는 뜻에서 상환암으로 절 이름을 바꾸었다고 한다. 6·25전쟁 때 모두 불탔고, 1963년 이후 몇 차례 중건이 있었다.
331) 법주사의 산내암자. 지금은 폐사되었다.

10월 25일 맑다가 흐려짐. 밤에 비와 눈이 내렸다 | 보은 본속리암

여러 스님들이 그릇과 잡물 등을 짊어지고 서방갑암에 가고 한두 사람만 남았다.

『독서록』을 한 번 읽었고, 『선경』 20여 장을 읽었다.

10월 26일 새벽에 눈비가 내렸으며 아침에는 안개가 끼었다. 맑다가 흐려졌다 | 보은 본속리암

『독서록』을 한 번 읽고, 『선경』 20여 장을 읽었다. 상놈이 앞을 보지 못하는 병이 있어 산제(山祭)를 올렸고 제를 드린 뒤에 여러 사람과 음식을 나누어 먹었다.

10월 27일 맑음. 사방의 산에 가뭄의 기운이 있다 | 보은 본속리암

회인 스님과 경복이가 서방갑암에 내려갔다.

『독서록』을 두 번 읽고, 『선경』 7~8장을 보았다.

신경 스님이 서방갑암에서 재를 지낸 음식을 갖고 왔다. 어두워진 뒤 회인·천웅 스님과 경복이가 돌아왔다.

10월 28일 흐림. 오후에 눈과 비가 번갈아 내렸다 | 보은 본속리암

아침에 서방갑암에 썼던 재식을 먹었다.

『독서록』을 한 번 읽었다. 여러 스님들이 돌아와 떡과 과일을 대접했으며, 저녁 때도 여럿이 함께 먹었다. 재에 참여했던 남녀 5, 6인이 암자와 불상을 구경하고 돌아갔다.

10월 29일 어젯밤부터 눈과 비가 번갈아 내리고 큰 바람이 종일토록 불었으며, 밤에 비가 왔다 | 보은 본속리암

아침식사는 역시 재식으로 먹었다.

아침식사 뒤 입이와 억남이가 말 두 필을 이끌고 와서 원주 집의 편지를 전해 왔다. 도진(道晉)이가 설사병을 앓고 있다고 한다. 마음을 진정시킬 수 없어 두 가노더러 서방갑암에서 말 방향을 바꿔서 곧바로 집으로 돌아가라고 했다.

11월 초하루 새벽부터 종일토록 눈과 비가 내렸으며 안개도 꼈다 | 보은 본속리암
일찍 일어나 사당을 향해 참배했다.
아침에 입이가 와서 눈비 때문에 출발하지 못했다고 알려왔다. 편지를 써서 주고 다시 말을 타고 돌아가게 했다.
『독서록』 종편을 읽었으며,『선경』 여러 장을 읽었다.

11월 2일 흐리다가 갰다. 찬바람이 크게 불었고 눈도 내렸다 | 보은 본속리암
영학사(靈壑寺)에서 영신 스님이 들렀다가 돌아갔다.
함창(咸昌)[332]에 사는 선비로 이름이 권위(權韙)라고 하는 사람이 말하기를, 전에 산을 유람하고 다닐 때 나를 보았다고 한다. 나이는 쉰여덟 살인데 서른 살이 지나면서부터 팔도의 명산을 두루 다니며 여행했다고 한다. 잠시 있다가 돌아갔는데, 여러 스님에게 물어보니 이 양반은 집을 떠나 전국을 두루 다니다가 집에 한 번씩 들러 의복을 챙겨서는 바로 다시 돌아다닌다고 하며, 여기에 온 것만도 수십 번이라 한다. 처음에는 그런 줄 알지 못해서 그에게 산을 유람하는 취흥을 묻지 못한 게 아쉽다. 글도 능하고 글씨도 잘했다.
『독서록』을 한 번 읽었다.
옥준 스님이 조실을 도배하고 먼지를 털어내며 편하게 지내도록 해주시니 그 마음이 정말 고맙다.

---

332) 지금의 경상북도 상주시 함창읍.

법주사 전도

11월 3일 매우 추웠으며 맑았다. 바람이 불어 밤에 비로소 겨울옷을 입었다 | 보은 본속리암

솔잎 한 되와 껍질이 반쯤 남은 메밀 두 되를 찧었고, 물에 타서 잡물을 빼낸 곡식을 찧었다.

『독서록』을 한 번 읽었다.

11월 4일 새벽에 음산한 바람이 불었으며 저녁에 눈도 내렸다 | 보은 본속리암

솔잎을 세 되 넘게 찧었다.

마음이 편하지 않아 여러 날째 깊은 잠을 못 이루고 있으며 감기에도 걸려 목이 아프고 기침 가래도 나온다.

『독서록』을 한 번 읽었고, 『선경』 30장을 보았다.

지나가는 스님인 종민(宗敏)은 전에 대암사(大巖寺)에서 만났었는데 재를 올리기 위해 남녀 서너 명과 함께 여기에 왔다.

11월 5일 흐림. 눈보라가 종일토록 일었고 밤에는 바람도 불었다 | 보은 본속리암

새벽에 재를 지냈다.

아침식사 뒤 여러 사람들이 전부 떠났다. 대암암에서 추학(秋壑)·도징(道澄) 스님이 쌀을 갖고 와 스승인 회인 스님에게 드렸는데, 이 분은 전에 만났던 스님이다.

『독서록』을 한 번 읽었다. 메밀가루를 방에 널어 말렸다.

11월 6일 흐리다 갰으며 바람도 불었다 | 보은 본속리암

말린 메밀가루 한 되 남짓을 찧었다.

청주(淸州)에서 포수(砲手) 수십 명이 관아에서 산에 오는 일을 얘기하며 먹을거리를 찾아 스님이 음식을 내주었고, 또 저녁에 서너 명이 더 와서 먹었다.

『독서록』을 한 번 읽었고, 『선경』도 읽었다. 감기가 더욱 심해 목이 아프고 설사도 났다.

저녁 무렵에 말을 씻겼다.

오후에는 죽을 세 번 먹었다.

11월 7일 흐림. 저녁에 갰다 | 보은 본속리암

심사가 편치 못해 잠을 쉽게 이루지 못한다. 목이 아파 소리가 나오지 않으며 허리며 다리도 다 아프다. 밤에 일어나 머리를 빗고 씻은 다음 고향의 사당을 향해 참배하고 새벽까지 앉아 있었다.

비가 와서 콩즙을 먹었고 밥은 짓지 않았다.

『독서록』을 한 번 읽었다.

덕유산 가섭암에서 우인(友仁) 스님이 갑자기 찾아와 뜻밖에 만났고, 기쁘게 얘기했다.

경복이더러 적삼과 홑바지 각 한 벌을 빨라고 했다.

『선경』 10여 장을 읽었다.

11월 8일 흐리다 갰다. 밤에는 눈이 내렸다 | 보은 본속리암

아침식사 뒤 경복이에게 양식을 가지러 동관음사에 가게 했는데, 가는 길에 화령에 가서 노욱경(盧郁卿)[333]에게 편지를 전하고 소식도 물어오게 했다.

『독서록』을 한 번 읽고 『선경』 10여 장도 읽었다.

11월 9일 새벽부터 눈이 내리고 흐렸다. 남풍이 불었고 안개로 어두웠다 | 보은 본속리암

『독서록』을 한 번 읽고 『선경』도 열일곱 여덟 장 읽었다.

---

333) 노서문(盧瑞文).

경복이와 동관음사의 민안(敏安) 스님이 쌀 네 말, 종이·적삼·모자 각 하나, 책을 가득 담은 자루 한 짐, 과일을 가득 담은 소반 하나, 숫돌 하나 등을 짊어지고 왔다.

11월 10일 새벽에 눈이 내렸으며 흐렸다. 때로는 눈이 내리다가 때로는 비가 내렸다. 종일토록 안개가 끼어 흐렸다 | 보은 본속리암

민안 스님은 돌아갔다.
진북계(陳北溪)334)의 『자의(字義)』335) 10여 장을 읽었다.
휴지와 서찰 등을 묶었다.

11월 11일 맑음. 먼 산에 구름이 잔잔히 피어 있으며 날이 화창하고 맑았다 | 보은 본속리암

아침식사 뒤 생원 노사성이 서방갑암의 죽화(竹和) 노스님과 함께 왔는데, 죽화 스님은 곧 돌아갔다. 앉아서 오랫동안 얘기하고 있는데 희천이 영학암과 상고암에 가고 싶다고 왔다. 나도 역시 가고 싶어서 회인·천응 스님과 동행하여 함께 떠났다.

잔설이 녹으려 하는 것이 마치 봄날 같다. 오르는 길에 비어 있는 본이암(本伊庵)336)에 들러 잠시 쉬었다가 다시 영학암으로 올라갔다. 절의 스님이 나와 맞아주어 방에 들어가서 희천과 함께 솔잎과 메밀가루 약간을 섞어서 나누어 먹었다.

---

334) 진순(陳淳, 1159~1253). 중국 남송(南宋)의 학자. 자는 안경(安卿), 호는 북계. 장주 용계 출신. 벼슬은 천주(泉州) 안계현(安溪縣) 주부(主簿)를 지냈다. 황간(黃幹)과 함께 주희(朱熹)의 제자로 주로 철학이론 면에서 스승의 학설을 계승하였으며 이의 선양(宣揚)을 위해 힘썼다.

335) 진순이 지은 책. 『자의상강(字義詳講)』이라고 한다. 진순의 학설의 특징을 가장 잘 나타낸 책으로, 명(命)·성(性)·심(心)·이(理) 등 주자학의 중요한 철학용어 26가지(版本에 따라 25)에 대한 각각의 뜻을 상세하게 풀어 썼다.

336) 木耳庵이 맞다.

다시 상고암에 올랐다. 북쪽 골짜기에 오르니 넓고 탁 트인 주변이 잘 보였는데 희천이 감상하고는 기뻐서 탄성을 발하였다. 암자로 돌아와 저녁을 먹고 바로 본속리암으로 돌아왔다. 약 10여 리를 갔다 왔다.

11월 12일 맑음 | 보은 본속리암
해가 뜨기 전에 아침식사를 하고 해 뜬 다음에 희천 노사성은 돌아갔다.
직지사의 도천(道天)[337] 스님이 마침 이 곳을 지나가다 들렀다. 우인 스님도 돌아갔다.
『자의』 40여 장을 읽었다.

11월 13일 새벽에 바람이 불었다. 흐렸고 비도 내렸다 | 보은 본속리암
김생(金生) 글씨를 60여 자 썼고, 진북계의『자의』 40여 장과『선경』 10장을 읽었다.
저녁에는 콩죽을 먹었다.

11월 14일 새벽에 바람이 불었다. 맑았다 | 보은 본속리암
석률 스님이 아침식사를 잘 차려주어 여럿이 함께 먹었다.
김생 글씨 60여 자를 썼다.
상환희암에서 태능(太能) 스님이 마침 지나가다 들러본 뒤에 돌아갔다.
『자의』 40여 장과『선경』 2장을 읽었다.

11월 15일 흐렸다가 갰다. 밤에 큰눈이 내렸다 | 보은 본속리암
아침 일찍 일어나 고향의 사당을 향해 참배했다.
김생 글씨 60여 자를 썼다.

---

337) 정시한은 9월 10일 함양 영각사에서 여든일곱 살의 도천 스님을 만났는데, 이 날 만난 직지사의 도천 스님과는 동명이인 같다.

우인 스님이 하가섭암에서 의복을 가지고 왔는데 이 곳으로 옮길 것이라
고 한다.

『자의』20여 장을 다 읽었고,『독서록』을 한 번 읽었으며,『선경』여러
장을 보았다.

석률·처행(處行) 스님이 나갔다가 돌아왔다.

11월 16일 어젯밤부터 큰눈이 내렸으며 아침에는 안개가 끼고 흐렸다. 저녁
무렵에야 갰다 | 보은 본속리암

『발휘심경』40여 장과『선경』5장을 읽었다.

눈 때문에 길이 막혀 석률 스님은 돌아왔고, 도영(道英) 스님도 마을에서
돌아왔다.

김생 글씨 100여 자를 썼다.

11월 17일 바람이 차가웠으며, 흐렸다가 갰다 | 보은 본속리암

마음에 근심이 있어 편치 못했다.

『발휘심경』30여 장을 읽어 상권을 다 보았고,『선경』10여 장을 읽었다.

경흡(敬洽)·두민(杜敏)·선민(禪敏) 스님이 마을에 갔다가 돌아왔다.

김생 글씨 60여 자를 썼다.

11월 18일 흐렸다 갰으며 바람이 차가웠다. 밤에는 바람이 불었나 | 보은 본속리임

연일 마음에 근심이 있으니 평안하지 못하다. 아침식사 뒤에 억남(億男)
이가 화령에서 와서 원주 집에서 보낸 편지를 전했다. 또 희천이 보낸
편지를 읽어보니 도진이의 병이 여전히 중하다 하여 마음이 극히 심란했
다. 답장을 써서 저녁식사 뒤 억남이 편으로 보냈다.

『발휘심경』20여 장과『선경』2장을 읽었고, 글씨 60여 자를 연습했다.

11월 19일 맑음. 바람이 매우 차가웠고, 밤에는 바람이 불며 눈이 내렸다 | 보은 본속리암

『선경』 2장을 읽고 글씨 60여 자를 연습했다.

11월 20일 흐리고 맑음 | 보은 본속리암

『발휘심경』 4여 장을 읽었고 글씨 90여 자를 연습했다. 저녁식사 뒤 도항이가 원주에서 왔다. 밤에 여러 곳에 보내는 편지를 썼다. 태남·계민(季民)·경숙이 등이 와서 절에서 묵었다.

11월 21일 흐렸으며 눈이 내렸다 | 보은 본속리암

태남이와 계민이를 함양으로 보내 수령에게 편지를 전하게 했다. 경복이가 원주에서 편지를 갖고 왔다. 대암암에서 영철(潁哲) 스님이 찾아와 여러 스님을 두루 만났다. 절의 스님이 저녁을 차려서 셋이서 함께 먹었다.

11월 22일 흐리고 느지막이 비가 내렸다 | 보은 본속리암

『발휘심경』 인설(仁說) 서너 번을 읽었다. 백랍(白蠟)338)의 찌꺼기를 떼어냈다.

경숙이는 대암암으로 갔고 설제와 영철 스님이 단 간장[甘醬]과 좋은 간장[良醬] 약간씩을 보내주었다. 옥준(玉俊)·처행(處行) 스님이 마을에서 돌아왔다.

11월 23일 흐리다 갬 | 보은 본속리암

---

338) 밀랍을 햇볕에 쬐어 만든 순백색의 물질로, 요즘의 양초 같은 것을 말한다. 혹은 한약재의 하나도 백랍이라 한다. 이 백랍은 지혈과 통증을 멎게 하는 약재로, 꿀벌집에서 벌꿀을 채취한 뒤에 뜨거운 물로 녹여 고화한 납, 즉 황랍(황갈색)을 녹이고 냉수에 서서히 넣어서 작은 알갱이로 만든 다음 가끔 물을 더 부어주면서 햇빛에 두면 백랍을 얻는다. 여기서는 물론 초를 말한다.

법주사 희견보살상

인설 서너 편을 읽고 글씨 80여 자를 연습했다.

보은(報恩)의 태수 심사침(沈恩沈)[339]이 안부를 묻는 편지와 함께 술 세 동이, 꿩 한 마리, 고기 세 근을 보내주어 바로 답장을 써서 감사를 전했다. 천웅 스님이 백랍으로 등촉을 만들었으나 다 만들지 못했다. 회인 스님이 저녁을 차려주시고 바로 영학암으로 올라갔다.

11월 24일 흐리다 맑아짐 | 보은 본속리암

아침을 일찍 들었다. 어제 노서문이 화령에서 서방갑암에 왔다가 오늘 내가 있는 곳으로 왔다. 천웅 스님은 촉 두 자루를 만들었다.

옥준 스님이 저녁을 차렸고, 식후에 도항이와 욱경 노서문과 함께 서방 갑암에 갔다.

글씨 60여 자를 연습했다.

11월 25일 맑음. 바람이 차가웠다 | 보은 본속리암

아침식사 뒤 바로 경숙이를 데리고 서방갑암에 갔다. 옥준 스님이 따라 나서서 함께 4~5리를 내려가서 절에 도착했다. 도항이와 노욱경은 판두방 (板頭房)[340]에 머무는데 방이 밝고 깨끗해 글을 읽기에 좋았다.

잠시 앉아 있다가 법당을 둘러보았다. (법당 뒤) 주봉의 입석은 높고 급하며, 계단 아래에는 샘물이 솟고 있다. 좌우의 승당은 좁고 누추하여 별로 볼 것이 없으나, 법당은 매우 밝다.

---

339) 1630~1669.

340) 절의 여러 방 가운데 가장 크고 넓은 방. 판도방(判道房)이라고도 한다. 스님들이 모여 불경도 읽고 참선도 하며, 법회를 하고 손님을 맞기도 한다. 그런데 『불교사전』 에 의하면 지방에 따라 용도가 각각 달라서, 경기도·강원도 지방에서는 부목(負木, 절에서 나무하고 불때고 밭일하는 남자. 불목하니)이나 숙객들이 모여 있는 방을 말하고, 경상도 일부에서는 큰 스님네가 혼자 있는 딴방을 말하고, 또 일부에서는 큰 방을 이렇게 말하기도 한다고 한다.

그리고 나서 곧바로 아이들과 함께 서쪽 봉우리에 올라가서 관불암(觀佛庵)을 보았다. 작은 집들이 암석에 기대어 자리해 있는 것이 마치 그림 속의 광경 같았다. 위에 올라가서 잠시 쉬었다가 내려오는데, 사문(沙門) 아이들341)과 여러 스님들이 돌아가는 것이 보인다.

옥준과 인찬(印贊) 스님은 따라나섰는데, 산허리를 돌아 계소암(雞巢巖)을 지났다. 암석이 아래위로 층층이 겹쳐지며 공간이 나 있어 비를 피할 만하며, 생긴 것이 닭의 둥지 모습이 완연하다. 2~3리를 올라가서 환희암(歡喜庵)에 닿아 계소암을 내려다보니 석봉에 둘러싸여 있는 것이 마치 비단병풍을 펼쳐 놓은 것 같다. 돌 틈에서 맛있는 샘물이 솟고 있다. 땅은 매우 좁은 편이지만 경사가 있어 위험한 것은 아니다.

오랫동안 앉아 있다가 다시 본속리암에 돌아 올라왔고, 인찬 스님은 인사하고 갔다. 돌길이 허공에 매달린 다리[橋]같이 험하여 백 보에 한 번 쉬는 식으로 4~5리를 갔다 왔다.

회인 스님은 영학암에서 돌아왔다.

11월 26일 흐리다 갬. 밤에 눈이 내렸다 | 보은 본속리암

도항이가 예성(禮成)·후직(後稷) 두 아이에게 평보(平報)342)를 알아오게 했는데, 아이들은 곧바로 돌아왔다.

『성명의(誠名義)』343) 서너 편을 읽었고, 글씨 100여 자를 연습했다.

11월 27일 새벽에 눈이 내렸으며 아침에는 안개가 끼어 어두웠다. 흐리다가 갰다 | 보은 본속리암

밤에 일어나 관복을 갖추고 가묘를 향해 참배했다.

---

341) 나이 어린 사미승(沙彌僧)을 말하는 듯하다.
342) 정확한 것은 모르지만, 아마도 관아에서 고시하는 고지문 같은 것으로 생각된다.
343) 주희(朱熹)가 지은 유교에 관련된 글.

경숙이가 쌀을 지러 새벽에 중모현 성 진사[344] 댁에 갔다.

『발휘심경』 10여 장과 『심경』 여러 장, 그리고 『선경』 7~8장을 읽었다.

옥준 스님이 저녁을 차렸다.

저녁에 대법주사의 행연(行衍) 스님이 보은 수령과 이문언(李文彦) 형님의 글을 갖고 왔는데, 내일 이 곳으로 찾아오겠다고 한다.

11월 28일 흐리다 갬 | 보은 본속리암

아침에 답장을 써서 행연 스님 편으로 보냈다. 식후에 도항이와 노서문이 왔다.

저녁식사 뒤 보은 수령 심사침과 심중묵(沈仲默), 그리고 성헌(成憲) 이문언 형이 연이어서 가마를 타고 찾아왔다. 두 분 모두 머리가 희끗한데, 이 형은 예순일곱 살이고 중묵은 쉰일곱 살이다. 이 형은 마침 보은 관아에 들렀다가 내 얘기를 듣고 이렇게 멀리 찾아온 것이다. 서로 손을 맞잡으며 반겼다. 중묵은 초면이나 나와는 친척이 되므로 서로 마주앉아 정다운 얘기를 나누니, 가히 돈목지풍(敦睦之風)이라 하겠다. 기쁘고 또 기쁘다.

11월 29일 흐림. 밤에 바람이 불었고 눈이 내렸다 | 보은 본속리암

아침식사 전에 이 형과 중묵이 떠나 문전에서 작별했다. 쌀 두 말과 청어(靑魚) 스무 마리를 남기고 갔다. 식사 후 도항이와 노 생원은 서방갑암으로 내려갔다.

저녁에 상주 무량동 이 진사 댁에 계시는 외고모부께서 집안의 노비인 귀선(貴先)이를 보내어 안부를 물어보며 술 한 병과 약과·엿, 고기 썬 것, 쌀 한 말 다섯 되, 버선 한 켤레를 보내주셨다. 또한 이성지와 황종우가 보낸 편지도 받아보았는데 전부 평안하다고 한다.

---

344) 성세황(成世璜).

법주사 쌍사자석등

11월 30일 어젯밤부터 눈바람이 크게 불었고, 종일토록 눈비가 내렸다 | 보은 본속리암

귀선이가 눈보라를 무릅쓰고 오후에 내가 보내는 편지를 갖고 서방갑암에 내려갔다.

『심경』 10장을 읽었다.

12월 초하루 새벽에 바람이 불고 눈이 내렸으며, 맑았다가 흐려졌다 | 보은 본속리암

일찍 일어나 가묘를 향해 참배했다. 절의 스님이 떡과 두부를 만들어서 내오셨다.

『심경』 15장을 읽고 글씨 100여 자를 연습했다. 죽을 두 번 먹었다. 스님이 도항이가 있는 곳에 떡과 두부를 보내셨다. 고맙다는 글을 써서 법주사에 보내야겠기에 사람을 시켜서 보은에 가도록 했다.

12월 2일 새벽에 눈보라가 불며 흐렸고, 밤에 큰 눈이 내렸다 | 보은 본속리암

『심경』 15장을 읽고 글씨 100여 자를 연습했다. 아들 도항이가 성민(成民) 상좌를 보내 내 안부를 물어왔는데, 스님이 새 붓도 갖고 왔다.

『선경』 6~7장을 읽었다.

충주 이안촌(里安村)에 사는 강씨 성을 가진 부자(父子)가 와서 스님에게 음식을 대접하고 바로 돌아갔다.

12월 3일 새벽에 눈보라가 불었고, 흐리다 맑아졌다 | 보은 서방갑암

석률 스님의 상좌 선휘(禪輝) 스님이 아침을 차려주셨다. 식사 후 노욱경이 경숙이와 함께 올라왔다. 경숙이는 어제 중모에서 황종우가 보내온 쌀 두 말을 지고 와서 서방갑암에 들었다가 온 것이다.

저녁에 도영 스님이 저녁식사를 차렸다. 당중(堂中)에서 막 식사를 하려는데 판도방에서 불길이 일어나 모두들 놀라 뛰어나가 한참 동안 불상과 여러 물건들을 꺼냈다. 경숙이에게 급히 서방갑암으로 가서 알리게

했다. 경흡·옥준 스님은 지붕에 올라가 불길을 잡으려 했으나 다른 스님들은 어찌할 바를 몰라하고 있었다. 얼마 안 있어 지붕이 무너지면서 옥준 스님이 떨어지고 그 위로 기와와 나무들이 덮쳤다. 보던 사람이 깜짝 놀라고 있는데 옥준 스님이 사력을 다해 나뭇더미를 헤치고 세우고 빠져나왔다. 그런데 또 용마루(上大屋)에 올라가 있던 경흡 스님도 불길 속으로 떨어져 머리와 얼굴을 다치니 차마 못 볼 지경이었다. 나는 바로 서방갑암으로 내려갔는데 도중에 불 끄러 급히 오는 스님들을 만났고, 또 아들 도항이도 만났다. 길에 눈이 쌓여 아주 힘들여 내려갔다.

어두워진 뒤 욱경이와 경숙이와 여러 스님들이 옷과 이불과 잡물들을 갖고 내려왔는데 말하기를, "스님들이 힘을 다해 불은 전부 껐으나 경흡 스님은 생사를 아직 알 수 없습니다."라고 한다.

물에 밥을 말아서 약간 먹었다. 판도방에서 잤다.

12월 4일 흐리다 갬. 밤에 눈이 내렸다 | 보은 서방갑암

아침식사 뒤 경숙이를 본속리암에 보내 문병을 했고, 여러 스님들이 약으로 쓸 흑당(黑糖)345)을 보냈다.

도항이와 함께 관불암에 갔는데 도항이는 상환희암으로 올라갔고 나는 오랫동안 관불암에 앉아 있다 돌아왔다. 오후에 도항이도 돌아왔다. 『심경』 10여 장을 읽었다.

12월 5일 새벽부터 종일토록 눈이 내렸다 | 보은 성방갑암

노서문의 집 노비가 일찍 올라왔는데 어제 큰절에서 묵었다가 말을 매어두고 올라왔다고 한다. 화령 소식을 들었다. 원주로 보내는 편지를 써서 주었다.

아침식사 뒤 노서문이 떠났다. 눈 속을 걸어가야 하므로 경숙이를 함께

---

345) 갱엿.

보은 복천암 극락보전

큰절까지 따라가게 했는데, 말을 타고 떠나는 것을 본 다음에 돌아왔다.
『심경(心經)』 10여 장을 읽고 글씨 100여 자를 연습했다.

아침에 상환희암에서 석환(釋還) 스님이 와서 보고 갔다. 절의 스님이
아침을 차려주었다.

12월 6일 맑았다가 흐려짐 | 보은 복천사

아침식사 뒤 경숙이를 달마암에 보냈는데 장차 그 곳에서 지내려 하기
때문이다. 도항이와 함께 북쪽 골짜기에 걸어가 관불암을 보고는 오랫동안
앉아 있다 돌아왔다. 경숙이가 돌아와서 말하기를, "달마암의 스님들이
노스님을 위해 술과 음식을 베풀고 있습니다."라고 한다.

저녁식사 뒤 아들 도항이와 함께 서방갑암을 떠났다. 죽화 스님 등과
절문346)에서 작별했는데 일운(一雲) 스님 등 너더댓 분이 잡물을 지고서
함께 갔다. 길은 험하고 눈도 깊이 쌓여서 힘들여 걸어 내려왔다. 고개를
들어 천왕봉·운장대 등의 봉우리를 바라보니 밝고 맑은 것이 마치 구슬보
배 같아 실로 기관이었다.

물방앗간에서 잠시 쉬었다가 복천사(福泉寺)에 닿았다. 스님들은 전부
달마암에 가서 단지 객승 한 사람만이 나와서 맞이한다. 잠시 뒤에 인관
스님 등 일곱 여덟 분이 잇달아 왔다.

저녁 무렵에 법주사 스님이 와서 보은 수령의 글을 전해왔는데, 곧
욕답(辱答)347)의 글이었다. 수령은 또한 백지 한 묶음과 편지지 스무
폭, 잣 일곱 되, 등유(燈油) 한 되도 보냈다. 바로 고맙다는 답장을 써서
스님에게 전했다.

방사는 넓으며 온기도 딱 알맞아 마음이 밝아지고 기운도 되살아난다.

---

346) 원문에는 沙門으로 되어 있으나, 사문은 보통 '승려'라는 뜻이니 여기서는 절
　　 문이라 해야 뜻이 통한다.
347) 자신을 만나는 것이 상대방에게 욕이 된다는 말. 곧 자신을 낮추는 표현이다.

본속리암에서 도영·처행 스님 등이 왔는데 옥준 스님 등의 병이 중하여 서방갑암에서 약용으로 쓸 청주(淸酒)와 흑당 등을 구해 갔다.

12월 7일 흐렸다 맑아짐 | 보은 복천사

법주사의 스님에게 답장을 써서 보냈다.

지통(智洞) 노스님을 처음 보았다. 본속리암에서 두민과 두민·선휘 스님이 왔다 갔다. 하가섭암에서 각령 스님이 마침 와서 만났고, 스님은 돌아갔다. 명원(明遠) 스님이 대추 약간을 주었다.

『심경』수십 장을 읽었다.『성학십도(聖學十圖)』[348] 10여 장도 보았다. 청산(靑山)[349] 고을의 수령 안준상(安俊相)이 글을 띄워 안부를 물어왔으며 잣 두 말도 보내왔다.

12월 8일 흐리다 갬 | 보은 달마암 조실

아침에 경숙이더러 쌀을 달마암에 보내라고 했다. 아침식사 뒤 도항이가 경숙이, 스님 두 분과 함께 옷가지와 이불과 잡물을 지고 달마암에 올라가서 창과 벽에 종이를 발랐다.

느지막이 달마암에 가려고 했는데, 보은 수령의 아우가 산 유람차 오는 길에 들르려 한다 하여 오랫동안 기다리고 있었다. 오후에 네 명이 가마를 타고 절에 도착했다. 일행 가운데 심사수(沈思洙)[350]는 수령의 육촌 동생이 된다. 진사 이정규(李廷揆)[351]는 그 누이의 아들이며, 심한우(沈漢遇)[352]는 아들, 이시국(李蓍國)은 사위다. 전부 처음 보는 얼굴들이다. 도항이를 인사시키려 경숙이를 보내 이리 오라 했다. 잠시 뒤에 심은수와

---

348) 퇴계 이황(李滉)이 1568년(선조 1) 12월에 왕에게 올린 상소문.
349) 지금의 충청북도 옥천군 청산읍.
350) 1643~1718.
351) 1656~1732. 1693년에 문과에 급제한 뒤 병조 좌랑, 강원 도사(都事) 등을 지냈다.
352) 1657~1713.

관음암 경업대

이 진사는 동부도암(東浮屠庵)이 있는 골짜기를 보러 갔고 심한우와 이시국은 남아서 함께 얘기했다. 심한우는 온화하고 몸가짐이 단정한 사람이다. 한참 있다 두 사람이 돌아왔고, 식사 전에 전부 돌아갔다.

식후에 도항이와 함께 걸어서 올라갔는데 길이 험하여 여러 번 쉬어가며 절(달마암)에 도착했다. 심각(心覺) 노장과 서영(瑞瑛)·희담(稀湛) 스님, 그리고 만일(萬一) 상좌가 나와서 반갑게 맞아주었다. 조실에 들어가니 밝고 깨끗하며 고요하여 기분이 아주 상쾌해졌다.

『성학십도』 수십 장을 읽고 보았다.

12월 9일 맑은 후 흐려짐 | 보은 달마암

서영 스님이 아침을 차려서 여럿이 함께 먹었다.

노서문이 어제 화령에서 와서 법주사에서 묵었는데 오늘 느지막이 올라와 노희천이 보낸 편지를 전했고, 떡과 과일 등도 가져왔다.

오전에 경숙이와 함께 상사자암353)에 올라갔다. 눈길이 험하고 미끄러워 힘들여 겨우 갔다. 암자터는 높고 상쾌한 곳에 자리하여 시계가 매우 넓고도 아득하다. 좌우의 여러 봉우리들도 매우 기괴하다.

이 절의 경희(敬熙) 스님은 잠을 자고 있었는데, 내가 방에 들어가 있으려니 잠시 뒤에 깨어 일어났다. 함께 오랫동안 얘기하다가 내려왔다.

『성학십도』 종편과 『잠명(箴銘)』 11수를 읽었다.

12월 10일 흐린 뒤 갬. 밤에는 눈이 내렸다 | 보은 달마암

아침식사 뒤 경숙이를 서방갑암에 보내 풀 쑤는 가루와 물병을 얻어오게 했고, 또 본속리암에 들러 스님의 안부가 어떠한지 문병토록 했다. 본속리암에서 천응·석률 스님이 들러서 회인 스님의 편지와 천초(川椒)와 자반(佐飯) 약간을 갖고 왔다.

---

353) 충청북도 보은군 내속리면 법주사의 산내암자. 지금은 폐사되었다.

저녁식사 뒤 경숙이를 보내어 풀을 쑤게 했다. 서영 스님이 도배지 네 장을 방 벽에 발랐다.

『잠명』6수를 읽었다. 글씨 100여 자를 연습했다.

심한우가 도항이에게 스님 편으로 편지를 보내왔다. 또 전에 보은 수령에게 보내려 했던 편지 20폭을 잊고 있었는데 이번에 같이 보냈다.

12월 11일 새벽에 눈이 내리다 식후에 그쳤으며, 바람이 크게 불었다 | 보은 달마암

아침식사 뒤 서영 스님이 다시 종이 두 장을 방 벽에 발랐다.

『잠명』18수를 읽고 글씨 100여 자를 연습했다. 경숙이가 복천사에 가서 등유와 잣 등을 갖고 왔고, 또 무우김치 약간을 얻어왔다.

12월 12일 바람이 불었으며 밤에는 눈이 내렸다. 흐린 뒤 갰다 | 보은 달마암

서영 스님이 종이봉투 두 개를 만들었다. 저녁에는 죽을 먹었다.

『잠명』16수를 읽고 글씨 100여 자를 연습했다.

12월 13일 바람이 불었으며 매우 추웠다. 흐린 뒤 갰다 | 보은 달마암

『잠명』7~8수를 읽고『독서록』을 한 번 읽었으며, 글씨 100여 자를 연습했다.

경숙이가 복천암에 가서 등유를 가져왔다.

12월 14일 맑음. 눈이 내리고 추웠으며 흐려지기도 했다 | 보은 달마암

일찍 일어나 가묘를 향해 참배했다.

『자의』10여 장을 읽고 글씨 100여 자를 연습했다.

복천사에서 성희(省熙) 스님이 와서 자반을 놓고 갔다. 경숙이가 옷가지와 이불을 빨았다.

12월 15일 흐리다 갬. 밤에 눈이 내렸고 안개가 끼어 어두웠다 | 보은 상사자암 조실

아침에 가묘를 향해 참배했다.

식후에 경숙이더러 옷가지와 이불을 지고 상사자암에 가게 했다.

본속리암에서 신경 노스님이 왔다 갔다. 경숙이가 돌아와서 바로 함께 상사자암에 걸어 올라갔다. 충휘(沖輝) 스님이 짐을 지고 따라왔는데 눈이 깊이 쌓였고 길이 미끄러워 힘들여 올라갔다. 경희·행정(幸淨) 스님과 득선(得先) 상좌 세 분이 맞아주며 조실로 안내했다. 조실은 앞 창을 약간 고쳤다. 이 곳은 높은 곳에 자리해 조용하고 한적하다. 문을 닫고 책을 읽었다. 하늘 중간쯤에 앉은 듯하고 속진이 씻기는 듯했으므로 기쁘다. 행정 스님은 대암(大庵)[354]으로 내려갔다.

『자의』 6장을 읽고 글씨 80여 자를 연습했다.

12월 16일 안개가 끼며 어둡고 흐렸으며, 바람도 불었다 | 보은 상사자암

아침식사 뒤 경숙이는 달마암에 갔다. 대암암에서 영당승(影堂僧) 성희(性熙) 스님이 왔다갔다. 경숙이가 옷가지와 이불을 또 빨았으며, 서영 스님더러는 풀을 먹이게 했다.

곽강(郭江) 스님이 주었던 여러 가지 채소[兩色菜]와 전에 남겨 놓았던 자반·죽순 등을 갖고 돌아왔다. 행정 스님도 돌아왔다.

『자의』 10여 장을 읽었고 글씨 100여 자를 연습했다. 걸인이 와서 쌀을 주어 보냈다. 행정 스님이 방이 좁다며 어두움을 무릅쓰고 내려갔다.

12월 17일 흐리다 맑았으며, 남풍이 불어와 봄날같이 따뜻했다 | 보은 상사자암

아침식사 뒤 인석(仁石)이와 전업(專業)이가 올라와 원주 집에서 보낸 편지를 갖고 왔는데 집안은 편하다고 한다. 오랫동안 앉아 얘기하다가 인석이는 돌아갔다.

---

354) 대암암을 가리키는 듯하다.

법주사 대웅보전

『자의』 여러 장을 읽었다. 저녁식사 뒤에 집으로 보내는 편지를 썼다.

12월 18일 흐리다 갰다. 봄날같이 따뜻한 기운이 주위의 산에도 가득했다 | 보은
상사자암

집에 보내는 편지 몇 장을 써서 경숙이더러 달마암에 갖고 내려가서
인석이에게 동봉하여 갖고 가도록 했다. 곽강더러 보은 수령에게 편지를
전하게 했다.

청산에 사는 거지아이 김익만(金益萬)이는 전에 황악산 직지사 호계암
(虎溪庵)에서 본 적이 있다.[355] 이 곳에 구걸하러 왔기에 떡과 과일을
먹이고 쌀을 주어 보냈다.

---

355) 정시한은 3월 29일에 직지사 호계암에 들렀었다.

『자의』5~6장을 읽었고 글씨 100여 자를 연습했다.

12월 19일 흐린 뒤 갬. 따뜻했으며, 밤에는 새벽까지 큰눈이 내렸다 | 보은 상사자암

새벽에 보은 수령에게 편지를 써서 경숙이에게 보내어 소식을 물었다. 노서문이 서영 스님과 함께 와서 논어를 공부하고 돌아갔다. 중사자암에서 원조(圓照) 스님이 왔다 갔다.

『자의』17장을 읽었으며, 글씨 100여 자를 연습했다.

12월 20일 행소(行素)하였다. 새벽부터 종일토록 눈이 내렸다 | 보은 상사자암

경숙이는 어제 법주사에서 잤는데 오늘 눈을 헤치고 올라와서 답장을 전했다.

『자의』15장을 보아 종편을 다 읽은 다음 처음부터 다시 4~5장을 읽었다. 글씨 100여 자를 연습했다.

12월 21일 새벽에 눈이 내렸다. 흐리며 안개가 끼었다가 갰다. 밤에 바람이 불었다 | 보은 상사자암

식후에 경숙이가 양식을 바꾸러 달마암에서 무명을 갖고 법주사로 갔다. 가는 길에 보은 수령에게 보내는 편지를 주어 법주사 스님 편으로 전하게 했다. 경숙이가 돌아왔는데 무명을 팔지 못하고 빈손으로 돌아왔다.

석양에 앞 기둥356)에 나가 밑을 내려다보니 눈 아래로 수삼백 리가 들어온다. 천봉만학이 마치 수정처럼 속이 비치도록 맑게 빛나고 있으며, 다섯 가지 색으로 번갈아 가며 아득히 저물고 있는 저녁노을은 말로 설명할 길이 없다. 실로 반평생에 처음 보는 기이한 광경이었다.

『자의』10장을 읽고 글씨 100여 자를 연습했다.

---

356) 누각의 기둥을 말하는 듯하다.

12월 22일 흐린 뒤 갬 | 보은 상사자암

밤에 일어나 머리를 빗고 씻은 다음 외가의 가묘를 행하여 참배했다. 새벽까지 어렴풋이 잠들었다.

경숙이가 달마암에 가서 쌀 한 말을 빌려서는 인석이 있는 곳에 네 되를 주고 여섯 되는 갖고 왔다.

『자의』 19장을 읽고 글씨 100여 자를 연습했다.

12월 23일 맑은 뒤에 흐려졌다 | 보은 상사자암

아침식사 뒤 노서문이 와서 논어를 공부하고 갔다.

본속리암에서 옥준 스님이 와서 만났는데, 와서 배 다섯 개를 놓고 갔다. 두 개는 인석이가 있는 곳에 보내고 나머지는 노서문과 나누어 먹었다.

『자의』 10여 장과 『선경』 몇 장을 읽고, 글씨 100여 자를 연습했다. 경회 스님이 법주사에 갔다 왔다.

12월 24일 흐렸으며 저녁 무렵에 바람이 일기 시작해 밤에는 크게 불었다. 새벽에는 눈도 내렸다 | 보은 상사자암

아침식사 전에 경숙이 양식을 구하러 대암암에서 달마암으로 갔다. 아침식사 뒤 득선(得善) 상좌와 함께 달마암에 내려가 인석이를 보았다.

서영 스님더러 흑책지(黑冊紙) 두 권의 표시를 붙이게 했다. 경숙이가 쌀 네 말 다섯 되를 바꾸어 왔다.

서영 스님이 저녁을 차렸다. 저녁식사 뒤 득선 스님과 함께 상사자암에 돌아왔고, 경숙은 쌀을 고른 뒤에 뒤따라 왔다. 빌린 쌀 여섯 되를 달마암에 놓고 두 말 여덟 되를 갖고 올라왔다.

12월 25일 새벽에 바람이 불며 눈도 내렸다. 종일토록 어두웠고 밤에도 눈이

법주사 청동미륵대불

내렸다 | 보은 상사자암

『자의』16장을 읽고 글씨 100여 자를 연습했으며,『선경』몇 장도
읽었다.

12월 26일 새벽부터 눈보라가 불었다. 저녁 무렵에는 안개가 끼며 어두웠고
밤에는 눈이 더욱 내렸다 | 보은 상사자암

『자의』를 처음부터 10여 장 읽고 글씨 200여 자를 연습했다.『선경』
5장을 읽었다.

12월 27일 새벽부터 눈이 내리더니 종일토록 뿌렸다 | 보은 상사자암

연일 대설과 대풍이 일어 눈이 몇 자나 쌓인 곳도 있다. 눈이 산과
골짜기를 덮어 인적도 끊기고 새소리도 역시 들리지 않으니 전에 없던
일이라 한다.

낮에 사람소리가 들려 전부 놀라서 나가보니 스님 한 분이 눈 속에
나타나서 한참을 애쓰며 올라오는 것이 보였다. 다 올라와 보니 바로
충휘 스님이었다. 중사자암에 가는 길에 들러서 도항이가 보내온 글과
옷가지 등을 갖고 온 것이다. 도항이가 황권(黃卷)357)과 다린 간장[煎醬]을
보내려 경숙이를 내려 보내달라 한다. 경숙이와 충휘 스님이 함께 내려갔
는데 눈이 허리와 배까지 쌓였다고 한다. 저녁 무렵이 되어 황권과 다린
간장, 두부 약간을 갖고 돌아왔다. 곧바로 두붓국을 만들어 네 사람이
나누어 먹었다.

『자의』10여 장을 읽었고, 글씨 100여 자를 연습했으며,『선경』4장도
읽었다. 도항이와 노서문이 달마암에서 쌀 한 말을 빌렸다고 한다.

보은 수령이 글을 보내 안부를 물어왔으며, 먹 두 통도 보내와 도항이가

---

357) 책. 옛날 책에 좀먹는 것을 막으려고 황벽나무 잎으로 누르게 물들인 종이로
　　 책의(冊衣)를 입힌 데서 나왔다.

법주사 철당간지주

답장을 보냈다고 한다.

12월 28일 맑음 | 보은 상사자암

경숙이가 달마암에 내려갔다가 흑단(黑丹)[358] 두 장을 갖고 왔다. 득선 상좌는 중사자암으로 내려갔다.

『자의』 10여 장과 『선경』 여러 장을 읽었다. 흑단에다 100여 자를 처음 썼다.

12월 29일 맑았고, 찬바람이 불었다 | 보은 상사자암

아침식사 뒤 경숙이를 달마암에 보냈다. 도항이가 길을 나서다 도중에 만나서 함께 왔는데, 행안(行安) 스님도 같이 왔다.

득선 스님은 중사자암에서 돌아와 원조 스님이 보낸 황감(黃柑)[359] 세 개와 여러 가지 과일과 떡 등을 갖고 왔다. 과일과 떡 등은 행안 스님과 경숙이 등과 나누어 먹었다.

행안 스님이 돌아갔는데 경숙이도 보내어 도항이의 이불을 갖고 오게 했다.

『자의』 여러 장을 읽었으며 글씨 수십여 자를 연습했다.

---

358) 검은색으로 장정된 종이. 곧 흑책을 말하는 듯하다.
359) 잘 익어서 색깔이 누른 감자.

정묘년(1687) 정월 초하루 맑음 | 보은 상사자암

충청도 보은 속리산 상사자암에 머물고 있다.

아침에 일어나 의관을 갖추고 사당과 선산을 향해 참배했다.

아침식사 뒤 대암암에서 영철(英哲) 스님과 달마암에서 서영 스님이 왔다 갔다.

달마암에서 노서문이 올라왔다. 달마암에서 희담(希湛)·충휘 스님, 복천암에서 명원(明遠)·성희·해종(海宗) 스님, 본속리암에서 두민·처행 스님, 중사자암에서 원조 스님과 곽강 상좌가 왔다 보고 갔다. 달마암의 심각 노장은 여든세 살인데 떡과 과일, 반찬거리와 여러 가지 익힌 나물을 세 그릇 가득 담아서 보내주셨다.

저녁이 되어 노생은 내려갔다.

1월 2일 맑은 뒤 흐려졌다 | 보은 상사자암

달마암에서 행안·영운(暎雲) 스님이 왔다 갔다.

저녁식사 뒤 인석이가 달마암에 내려갔다.

『자의』 10여 장을 읽었다.

1월 3일 맑고 바람이 찼으며 흐려졌다 | 보은 상사자암

서방갑암에서 덕오(德悟) 스님이 왔다 갔다.

아침식사 뒤 노서문이 올라왔다가 다시 갔다.

『자의』 10여 장을 읽었고, 글씨 100여 자를 연습했다.

1월 4일 흐리며 눈이 내렸고 밤에도 눈이 내렸다 | 보은 상사자암

이른 아침에 노희천의 집 노비가 편지와 쌀을 지고 왔다. 어제 달마암에 도착해서 오늘 희천이 보낸 편지와 노욱경이 보낸 가자미탕과 떡과 과일 약간을 전하고는 바로 돌아갔다.

법주사 석연지

아침식사 뒤 답장을 써서 경숙이 보고 달마암에 갖고 가 노비에게
전하도록 했다. 사람을 시켜 적삼과 바지를 빨았다.

대암암에서 종장 운밀과 지안 스님이 와서 보았다. 설제 스님의 제자
자준(慈俊) 스님은 스물세 살인데 역시 찾아와서 만났다. 설제 스님이
오려 했는데 길이 미끄러워 올라갈 수가 없어서 중도에 돌아가면서 자신을
대신 보내 인사를 드리라고 했다 한다. 자준 스님은 얼굴이 잘생겼고
영특해 함께 앉아서 오랫동안 얘기했다. 6일에 산을 내려갈까 한다고
한다.

경숙이가 고기반찬 약간을 갖고 왔다. 동관음사에서 일탄(一坦)·일겸
(一謙) 스님이 왔다가 어두워져서야 돌아갔다.

『자의』 10여 장을 읽었다. 글씨 100여 자를 연습했다.

1월 5일 아침에 눈이 내렸고, 흐리다 갰다 | 보은 상사자암

아침식사 뒤 경숙이가 달마암에 내려갔다가 다시 복천암에 가서 이빨을
닦을 복숭아 가지를 갖고 왔다.

노서문이 와서 논어를 공부하고 갔다.『독서록』2편을 읽었으며, 글씨
100여 자를 연습했다.

1월 6일 흐리며 바람 불다가 갰다 | 보은 상사자암

도항이가 달마암에서 심각 노장의 상좌 필우(必佑) 스님을 보내 글을
전하며 안부를 물었다. 필우 스님은 돌아갔다.

경숙이는 달마암에 갔다가 계곡 입구에 가서 본가에서 보낸 사람과
말을 기다렸으나 오지 않아 저녁에 돌아왔다.

『독서록』2편을 다 읽었으며, 글씨 100여 자를 연습했다.

1월 7일 흐린 뒤에 갬. 밤에 바람이 불기 시작해서 새벽까지 불었다 | 보은 상사자암

경숙이는 달마암에 내려갔고, 노서문은 달마암에서 올라왔는데 아침식사 뒤에 집으로 돌아가겠다고 한다.

흑책(黑冊) 두 장을 다 썼다. 『독서록』을 처음부터 다 보았고 다시 2편을 보았다. 글씨 100여 자를 연습했다.

1월 8일 새벽에 바람이 불었다. 맑다가 흐려졌다 | 보은 상사자암

인석이가 달마암에서 충휘 스님과 함께 올라왔으며, 스님은 바로 내려갔다. 중사자암의 영운(永雲) 스님이 왔다 갔다.

『독서록』 2편을 읽었으며, 글씨 100여 자를 연습했다.

저녁식사 뒤 인석이가 달마암으로 내려갔다.

1월 9일 아침에는 추웠다 | 보은 달마암

서영 스님이 왔다 갔다. 저녁식사 때 원주에서 전업이가 와서 편지를 전했다. 식사 뒤 즉시 전업이를 데리고 달마암으로 내려갔다.

경희 스님과 경숙이가 옷가지와 이불, 잡물을 지고서 왔고, 경희 스님은 돌아갔다.

고향으로 편지 두 장을 썼다.

『발휘심경』 5장을 읽었다.

1월 10일 흐렸다가 갰다 | 보은 달마암

희담 스님이 재(齋)를 지낸 다음 여럿이 음식을 함께 먹었다.

경숙이를 화령의 노 생원 집에 보내 말을 얻어오게 했는데, 동관음사로 옮기려 하기 때문이다. 편지를 써서 전업이에게 주어 집으로 돌아가라고 했다.

『발휘심경』 2장을 읽었다.

법주사 철확

1월 11일 흐린 뒤 갬 | 보은 복천사

『발휘심경』 10여 장을 읽고 글씨 100여 자를 연습했다.

저녁식사 뒤 심각 노스님과 희담 스님과 작별하고 도항이와 같이 복천사로 내려갔다. 충휘·행안 스님이 짐을 졌고 서영 스님도 따라 내려왔다. 경숙이는 노 생원 집의 사람과 말을 데리고 돌아왔다.

동관음사의 운밀 스님 등이 어두워질 때쯤 왔다. 충휘 스님 등은 돌아갔고 서영 스님은 남았다.

1월 12일 신묘 맑았으며 추웠다 | 상주 동관음사

아침식사 뒤 복천암의 지통(智洞)·인관(印寬)·명원(明遠) 스님 등과 작별하고 아들 도항이와 함께 계곡 입구까지 걸어 내려갔다.

석봉은 소나무와 눈을 품은
채 여러 겹 층을 이루며 쌓여
있다. 계곡을 따라 10리쯤 가니
돌문이 나왔는데 시간이 없어
좌우를 둘러보기만 했다. 성희
스님과 곽강 상좌가 앞쪽 길에
보이는 고적을 가리키며 알려
주기도 했는데, 몸이 피로함을
몰랐다.

법주사에 닿으니 절문 밖에
석비 하나가 있는 것이 보이니
바로 각성(覺性) 스님의 비석이
다.360) 정두경(鄭斗卿)*이 지었
으며 낭생군(朗生君)**이 글씨
를 썼다. 또 다른 비석은 수정봉
훼탑사적비(水晶峯毁塔事跡
碑)361)로 재상 송시열(宋時烈)
이 짓고 판서 송준길(宋浚吉)***
이 글씨를 썼다.

법주사 벽암스님비

다 보고 나서 곧바로 강청암(江淸庵)에 올라갔다. 절의 좌우 암석들은
매우 기이하며 맑은 시내도 앞에서 흐른다. 법주사 옆에 위치해 있지만
그윽하고 고요한 것이 지낼 만한 곳이다. 방에 들어가 잠시 쉰 다음 산을

---

360) 1664년(현종 5)에 세운 비로, 현재 충청북도유형문화재 제71호로 지정되어 있다.
361) 이른바 속리산사실기비(俗離山事實記碑)로 현재 충청북도유형문화재 제167호로
　　 지정되어 있다. 1666년(현종 7)에 세웠으며, 수정교 앞에 있다. 내용은 속리산
　　 수정봉 거북바위에 얽힌 이야기에 관한 것으로, 불교와 유교와의 관계가 묘사되어
　　 있다.

두루 거닐다가 용화전(龍華殿)에 이르렀다. 절 뒤에는 커다란 바위가 깎아놓은 듯 서 있는데 그 위에는 뚜껑 같은 관석(冠石)이 있어 비나 벼락을 피할 수 있게 되어 있다. 또한 바위를 깎아서 고려 고승의 비를 세워 놓았다. 용화전의 삼존불입상은 높고 크며 웅장하고, 뒤에 걸린 후불탱 세 폭도 역시 길고 큰 것이 일찍이 못 보던 것이다.

여러 전각을 두루 둘러본 다음에 냇가에 가서 장철(醬鐵)362)을 보았다. 스님더러 재보라 하니 지금이 다섯 파(把)363)도 넘는다. 또 대·중·소 크기의 석조(石槽)가 있는데 큰 것은 해인사 대석조보다도 크다.

다 본 다음에 바로 절문을 나와 말을 타고 다시 길을 떠났다. 성희 스님은 돌아갔다. 10여 리를 가서 고개 둘을 넘으며, 걷다가 말을 타다 하며 저녁 무렵에 동관음사에 도착했다. 학능·여인·일겸·일탄 스님 등이 나와서 맞아주었다.

일겸 스님의 방에 들어갔고, 일탄 스님이 저녁을 차렸다.

노사성의 집에서 보낸 사람과 말, 그리고 후립이가 데려온 사람과 말도 전부 돌아갔다. 저녁식사 뒤 여러 방들을 두루 둘러보았다. 노서문은 그저께 이미 이 곳에 와 있어서 만났다.

*정두경(鄭斗卿, 1597~1673)
조선 후기의 문인·학자. 본관은 온양(溫陽). 호는 동명(東溟).
아버지는 호조 좌랑을 지낸 정회(鄭晦), 어머니는 광주정씨(光州鄭氏)로 사헌부 장령 정이주(鄭以周)의 딸이다. 이항복(李恒福)의 문인이다. 14세의 어린나이로 별시 초선

---

362) 철확(鐵鑊), 곧 쇠가마를 말한다. 현재 보물 제1413호로 지정되어 있다. 높이 1.2m, 지름 2.7m, 둘레 10.8m, 두께 10~3cm의 거대한 크기로, 기벽(器壁) 두께는 3~5cm 정도이며 무게는 약 20여 톤으로 추정된다. 제조연대·제작자 및 제조방법 등을 알 수 없지만, 법주사의 사세(寺勢)가 가장 컸던 시기에 제작되었을 것으로 보인다. 국내에 전하는 사례가 매우 희귀할 뿐만 아니라 거의 완벽한 조형상태를 유지하고 있어 매우 중요한 자료가 된다.

363) 넓이의 단위. 10파가 1속(束)이다. 1444년(세종 5)에 제정한 도량형으로 1속은 약 10m²이므로 1파는 1m² 가량 된다.

(初選)에 합격하여 문명을 떨쳤다.

1626년(인조 4) 문장으로 이름 있는 중국의 사신이 왔을 때 그는 벼슬 없는 선비로
부름을 받아 김류(金瑬) 등과 함께 중국 사신을 접대하였다. 1629년 별시문과에 장원,
부수찬·정언 등을 지냈다. 그 뒤 여러 차례 벼슬을 내렸으나 모두 나아가지 않았다.
1669년(현종 10) 홍문관 제학을 거쳐 예조 참판, 공조 참판 겸 승문원 제조에 임명되었
으나 모두 노병으로 사양하고 나아가지 않았다. 저서로『동명집』이 있다.

낭생군 이우(朗生君 李俣, 1637~1693)

조선 중기의 종실출신 서화가. 호는 관란정(觀瀾亭). 선조의 열두 번째 아들 인흥군
영(仁興君瑛)의 큰아들로 낭성군(朗善君)에 봉해졌다. 1662년 7조(七朝)의 어필을
모사하여 간행하였고, 그 공으로 숭헌대부가 되었다. 1663년 진위무진향정사(陳慰撫
進香正使)로서 청나라에 갔다 뇌물로 4천금을 사통한 죄로 귀국한 뒤 삭직 당하였다가
복권되었다. 1671년과 1686년에 문안사(問安使)와 사은사(謝恩使)가 되어 다시 청나
라에 다녀왔다. 1674년 인선대비(仁宣大妃)가 죽자 수릉관(守陵官)을 지내기도 하였
다. 글씨와 함께 묵란(墨蘭)·묵죽에 능했다 한다. 유작으로 글씨에는 백련사사적비
(白蓮寺事蹟碑) 등의 비액(碑額)이 전하는데 그림은 전하는 것이 없다.

***송준길**(宋浚吉, 1606~1672)

조선 후기 문신·학자. 호는 동춘당(同春堂). 본관은 은진(恩津). 어려서 이이(李珥)의
문하에서 공부하고 20세 때 김장생(金長生)의 문하생이 되었다. 1624년(인조 2) 진사
가 된 뒤 세마(洗馬)에 임명되었으나 사퇴하고 학업을 닦았다. 효종과 함께 북벌계획
을 추진하였으나 김자점이 청(淸)나라에 밀고함으로써 좌절되고 벼슬에서 물러났다.
그 뒤 여러 번 임관되었으나 계속 사퇴하다가 1659년 병조판서가 되어 송시열과
함께 국정에 참여하였다. 송시열과 학문적 경향이 같았고 이이의 학설을 지지하였다.
문묘(文廟)를 비롯하여 충현서원(忠賢書院) 등에 제향되었다. 시호는 문정(文正).

1월 13일 임진. 맑았다 | 상주 서지암 조실

사중에 병사한 스님이 있어서 스님들이 나가서 다비했다.

일겸 스님이 아침을 차렸다. 아침식사 뒤 바로 아들 도항이, 노서문과
함께 서지암(捿止庵)에 올라갔는데 학능과 일겸 스님도 따라왔다.

경숙이가 옷가지와 이불을 짊어지고 왔다. 극현(克玄)·천휘(天輝)·성
명(性明) 스님 등이 나와서 맞아주었다.

아들 도항이와 노 생원은 바로 돌아갔고 학능·일겸 스님도 역시 돌아갔

다. 조실에 들어가니 밝고 조용하여 편히 지낼 만했다.

『발휘심경』 수십 장을 읽었다. 저녁에 다비를 하러 갔던 스님 10여 분이 돌아왔다.

1월 14일 계사 맑았다 | 상주 서지암

새벽에 일어나 의복을 갖추어 입고 외가의 사당을 바라보며 참배했다.

아침식사 뒤 노서문과 법주사의 초민(楚敏), 삼보승 민주(敏珠) 스님이 오셔서 논어를 배우고 돌아갔다.

경숙이는 큰절에 가서 반찬과 종이를 갖고 왔다.

발을 씻고『발휘심경』17장과 글씨 100여 자를 연습했다.

초민 스님에게 (물건을) 짊어지게 하여 큰절로 보냈고, 미타전(彌陀殿)의 탁린(卓璘) 스님이 왔다 갔다.

1월 15일 갑오 맑았다 | 상주 서지암

새벽에 일어나서 집안의 사당과 선산을 바라보고 참배했다.

아침식사 뒤 큰절에서 아들 도항이가 왔다.

저녁식사 뒤 생원 노사성이 화령에서 나를 만나러 와 큰절에 도착한 다음 노서문이를 데리고 함께 올라와 술과 과일, 약반(藥飯)·어육 등을 푸짐하게 차려놓고 앉아 얘기했다. 어두워져서야 도항이와 다같이 큰절로 내려갔다.

『발휘심경』10장을 읽었다.

1월 16일 을미 맑은 뒤에 저녁에는 흐렸다 | 상주 서지암

솔잎을 따서 찧고 미타전 방에 펼쳐놓았다.

아침식사 뒤 큰절에 내려가 노 생원을 만났다. 아들 도항이가 베낀 책을 보았는데,『운부군옥(韻府群玉)』20권, 두시(杜詩) 23수, 도합 43권이었다.

저녁식사 뒤에 서지암에 돌아왔다. 복천암에서 명원 스님이 나를 보러 큰절에 왔었다.

1월 17일 병신 흐린 뒤 갬 | 상주 서지암

경숙이가 큰절에 가서 책지(冊紙)를 두드려 흑단 두 부를 만들어 돌아왔다. 아이 김익만이가 마침 이 곳에 왔기에 저녁을 같이 먹었다.

『심경』 상권과 하권 45장을 읽었고, 글씨 100여 자를 연습했다.

저녁에 경숙이가 큰절에 가서 쌀 한 말을 얻어왔다.

이 암자의 설탄(雪坦) 스님이 법주사에서 돌아왔다.

저녁 무렵에 아들 도항이가 원주에서 온 편지를 소매에 넣어가지고 올라왔다. 집안은 그럭저럭 편안하다고 한다. 손주 사신(恩愼)이는 손이 아파 오지 못하고 노비 셋과 말을 보냈다. 아들 도진이는 근래에 오한이 났는데 추위에 나를 만나러 오려 했기 때문이다. 어두워진 다음에 인룡이, 쌍립이, 태남이가 와서 인사한 뒤에 말 먹이러 큰절에 내려갔다.

1월 18일 흐린 뒤에 갰다. 날이 따뜻하여 눈이 녹았다. 경상도 상주 관음사에 머무르고 있다 | 상주 동관음사

아침식사 뒤 아들 도항이와 함께 서지암에서 동관음사로 내려갔다. 노희천과 서문이 맞이하며 미타실에 함께 갔다.

오후에 희숙 노서현(盧瑞賢)과 그 조카인 노서희(盧瑞曦)가 화령에서 왔는데 장차 이 곳에서 책을 읽으려 한다고 한다. 떠나려하는데 말은 약하고 짐은 많아 일부를 일탄 스님이 처소에 맡겨놓았다.

1월 19일 맑은 뒤에 흐림. 저녁에 어두워져서는 안개가 끼고 가는 비도 내렸다 | 청주 칠송정

아침식사 뒤 노서문과 그 형제·조카 및 여러 스님들과 작별하고 떠났
다.

장암(藏巖)에 이르러 점심을 지어먹고 쉰 뒤에 저녁에 청주(淸州) 칠송
정(七松亭)에서 묵었다. 약 60리를 왔는데 말이 약하고 길도 진흙이라
힘들여 왔기 때문에 매우 피곤하다. 도항이는 한질(寒疾)364)에 걸렸는데
점차 심해져 어찌할 바를 모르겠다.

1월 20일 아침에 어두워지며 흐렸고 오후에는 갰다 | 충주 지장촌

아침 일찍 일어나 칠송정을 떠나서 고개 둘을 넘어 괴산(槐山) 신촌(新
村)에 닿았다. 밥을 지어먹고 쉰 다음에 저녁에는 충주(忠州) 지장촌(地藏
村)에 도착해서 묵었다. 도항이는 저녁을 흰죽으로 먹었다. 약 60리를
왔다.

1월 21일 흐린 뒤에 갰다 | 충주 홍세형네 집

아침식사를 흰죽으로 약간 먹었다. 10여 리를 가서 남창(南倉)365)에
닿았다. 아침식사 뒤에 고개 둘을 넘어서 저녁에 충주읍에 도착해 청주
목사를 지낸 홍세형(洪世亨)366)의 집에 갔다. 그 집 아들이 죽었기로
문상하며 위로했는데 마음이 처연하다.

1월 22일 흐림 | 원주 본가

아침 일찍 일어나 홍세형의 집을 출발하여 가흥(可興)367)의 이하징(李
夏徵)368) 집에서 밥을 먹고 쉬었다. 어두워져서야 법천(法泉) 본가에 도착

---

364) 추위를 타며 앓는 병. 감기와 비슷하다. 옛날에는 한질로 죽는 사람이 많았다.
365) 충청북도 충주시에 있던 조선시대 관아의 창고.『여지도서』에 따르면 충원현(忠原
縣) 남쪽 30리 율지동면(栗枝洞面)에 있었다고 한다.
366) 정시한의 아들 정도항의 장인.
367) 충청북도 충주시 가금면 가흥리.

했다. 도항이는 청주 홍세형의 집에 남아서 병이 나은 뒤에 오라고 했다. 가묘와 선산을 배알했다.

1월 23일 식후에 비가 내리더니 종일 내렸다 | 원주 본가

아침에 가묘에 가서 배알했고, 또 외가도 가서 뵈었다. 사촌 형님과 함께 오랫동안 얘기하다 돌아왔다. 마을의 여러 사람들과 만났다.

---

368) 이하징에 대해서는 영조 연간에 역모하였던 이하징과 혼동하는 경우가 많은데, 동명이인이다. 여기에 등장하는 이하징은 연안 이씨 족보에 따르면 1635년(인조 13) 3월 17일에 태어나 1695년(숙종 21) 6월 22일에 죽었고, 1666년(현종 7) 사마시에 합격한 뒤 나주 목사를 지낸 것으로 나와 있다.

정묘년(1687) 3월 8일 맑음 | 원주 황산사 정수암

느지막이 식사를 한 뒤에 가묘와 선영에 가서 떠나는 인사를 드렸다.

손자 경신(敬愼)이와 노비 경숙이, 태남이, 애신(愛信)이 등을 데리고 말과 노새에 양식과 콩 약간을 싣고서 법천을 떠났다.

손곡(蓀谷)369)을 지나 미내(彌乃)370)를 지나서 시내를 따라 수십 리를 가니 양쪽에 두견꽃이 만발하였는데 마치 비단같이 붉다. 시내 앞에는 띠로 얽은 집이 복숭아꽃과 살구꽃 사이에 있어서 그 그림자가 은은히 비추니 도원경이라도 들어선 것 같다. 시간이 없어 좌우를 둘러보기만 했다. 길가에 솔숲이 있고 그 곁에 시내가 있어 바로 말을 내려 말은 풀밭에 풀어 놓고 우리 일행은 바위 사이에서 밥을 지어먹고 쉬었다.

여기에서 황산사(黃山寺)371) 스님을 만나 절까지 동행했다. 큰절에 이르러 잠시 쉰 다음 노비와 말은 남겨두고 경신이, 경숙이와 함께 정수암(淨水庵)372)에 올라갔다. 법정(法淨) 스님이 함께 갔는데, 뒤이어 성탄(性坦) 스님도 따라왔으므로 법안 스님은 돌아갔다. 수십 리를 가서 절에 닿으니 도감(道鑑)·천인(天印) 스님이 맞아주는데 이 두 분은 구면식이 있는 분들이다.

앞에 있는 누각에 올라앉으니 시야가 멀리까지 닿는다. 암자터는 그윽하고 깊숙한 곳에 있으며 돌틈에서 샘물도 솟아나고 있다. 새로 짓고 아직 완성되지 않았으나 정묘하게 지어 가히 머물러 쉴 만하다.

3월 9일 맑은 뒤에 흐렸다. 밤에 비가 약간 내렸다 | 원주 황산사 서실

---

369) 강원도 원주시 부론면 손곡리.
370) 강원도 원주시.
371) 강원도 원주시 귀래면 주포리 미륵산에 있는 절. 10세기 초에 창건되었다고 전한다. 자세한 연혁은 전하지 않고, 그 동안 폐사되어 있다가 근래에 중창되었다. 정시한의 이 기록은 황산사가 17세기 중후반에 법등을 잇고 있었다는 중요한 근거가 된다.
372) 황산사의 산내암자.

도감·천인 스님이 아침식사를 차렸다. 아침식사 뒤 경신이와 함께 산에 올랐다. 성탄·도감 스님 등 네 사람과 함께 갔는데, 절 서쪽 산기슭을 넘는 길이 매우 높고 험하여 길 없는 산등성이로 갔다. 두견꽃이 만발했고 산새도 우짖으며 우리를 맞이한다. 있는 힘을 다해 산을 올라 커다란 바위에 닿아 동쪽을 내려다보니 흔들바위[動石]가 눈 밑에 보인다. 옛 암자터에 가보니 높고 외진 곳에 자리해 시야가 막힘없이 널리 바라다보인다. 눈을 크게 뜨고 멀리 바라보았지만 어두워져서 분명하게 보이지는 않는다.

오후에 밑으로 다시 내려와 폭포와 흐르는 물 근처에 있는 너럭바위에 앉아 오랫동안 경치를 감상하다가 정수암으로 내려왔다.

저녁식사 뒤에 큰절에 가서 서실(西室)의 성탄 스님 방에서 묵었다.

3월 10일 새벽에 비가 약간 내리며 흐렸다가 오후에 갰다 | 원주 영원사 동별실

성탄 스님이 아침을 차렸다. 느지막이 황산사를 떠나 저녁 무렵에 영원사(鴒原寺)373)에 닿아 동별실(東別室)의 홍인(弘印) 스님의 방에서 묵었다.

이 절에는 지현(智賢)과 덕종(德宗) 두 스님이 계시는데 두 분 다 나이 여든 살이 넘었으나 건강하고 평안하니 귀한 일이다.

3월 11일 흐린 뒤에 갰다 | 원주 상원암 조실

아침에 편지를 써서 태남과 애신에게 주고 식후에 말을 끌고 법천 본가에 돌아가게 했다. 식후에 경신이와 함께 상원암(上院庵)374)에 올라갔

---

373) 강원도 원주시 판부면 금대리 치악산에 자리한 절. 676년(신라 문무왕 16) 의상 대사가 영원산성의 수호 사찰로 永遠寺라는 이름으로 창건했다. 조선시대에 들어 와 1664년(현종 5) 중건되었는데 이 때 지금처럼 領原寺로 바꾸었다.

374) 강원도 원주시 신림면 성남리 치악산 남대봉 아래에 있는 절. 7세기 후반 의상 대사가 창건했다고 전한다. 한편으로는 신라 경순왕의 왕사였던 무착(無着) 스님이

원주 상원암

다. 상원암의 종익(宗益) 스님이 마침 와서 짐을 져주었고, 영원암의 처원(處遠) 스님도 와서 함께 짐을 지고 올라갔다. 길이 험준하여 백 걸음에 한 번 쉬면서 힘들여 올라 오후에는 상원암에 닿았다.

절의 스님이 반갑게 맞이해주었다. 조실로 가니 스님 한 분이 나오므로 이름을 물어보니 바로 우징(宇澄)으로 혜원(惠遠) 스님의 법제자다. 일찍

창건했다고도 한다. 이어서 고려 말 나옹 혜근(懶翁慧勤, 1320~1376) 스님이 중창했다. 조선시대에도 왕실의 관심 속에 꾸준히 발전했으나, 6·25전쟁 때 폐허가 되었다. 그 뒤 1968년 중창되어 오늘에 이른다. 대웅전은 강원도문화재자료 제18호로 지정되어 있고, 강원도유형문화재 제25호 삼층석탑 2기 등의 문화재가 있다. 정시한이 기록한 상원사에 대한 내용은 그 동안 알려지지 않았던 조선시대 후기의 상원사 역사를 보충하는 것으로서 매우 중요한 의미가 있다.

상원사에서 바라본 치악산

이 그 법명을 들은 바 있어 같이 마주앉아서 반갑게 오랫동안 얘기를 나누었다.

객승인 명선(鳴善) 스님과 함께 도량 주위를 둘러보았다. 절은 높고 외진 곳에 자리해 있어 시야가 탁 트여 있으며 땅은 평평하고 바르면서 매우 넓다. 좌우전후로 기이한 암석이 있으며, 돌샘도 솟고 있으니 호호탕탕한 경치가 아닐 수 없다. 전에 듣기로 우리나라에서 '상원암이 제일'이라 했는데 과연 거짓이 아니었다. 조실에서 묵었다.

3월 12일 새벽에 바람이 불며 어두웠고, 종일토록 비가 내렸다 | 원주 상원암

이 절의 광해(廣海) 스님 기일이라서 재를 여느라 매우 혼잡했다. 객승 또한 많았다. 높고 외진 곳에 있어 너무 한적한 것도 흠이다.

3월 13일 맑음. 비 내린 뒤 하늘이 청명했다 | 원주 상원암

아침식사 뒤 곧바로 경신이, 경숙이, 그리고 유선(唯善) 스님과 함께 뒷산에 올랐다. 눈 밑으로 수백 리가 흰 구름에 덮여 있어 마치 은해(銀海)와도 같았다. 흰 구름 사이로 우뚝 솟은 바위들이 열을 지어 서 있는 것이 드러나 보인다. 눈길을 멀리까지 주어 바라보니 마치 크고 작은 흰 섬이 있고 파도가 일렁이는 것 같은 모습이었다. 죽령(竹嶺)·월악산(月岳山)·속리산(俗離山)·용문산(龍門山)375)·팔봉산(八峯山)376) 등은 밭이랑과도 같고 비로봉(毗盧峰)377)·백운산(白雲山)378) 등의 봉우리는 지척에 있는 것 같다. 진실로 일생의 기관이었다. 그렇게 한참을 둘러보다 내려왔다. 표표하게 내 자신이 속진에서 벗어난 것 같은 생각도 들었다.

다시 내려오니 스님들이 자리를 벌리고 이것저것 음식도 갖추어 법사(法事)를 크게 베풀고 있었다. 징도 치고 북도 두드려 볼 만했다. 우징 스님이 설법하고 스님과 신도들 수십 명이 듣고 있는데 모두들 우징 스님의 설법을 칭찬하였다.

3월 14일 흐림 | 원주 영원사

아침에 스님들이 재를 마쳤다.

경복이가 본가에서 식량을 지고 왔다. 아침식사 뒤 경숙이를 법천에 보내고 경복이는 남도록 했다.

---

375) 경기도 양주(楊州)에 있는 산.
376) 강원도 홍천(洪川)에 있는 산.
377) 강원도 원주 치악산의 주봉.
378) 강원도 원주에 있는 산.

저녁식사 뒤 어두워질 무렵에 병으로 누운 지 오래된 스님 한 분이 있는데 병이 나을지 의심스러웠다. 그래서 경신이, 경복이와 함께 영원사로 옮겨가기로 했다. 중도에 어두워져 캄캄하므로 유선 스님이 길을 안내했다. 돌길이 매우 험하여 몇 번이나 위험한 지경을 넘어 10여 리를 가서 밤이 깊어서야 영원사에 닿았다. 절의 스님들은 전부 이미 잠자리에 들었다. 홍인 스님의 방에서 묵었다. 허리와 다리가 매우 아프다.

3월 15일 흐린 뒤 갰다 | 원주 영원사

영원사에 묵고 있다. 어두워져 자리에 들었는데 태남이와 애신이 등이 말과 노새를 이끌고 절에 도착했다.

3월 16일 흐림. 오후부터 종일토록 비가 내렸다 | 원주 검암 당숙부 댁

일찍이 출발하여 말을 급히 몰아 오전에 검암(儉巖)의 당숙부[379] 댁에 닿아 비에 젖는 것을 면했다.

정시선(丁時選)[380]·정시수(丁時邃)[381] 형제가 마침 와 만나 종일 얘기하였고, 밤에도 같이 잤다. 정시건(丁時健)[382] 형님과 진사 도만리(都萬里)[383]도 또한 와서 함께 묵었다.

3월 17일 맑음 | 원주 본가

아침식사 뒤 당숙부께 인사드리고 정시선 형제와 함께 길을 떠났다.

---

379) 정언숙(丁彦璛, 1600~1693). 의금부 도사, 사옹원 직장, 사헌부 감찰, 호조 좌랑 등을 지냈다. 외직으로는 안동부 판관, 삼가현 현령, 영덕현 현령을 하였다. 1685년 통정대부, 1690년 가선대부에 올랐고, 1692년 동지중추부사를 제수받았다.
380) 1635~1697.
381) 1648~1706.
382) 1622~1698. 정언숙의 셋째 아들.
383) 1653~1705.

주촌(舟村)384)에 이르러 이재(李載)385) 형님에게 인사드리고 나서 정시선 등과 헤어졌다.

손주 경신이를 데리고 두옥(斗玉)에 있는 함평(咸平) 군수를 지낸 이원령(李元齡)386)의 집에 가서 점심을 먹었다. 여기에서 다시 손곡을 거쳐 집에 돌아왔다.

가묘에 배알하고 내려와 시골집에서 잤다.

노서문이 10일 화령에서 이 곳으로 왔는데 15일에 사내아이를 얻었다고 한다. 사경(思敬) 노장이 마침 찾아오셔서 만났다.

| 산중일기 상권 끝 |

---

384) 원주시 봉산동 배말.
385) 1610~1688. 사마(司馬)를 지냈다.
386) 1639~1719. 1678년 증광시 문과에 급제하고 삼사(三司)의 승지를 지낸 뒤 은퇴했다. 동지중추부사를 제수 받았다. 호는 원곡(遠谷).

산중일기
하권

가묘와 선산에 나아가 떠나는 인사를 드리며 참배하고 원주 법천을 출발하여 시골집에 내려갔다.

생원 원지(元之) 조인건(趙仁乾)[1]과 함께 횡성(橫城)[2] 망북(望北)[3]에 있는 외가의 선산을 참배하기로 약속 했다. 사람을 보내어 알리니 바로 횡성으로 출발했다고 한다. 마을의 여러 친척들과 작별하고 식후에 길을 떠났다.

생원 윤후민(尹後閔)의 집에 들러 인사했고, 오후에 건등산(建登山)[4] 아래 득남(得男)이네 집에 도착해서 밥을 지어먹었다. 삼등(三登) 이두령(李斗齡)[5] 삼형제와 진사 이제응(李齊膺)[6] 삼형제가 이대령(李大齡)[7]의 집에서 나와서 맞이하여 주었다.

잠시 있다 바로 출발하여 원주 읍내에 도착했다. 이 곳은 요즘 물난리가 일어 바야흐로 수천 명의 일꾼으로 하여금 제방을 쌓게 하는 중이다. 성주(城主)[*]는 천막을 쳐놓고 공사를 감독하고 있었다. 말에서 내려 걸어서 이 곳을 지나 이재(李載) 형님 집을 들렀다가 검암(儉巖)에 도착해 당숙부[8]께 인사드렸다. 기력과 모습이 전과 다를 바 없어 보여 기쁘다. 당숙부 곁에 진사 도만리가 있었는데 어렸을 적 풍악산(楓嶽山)[9]을 유람한 이야기를 하였다. 그 이야기를 들으니 기분이 상쾌해지고 몸은 마치 일만이천봉

---

1) 1634~?. 통덕랑(通德郎)을 지냈다. 원지는 자(字).
2) 강원도의 군.
3) 강원도 횡성군 우천면 정암리. 망박 또는 망백(望白)으로도 부른다.
4) 강원도 원주시에 있는 산.
5) 1646~1715. 1675년 진사가 되었고, 김제(金堤) 군수를 지냈다.
6) 1648~1713. 참봉을 지냈다.
7) 1653~1722. 1691년 사마(司馬)가 되었고, 회인(懷仁) 현감을 지냈다.
8) 정언숙.
9) 금강산(金剛山).

사이에 있는 듯이 즐거웠다. 밤에 당숙부를 모시고 잤다. 약 70리를 왔다.

*성주(城主)

원주 목사(牧使)를 말한다. 당시의 원주 목사는 김필진(金必振, 1635~1691)이었다.
그의 본관은 경주. 자는 대옥(大玉), 호는 평옹(萍翁)·풍애(楓崖)·야당(野塘)이다.
아버지는 예조 판서 김남중(金南重), 어머니는 전주 이씨 이세헌(李世憲)의 딸이다.
1657년(효종 8) 진사가 된 뒤, 1669년(현종 10) 음사(蔭仕)로 빙고별검(氷庫別檢)이
되었고, 그 뒤 여러 고을의 수령을 역임하였다. 특히 원주 목사로 있을 때 둑이 무너진
것을 새로 쌓아 공을 세웠는데, 정시한이 말한 것이 바로 이 때의 공사였다. 1691년에
평시서령(平市署令)이 되었으나 병으로 퇴직하였다. 만사에 박식하였고 글씨를 잘
썼다. 저서로 『풍애유고』·『인감(人鑑)』이 있다.

8월 3일 맑음 | 횡성 남산사

당숙부와 작별하고 걸어서 읍내를 지나 진암(鎭巖)에 닿았다. 높다란
누각10)이 나무와 바위 사이에 그 모습을 비추고 있으니 그 경승은 일찍이
듣던 바 그대로였다. 말을 타고 올라가니 주인인 홍우석(洪禹錫)이 나와서
맞아준다.

오후에는 횡성 읍내에 있는 향교 마을에 닿았다. 원지 조인건이 마중
나와 주었다. 같이 밥을 먹고 휴식을 취한 다음에 말을 달려 망북에 있는
선영에 닿았다. 외오대조(外五代祖) 서윤(庶尹) 공11)의 묘소, 조이정(趙爾
貞)12)의 묘소, 양성대부(陽城大父)13)의 묘소, 생원 조숙부(趙叔父)14)의
묘소, 외고조(外高祖) 부정(副正) 공15)의 묘소 등에 참배했다.

---

10) 강원도 원주시에 있었던 조선시대의 정자인 집승당(集勝堂).『여지도서』에 따르면
    집승당은 8칸으로 원주 북쪽 7리에 있었으며, 집승당 뒤에는 기이한 바위가 있어서
    진암(珍巖)이라 했다고 한다. 외부 방문객의 초대소로 즐겨 이용되었다고 한다.
11) 조준(趙俊). 무과에 급제한 뒤 수령을 지냈고, 통훈대부(通訓大父) 평양부 서윤에
    이르렀다.
12) 조이건(趙以乾, 1624~1660).
13) 조공립(趙恭立, 1572~1643). 양성 현감, 홍천 현감, 호조 좌랑 등을 지냈다.
14) 조집(趙巢, 1592~?). 음사(蔭仕)로 보선공(補繕工) 감역(監役)을 지냈다. 통정대부
    에 올랐다.

그런데 범안(凡眼)으로 보아도 서윤 공의 묘소가 좌청룡 우백호의 형세에 알맞게 위치하여 생기가 있는 것을 알 수 있다. 또 조 숙부의 묘소는 선영 한가운데에 있어서 역시 넉넉하고 두텁다.

여기를 나와서 남산사(南山寺)16)에 닿으니 해는 벌써 기울고 있었다. 원지 조인건과 함께 승당에서 묵었다. 60리를 왔다.

8월 4일 흐리고 추웠으며 늦게 비가 내렸다 | 횡성 권성진네 집

일찌감치 마을 사람의 집에 가서 아침식사를 하였고, 다음에 원지 조인건과 작별하였다. 오후에 창봉역(蒼峰驛)17)에 있는 생원 권성진(權聖軫)의 집에 닿았다. 이 사람은 바로 나의 이질(姨姪) 누이의 남편이다. 누이를 만나 인사하고 자녀 오형제를 만났다. 모두 온화하고 즐겁게 대하니 기쁘다. 40리를 왔다.

8월 5일 새벽에 비가 내리며 흐렸다가 오후에 갰다 | 홍천 엄명네 집

느지막이 누이 내외와 작별하고 40리를 가서 홍천(洪川)18)의 연봉역(連峰驛)19)에 있는 엄명(嚴命)의 집에서 묵었다.

빗길을 왔기 때문에 힘들었다.

---

15) 조응세(趙應世, 1504~1574). 선릉(宣陵) 참봉, 문경(聞慶) 현감, 충주(忠州) 목사, 산성(杆城) 군수, 영주(榮州) 군수, 여산(礪山) 부사, 영월(寧越) 부사, 제용감(濟用監) 부정(副正) 등을 지냈고, 통훈대부에 올랐다.

16) 강원도 횡성군 횡성읍 남산리 덕고산에 있는 절. 지금은 보광사(寶光寺)라고 한다. 정확한 창건연대와 창건주는 알 수 없고, 신경준(申景濬, 1712~1781)이 편찬한 『가람고(伽藍考)』와 1799년에 편판된 『범우고(梵宇攷)』에 남산사라는 이름이 나오는 것을 통해 연혁의 일단을 짐작할 수 있다. 근대에 들어와 소규모로 운영되다가 1961년 지금 이름으로 바꾸었고 그 뒤 점차 여러 건물을 지으면서 중창을 이루었다.

17) 강원도 횡성군에 있던 역. 『여지도서』에 따르면 횡성현 북쪽 30리라고 한다.

18) 강원도의 군.

19) 강원도 홍천군에 있었던 역. 『여지도서』에 따르면 관문(官門) 남쪽으로 5리라고 한다.

춘천 소양정

8월 6일 안개가 꼈다가 갰다 | 춘천 이선네 집

아침에 안개가 껴서 일찍 출발을 못했다. 50리를 가서 원창역(原昌驛)[20]에 닿아 밥을 지어먹으며 쉬었다. 다시 20리를 가서 춘천읍(春川邑)에서 동쪽으로 10리쯤 되는 곳에 있는 덕환(德還)이의 아들 이선(二先)네 집에 도착했다. 이선은 곧 박지만(朴之蔓)의 계집종 남편이다.

8월 7일 맑음. 아침에는 안개가 짙게 깔렸다 | 춘천 청평사

읍내로 나왔으나 안개 때문에 형세를 보기 힘들었다. 소양정(昭陽亭)[21]

---

20) 강원도 춘천시에 있었던 역. 『여지도서』에 따르면 관문(官門) 남쪽 30리라고 한다.
21) 봉의산 기슭에 자리잡고 있으며, 현재 강원도문화재자료 제1호로 지정되어 있다. 본래 삼국시대에 세운 것으로, 처음에는 이요루라고 부르던 것을 조선 순종 때

에 닿으니 안개가 개어 정자에 올라가 조망했다. 이곳저곳 다니면서 보니 뒤에는 높은 산들이 첩첩이 쌓여 있고 바위들도 충충이 둘러서 있어 깊숙하고 그윽하다. 아래쪽으로는 맑은 강과 널찍한 들이 펼쳐져 있다. 눈을 크게 뜨고 보니 멀찌감치 있는 산들이 둘러 있어 경관이 실로 절경이다.

나루22)를 건너 10여 리를 가니 마을이 있어 마을사람에게 물었는데 바로 승지(承旨) 심광수(沈光粹)의 장원(莊園)이라고 한다.

작은 고개 하나를 넘으니 너른 들이 나오고, 강을 따라 10여 리를 가니 큰 마을이 나오고 커다란 집이 있는데 강릉 수령을 지낸 이후(李煦)의 집이다.

길이 매우 험하여 위험하므로 말을 내려 걸어서 5리쯤 가서 청평동(淸平洞) 입구에 닿았다. 퇴계 선생의 시에,

골짜기와 강이 묶인 너럭에 사다리 비스듬히 걸쳤고	峽束江盤棧道傾
문득 구름 밖으로 맑은 시내 나와 흐르네	忽驚雲外出溪淸

라고 읊은 것이 바로 이 곳을 말하는 것이다.

몇 번인가 시내를 건너고 계속 안쪽으로 들어가서 냇가에서 밥을 지어먹고 쉬며 말도 쉬게 하였다. 조금 있다가 다시 발길을 재촉하여 청평사(靑平寺) 아래 구송정(九松亭)에 닿았다. 흐르는 계곡물과 반석이 있어 경관이

부사 윤왕국이 소양정이라 고쳐 불렀다. 처음에는 지금보다 아래쪽인 소양강 남쪽 기슭에 있었다. 조선시대에 들어와 1605년(선조 385) 홍수로 없어졌으나 1610년(광해군 2) 부사 윤희당이 다시 지었다. 그 뒤 1647년(인조 25) 부사 엄황이 고쳐 짓는 등 여러 차례 고쳐 지었다. 지금 건물은 6·25전쟁 때 불타 없어진 것을 1966년에 다시 지은 것이다.

22) 소양강을 말한다.

좋았다. 여기에서 말을 놓고 걸어서 오르니 영지(影池)23)가 있다. 절문 밖 돌계단 위에는 진락공24)중수청평기(眞樂公重修淸平記)25)가 있다. 이 비는 고려의 김부식(金富軾)26)이 짓고 탄연(坦然)* 스님이 글씨를 쓴 것이다. 이 절에는 스님이 몇 명 살지 않고 사찰도 쇠락한 것이 볼품없다. 노승 영우(靈祐) 스님과 절 문 앞에서 함께 잠시 얘기하고는 법당 두 곳27)을 올라가 들어가 본 다음 다시 서행랑(西行廊)28)에 내려와서 갑성(甲

---

23) 이자현(李資玄)이 청평사에 은거하면서 장원을 꾸밀 때 직접 만든 못으로, 우리나라 에서 아름답기로 손꼽는 인공 못이다. 지금 청평사 올라가는 길 오른쪽에 있는데, 예전과 같은 모습은 볼 수 없다.

24) 진락공이란 이자현(1061~1125)을 말한다. 진락은 나라에서 내린 시호. 고려 중기 의 학자로. 자는 진정(眞靖), 호는 식암(息庵)·청평거사(淸平居士)·희이자(希夷 子) 등을 썼다. 본관은 인주(仁州). 1089년(선종 6) 문과에 급제, 대악서승(大樂署丞) 이 되었으나 곧 사직하였다. 이어 청평산에 들어가 아버지 이의(李顗)가 세운 보현원(普賢院)을 문수원이라 고치고 이 곳에서 선학(禪學)에 몰두하였다. 예종이 여러 번 불렀으나 사양하고, 1117년(예종 12) 예종이 남경(南京, 지금의 서울 지역) 에 행차하였을 때 왕과 만나 우대를 받았으나, 다시 문수원에 들어가 수도생활로 평생을 보냈다.

25) 이른바 문수원중수비라는 것이다. 고려시대에 진락공 이자현이 청평산에 문수원 (文殊院)을 중수한 사실을 기록한 사적비로 1130년(인종 8)에 세웠다. 비면 윗부분 의 비제(碑題)는 진락공중수청평산문수원기(眞樂公重修淸平山文殊院記)로 정시 한이 말한 것이 바로 이것이다. 자경(字徑) 10cm의 해서(楷書)며, 비문은 행서(行書) 로 자경 2cm 안팎이다. 본래는 비의 상·하부가 깨진 채로 청평사에 세워져 있었으 나, 6·25전쟁 때 파괴되어 지금은 일부 파편이 동국대학교박물관에 소장되어 있다.

26) 1075~1151. 고려의 학자이자 문신, 역사가. 1145년『삼국사기』를 지었다. 그러나 중수비는 김부식이 아니라 그의 동생 김부철(金富轍, 1079~1136)이 지었다. 정시 한의 착오로 보인다. 김부철은 뒤에 김부의(金富儀)로 이름을 바꾸었다.

27) 현재 청평사에는 대웅전과 극락보전이 금당으로 아래위로 자리하고 있다. 두 전각 모두 1970년대에 중창되었는데, 이 가운데 특히 극락보전은 불타기 전에는 국보급으로 평가되던 아름다운 건축물이었다. 정시한은 두 법당의 이름은 적지 않았으나 지금과 같지 않았을까 짐작은 된다.

28) 청평사는 6·25전쟁 때 크게 파손되어 본래 모습을 볼 수 없으나 회랑만은 아직도 그 자취를 간직하고 있다. 정시한이 특별히 '서행랑'이라고 언급한 것은 당시 동서남북으로 행랑이 잘 갖추어져 있었다는 반증으로도 볼 수 있지 않을까 한다.

청평사 문수원중수비

成) 상좌와 함께 선동식암(仙洞息庵)에 올라갔다. 수좌승 청오(淸悟) 스님
이 혼자 앉아 있다가 맞이하였는데, 정축생(1637)으로 기운과 외모가
매우 맑은 분이다. 송대(松臺)에 올라가 산중의 고적을 얘기해 주었다.
　진락공의 유골을 담은 것29)을 보았고, 지석(誌石)30)도 꺼내 보여주었다.

---

29) 사리기(舍利器)를 말한다. 이자현은 이 곳에서 생을 마친 뒤 화장되어 그의 유골이
　　부도에 안치되었다. 승려가 아닌 보통 사람으로 부도가 만들어지는 경우는 아주
　　드물다. 그의 부도는 지금 청평사 영지에서 조금 올라간 왼쪽에 마련된 별도의
　　공간에 있다. 유골, 곧 사리는 사리기에 넣어져 부도 안에 봉안되는 것인데, 이러한
　　사리기 일체를 사리장엄(舍利莊嚴)이라고 한다. 정시한의 기록을 보면 당시 이미

청평사 진락공 부도

부도에서 사리장엄이 꺼내어졌다는 것을 알 수 있고, 지석 등이 있었음도 알 수 있다. 하지만 지금은 이 사리장엄이 전하지 않는다.

30) 무덤이나 부도의 주인공의 일생을 적거나, 봉안 내력을 적은 글.

새겨진 글씨를 다 알아볼 수가 없었는데 처음에는 공의 이름이 나온다. 유골은 항아리31) 안에 있는데 사람들마다 그것을 꺼내 보기도 한다. 청오 스님도 그것을 꺼내 내게 보여주려고 했지만 내가 그만두라고 했다. 스님이 말하기를, 예전에 한 상좌 스님이 손으로 뼈마디 세 개를 꺼내어 보았더니 유골은 전혀 썩지 않았고 색도 희고 깨끗한 것이 마치 새 것 같았다고 한다. 지석 두 개와 항아리가 돌 틈 사이에 나란히 놓여 있어 오가는 감병(監兵)과 수령들이 혹은 항아리에서 꺼내도록 하여 보고 가기도 한다고 한다. 언제부터 이렇듯 해괴한 일이 벌어졌는지 알 수 없다. 옛날 현인의 유골을 염하지 않고 이런 무례함을 주니 실로 한심하여 슬프고 한숨만 나올 따름이다.

절 아래는 띠로 얽은 집이 있고 그 곁에 폭포처럼 흐르는 시내와 반석, 그리고 입암이 있다. 반석은 다듬어서 아래위로 두 개의 움푹 패인 절구를 만들어 놓았는데 위에 있는 것은 손을 씻는 곳이고 아래는 발을 씻는 곳이라고 한다. 기이하고 묘하니 그 솜씨가 가히 하늘이 빚은 듯하였다. 송대 위에는 네모난 자리를 놓아두어 언제나 앉아서 노닐 수 있도록 하였다고 한다. 그 터가 깊고 그윽하며 돌계단도 네모지고 반듯한 것이 마치 새 것 같다. 유적을 이렇게 두루 손으로 짚어가며 다녀보니 그 옛날 진락공이 바위와 절벽이 비단처럼 놓여 있는 이 곳을 두루 다닌 것과 같은 흥취가 절로 일었다.

저녁에 노비 수리(搜理)가 와서 이불을 갖고 왔는데 곧바로 돌아가게 했다.

청오 스님과 함께 묵었다. 청오 스님은 수행에 매우 힘쓰는 한편 용공(用工)과 절차(節次)에도 능통하다. 50리를 왔다.

---

31) 이러한 것을 사리호(舍利壺)라고 한다. 이자현의 이 사리호는 지금 전하지 않는다.

＊탄연(坦然, 1070~1159)

호는 묵암(默庵). 속성은 손씨(孫氏). 경상남도 밀양에서 태어났다. 1085년(선종 2) 명경과(明經科)에 급제하여 세자를 가르치다가, 1088년 궁중에서 몰래 나와 경북산(京北山) 안적사(安寂寺)로 출가하였다. 그 뒤 광명사(廣明寺) 정현(鼎賢)의 문하에서 법을 이어 받았다. 뒤에 각지를 다니며 참선과 교학을 연구하였다. 1104년(숙종 9) 대선(大選)에 합격하여 1106년(예종 1) 대사(大師), 1109년 중대사(重大師), 1115년 삼중대사가 되었다. 1121년 선사(禪師), 1132년 대선사가 된 뒤부터 나라에 큰 일이 있을 때마다 왕의 자문에 응하였고, 1146년 왕사(王師)가 되었다. 1148년 경상남도 산청 단속사(斷俗寺)로 돌아가 많은 제자들을 양성하여 선교(禪敎) 발전에 크게 이바지하였다. 서예에도 뛰어나 왕희지(王羲之) 필체에 능하였는데, 서거정(徐居正)은 신라의 전설적인 명필 김생(金生)에 버금 가는 명필이라 평하였다. 탄연 스님의 글씨로는 청평사의 이 문수원비(文殊院碑) 외에 경상북도 예천(醴川) 북룡사비(北龍寺碑), 서울 삼각산(三角山) 승가사(僧伽寺) 중수비 등이 있다. 국사(國師)에 추증되었고, 시호는 대감(大鑑).

8월 8일 흐림. 아침부터 비가 내렸다. 느지막이 갰다가 저녁에 다시 벼락이 크게 치며 밤까지 비가 내렸다 | 춘천 청평사

아침 일찍이 청평사 수승(首僧) 선안(善眼) 스님이 왔다갔다. 수리가 비를 무릅쓰고 쌀과 반찬을 갖고 왔다가 다시 내려갔다. 비가 그친 다음 춘천의 선비 홍도명(洪道明)·홍도관(洪道貫)·홍도형(洪道衡)·홍도익(洪道益) 등 네 명이 왔다가 바로 내려갔다. 어제 큰절에서 만났었기로 잠시 들어와 얘기를 나눈 것이다.

8월 9일 흐린 뒤 갰다 | 춘천 청평사

아침식사 뒤에 청오 스님과 함께 진락공이 노닐던 옛 자취들을 둘러보았다. 시내를 따라 여러 곳에 축대가 있고 층층이 쏟아져 내리는 폭포와 반석이 굽이굽이를 이루고 있어 가히 볼 만하다. 깊고 그윽하며 조용하여 세상 밖에 있는 것 같다. 앞선 현인을 좇아 이 곳에 몇 칸짜리 띠집을 짓고 수행하며 남은 생을 마치고 싶다. 과연 내 뜻대로 될 것인지.

사과(司果)32) 문원건(文元健)33)이 후립(後立)이와 경복(庚福)이를 데

청평식암 이자현 글씨

리고 원주로부터 말에 짐을 싣고 왔는데, 짐말이 부실해서 길에서 넘어지
곤 했다 하여 근심되었다.

　저녁에 문원건이 와서 같이 묵었고, 경복이도 왔다.

---

32) 오위(五衛)의 정6품 벼슬. 현직(顯職)이 없는 문관과 무관, 그리고 음관(蔭官) 벼슬아
　　치 가운데서 임명되었다.

33) 정시한은 이 날부터 10월 5일까지 문원건과 거의 줄곧 동행하였다. 문원건은
　　정시한과 같은 원주에 사는 인물로 거문고 연주에 뛰어난 재능이 있었고, 그 밖에
　　피리나 퉁소도 잘 불었다. 그래서 정시한과 함께 한 여행길에서 수시로 악기를
　　연주하면서 흥취를 돋웠다. 『산중일기』에는 그가 꽤 알려진 거문고 연주자였음을
　　짐작할 만한 내용이 보인다. 아마도 당대의 유명한 예인(藝人)이요 연주자였다고
　　할 수 있을 것이다. 그에 대한 다른 기록이 거의 전하지 않으므로 『산중일기』의
　　이 기록은 매우 중요하다.

아침식사 뒤에 문원건과 같이 암자 뒤에 있는 석대에 올랐다. 문원건이 거문고 여러 곡을 타고 또 피리도 몇 곡조 불렀다. 진락공의 높은 풍취를 생각해 보니 그로부터 백세지감을 느낀다.

저녁식사 뒤에 문원건과 함께 시내를 따라가 보니 암벽에 '청평선동(淸平仙洞)'이라는 글씨 네 자가 커다랗게 새겨져 있다. 굽이마다 폭포와 못이 있어 가히 볼 만하다.

큰절에 가니 그 옆 반석이 평평하게 깔려 있고 흐르는 물은 감벽색이다. 시내의 흐름을 따라 지은 축대가 쌓여 있다. 곳곳마다 기이한 경승이어서 오랫동안 감상하였다.

돌아와 법당에 앉아 있다가 날이 저문 다음에 일청(一淸) 노스님의 방인 서료(西寮)에서 묵었다.

8월 11일 추웠으며 아침에 안개가 짙었다가 늦게야 맑아졌다 | 화천 지예봉네 집

아침식사 뒤 문원건과 함께 영지(影池)로 걸어내려 갔다. 봉우리와 바위가 깎아지른 듯 서 있고, 산의 암석이 못에 또렷이 비추이는 것이 마치 그림 같다.

다시 구송정으로 내려가 아래위로 떨어지며 흘러내리는 계곡 물과 반석 등을 감상했다. 무척이나 맑은 기운이 스며나오는 기이한 경관으로 산중의 가장 큰 보물이다. 또 5리 남짓 더 내려가 비로소 말을 타고 고개 하나를 넘었다. 안팎이 약 20여 리로 산길이 험준하여 사람과 말이 넘어지고 쓰러져 가며 겨우 지나왔다.

날이 저물어서야 낭천(狼川)[34]에 도착하여 읍내의 노인인 지예봉(池禮鳳)네 집에서 묵었다. 반갑게 맞이해 주며 배 10여 개를 내게 대접하였다. 80리를 왔다.

---

34) 강원도 화천군.

청평사 영지

8월 12일 서리가 내렸고 추웠다. 아침에 안개가 짙었으나 느지막이 갰다 | 회양
김덕남네 집

안개로 인하여 일찍 떠나지 못하고 아침식사 뒤에 출발했다. 40리를
가서 마을사람의 집에서 밥을 지어먹으며 쉬었다. 집 주인 노파가 말하기
를 오늘 아침에 서리가 눈처럼 내렸다고 한다.

청평산(淸平山)의 큰 고개를 넘으며 보니 온갖 곡식이 결실을 맺지
못하여 참혹하며 측은했는데, 그 가운데서도 특히 낭천 지역이 심했다.
가뭄으로 백성이 굶어 죽어가고 있으나 나라는 어떻게 구휼을 해야 할지
모르고 있다 한다.

저녁에 금성현(金城縣)[35] 서운역(瑞雲驛)[36]의 김덕남(金德男)네 집에서 묵었다. 주인은 여든 살이나 건강하고 씩씩하기가 예순 살 남짓 정도로 보인다. 80리를 왔다.

8월 13일 맑음 | 회양 민가

아침식사 뒤 50리를 가서 창도역(昌道驛)[37]에 닿았다. 마을에서 밥을 지어먹고 쉰 다음에 다시 30리를 가서 금성 통구현(通溝縣)[38]에서 묵었다.

송도(松都)에서 온 김영달(金永達)이라는 사람이 장사 일로 주인집에 오랫동안 머물고 있었다. 그가 문원건과 아주 즐겁게 그와 얘기를 나누었는데, 문원건의 거문고 타는 솜씨에 대해 들은 적이 있었기 때문이다.

8월 14일 흐림 | 회양 기룡이네 집

새벽부터 10여 리를 가서 금성에 사는 노비 기룡(己龍)이네 집에 닿았다. 아침식사를 한 다음 사람과 말 모두 쉬게 하고 말 네 필의 말굽을 바꾸었다. 오늘은 여기에서 묵었다.

8월 15일 아침에 흐리며 비가 뿌리다가 늦게 갰다 | 회양 장안사

아침식사 뒤 길을 떠나 건치동(乾雉洞)을 지나 험한 고개를 넘어 단발령(斷髮嶺)[39]에 닿았다. 길이 높고 험하므로 말에서 내려 걸어갔으나 사람과

---

35) 강원도 회양군 일대.
36) 강원도 회양군 일대인 금성현에 있었던 역. 『여지도서』에 따르면 관문(官門) 남쪽 30리 거리라고 한다.
37) 강원도 회양군 일대인 금성현에 있었던 역. 『여지도서』에 따르면 관문 북쪽으로 30리 거리라고 한다.
38) 강원도 회양군 일대.
39) 강원도 회양군에 있는 고개. 『여지도서』에 따르면 이 고개에 올라 풍악산을 바라본 사람들은 승려가 되기 위해 머리를 깎고자 한다 하여 단발령이라 한다고 했다. 이 고개를 넘어야 비로소 금강산에 들어가게 된다.

내금강전도

말이 모두 넘어지고 엎어지면서 겨우 올랐다. 정상에 올라가니 금강산의 구슬 같은 봉우리들 주위에 은 같은 봉우리들이 솟아 있는 게 바라다보였다. 문원긴과 함께 오랫동안 비리보디 밑으로 내러왔다.

10여 리를 내려가 커다란 시내를 건너 철이령(鐵伊嶺)에서 밥을 지어먹고 쉰 다음에 고개를 넘어 구대천(九大川)을 건넜다.

저녁 무렵에야 장안사(長安寺)[40]에 도착했다. 절 입구에는 회백나무가

---

40) 강원도 회양군 장양면 금강산 장경봉 아래에 있는 절. 6세기에 창건되었고, 773년(혜공왕 9) 진표 율사가 중수했다. 고려시대인 970년(광종 21) 불이 나 폐사되었으나 982년(성종 1) 다시 중창되었다. 1343년(충혜왕 복위 4) 고려인으로 원나라 순제의 왕후가 된 기(奇)씨가 갖은 장엄을 다하여 중건하였는데, 이로써 전국에서도 손꼽는

장안사 전경

숲을 이루었고 모여선 봉우리들이 그 빼어남을 뽐내고 있다. 절에 들어가 향로전에서 묵었다. 불존승 보종(寶宗) 스님은 서른다섯 살이다. 사람과 말을 입구에 있는 마을에 보냈다. 70여리를 왔다.

8월 16일 흐린 뒤에 갰다 | 회양 장경사

아침식사 뒤에 집안의 노비인 인룡(寅龍)이, 후립(後立)이가 마을에서

명찰이 되었다. 조선에서는 1458년(세조 4) 임금이 행차하여 중수토록 하였다. 1477년(성종 8) 불이 나 모든 건물이 없어졌으나 1483년 나라에서 지원하여 중창하였다. 1537년(중종 32)에도 불이 나자 1545년 다시 중창했다. 그 뒤로도 나라와 왕실의 지원으로 여러 차례 중수를 하였다. 6·25전쟁 때 폐허가 되었다.

올라왔다. 바로 문원건의 숙소로 가서 들고 갈 짐을 나누어주었고, 집에 보내는 편지를 써서 인룡이더러 원주로 돌아가라고 했다. 후립이에게는 말 세 필을 끌고 통천(通川)[41]의 귀합(貴合)이네 집에 있다가 외금강산(外金剛山)에서 나를 기다리라고 했다.

천희(天熙) 노스님, 문원건과 함께 절 뒤편의 극락전암(極樂殿庵)[42]에 올랐다. 암자는 높고 외딴 곳에 있으며 주위로 산이 에워싸고 있다. 정동으로 시왕봉(十王峰)[43]·백천동(百川洞)[44]이 있으며, 동북으로는 석가봉(釋迦峰), 동남으로는 지장봉(地藏峰)·관음봉(觀音峰)·보현봉(普賢峰)이 서로 떨어져 서있는데 그 기이하고 빼어남은 실로 장안사 계곡의 진면목을 보여주고 있다. 수월암(水月庵)[45]과 관음암(觀音庵)[46] 등 여러 암자들이 나열한 밑으로도 절경이 펼쳐져 있다.

오랫동안 있다가 내려와서 누에 앉아 있는데 마침 장경암(長慶庵)[47]의 주지 여이(呂頤) 스님이 왔다. 기상과 용모가 침착하고 고요한 분이다. 바로 함께 장경사 큰절에 올랐다. 암자는 보현봉 밑에 있는데 그윽하고 한적한 것이 있을 만한 곳이다. 암자에 이르기 전에 장안사 주지 문흡(文洽) 스님이 먼저 와 있다가 우리에게 인사하고 돌아갔다.

지리산 안국사(安國寺)의 초옥(楚玉) 스님이 올해 봄부터 이 곳에서 머물고 있어서 만나보았다. 조실에서 여이 스님과 함께 묵으면서 오랫동안

---

41) 강원도 통천군 일대.
42) 금강산에 있던 절. 장안사 옆으로 수백 걸음 위에 있었다고 한다.
43) 강원도 회양군에 있는 산.『여지도서』에 따르면 백천동 동남쪽에 있으며, 크고 작은 10개의 봉우리로 이루어져 있다고 한다.
44) 강원도 회양군에 있는 계곡.『여지도서』에 따르면 장안사 남쪽 5리에 있다고 한다.
45) 강원도 회양군 금강산에 있던 절.『범우고』에 따르면 장안사 북쪽에 있었다고 한다.
46) 강원도 회양군 금강산에 있었던 절.
47) 금강산 장안사 부근에 있던 절. 유점사 말사. 자세한 연혁은 알려지지 않았고, 풍은부원군 조만영(趙萬永, 1776~1846)이 중수했다.

애기했다. 산행을 약 5리가량 했다.

8월 17일 맑은 뒤 흐렸고, 비가 내렸다 | 회양 수월암

여이 스님이 아침을 차려주었다. 아침식사 뒤에 초옥 스님에게 짐을
지게 하고 여이 스님과 함께 산허리를 두루 돌아서 중관음암(中觀音庵)[48)]
을 찾았다. 암자는 관음봉 밑에 있다.

이 절의 효원(曉元) 스님은 일흔두 살로 홀로 머물고 있었다. 암자는
매우 깔끔하였다.

다시 하관음암(下觀音庵)[49)]에 갔고, 여이 스님 등은 돌아갔다. 이어서
곧바로 수월암(水月庵)으로 내려가니 종장 수주(秀珠) 스님이 맞이해주었
다. 스님은 진솔하며 꾸밈이 없는 분이다. 잠시 함께 잠시 얘기를 나누고
있으려니 문원건이 큰절에서 수승(首僧) 장륙(莊六) 스님과 수리와 함께
올라왔으므로 수주 스님과 함께 시내를 따라서 위로 올라갔다. 명연담(鳴
淵潭)[50)]이 내려다보이고 그 좌우로 석봉이 둘러서 있다. 못의 물 색깔은
검푸르다. 볼만하여 오랫동안 바라보았다.

안양암(安養庵)[51)]에 올랐으나 아무 스님도 없어 다시 삼일암(三日庵)에
올라갔는데 여기도 비어 있었다. 주봉은 바로 서학대(棲鶴臺)로, 주위를
잠시 둘러본 다음 곧바로 수월암으로 내려왔다.

수주 스님과 얘기하다가 암자를 창건한 기록을 보았는데 영흥(永興)
사람 주비(朱棐)가 지은 것이다. 그는 일찍이 참봉을 지냈던 사람이다.

---

48) 장안사의 산내암자.
49) 장안사의 산내암자.
50) 만폭동의 하류.
51) 금강산 명연담 동쪽에 있던 절. 『여지도서』에 따르면 표훈사 서쪽에 있었다고
　　한다. 고려 성종 때 회정(懷正) 선사가 창건하였고, 1853년(철종 4), 1867년(고종
　　4), 1873년에 각각 중수하였다고 한다.

새벽에 재를 지내고 재 음식을 먹었다. 표훈사(表訓寺)의 수승(首僧) 계환(戒環) 스님이 마침 왔다가 돌아갔다.

문원건의 심기가 좋지 못하여 나는 아침식사 뒤에 수리와 함께 먼저 표훈사에 가서 만폭동을 보고 있을 테니 정양사(正陽寺)에서 병을 돌보며 기다리라고 했다. 나는 저녁식사 뒤에 지장암(地莊庵)[52]에 가서 묵었는데, 백천동 등지를 가보려 하기 때문이다.

지장암에 가니 조영(祖英) 스님이 맞아주었다. 혜쌍(慧雙) 스님은 아침에 수월암에 왔을 때 만났었다. 서로 만나 기뻐하며 밀과(蜜果)[53]와 과일을 내놓고 먹었다. 저녁에는 흰죽을 끓여 꿀(淸蜜)에 타서 먹었다. 마음이 극히 불안하다.[54]

암자는 지장봉 밑에 있는데 서향으로 봉우리들을 감싸안고 있다. 앞에는 방광대(放光臺)[55] · 개심대(開心臺) 등과 마주보고 있고 좌우에 원각암(圓覺庵)[56]과 석가봉(釋迦峯)이 나열되어 있어 그윽하고 깊은 곳에 있으니 지낼 만한 곳이다.

아침식사 뒤 회양(淮陽)[57]에서 온 박문헌(朴文獻)이라는 노인이 수월암에 들렀다. 나이는 여든네 살로 노직(老職)으로 동지(同知)를 지내고 있다. 무자년(1648)에 나의 아버님께서 회양부의 수령이었을 때 좌수(座首)였던

---

52) 地藏庵. 장안사의 산내암자.『여지도서』에 따르면 장안사 동쪽 3리에 있었다고 한다.

53) 반죽한 쌀가루나 밀가루를 적당한 모양으로 빚어서 말린 다음 기름에 튀겨 꿀이나 조청을 바르고 밥 또는 깨고물에 잰 과자. 유밀과라고도 한다.

54) 정시한이 마음이 불안하다고 한 것은 문원건의 병 때문에 걱정되었기 때문이 아닐까 한다.

55) 정양산 뒷산의 꼭대기.

56) 금강산에 있던 절. 신림암(神林庵)의 서쪽에 천친암(天襯庵)이 있는데, 천친암을 지나 서쪽으로 원각암이 있었다고 한다.

57) 강원도의 군.

박문울(朴文蔚)의 동생이다. 서로 얘기하니 옛날 일들이 떠올라 마음이 슬퍼졌다. 오래 얘기하다가 표훈사로 향하였는데, 기력이 아주 좋고 정신 역시 아직 쇠하지 않았으니 귀한 분이다.

8월 19일 맑았다. 저녁이 되어서는 흐렸고 밤에 비가 내렸다 |

아침식사 뒤 혜쌍 스님과 함께 시왕봉과 백천동(百川洞)에 들어갔다. 업경대(業鏡臺)에 이르러 맑게 고인 못을 내려다보았고, 명경대(明鏡臺)[58]를 올려다보니 툭 튀어 나온 것이 마치 허공에 끼워져 있는 듯하다. 시내를 따라 옛 성 문으로 들어가서 금사굴(金沙窟)을 지났다. 골짜기를 넘고 바위를 건넜지만 피로를 느끼지 못했다. 흰 돌들이 어지럽게 널려 있었고 뾰족한 봉우리는 서로 솟아 있음을 다투고 있다. 좌우가 모두 둘러싸여 있는데 마치 길게 솟은 대극(大戟)[59]처럼 묶여 서서 허공을 찌르고 있었다.

봉우리 뒤에는 또 다른 봉우리가 열 지어서 있다. 그 사이로 바로 1리가 보여 가보면 닿지 못하다가 다시 그 봉우리가 바라다보이며 골짜기를 이루고 있다. 굽이굽이 맑은 못이 있어 깨끗한 물이 흐르고 있는 것이 마치 옥과도 같다.

온 힘을 다하여 20여 리를 가서 영원암(靈源庵)[60]에 도착했다. 암자 터는 (산의) 근원이 다한 곳 아주 외진 자리에 있다. 이 곳의 주산(主山) 역시 지장봉인데 춤추듯이 약동하다가 암자 뒤에 이르러 문득 하나의 뾰족한 봉우리를 단정하게 만들어 냈는데 그 광경이 마치 그림 같다.

---

58) 백천동 개울가에 있는 커다란 바위.

59) 대극과의 쌍떡잎식물. 여러해살이풀로 높이 80cm. 줄기는 곧게 서나 밑부분에서 흔히 가지가 갈라지며 잔털이 있다. 어린잎은 식용하며 뿌리는 약용하는데, 한방에서는 치습(治濕) · 류머티즘 · 치담(治痰)에 사용한다. 한국 · 일본 · 중국 등지에 분포한다.

60) 강원도 회양군 장양면 장연리 금강산 백천동에 있던 절. 신라 때 영원 스님이 창건하였다고 전한다. 고려에서는 1343년(충혜왕 복위 4)에 중건되었고, 조선에서는 1867년(고종 4)에 중수되었다. 금강산 일대에서도 수도도량으로 이름이 높았다.

암자 터는 평평하고 반듯한데 주위의 뭇 산들이 둥글게 감싸고 있다. 여러 바위들이 겹겹이 빽빽하게 들어서 있어 마치 병풍처럼 철벽을 이루며 붉고 푸름을 비추고 있다. 시왕봉·우두봉(牛頭峰)·마면봉(馬面峰) 등의 봉우리는 기괴하여 설명할 수가 없다.

이 암자는 정남향을 하고 있으며 방의 창호는 정결하고 밝아 마치 신선이 지내는 곳인 듯하다. 암자 서쪽으로 100여 걸음 되는 곳에 옥촉대(玉燭臺)가 있어 천천히 걸어 올라갔는데 그다지 높거나 험하지 않다. 여기에서 동쪽으로 삼불봉(三佛峰)과 백마봉(白馬峰)[61] 등의 봉우리가 보인다. 골짜기는 깊고 깊어 어느 정도인지 측량을 못하겠는데, 은 같은 골짜기와 옥 같은 봉우리가 주위에 둘러서 있다. 서쪽을 바라보면 정양사 뒤쪽 봉우리를 비롯한 여러 봉우리들이 동쪽을 향해 있는 것이 보인다.

이 산의 기상이 호방하고 장쾌하여 뜻이 맑고 상쾌해지니 마치 청도(淸都)[62]에 들어가고 적성(赤城)에 오르며 단구(丹丘)[63]에서 물을 푸며 홍애(洪崖)[64]를 두드리고 구소(九霄)[65]의 밖을 올라가서 날아가는 것 같다.

---

61) 강원도 회양군에 있는 봉우리. 영원암 터에서 오른쪽으로 오선암이 있고, 여기에서 더 가면 해발 1,501m의 백마봉이 있다고 한다.

62) 천제(天帝)가 사는 궁궐 가운데 하나. 중국 고대의 사상가 열어구(列禦寇)가 지은 『열자(列子)』에 천자가 거처하는 곳으로 청도를 비롯하여 자미(紫薇)·균천(鈞天)·광악(廣樂) 등이 나온다.

63) 신선이 사는 곳. 밤과 낮이 늘 밝은 곳이라고 한다. 중국 전국시대 초나라의 운문(韻文)을 모은 『초사(楚辭)』에, "대대로 단구의 우인(羽人)은 죽지 않는 구향(舊鄕)에 머물고 있다."라는 말이 있다.

64) 신선이 사는 곳. 이 곳에 사는 신선을 홍애선생이라고 한다. 『역세진선통감(歷世眞仙通鑑)』에 보면 홍애선생은 황제(黃帝)의 신하인 영륜(伶倫)으로, 도를 얻어서 신선이 되었다고 하며, 어떤 기록에는 요 임금 때 이미 나이가 3,000세를 넘었다고도 한다. 서산(西山)에 있는 홍애에 살면서 득도하였으므로 홍애선생이라는 이름이 붙었다고 한다.

65) 도교에서 지극히 높은 하늘을 뜻한다. 구천(九天)과 마찬가지다. 『운급칠첨(雲笈七籤)』에, "구소 각각에 대제(大帝)가 있어서 그것을 다스린다. 신소옥청대제(神霄玉淸人帝)·칭소호생대제(淸霄奵生大帝)·벽소총생대제(碧霄總生大帝)·강소태

혜쌍 스님이 말하기를 전에 이 암자(靈源庵)에 있을 적에 봉우리에서 누군가 옥피리를 불며 지나가는 소리를 들은 적이 있다고 하는데, 자신뿐만 아니라 암자의 승려 전부가 들었다고 한다. 이것을 보면 신선이 없는 것이 아니라 바로 이 곳에 있다고 해야 하지 않겠는가.66)

암자는 비어 있는 지 이미 오래였다. 혜쌍 스님이 불을 피워 온돌을 따뜻하게 데우고 저녁식사도 지었다. 식사 뒤에 도량을 둘러보니 평평하고 바른데다가 깨끗하여 수십일 머물고 싶다는 생각이 든다.

조영 스님의 상좌 김해만(金海萬)과 혜쌍 스님의 상좌 신록립(辛祿立)이 된장과 채소를 가지고 왔다.67)

밤에 혜쌍 스님과 함께 조용히 얘기를 나누었다. 아주 공부를 많이 하는 분이다. 밤이 깊어 자리에 드니 뼈가 서늘해지고 정신이 맑아져서 꿈도 꾸지 않고 잤다.

8월 20일 새벽에 비가 약간 내린 뒤, 갰다가 흐렸다가 했다 | 회양 영원암

아침식사 뒤에 혜쌍 스님은 암자에 남고 나는 신록립과 김해만과 함께 밑으로 내려갔다. 시내를 따라 올라가며 암석을 넘는데 흐르는 물과 반석이 굽이굽이마다 있어 감상할 만하다. 돌 봉우리는 허공을 떠받치는 듯 기이한 형상을 가지가지 보이고 있다. 다만 두 골짜기가 한데 묶여 있는 듯하여 거의 해를 볼 수 없는데 이렇게 약 10리를 가도 열려 있는 곳이

평대제(絳霄太平大帝)·경소중극대제(景霄中極大帝)·옥소호원대제(玉霄皓元大帝)·자소합경대제(紫霄合景大帝)·태소휘명대제(太霄暉明大帝)가 그것이다." 라는 말이 있다.

66) 정시한은 영원암에서 주변 경관을 바라보면서 신선의 경지를 떠올리고 있다. 유학자 가운데 도교적인 수행을 하는 경우가 더러 있는데, 정시한 역시 도교의 서적을 즐겨 읽고 도교적 표현묘사를 잘 쓰고 있다. 뿐만 아니라 이 글에서는 아예 신선의 존재까지 긍정적으로 보고 있는 점이 눈에 띤다.

67) 이들의 이름이 법명(法名)이 아니라 속명으로 나오는 것으로 보아서 유발상좌(有髮上佐), 곧 승려가 아닌 일반인의 몸으로 불가에 귀의한 사람으로 보인다.

없으니 이것이 흠이다.

돌아와서 신록립이 밥을 지었다. 산삼을 캐는 사람 10여 명이 왔다가 바로 깊은 골짜기를 향해 떠났다.

8월 21일 흐리며 바람이 불고 추웠다 | 회양 백화암

식량이 떨어져서 쌀 한 되로 밥을 지어 세 사람이 나누어 먹었다. 내가 송라암(松蘿庵)[68]으로 거처를 옮긴다는 소식을 장안사 주지가 듣고 이름이 신행(信行)이라는 스님 한 분을 보내주었다. 즉시 짐을 지게 하여 다시 골짜기로 내려와 10여 리를 올라가 현불암(現佛庵)[69]으로 향했다. 돌길이 높고 험한데 이 길을 몇 리나 가서 절에 닿았다.

절은 비어 있고 비가 새며 쇠락해 있었다. 오랫동안 앉아 있다 무학대(無學臺)에 올라 주위를 둘러보다가 내려와서는 다시 뒤쪽 봉우리에 올랐다. 깎아지른 듯 위험했으나 힘들여 올라가 산허리를 돌아 성현대(城峴臺)에 올랐다. 대에서 내려다보니 장안사·안양암·삼일암 등이 바라다 보인다. 다시 산을 오르내리면서 10여 리를 가서 송라암에 닿으니 암자는 비어 있고 스님도 없다. 암자 북쪽에 있는 석대에 올라 정양사 등 여러 암자를 바라보았다. 서남쪽으로 시계가 트여 있어 멀리 산이 눈에 들어오는데 비할 바 없이 넓었다.

신행 스님을 보내어 문원건에게 양식을 보내달라고 하니 표훈사의 한 스님에게 쌀 몇 되와 자반을 보내와서 곧바로 밥을 지었다.

식후에 백화암(白華庵)[70]으로 다시 내려갔는데 길이 매우 험하고 위험

---

68) 금강산 만폭동에 있던 절. 『동국여지승람』에 따르면 두 암자가 서로 마주보고 있어서 한 곳을 대송라암, 다른 한 곳을 소송라암이라고 한다 했다. 암자 아래에 옛 성이 있다고 한다.
69) 금강산 삼일암 동쪽에 있던 절. 영원암 서쪽 5리쯤에 있었다고 한다.
70) 강원도 회양군 내금강면 장연리 금강산에 있던 절. 정확한 창건연대와 창건주는 알려지지 않는다. 고려시대인 1366년(공민왕 15) 나옹 혜근 스님이 이 곳의 남쪽

했다. 날이 저물어서야 비로소 백화암에 도착했다. 수리가 쌀 한 말을 지고 아침에 영원암에 갔다가 나와 길이 어긋나서 다시 장안사로 내려갔다가 해염(海炎) 노스님과 함께 송라암으로 오다가 나를 만나 같이 백화암에 오게 되었다.

수좌승 광원(廣遠) 노스님을 만났는데 머무는 방사가 널찍하였다. 문원건은 표훈사에 있는데 이 곳으로 오려다 못 왔다고 한다. 오늘 약 27~28리를 왔다.

8월 22일 흐린 뒤 갬 | 회양 정양사

아침에 문원건이 와서 식후에 함께 신림암(神林庵)[71]에 올랐다. 통천에 사는 노비의 남편 김근립(金近立)이 승려가 된 아들 운선(云善)과 함께 와서 쌀 두 말과 건어 약간을 주고 갔다.

청련암(靑蓮庵)[72]에 도착해서 영남 지방에서 온 도운(道雲) 스님을 만났다. 대구의 송림사(松林寺)에서 왔는데 금강산을 구경하러 이 곳을 지나가는 길이라고 한다. 다소 함께 얘기할 만했다.

천진암(天眞庵)에서 저녁식사를 지어먹은 다음에 원각암(圓覺庵)을 지나서 무주암(無住庵)에 닿았다. 암자는 비어 있으나 그 터는 산중에서 가장 높은 곳으로 금강산의 면목이 남김없이 드러나고 있다.

오랫동안 바라보다 내려와서 정양사(正陽寺)[73]에 도착했다. 천일대(天

바위에 삼존불을 새겼다고 전한다. 조선시대에 와서는 1632년(인조 10) 서산 대사로 널리 알려진 청허 휴정(1520~1604) 스님의 부도비가 세워졌고, 1645년에는 당대의 고승 편양 언기의 부도비도 세워졌다. 휴정 스님과 그의 제자들은 특히 이 백화암과 깊은 인연이 있었는데, 휴정 스님의 호가 '백화도인'인 것도 이 곳에 오래 머물렀기 때문이라고 한다.

71) 금강산 표훈사의 산내암자. 『여지도서』에 따르면 운지암(雲知庵) 서쪽에 있었다고 한다. 지금은 폐사되었다.

72) 금강산 운지암 서쪽에 있었던 절.

정양사

逸臺)에 앉아 보니 무주암에 비해 매우 정겹게 느껴진다. 봉우리와 바위
등은 감추어져 보이지 않는다. 체백(諦伯) 노스님이 나와서 절까지 안내해
주었다.

절을 두루 둘러본 다음 험성루(歇惺樓)에 앉아 문원건이 거문고를 타며
퉁소(簫)도 몇 곡조를 부르니 기분이 매우 상쾌해졌다.

풍열(豊悅) 스님의 방에서 묵었다. 오늘 약 10리를 왔다.

---

73) 강원도 회양군 내금강면 장연리 금강산에 있는 절. 표훈사 북쪽에 자리한다. 600년
백제의 고승 관륵(觀勒)과 융운(融雲)이 창건했고, 661년 원효 대사가 중창했다.
고려에서는 태조가 이 곳에 올라왔다가 법기(法起) 보살이 현신(現身)하여 바위
위에서 빛을 발하는 광경을 보고 감격하여 중창했다. 이 바위를 방광대, 태조가
절한 곳을 배점(拜岾)이라고 한다. 6 · 25전쟁 때 가람 일부가 파괴되었으나 근래에
복구하였다.

정양사 삼층석탑

8월 23일 흐림 | 회양 원통사

아침식사 뒤에 문원건과 함께 삼장암(三藏庵)으로 내려가서 잠시 앉아 있었다.

지장암에서 혜쌍 스님이 성탄(性坦) 상좌를 시켜서 세탁한 도포를 보내 왔다.

다시 정양사로 돌아와서 저녁식사 뒤에 문원건과 함께 보현현(普賢峴) 을 넘어갔다. 길이 매우 높고 험하며 수목이 높이 솟아 있다. 가다가 나무그늘에서 잘 익은 열매를 따먹기도 하였다.

10리쯤을 가서 천덕암(天德庵)에 도착했다. 암자는 비어 있은 지 오래된 듯 퇴락하였으니 애석하다. 암자 터는 높고 넓고 반듯하며, 은 같은 골짜기 와 옥 같은 봉우리들이 나열해 있다. 오랫동안 바라보다 다시 밑으로 몇 리를 내려가서 원통암(圓通庵)74)에 닿았다. 원통암 역시 그윽하고 한적하여 좋은 곳이다. 오늘 12~13리를 왔다.

8월 24일 맑음 | 회양 표훈사

아침식사 뒤 문원건과 함께 선암(船庵)75)에 올라갔다. 시내를 따라 가서 나무그늘로 들어가니 떨어져 흐르는 물이 맑아 천천히 걸어가면서 감상했다. 양쪽에 봉우리들이 깎아지른 듯 서있고 붉은 색과 푸른 색이 서로 엇갈려 비치고 있다. 바위를 끼고 돌사다리가 없는 땅으로 돌아서 들어갔는데 위험하여 무서워서 조심스럽게 나무와 넝쿨을 붙잡고 겨우 올라갔다. 올라가보니 좌우에 서 있는 바위가 마치 기다란 병풍마냥 펼쳐 져 있으며 곱게 물든 단풍잎이 골짜기를 비추어 마치 붉은 비단처럼 빛났다. 골짜기와 봉우리들은 서로 묶여 서 있었는데 창끝같이 날카롭게

---

74) 내원통사(內圓通寺). 금강산 표훈사의 산내암자. 『여지도서』에 따르면 표훈사 동북 쪽으로 매우 그윽하고 깊은 곳에 있다고 한다. 지금은 폐사되었다.

75) 강원도 회양군 내금강면 장연리 금강산 지장봉에 있던 절. 고려 광종(재위 949~975) 때 거사 박빈(朴彬)이 창건했다. 그는 이 곳에서 혼자 30년 동안 염불하였는데, 30년 되는 해 백중 때 극락세계에서 온 용선(龍船)을 타고 극락왕생했다고 한다. 이로부터 선암, 또는 용암으로 불렸다.

보현사 전경

깎아지른 듯 하늘을 향해 서 있었다.

암자는 반쯤 허공에 걸친 듯이 자리하고 있다. 서쪽으로 눈을 크게 뜨고 바라다보니 구름과 하늘에 끝없이 펼쳐져 있는 게 보인다. 오른쪽 가장자리에 있는 하늘이 만든 듯한 석대에 앉아보았다. 바위가 비할 데 없이 깨끗하며 세상과 인연을 끊은 듯 인적이 없다. 수좌승은 이미 타처로 가고 없고 단지 솥과 그릇만 남아 있을 뿐이다. 도량을 두루 보니 서글픈 마음이 일었다. 며칠이라도 여기에서 머물고 싶어졌는데, 문원건이 돌아

양사언의 글씨, 봉래풍악

가기를 재촉한다. 돌아오는 길에 굽이굽이마다 머물며 감상하면서 천천히 내려왔다.

문원건이 당귀(當歸)[76] 열 뿌리 남짓을 캐서 큰 것은 약재로 썼다.

저녁식사 뒤 표훈사로 내려갔다. 시내를 따라 10여 리를 가는데 흘러 떨어지는 폭포와 깊은 못, 그리고 철벽이 그림같이 있다. 향로봉 등 세 봉우리와 금강대(金剛臺)를 지나 만폭동(萬瀑洞)으로 나오니 양봉래(楊蓬萊)*가 쓴 '봉래풍악원화동천(蓬萊楓岳元化洞天)'의 여덟 글자와 김수증(金壽增)**이 팔분체로 커다랗게 쓴 '천하제일석산(天下第一石山)'의 여섯 글자가 보인다.

물이 깊고 돌이 미끄러워 안심이 되지 않아 감상한 즉시 표훈사로 내려갔다. 표훈사[77]에 도착해서 당우를 본 다음에 수승(首僧) 계환(戒環)

76) 참당귀 뿌리. 참당귀는 산형과에 속하는 숙근초(宿根草)로 그 뿌리가 약재로 쓰인다. 민간에서는 당귀의 가는 뿌리로 차를 달여 마시거나 술을 담가 먹기도 한다. 대표적 처방으로 귀용탕(歸茸湯)·사물탕(四物湯) 등이 있다.
77) 강원도 회양군 내금강면 장연리 금강산 만폭동에 있는 절. 598년 백제의 고승 관륵 스님이 융운 스님과 함께 창건했고, 그 뒤 675년 표훈(表訓)·능인(能仁)·신림(神琳) 스님 등이 중창하였다. 고려에서는 원나라 영종 황제가 중창하였다. 조선시대에 와서는 1408년(태종 8) 명나라에서 온 사신 황엄(黃儼)이 이 곳에서 반승(飯僧, 스님들에게 음식 등을 베푸는 행사)을 베풀었고, 1427년(세종 9)과 1432년에도

스님의 방에서 묵었다. 불존승 경잠(敬岑) 스님이 와서 얘기하고 돌아갔다. 오늘 20리를 걸었다. 통구의 노비 기룡이가 속미(粟米)[78] 세 말을 갖고 왔다.

*양사언(楊士彦, 1517~1584)
조선 전기의 문인·서예가. 본관은 청주(淸州). 호는 봉래. 양희수(楊希洙)의 아들로, 형 사준(士俊), 아우 사기(士奇)와 함께 문명을 떨쳐 중국의 소동파 삼형제인 미산삼소(眉山三蘇)에 견주어졌고, 아들 만고(萬古)도 문장과 서예로 이름이 전한다.
1546년(명종 1) 문과에 급제하여 대동승(大同丞)을 거쳐 삼등·함흥·평창·강릉·회양·안변·철원 등 8고을의 수령을 지냈다. 자연을 즐겨 회양 군수로 있을 때 금강산에 자주 가서 경치를 완상하였으며, 이 때 만폭동 바위에 이 글씨를 새겨 지금도 남아 있다.
그의 글씨는 해서와 초서에 능하여 안평대군(安平大君)·김구(金絿)·한호(韓濩)와 함께 조선 전기 4대서가로 일컬어졌으며, 특히 큰 글자를 잘 썼다.

**김수증(金壽增, 1624~1701)
조선시대 후기의 문신·성리학자. 본관은 안동. 호는 곡운(谷雲). 할아버지는 '도끼 상소'로 유명한 김상헌(金尙憲)이다.
1650년(효종 1)에 생원시에 합격하고, 1652년에는 세마(洗馬)가 되었다.
그 뒤 형조정랑·공조정랑을 거쳐 각사(各司)의 정(正)을 두루 역임하였다. 젊어서부터 산수를 좋아하여 금강산 등 여러 곳을 유람한 뒤 기행문을 남기기도 하였으며, 1670년(현종 11)에는 지금의 강원도 화천군 사내면 영당동에 머물 땅을 마련하고 농수정사(籠水精舍)를 지었다. 그 뒤 1675년(숙종 1)에 성천부사로 있던 중, 동생 수항(壽恒)이 송시열(宋時烈)과 함께 유배되자 벼슬을 그만두고 농수정사로 돌아갔다. 이 때 주자(朱子)의 행적을 모방하여 그 곳을 곡운(谷雲)이라 하고, 곡운구곡(谷雲九曲)을 경영하면서 화가인 조세걸(曺世傑)을 시켜 「곡운구곡도」를 그리게 하는 등 글씨와 그림에 관심을 기울였다.
1689년 기사환국으로 송시열과 동생 수항 등이 죽자, 벼슬을 그만두고 화음동(華蔭洞)에 들어가 정사를 짓기 시작하였다.
그러나 1694년 갑술옥사 후 다시 관직에 임명되어 한성부좌윤·공조참판 등에 제수되었으나, 모두 사퇴한 뒤 세상을 피해 화악산(華嶽山) 골짜기로 들어가 은둔하였다.

명나라의 사신 창성(昌盛)·백언(白彦) 등이 반승회를 열었다. 6·25전쟁 때 전각 모두가 불탔다가 그 뒤 중창되었다.

78) 좁쌀.

표훈사 전경

아침식사 뒤에 기룡이는 돌아갔다.

지장암에서 혜쌍 스님이 생밤 약간을 갖고 왔으며, 정양사의 종장 풍열(豊悅) 스님이 와서 내게 시를 주고 갔다. 전주에서 온 쌍헌(雙憲) 스님이 말린 생강 예닐곱 개를 놓고 갔다.

저녁식사 뒤 혜쌍 스님이 돌아가면서 네 가지 물건을 주내겠다고 해서 경복이를 딸려 보냈는데, 그 밖에 잣도 약간 보내주었다. 조영 스님도 역시 한 되를 보내왔고, 김해만이 인편으로 생밤 약간도 보냈다.

저녁에 경인이가 원주 법천 본가에서 와서 이 달 17일에 보낸 편지를 전했다. 손자 사신(思愼)이가 학제(學製)* 초시(初試)에 합격했다 하고, 가중에도 별다른 일은 없다고 전했다.

＊사학학제(四學學製)

조선시대 사학(四學) 유생들의 학업권장을 위하여 생원진사시와 초시 대신 실시하던
시험. 1659년(효종 10)에 사학 및 동재(東齋)의 원점법(圓點法)·제술지규(製述之規)
가 많은 폐단이 있어 폐지하고 학관(學官) 및 겸교수(兼敎授)가 매 계절마다 한 번씩
순회하여 유생을 모아 고강(考講)과 제술시험을 실시하였다. 고강은『소학』과 사서에
능통한 사람을 각 5명씩 선발하였고, 제술은 승보시(陞補試)의 예에 따라 시·부
또는 다른 문장으로 때에 따라 다르게 출제하여 5명을 뽑았는데, 연말에는 4기(四期)
동안 뽑힌 사람을 모아 성균관 및 사학의 관원이 태학(太學)에 함께 모여 합강(合講)하
여『소학』8명, 사서 8명, 제술 8명을 뽑아 생원·진사복시에 부시(赴試)하게 하였다.

8월 26일 흐리고 맑음 | 회양 표훈사

아침식사 뒤 경복이와 경숙이에게 부채 두 자루를 주어 지장암의 조영·
혜쌍 스님에게 드리게 했다.

저녁식사 뒤 운선 스님과 두 아노를 데리고 시내를 따라 올라가 만폭동
입구에 닿았다. 만산홍엽이 사람 얼굴에 비추이니 걸어도 피곤함을 잊는
다. 떨어지는 폭포는 맑고 깨끗하기가 비할 데 없다. 한쪽에 있는 암자를
바라보니 반쯤 허공 사이에 걸린 듯이 멀리 아련히 보인다. 철벽 사이에는
신기루 같은 누각이 걸려 있다.

마침내 옷을 걷어붙이고 온 힘을 다해 낭떠러지를 따라 위로 올라
잠 자는 방을 지나 계단이 딸린 벽으로 돌아내려가 아래로 땅이 없는
곳에 이르니 위험하고 몹시 두려웠다. 겨우 밑으로 내려가니 벽에 굴을
뚫어놓았는데, 동주철삭(銅柱鐵索)을 써서 허공에 떠 있게 받쳐 놓았다.
굴 안에 들어가 보니 자기를 구워서 만든 불상이 있다. 스님이 이 굴을
보덕굴(普德窟)[79]이라고 한다. 그야말로 금벽휘황하다. 잠시 보다가 곧바

---

79) 강원도 회양군 내금강면 장연리 금강산 법기봉 아래 만폭동에 있는 절. 627년(고구
　려 영류왕 10) 보덕 스님이 자연굴을 이용하여 창건했다. 고려에서는 1156년(의종
　10) 중창되었다. 조선에 와서는 1540년(중종 35) 왕실의 지원으로 중수했고, 1808년
　(순조 8)에도 중수했다. 6·25전쟁 때 파괴되었으나 그 뒤 중창되었다. 자연 굴
　형태로 된 인법당은 벼랑의 돌출 부분 위에서 쇠사슬을 내리고 그 밑을 쇠기둥으로
　받쳐놓은 다음 그 위에 판자를 얹어 전각으로 꾸몄다. 또 그 곳에서 조금 아래쪽에

외금강전도

로 나와 표훈사에 돌아오니 날은 이미 저물었다. 오늘 10여 리를 걸었다.

8월 27일 흐린 뒤 갬 | 회양 표훈사

일찌감치 아침식사를 마치고 문원건과 함께 표훈사를 나왔다. 가마 하나가 따라 왔는데 혹은 가마를 타거나 혹은 걸어서 만폭동·보덕굴을 지나 사자암(獅子庵)[80]에 들어섰다. 암자는 훼손되고 무너져 볼 것이

관음상을 봉안한 관음굴이 있는데, 암벽의 서쪽을 파서 만든 석굴이다. 이 관음상은 금강산에서 가장 영험 있는 불상으로 유명했다. 정시한의 보덕굴에 대한 묘사는 지금의 모습과 대체로 일치한다.
80) 금강산 사자봉 아래에 있었던 절.

묘길상 석불상

없어 마하연(摩訶衍)[81]에 갔으나 이 곳도 역시 비어 있다. 다시 서대(西臺)에 오르니 좌우와 앞뒤로 은 같은 골짜기와 옥 같은 봉우리들이 하늘로 솟아 있고, 붉은 잎사귀들은 짙은 빛을 띠고 있다. 그야말로 한 계곡의 경관을 말로 헤아릴 수가 없다.

묘길상(妙吉祥)[82] 석불상[83]과 이허대(李許臺)[84]를 지나 내수점(內水

---

81) 강원도 회양군 내금강면 금강산 만폭동 법기봉 아래에 있는 절. 마하연사라고도 한다. 676년 의상 대사가 창건한 화엄십찰 가운데 하나였다.

82) 묘길상암. 강원도 금강군 내강리 금강산 마하연 동쪽에 있던 절. 신라시대에 창건되었다. 묘길상은 지혜를 상징하는 문수보살의 다른 이름이다. 14세기에 나옹 혜근

보덕굴

스님이 중창했으나 조선시대에 폐사되었다. 절터는 중향성이 끝나는 지점에 있고,
절터 옆에 있는 마애여래좌상은 북한 국보급문화재 제46호로 지정되어 있다.
83) 화개동 바위절벽에 새겨진 마애불상. 높이 40m 절벽에 양각으로 새겼는데, 현재
북한 지역에서 가장 큰 마애불로 알려져 있다.
84) 묘길상 입구에 있는 대. 옛날에 금강산에 유람 온 이씨와 허씨 남자가 여기에서
만나 서로 친구가 되었다고 한다.

岾)85)에 올라서 내금강산을 바라보니 비로봉(毘盧峰)86)과 중향성(衆香城)87) 등의 봉우리가 줄지어 막힘없이 둘러싸고 있다. 여기에 붉은 빛과 푸른 빛이 엇갈려 비추고 있어 마치 구름 비단을 보는 듯하였다.

고개를 올라가니 유점사(楡岾寺)에서 상균(想均)·치원(致遠)·탁심(卓心) 스님 등 일곱 분이 가마 하나를 갖고 와서 기다리고 있어 그것을 타고 곧바로 표훈사로 돌아갔다. 표훈사의 상은(尙訔) 스님 등 여섯 분이 가마를 메고 고개를 내려왔다. 10여 리를 가서 밥을 지어 먹고 쉰 다음에 다시 10리쯤을 가서 은선대(隱仙臺)에 올라가 십이층폭포를 바라보았다. 동쪽으로 아득히 펼쳐져 있는 바깥 산들을 내려다보니 그 진면목이 다 보인다. 붉은 색 비단이 그림같이 삼면에 펼쳐져 있어, 좌우를 돌아보기에 여념이 없었다. 스님이 말하기를 지금 이 때가 감상하며 다니기에는 늦지도 이르지도 않은 가장 적당한 때라고 한다. 하루종일을 가도 붉은 비단이 산 가득히 있으니 풍악(楓嶽)이라는 이름이 실로 빈말이 아니다. 은선대에서 내려와 대적암(大寂庵)88)에 닿았다. 종장 새업(璽業)과 청안(淸眼) 스님이 전부터 아는 사람이라도 만난 듯이 반갑게 맞이해주었다.

탁심 스님은 지리산 안국사의 스님이다. 작년 9월에 짐을 지고 나를 따라 다닌 적이 있는데, 지금 이 곳에서 만나니 매우 기쁘다.

유점사 스님들은 모두 돌아갔다. 저녁에 유점사의 수승 문안(文眼) 스님이 와서 보고 갔다. 오늘 약 50여 리를 왔다.

---

85) 만폭동의 근원.
86) 금강산의 주봉.
87) 금강산의 높고 가파른 산이 열을 지어 선 것처럼 펼쳐진 곳. 중향성이란 불교의 『마하반야경』에 나오는 말로, 고대 인도어를 한자로 음역한 것이다. '담무갈 보살이 거주하는 곳'이란 뜻인데, 남효온(南孝溫, 1454~1492)의 「유금강산기」에 따르면 신라 법흥왕 이후부터 부른 이름이라 한다.
88) 금강산 유점사 서쪽에 있었던 절. 『범우고』에 그 이름이 보인다. 지금은 폐사되었다.

유점사 능인보전

8월 28일 서리가 눈같이 내렸다. 땅이 얼고 물이 얼음이 되었다. 맑았다 | 고성 유점사

아침에 일어나 방문을 열어보니 만산이 홍엽인 것이 비단 병풍을 둘러놓은 듯 밝게 빛나 눈이 어지러울 정도였다.

아침을 먹고 있는데 안변(安邊) 태수의 자제가 유점사에서부터 금강산을 유람하러 왔기에 서로 이름을 대보니 김성호(金性豪)라고 한다. 그 행동거지가 조용하고 겸손한데, 잠시 앉아 얘기하다 돌아갔다.

느지막이 문원건과 함께 출발하여 남암(南庵)[89]을 지나서 허곡암(虛谷庵)에 닿았다. 암자는 새로 지어서 금벽찬란하지만 스님은 없다. 새업

---

89) 신원암(深源庵)의 산내암자.

유점사 전경

스님이 이 곳까지 함께 왔다가 돌아갔고, 청안 스님은 같이 갔다가 부도대(浮屠臺)에서 역시 돌아갔다.

유점사(楡岾寺)*의 문안(文眼) 수승이 나와서 맞이해 주었다. 큰절(유점사)의 산영루(山暎樓)에 잠시 앉았다가 절에 들어갔다. 전각과 누각 등이 사방에 있으니 실로 사찰 가운데서도 크고 멋있는 곳이다.

식사 뒤에 운선 스님과 경복이를 통천의 귀합이네 집에 보냈다. 오늘 약 10여 리를 왔다.

***유점사**(楡岾寺)

강원도 고성군 서면 백천교리 금강산에 있는 절. 사적기에 따르면 4년에 창건되었다고 하여 372년에 처음 들어온 것으로 알려진 일반적인 불교사와 상당히 차이가 난다. 고려시대 1168년(의종 22)에 왕실의 시주로 500여 칸을 중수하였으며, 1213년(강종 2)에도 임금이 중수토록 했다. 조선시대에 들어서서는 1408년(태종 8) 효령대군의 주선으로 왕실의 지원을 얻어 건물 3,000칸을 중건했다. 또 1595년(선조 28) 사명대사가 인목왕후의 도움으로 중건했다. 1636년(인조 14) 불이 나 상당수 건물이 없어졌으나 곧바로 중건했고, 1703년(숙종 29)에도 중창했다. 1759년(영조 35) 불이 났으나 곧이어 중건했다. 1882년(고종 19) 역시 화재로 거의 모든 건물이 없어졌다가 1884년 대규모로 중창했다. 1951년 6·25전쟁으로 모든 건물이 없어졌다가, 근래에 중창되었다. 능인전에 봉안되었던 53불(佛)이 유명하다.

8월 29일 맑음 | 고성 외원통암

아침식사 뒤 문원건은 남고 나 홀로 유점사를 출발했다. 주지 만름(萬凜) 스님과 희진(熙璡) 노스님이 문밖까지 나와 전송해 주었다. 1리쯤 가서 가마를 타고 다시 몇 리를 간 다음 다시 걸어서 두운현(杜雲峴)을 넘었다. 다시 4~5리를 가서 불정대(佛頂臺)[90]에 올라 구정봉(九井峰)과 십이폭(十二瀑)[91]을 보았다. 그런데 크기는 은선대만 못하다.

다시 몇 리를 밑으로 내려가서 불정암(佛頂庵)[92]에 닿았다. 암자 터가 동대(東臺) 위에 있어서 불정대보다 낮지 않다. 이 곳에서 고성(高城)의 주산 및 외원통암(外圓通庵)[93]·송림굴(松林窟)[94] 등을 바라보고 1리쯤

---

90) 금강산 동쪽 기슭에 있는 바위. 『여지도서』에 따르면 고성군에서 서쪽으로 40리 거리라고 한다.

91) 금강산 동쪽에 있는 폭포. 『여지도서』에 따르면 고성군 서쪽으로 100리며, 12층의 폭포가 생기기 때문에 이렇게 불렀다고 한다.

92) 금강산 불정대에 있었던 절. 『범우고』에 그 이름이 보인다. 『동국명산기』에 따르면 원통곶(圓通串)을 지나 십이폭포를 건너면 시냇가 서쪽에 성암암·불정암 등의 암자가 있었다고 한다.

93) 원통사. 『여지도서』에 따르면 고성군의 서쪽 40리에 있었다고 한다. 지금은 폐사되었다.

94) 강원도 고성군 서면 백천교리 금강산에 있던 절. 514년 진표 율사가 창건했다고 하는데, 창건연대와 창건주의 활동연대가 서로 맞지 않는다. 1883년(고종 20)과 1923년에 각각 중건했다. 석굴이 있어서 수행처로 널리 알려졌었다.

가니 원통암의 스님이 마중나와 주었다. 유점사의 새충(璽沖)·새엄(璽嚴) 스님 등을 돌려보내고 원통암 현찬(玄贊) 스님과 함께 박달곶현(朴達串峴)으로 내려갔다. 길이 험하고 급하여 마치 허공에 걸려있는 듯하기도 하고 또 깊은 우물에 들어간 듯도 했다. 7~8리를 들어가면서 백 걸음 걸으면 한 걸음 쉬면서 힘들여 내려갔다. 오송대(五松臺)·풍혈대(風穴臺)를 지나서 산 아래에 내려와서는 가마를 타고 송림굴암(松林窟庵)에 갔다. 송림굴암에는 수십 위의 나한 석상이 늘어서 있는데, 암자는 비어 있었다.

외원통암에 이르니 법주(法柱) 노스님이 맞이해 주었고, 여기에서 잠시 쉬었다. 전라도 강진 만덕산 백련사(白蓮社)의 응안(應眼)·탄오(坦悟)·명윤(明允)·인선(印禪) 등 네 스님은 전에 내산(內山)의 내원통암에서 만났었는데 또 이 곳에서 만나 반갑게 얘기를 나누었다. 송림굴암의 수좌 설심(雪心) 스님은 마흔 살이 넘었는데 오로지 불도에만 전념하는 분이다.

저녁식사 뒤 설심 스님과 함께 보윤암(寶胤庵)으로 가 성름(性凜) 수좌를 만났다. 스님은 됨됨이가 진실하고 굳건하다. 오랫동안 함께 얘기하고 있으려니 마침 발연폭포암(鉢淵瀑布庵)의 유철(維哲) 스님이 왔다. 이 스님은 바로 장안사 여이 스님의 스승으로 불경에 매우 능통한 분이다. 함께 (외)원통암 별방(別房)으로 돌아와 셋이서 함께 도에 관해서 저녁 늦게까지 얘기했다.

원통암에 재가 있었는데 어두워진 뒤에 모두 돌아갔다. 밤에 종과 북을 울리며 밤까지 불사를 한다. 오늘 25~26리를 왔다.

9월 초하루 흐림 | 고성 외원통암

아침 일찍 일어나 절의 스님이 차려준 떡과 과일 등 재식(齋食)을 먹었다.

식후에 전라도에서 온 스님 네 명과 유철 스님은 돌아갔고, 나는 설심 스님과 함께 보윤암에 가서 성름 스님과 얘기했다.

설심 스님이 돌아간 다음 피곤해서 누워 있는데 성름 스님이 산과일을 내왔다. 저녁에 성름 스님은 큰절에 재가 있어 나가시고 나 홀로 조실에 묵었다. 도성암(道成庵)95)에 가보았으나 비어 있었다.

9월 2일 흐리고 안개가 꼈으며, 저녁에는 비가 내렸다 | 고성 발연사

아침에 큰절에 가니 스님이 재식을 차려주어 먹은 뒤에 길을 떠났다. 성름 수좌, 설심 스님 및 절의 모든 스님들과 작별하였다. 법뢰(法瑠) 수좌스님은 서른 살이 넘었는데 홀로 가마꾼과 함께 따라왔다. 10여 리를 가서 효양곶현(孝養串峴) 밑에 이르러 가마에서 내렸다. 가마꾼더러 가마에 줄을 연결해 앞에서 끌고 뒤에서 밀게 했다. 열 걸음에 한 걸음은 쉬어가며 겨우 고개를 오르니 등이 땀으로 흠뻑 젖었다. 고개 위에 발연사(鉢淵寺)96)의 스님 여섯 명이 가마를 준비해서 기다리고 있었다. 대(臺) 위에서 잠시 앉아 쉬는데 구름과 안개로 사방이 온통 막혀 멀리 볼 수가 없었다. 법뢰 스님 및 원통암에서 가마꾼으로 따라 온 서현(瑞賢) 스님 등 네 명은 인사하고 돌아갔다. 고개가 험하고 급한 것은 박달곶 만하다. 홍치재(洪耻齋)*가 이 곳을 '소인곶(小人串)'이라고 부른 것은 박달갑에 비하면 삼분지일 정도이기 때문일 것이다.

반은 가마를 타고 반은 걸어서 발연사**에 닿았다. 절은 경신년(1680)에 산불로 모두 불타 없어져 다시 새로 중창했으나 아직 단청은 하지 않은 상태다. 이 절은 바로 진표(眞表) 율사가 세운 도량이다. 좌우의 봉우리가 아주 가깝게 있어서 고개를 들어야 한이 보인다. 하지만 청룡좌의 입석은 기기하며, 앞에 있는 시내의 폭포와 반석은 절승이다.

저녁식사 뒤 수승 쌍름(雙㴽) 스님과 함께 폭포의 백석(白石)을 보러

---

95) 강원도 고성군 박달산(朴達山) 원통암 동쪽에 있었던 절. 『범우고』에 그 이름이 보인다.
96) 강원도 고성군에 있던 절. 『여지도서』에 따르면 고성군 서쪽 30리에 있었다고 한다.

갔다. 흐르는 물을 따라 천천히 걸어가며 감상했다. 쌍름 스님이 상좌 처영(處英) 스님을 시켜서 물 위를 달리는 시범을 여러 번 보여주었다. 물 흐름을 따라 날아가듯이 가는데 좌우로 빙빙 돌아가며 가도 기술을 완전히 익혀서 전혀 넘어지지 않았다.97)

시범을 다 본 다음 바위를 따라가 폭포암(瀑布庵)98)에 이르렀다. 취탕 (取湯) 종장스님과 보택(寶澤) 스님이 맞이해 주었는데 이 두 분은 어제 원통암에서 만났었다. 유철 스님도 역시 환영해 주었다. 잠시 앉아 있다가 냇가의 입석 있는 곳으로 내려가니 양봉래가 커다란 글씨로 쓴 '봉래도(蓬萊島)' 세 글자가 새겨져 있다.

큰절에서 묵었다. 오늘 약 25리쯤 왔다.

***치재 홍인우**(耻齋 洪仁祐, 1515~1554)
조선 중기의 학자. 본관은 남양(南陽). 호는 치재. 아버지는 첨지중추부사(僉知中樞府 事)를 지낸 홍덕연(洪德演)이며, 어머니는 용인이씨(龍仁李氏)로 이사량(李思良)의 딸이다. 서경덕(徐敬德)·이황(李滉)의 문인이다.
1537년(중종 32) 사마시에 합격하였으며, 성리학에 조예가 깊어 당시 명인들과 학문 을 논의하였다. 노수신(盧守愼)은 학문하는 중에 의심나는 것이 있으면 서신이나 말로 물었고, 김안국(金安國)도 그의 학행을 칭찬하였다고 한다. 어버이의 병환으로 의서를 배워 약의 처방을 알았다. 뒤에 영의정에 추증되었고, 경기도 여주의 기천서원 (沂川書院)에 배향되었다. 저서로『치재집』2권과『관동일록(關東日錄)』이 있다. 정시 한이 말한 대로 효양곶현을 소인곶이라 한 것도 이『관동일록』에서다.

****발연사**
강원도 고성군 외금강면 용강리 금강산 미륵봉 동쪽에 있던 절. 본래 이 자리는

---

97) 이 부분은 쉽게 이해되지 않는다. 물 위를 걷는 시범인지, 혹은 물속이라도 빠르게 가는 방법인지 확실히 알 수는 없지만, 어쨌든 보통 볼 수 있는 일이 아니라 놀라울 뿐이다. 정시한은 8월 29일 저녁에 설심 스님, 성름 스님과 함께 도(道)에 관해 얘기를 나눌 정도로 도에 관심이 많았는데, 아마도 이 날의 시범은 정시한을 위해서 도를 수행한 사람들의 기술을 보여주었던 모양이다.
98) 금강산 발연사 서쪽에 있던 절.『범우고』에 그 이름이 보인다. 발연폭포 위쪽에 있었다.

발연사가 창건되기 전에 진표 율사가 참회법을 통해 미륵보살로부터 간자(簡子, 부처
님의 말씀이 담긴 대나무 책)를 받았던 곳인데, 그 뒤 770년(혜공왕 6)에 진표 율사가
절을 지었다. 미륵봉 동쪽에 발연이라는 못이 있는데 주위의 바위 모양이 마치 엎어놓
은 밥그릇 같다고 하여 붙여진 이름으로, 발연사라는 절 이름도 이 못과 관련되어
붙여졌다. 진표 율사는 이 곳에서 입적했고, 『삼국유사』에는 진표 율사의 사리가
있었다고 기록되어 있다. 조선시대에 들어와 1657년(효종 8) 불이 났으나 1659년
중창되었다. 그런데 정시한의 기록처럼 1680년에 화재가 났다는 것은 전혀 알려지지
않은 사실로, 이 기록은 발연사의 역사에 중요한 사료가 된다. 정시한은 "아직 단청되
지 않았다." 하였는데, 이로 볼 때 그 화재 이후 정시한이 방문했던 1687년 9월에서
얼마 안 된 때에 중건된 것으로 생각된다.

9월 3일 흐린 뒤 갰다 | 고성 발연사

아침식사 뒤 반석에 앉아 폭포를 보았는데 돌은 희고 흐르는 물은
푸르른 것이 정말 볼 만하여 일어날 줄을 몰랐다.

오후에 취탕·보택·응성 스님 등과 함께 폭포암에 올라가서 서로
얘기하였다. 저녁식사 뒤에 다시 반석에 내려와 앉아 있다가 날이 어두워
져서야 큰절에 돌아왔다.

극선(克善) 스님이 군밤 10여 개를 주었다.

종일토록 바위를 가까이 했더니 냉기가 몸에 배어 편치 못했는데, 잠자
리에서 편안히 쉬어 기운을 회복했다. 저녁에 취탕 스님이 왔다 보고
갔다.

9월 4일 맑음 | 고성 발연사

아침식사 뒤 극선 스님, 경숙이와 함께 계곡 입구로 내려가 1리쯤 가서
허공교(虛空橋)99)를 건너 발연에 닿았다. 여러 골짜기의 물이 계곡 위로
모아지며 양쪽의 산이 서로 만나 돌문 하나를 만들었다. 그 사이에 오층으

---

99) 허공교란 곧 홍예교(虹霓橋)를 말하는 듯하다. 홍예교는 일명 무지개다리라고
　　하여 교각 없이 무지개처럼 놓이므로 마치 허공에 뜬 것처럼 보였을 것이다. 발연사
　　의 홍예교는 고려시대에 쌓은 것으로 전체 길이 8.55m에 달한다.

발연사 무지개 다리

로 된 폭포와 오층으로 된 석담(石潭), 그리고 돌절구가 있다. 주위에는
양쪽에 마치 깎아 놓은 듯한 절벽이 있다. 반석은 매끈매끈하며 윤기가

돌았고, 물 빛깔은 맑고 밝은 것이 일찍이 못 보았던 것이다. 홍치재는
이 곳이 구룡연(九龍淵)과 백중하다 했으니 구룡연의 경승도 알 만하겠다.
구룡연에 못 가본 것이 매우 한스럽다. 아래 위를 거닐며 감상하다 보니
오후가 되어서야 절에 돌아왔다.

저녁식사 뒤 다시 극선 스님과 함께 불사의암(不思議庵)[100]으로 올라갔
다. 폭포 있는 곳을 들러서 고원을 올라 손으로 돌계단을 잡고 올라갔다.
대 위에 올라가 앉아서 바라보니 석양녘 바다에 떠있는 돛단배가 무수히
보이므로 오랫동안 앉아 감상하였다.

다시 1리쯤을 오르니 판잣집이 있는데 스님은 아무도 없다. 산속 깊은
곳에 위치해 있어 참으로 좋은 곳이다. 서남쪽의 석봉은 허공을 밀치고
있는 듯하고, 다시 계곡을 바라보니 깊고 험한 것이 마치 선인이 사는
곳인 듯하여 가보고 싶었으나 가지 못했다. 날이 저물고 있어 폭포암에
내려와 앉아 있다가 어두워진 뒤에야 절에 돌아왔다.

문원건이 계곡 입구 마을에 도착한 채 올라오지 않고 후립이와 경복이를
나한테 보내어 내일 아침 일찌감치 내려와 달라고 전한다.

오늘 약 10리를 왔다. 계집종의 남편 김근립(金近立) 역시 왔다고 한다.

9월 5일 흐리고 밤이 깊은 뒤에 비가 내렸다 | 통천 조진역

아침 일찍 후립이를 먼저 보내 말에 먹이를 주며 기다리라고 했다.
아침식사 뒤 두 노비 아이와 함께 절을 떠났다. 쌍름·선중(善仲) 스님과
절에서 작별하고 극선 스님이 함께 따라나서므로 그냥 들어가게 했다.
극선 스님은 상좌인 처우(處祐) 스님도 함께 보냈는데, 사람들과 말이
기다리는 곳에서 돌아가게 했다. 취탕 종장 스님은 폭포암에서 절 아래까
지 나왔다.

발연암(鉢淵庵)을 지나며 잠시 앉아서 경치를 바라보다 걸어서 6~7리

---

100) 금강산에 있던 절. 상·중·하 불사의암이 있었다고 한다.

를 가니 노비와 말이 기다리고 있었고, 다시 3~4리를 가서 마을에 닿았다. 문원건이 맞이하였다. 집 주인인 최암회(崔巖回) 옹이 닭을 잡고 술을 권하였으며, 문원건도 함께 권한다.

구룡추(九龍湫) 하류를 곧바로 4리쯤 걸어가서 옹천(瓮遷)[101]에 닿았다. 이 곳은 바다에 닿아 있어 매우 위태롭다. 가장자리에 있는 커다란 바위에 올라 바다를 바라보니 바다와 하늘이 망망하여 내 흉금이 탁 트였다. 어촌에서 밥을 지어먹고 걸어서 20여 리를 가서 어두워진 뒤 조진역(朝珍驛)[102]에서 묵었다.

오늘 약 60여 리를 왔다.

9월 6일 새벽부터 밤까지 비가 종일 내렸는데 밤에는 더욱 많이 내렸다 | 통천 조진역

통천(通川) 태수 최선(崔瑄)이 군기(軍器)를 만드는 일로 연립이를 재촉하러 왔다가 마침 이 역에 들르게 되었는데, 어제저녁에 모습을 나타냈다. 근립이는 비를 무릅쓰고 먼저 갔고, 나는 비 때문에 여기에 남았다.

9월 7일 어젯밤부터 큰 비가 내리다 오후가 되어서야 다소 그쳤다. 흐렸고 종일 비가 내렸다 | 통천 조진역

오후에 문원건이 통천 태수를 찾아갔다. 태수는 쌀 한 말과 선물 약간을 보내왔다. 저녁 때가 되어 태수가 왔다갔으므로 문생을 보내 사례했다.

9월 8일 새벽에 바람이 크게 불며 어두웠고 밤에 비가 내렸다 | 통천 귀합이네 집

새벽에 말을 준비하여 밝기를 기다렸다가 태수에게 찾아가 감사했고

---

101) 강원도 통천군에 있는 관방(關防) 시설.『여지도서』에 따르면 관문 남쪽 70리라고 한다.
102) 강원도 통천군에 있던 역.『여지도서』에 따르면 관문에서 동남쪽으로 55리라고 한다.

태수는 통천군으로 돌아갔다.

나도 문원건과 함께 바로 이어서 길을 떠나 5리쯤 가서 큰 냇가에 닿았다. 태수는 이미 내를 건너 건너편 냇가에 앉아 가마를 놓고 우리를 기다리고 있었다. 나와 문원건은 가마를 타고 내를 건넌 다음 먼저 출발해 다시 10리쯤 가서 바닷가에 닿았다. 바람이 더욱 심하게 불어와 사람과 말이 모두 쓰러졌다. 눈 같은 파도가 물을 흩뿌리며 하늘에 맞닿을 듯 솟아올랐다가 우레 같은 소리를 쏟아내는 모습은 평생의 장관이었다. 파도가 치면서 물보라를 만들며 우리의 옷과 얼굴을 적셔 입 안이 찝찔하였다.

수십 리를 가서 솔숲에 들어서니 바람을 막아주어 사람과 말이 잠시 안정을 취하였다. 다시 10리쯤 가서 솔숲을 나오니 바람이 더욱 급하게 인다. 읍내에 닿아 보니 민가와 관사가 매우 조리 있게 배치되어 있는데 제법 부유해 보인다. 태수는 우리더러 읍내에서 머물라고 했으나 그대로 서쪽으로 가서 귀합이네 집으로 갔다.

저녁식사 뒤 계집종의 남편 근립이를 태수에게 보내어 사례했다. 또 문원건도 보내어 태수를 만나도록 했는데, 태수가 그를 앉혀 두고 거문고를 듣고 있다고 한다.

9월 9일 새벽부터 밤까지 비가 내렸고 또 바람도 불다가 밤이 되어서야 비가 그쳤다. 계속 이 곳에서 머물렀다 | 통천 귀합이네 집

9월 10일 흐린 뒤 갰다 | 통천 귀합이네 집

식사 뒤에 말을 돌보았다. 전길남(全吉男)이가 와서 짐말을 손 보았는데, 뒷다리에 젓가락 같은 침을 놓으니 피가 낭자하게 흘렀다.

사람을 보내어 문원건을 맞이하여 오라고 하고 나는 느지막이 총석정(叢石亭)*에 갔다. 총석정을 감상하는 도중에 문원건을 만나 10여 리를 가서 커다란 내를 건넜다. 태수가 피리 부는 아이 만숙(萬宿)이와 거문고

총석정

타는 사람 강세윤(姜世尹)을 문세건에게 딸려보냈다.

　총석정에 이르러 대에 올라보니 새로 짓고 꾸며놓았는데 바로 지금의 태수가 지은 것이다. 바다 속에는 육면석(六面石)이 모여져 봉우리 열 개가 있다. 아래위를 두루 바라보았다. 하늘과 바다가 끝이 없이 열려 있고, 바람이 일어 파도가 넘실대며 바위에 부딪혀 흰 파도가 수십 길이나 높이 솟아올라 무지개를 만들어내곤 하며, 소리 역시 우레처럼 크다. 실로 장관이었다. 석봉의 기괴함과 경치의 뛰어남은 홍치재가 이미 말한 바 그대로였다. 피리를 불고 거문고를 타며 흥취를 돋우었다.

밥을 지어 먹어 허기를 달랜 다음에 북대정(北臺亭)으로 자리를 옮겨 내려가 보니 정자는 바야흐로 단청을 하는 중인데 아직 다 마치지 못했다. 석봉을 바라보니 매우 기이하고 시야가 넓게 트였으나 광활함은 남정(南亭)에 미치지는 못한다.

어두워지기 시작하여 달이 뜰 무렵에 돌아왔다.

***총석정**(叢石亭)

강원도 통천군 고저읍 통천리에 있는 정자. 고저읍의 동쪽, 동해에 돌출한 해식애(海蝕崖) 지대에 있으며 그 아래 바닷속에 구릿빛으로 그을린 육각형의 현무암 돌기둥이 여러 개 총립(叢立)하여 절경을 이룬다. 높이가 100척이 넘는 돌기둥도 있다. 가장 대표적인 곳이 사선대(四仙臺)로, 본래 총석정은 이 곳의 경치를 구경하기 위해 바위 위에 세운 정자의 이름이었으나 훗날 이 일대의 자연절경을 빚어내는 기암들을 통칭하고 있다.
동해안 800리에 걸쳐 아름다운 경관이 늘어서 있는 가운데 총석정의 절경이 가장 뛰어나 관동팔경(關東八景) 중 첫 번째로 소개되고 있다. 이러한 바위기둥 모습은 서 있는 상태[立叢], 비스듬이 누워 있는 상태[臥叢], 주저앉은 모습[座叢]이 있다. 옛날 신라시대 화랑 4인이 이 곳에서 푸른 바다와 기암절경을 감상하고 풍류를 즐겼다고 한다. 그들이 머물렀던 자리에 비석이 있고, 이 곳의 큰 바위 기둥을 훗날 사선봉(四仙峰)이라 불렀다 훗날 바위 언덕에 고려 후기의 권세가 기철(奇轍, ?~1356)이 정자를 세우고 동해를 굽어보며 지었다는 총석정가라는 가요가 있으나, 전하지 않는다. 조선조에는 남쪽에 환선정(喚仙亭)이 있었다. 근대까지 있었던 정자는 본래의 자리에서 남쪽 1km 지점에 세운 것이다. 현재 북한의 명승지 제13호, 천연기념물 제214호로 지정되어 있다.

9월 11일 맑음 | 안변 기래촌 엄사립네 집

일찍 식사를 한 다음 연립이와 문원건과 함께 길을 떠났다. 20리를 가서 문치(門峙)를 건너고 솔숲을 지나서 흡곡(歙谷)[103] 읍내에 닿았다.

읍내에서 밥을 지어먹고 쉰 다음에 다시 5리 남짓 가서 시중대(侍中臺)[*]에 올랐다. 좌우전후 20여 리에 산이 둘려져 있는데 곧바로 호수 속으로 뻗어 들어가 대(臺)를 이루고 있다. 앞에는 너른 바다에 임해 있고 좌우로는 산이 감싸고 있으며 앞에는 모래언덕이 광활하다. 깔끔하면서도 광활함을 아울러 갖추고 있다. 오랫동안 바라보다 내려와서 바닷가를 지나 작은 고개를 넘고 커다란 내를 건너 돌아왔다. 안변 땅 기래촌(其來村)의 엄사립(嚴士立)네 집에서 묵었다.

오늘 약 50리를 왔다.

***시중대**(侍中臺)

강원도 통천군 동해 연안에 있는 정자로, 시중호(侍中湖)라는 호수를 끼고 있으며, 높은 바위에서 내려다보는 호수의 경관이 일품이다. 관동팔경을 북쪽에서 시작하여 헤아릴 때에는 시중대를 꼽기도 한다. 시중호는 북한이 지정한 자연경승지 제14호 및 천연기념물 지리부문 제212호로서 본래 작은 만이던 것이 모래톱(사주 또는 사취)에 의해 만 어구가 막혀 만들어진 것이다.

시중대에서는 잔잔한 시중호와 바닷가 백사장, 바다에 떠 있는 천도(穿島)·난도(卵島)·우도(芋島)·승도(僧島)·송도(松島)·석도(石島)·백도(白島) 등 7개의 작은 섬들까지 한눈에 들어오는 곳에 세워져 있다.

전해오는 이야기에 따르면, 조선 전기에 수양대군을 도와 왕위에 오르도록 힘을 기울였던 한명회(韓明澮, 1415~1487)가 강원도관찰사로 있을 때 이 곳에서 연회를 자주 베풀었다고 한다. 어느 날 이 곳에서 한창 술자리를 즐기고 있는데, 우의정에 임명되었다는 소식을 들었다. 이 때문에 이곳을 시중대라고 부르게 되었다. 시중(侍中)은 고려시대의 관직명으로 조선시대의 우의정에 해당한다.

9월 12일 맑음 | 안변 이호유네 집

수리가 새벽부터 토하고 설사하며 아프므로 남아서 조리하도록 하고 또 거문고도 남겨 두었다.

아침식사 뒤에 길을 떠나 작은 고개를 넘어 학포(鶴浦)[104]에 닿았다.

---

103) 강원도 통천군 일대.
104) 강원도 안변군에 있는 지명. 『여지도서』에 따르면 안변부 동쪽 60리라고 한다.

사방이 산으로 둘러져 있고 들판도 네모지고 반듯한 것이 마치 별세계 같다.

다시 고개 하나를 넘으니 사봉(沙峯)[105]·원수대(元帥臺)[106]·작도(鵲島)·율도(栗島) 등이 커다란 호수 가운데에 그림자를 드리우고 있다. 호숫가는 깨끗하고 맑아 마치 신선이 노니는 세계 같다. 호수를 따라 4~5리를 가서 사봉을 넘어 원수대에 닿아 말 안장을 내려 말을 풀고 후립이와 연립이 등을 보내어 마을에서 밥을 짓게 했다. 또 나루터에 있는 마을에 가서 배를 탈 수 있는지, 또 파도가 잔잔한지 여부를 알아보게 했다. 국도(國島)[107]를 보고 싶었기 때문이다.

원수대에 올라가 보니 꼭대기에 정자 터가 있고 솔숲이 울창하다. 서북쪽으로 옥 같은 사봉이 있는데 호숫가의 흰 모래는 마치 눈 같다. 호수 주위는 60~70리인데 물과 섬이 어우러져 맑은 거울에 비추고 있다. 신선 세계에 들어선 것 같이 맑고 그윽하다. 주위를 배회하며 경치를 바라보고 있으려니 문원건이 퉁소 몇 곡을 분다.

한참 동안 앉아 있었는데 어떤 사람이 관을 쓰고 모래밭을 걸어오므로 경숙을 시켜 오게 하여 통성명 하여 보니 이름은 이호유(李好遊), 자는 완숙(翫叔)이며 경진생(1640)이라 한다. 스스로 말하기를, 처음에는 이곳에서 80~90리 떨어진 안변 사동(巳洞)에 살았는데 이 곳의 맑은 경관이 좋아 몇 년 전부터 군산(君山)[108]이라는 산에 머물고 있다고 한다. 그

---

105) 강원도 안변군에 있는 봉우리.『여지도서』에 따르면 안변도호부 동쪽 45리로, 바람에 모래가 실려와 기이한 봉우리를 만들었고, 그 반쯤은 호수로 들어갔다고 한다.

106) 강원도 안변군에 있는 대.『여지도서』에 따르면 학호(鶴湖) 속에 있으며, 옛날에 병마사가 이 곳에 와서 놀고 갔기 때문에 그렇게 불렀다고 한다.

107) 강원도 안변군에 있는 섬.『신증동국여지승람』에 따르면 안변도호부 동쪽 60리에 있다고 한다.『여지도서』에는 군산(君山) 북쪽 바다로 10리에 있다고 되어 있다.

108) 강원도 안변군에 있는 산.『여지도서』에 따르면 중국의 유명한 명승지 동정호(洞庭湖)와 견줄 만하다고 하여 이렇게 불렀다고 한다.

곳은 호숫가에 있는 커다란 봉우리로 동북쪽에서부터 호수 중심으로 잘려 들어가 사봉과는 정반대쪽에 있는데 경치가 기이하고 뛰어나 앞으로 노후를 이 곳에서 보내려 한다고 한다.

　잠시 뒤에 연립이 돌아와 말하기를, 배도 있고 파도도 잔잔하여 국도를 볼 수 있으리라고 한다. 이 형과 함께 유람하기로 약속하고 마을에 가서 밥을 지어먹고 쉬었는데 이 형도 역시 같이 왔다. 동북쪽으로 5~6리를 가서 갯마을에 이르러 배를 타고 바다로 나아갔는데, 뱃사람 네 명이 노를 저어갔다. 배는 빠르게 움직여 10리쯤 가서 국도에 닿았다. 이 섬은 너무 크지는 않다. 천불석(千佛石)에 이르러 병풍금(屛風錦)에 들어가 배를 멈추고 섬을 감상했다. 섬의 삼면이 전부 육면석(六面石)으로 묶여져 철병(鐵屛)을 이루고 있는 것이 웅장하고 기괴하여 말로 다할 수가 없다. 총석정과 비슷한 것으로 생각되었다. 아이들이 장난삼아 노를 저어 섬 뒤를 지나가게 되었는데 가면 갈수록 더욱 더 기이하였다. 섬 가장자리에 돌이 쌓여서 마치 병풍처럼 된 것이 있는데, 돌이 차례대로 포개져 있는 것이 우물을 쌓은 것처럼 어긋남이 없다. 노를 저어 앞면으로 가보니 탁 트여 있고 아무것도 감싸 안고 있지 않아 잡초도 없다. 다만 전죽(箭竹)[109]만이 사철 청청할 뿐이다. 문원건이 말하기를 금강산보다 낫고 천하에 둘도 없는 경승이라고 한다.

　이호유가 생밤을 꺼내며 말하기를 수질(水疾)[110]을 낫게 하는 데 좋다고 한다. 다 둘러보고 노를 돌렸는데 날은 이미 저물려 하고 있다. 우리

---

109) 대나무의 일종. 일본 원산으로 일본인들이 북진정책의 일환으로 우리나라 제주도와 남부지역에 식재(植栽)한 대나무로 높이 5m, 지름 5~15mm에 달한다. 원줄기가 곧고 마디 사이가 길며 마디 두께가 얇고 윗부분과 아랫부분이 거의 일정하다. 이 대나무의 재료는 낚싯대·담뱃대·붓대, 그리고 여러 가지 죽세공의 재료로 사용된다. 또한 울타리, 특히 해안가의 울타리에 적당하다고 한다. 우리나라에서는 제주도에서도 자란다. 이렇게 쓰임새가 많아 조선시대에는 지방에서 서울에 올리는 진상품이 되기도 했다.

110) 뱃멀미.

세 사람은 서둘러 돌아와 이호유가 권한 대로 그의 집으로 갔는데, 저녁을 푸짐하게 차려주며 술과 과일안주를 내놓는다. 그의 동생인 이호윤(李好潤)과 사위 한재구(韓在耉)가 나와 인사하는데 스물세 살로 이번에 그의 장인과 함께 회시(會試)[111]를 보러 갔으나 아쉽게 합격하지 못했다고 한다. 그러나 향시(鄕試)[112]에는 무릇 세 번이나 합격하였고, 사서삼경에 못 외우는 것이 없다. 사람 됨됨이도 중후하여 가히 정자(正字)[113] 벼슬은 할 만한 사람이다. 이호윤 역시 바닷가에 사는 어진 주인이다.

달밤에 서로 손을 잡고 천천히 걸어서 사봉에 갔는데 문원건은 퉁소 여러 곡조를 불었다. 밤이 깊어서야 돌아와 이호유의 집에서 묵었다.

오늘 약 30여 리를 왔다.

9월 13일 흐림 | 근립이네 집

새벽에 일어나 일찌감치 출발할 준비를 했다. 이호유가 흰죽을 끓여주었는데 노비들에게도 두루 다 주었다. 막 떠나려 하는데 섭섭한 마음이 들어 이호유가 정표로 작은 모자 하나를 주기에 누차 사양했으나 결국 받고 말았다.

마침내 이별하고 길을 떠났다. 사봉을 건너며 흰 모래를 밟고 5~6리를 갔다. 사봉과 원수대를 돌아다보니 옛사람이 말한 "고향 사람과 이별하는 듯하다."는 말이 바로 맞는 것 같았다.

엄사립네 집으로 돌아오니 수리의 병에 차도가 있어 아침식사 뒤에

---

111) 문무과 과거의 초시(初試) 합격자가 서울에 모여 중앙정부가 내는 시험을 치르는 것.
112) 지방에서 보는 과거시험. 여기에서 합격해야 회시 등 중앙정부에서 보는 시험을 치를 수 있다.
113) 조선시대 홍문관(弘文館)·승문원(承文院)·교서관(校書館) 등에 속했던 정9품 관직. 주로 문장과 도서에 관련된 업무를 보았으므로 학문과 문학에 조예가 있어야 했디.

함께 떠났다. 주인이 큰 배 두 개를 내놓았다. 주인의 아들로 승려가
된 계명(啓明) 스님은 신해생(1671)인데 매우 사랑스럽다.

문치(門峙)에서 말을 쉬게 하며 배를 먹었다. 날이 저물려 하므로 근립이
네 집으로 돌아왔다.

오늘 약 70여 리를 왔다.

9월 14일 맑음 | 근립이네 집

느지막이 고성(高城) 군수가 읍내로 온다는 말을 들었다. 편지를 써서
통천 태수에게 보내 아들 사신이의 소식을 물어보았더니 답장이 왔는데
양장(兩場)114)에 전부 합격했다고 한다.

말발굽을 끼우고 행장을 꾸렸지만 짐말이 병 들고, 또 문원건의 말도
병들어 배가 누렇고 뒷걸음질하므로 16일에 떠나기로 했다. 후립이의
어머니가 병들었다고 하여 돌아가고 싶어하므로 속히 돌아가라 했다.
집에 편지를 써서 새벽에 갖고 가게 했다.

9월 15일 흐림 | 근립이네 집

연립이가 갯마을에 갔다.

통천 태수가 와서 잠시 있다가 돌아갔다.

연립이가 오후에 돌아와 문원건, 연립이와 함께 곧바로 금란굴(金爛
窟)115)을 가서 보았다. 읍내를 지날 때 문원건을 보내 통천 태수에게

---

114) 대과(大科)에서 1차 시험인 초장(初場)과 2차 시험인 중장(中場)을 합해 이른 것.
　　 초장에서는 경서를 암송하며, 중장에서는 시부(詩賦)를 짓는다. 정사신은 이 해
　　 1687년에 본 식년(式年) 과거에서 진사와 생원 양장에 합격하였다.
115) 강원도 통천군 금란리에 있는 해식(海蝕) 동굴. 1980년 1월 북한 천연기념물 제215
　　 호로 지정되었다. 길이 16m, 높이 5~7m, 너비 4~5m며, 현무암이 오랜 세월
　　 파도에 침식되어 이루어진 동굴이다. 연대봉(蓮臺峰)의 해안 절벽에 있는 이 동굴은
　　 입구에서 안으로 들어가면서 크기가 점점 작아진다. 막장의 동굴벽에 있는 아름다
　　 운 돌무늬는 마치 부처님의 옷을 연상하게 한다. 동굴 바닥에는 성게 · 노래기 · 열

감사의 뜻을 전하니 군수는 피리 부는 아이 만숙이를 보내주었다.

　금란산(金爛山)[116] 밑에 이르러 배에 올라 거문고를 타고 피리를 불었다. 배는 물길을 잘 타면서 바닷가를 따라 돌아갔다. 바위들이 마치 벽처럼 주위에 둘러서 있으면서 바다에 면한 언덕에 기묘한 봉우리를 만들기도 하였고, 혹은 따로 떨어져서 공중에 꽂혀 있는 것 같기도 하였다. 굴 밑에 이르렀는데 아주 깊지는 않아서 노를 저어 그 가운데로 들어가 보니 좌우의 벽들이 모두 하나로 묶여 있고 그 위 텅 비어 있는 곳에는 돌들이 쌓여 있어 금방이라도 떨어져 내릴 것 같아서 겁이 나 서둘러 나왔다. 아래 위를 두루두루 감상하였다. 뱃사람 전주거(全注擧)라는 사람이 긴 작대기로 생복(生鰒)[117] 여러 마리를 낚아 주었다.

　경치를 감상하며 즐거워하였는데, 그 뛰어남이 총석정에 버금 갔다. 오랫동안 노를 저어 뭍으로 나왔는데 사공이 말하기를, 평소 지금처럼 바람이 조용하고 파도가 잔잔하기가 쉽지 않다고 한다.

　말을 돌려 돌아오니 날은 벌써 저물었다. 통천 태수가 연립이를 시켜 자반 두 통을 보내왔다.

9월 16일 흐림. 오후에 비가 내렸다 | 고성 김덕량네 집

　식후에 아이 노비 두 명과 연립이와 운선이더러 짐을 지게 하고 길을 떠났다. 30리쯤 가서 내산(內山)[118]에 이르러 물방앗간에서 밥을 지어 먹고 쉬었다. 마침 장안사의 일축(一竺) 스님이 지나가므로 내산의 소식을 물으니 말하기를, 정양사와 지장암에 도적이 들어 불기(佛器) 및 승물(僧物)을 도둑맞았는데, 지장암의 혜쌍 스님의 경우는 더욱 심하여 하나도

　기 등이 서식한다. 입구 주변에는 수많은 바닷새가 서식하고 있기 때문에 예로부터 관음보살의 진신(眞身)이 거처하는 곳이라고 구전되어 왔다.
116) 강원도 통천군의 산.『여지도서』에 따르면 통천군의 동쪽 12리에 있다고 한다.
117) 익히지 않은 전복.
118) 내금강산.

남김없이 도둑맞았다고 한다.

운선이를 돌려보내고 다시 20리를 갔는데 흐리면서 안개가 더욱 심해지고 가랑비까지 내려 옷이 젖어 말을 몰아 조진역의 옛 주인 김덕량(金德良)네 집으로 찾아갔다.

오늘 약 50여 리를 왔다.

방백(方伯)[119]이 추지령(楸池嶺)[120]에서 통천으로 순찰하느라 왔으므로 관아의 하인 및 역의 사람과 말이 밤늦도록 왕래하였고, 주인이 밤에도 잠을 못 이루고 있다.

9월 17일 흐림. 밤에 비가 내렸다 | 고성 몽천암

새벽에 떠나서 40여 리를 가 양진역(養眞驛)[121]에서 밥을 지어먹고 금강산 구룡동(九龍洞)의 골짜기를 바라보니 구름과 노을이 생겼다가 없어지며 옥 같은 봉우리들이 수려함을 뽐내고 수십 리 밖에 나열해 있는 것이 보인다. 마치 다시 정양사의 동각(東閣)에 올라가 있는 듯하였다.

조망하고는 내려와 또 20여 리를 가서 삼일포(三日浦)[122]에 닿았다.

여기에서 길이 갈라지므로 문원건더러 짐말 및 수리·연립 등을 데리고 바로 읍내로 들어가 사람과 말이 쉴 만한 곳을 찾으라하고는 나는 말을

---

119) 관찰사.
120) 함경도와 강원도의 경계가 철령(鐵嶺)인데, 그 아래쪽으로 추지령(楸池嶺)을 비롯하여 금강산·연수령(延壽嶺)·오색령(五色嶺)·설악산·한계산·오대산·대관령·백봉령(白鳳嶺)으로 이어지고, 마지막으로 만든 커다란 산이 태백산이다.
121) 강원도 고성군에 있던 역.『여지도서』에 따르면 관문에서 서쪽으로 25리라고 한다.
122) 강원도 고성군 삼일리(三日里)에 있는 호수. 둘레 4.5km. 관동팔경의 하나. 신라시대 때 영랑(永郎)·술랑(述郎)·남석랑(南石郎)·안상랑(安祥郎)의 네 신선이 3일 동안 이 호수에서 놀다갔다 해서 이 같은 이름이 붙여졌다고 한다. 사방으로 산이 둘러져 있고, 호수 수면이 거울처럼 맑고 깨끗해 경치가 매우 아름다우며, 사선정(四仙亭)·몽천암(夢天庵) 등의 고적이 있다. 백두산의 삼지연, 인근의 시중호와 함께 북한 지역의 3대 호수로 꼽힌다. 현재 북한 천연기념물 제218호로 지정되어 있다.

삼일포

달려서 삼일포로 갔다. 삼일포 둘레는 7~8리쯤인데 멀고 가까운 곳에
여러 봉우리들이 숨어 있으니 이것을 합하여 이른바 36포라 하며, 이
가운데는 석도(石島)가 있다. 섬 위에는 고송 여러 그루가 있으며 단청이
화려하게 칠해진 정자도 한 채 있어서 호주 중심에 그 그림자를 드리우고
있다. 호숫가에는 큰 바위가 있고 여기에 '三日浦'라는 커다란 글씨 제
글자가 새겨져 있다. 배가 없어 안으로 들어가지는 못하고 호숫가 둘레만
둘러보았다.

산을 넘고 골짜기를 건너 5~6리를 가니 몽천암(夢泉庵)[123)]에 닿았다.
나를 맞아준 이 절의 초순(楚淳) 스님은 나이 쉰 살이다. 절은 폐사가

---

123) 강원도 고성군 삼일포 북쪽 언덕에 있던 절. 『범우고』에 따르면 옛날에 절을
　　지으려 했으나 물이 없어서 망설이던 중 꿈에 나타난 신인(神人)의 계시대로 암자
　　북쪽 바위 아래에서 샘을 얻었다고 한다.

되었다가 다시 세운 것이다. 또 유(柳)씨 성을 가진 사람이 왔다 갔다.

저녁에 흰죽을 끓여서 먹은 다음에 채선(綵船)[124]을 보러 갔다. 배 위에 한 칸짜리 정자를 만들어 놓았는데 그 위는 판자로 덮개를 하였고 그 밑으로 마루를 놓고 네 면에 채색한 난간을 두었다. 암석 사이에 걸려 있다. 호수를 두루 둘러보니 무수히 많은 새들이 떠 있는데, 혹은 날아가거나 혹은 소리 내어 울고 있었다. 그 경관이 맑고 새롭다. 저녁이 되어 돌아왔다.

오늘 약 80리 남짓 갔다. 경숙이와 말은 읍내로 보내고 경복이는 남았다.

9월 18일 새벽에 비가 내렸으며 음산한 안개가 끼며 때때로 비를 뿌렸고, 밤에 비가 내렸다 | 고성 몽천암

아침식사 뒤 신암(新庵)에 올라가 난간에 기대어 호수와 산을 바라다보았다. 문원건이 경숙이를 보내어 안부를 물어왔다.

느지막이 바다에서 배 두 척이 호숫가를 왔다갔다 하였는데, 방백이 노닐며 감상하는 것을 기다리는 하인들이라 한다. 매향비(埋香碑)[*]와 붉은 글씨[丹書][125]를 보려고 곧바로 초순 스님과 함께 사공을 불러 배를 타고 호수 남쪽의 작은 석봉 밑에 닿았다. 매향비는 가운데가 부러진 채 여러 돌 밑에 쌓여져 있다. 붉은 글씨 앞뒤에는 이 곳에 부임했던 감사(監使)와 도사(都使)들이 제명(題名)을 어지럽게 새겨 넣었고, 그 위에도 다투듯이 붉은 칠(朱漆)을 채워 놓아 도무지 무슨 글씨인지 판별할 수가 없었다. 오랫동안 주변을 서성거리면서 한탄해 마지않았다.

다시 노를 저어 사선정(四仙亭)에 올라갔다. 정자 아래 커다란 암석에는 큰 글씨로 '四仙亭'의 세 글자를 새겼으며, 이어서 '위서신옥이(書爲申玉

---

124) 화려하게 꾸민 배.

125) 단서, 곧 붉은 글씨란 "영랑 등의 일행이 남석을 다녀가다(永郞徒南石行)"라는 여섯 글자를 말한다. 이 글이 적혀진 바위는 단서암(丹書巖)이라 하여 예로부터 많은 시인묵객들이 찾아가보고픈 곳으로 유명했다.

사선정 배향비

爾)'126)의 다섯 글자를 써놓았다. 정자는 네 칸짜리 자그마한 집으로 석봉 위에 있는데 홍귀달(洪貴達)**의 시와 그가 쓴 글이 돌에 새겨져 있고, 또 다른 너더댓 명의 시가 현판에 적혀 있다. 좌우를 둘러보니 시야가 매우 넓게 트여 있어 호수 가운데에 돌섬 세 곳이 있는 게 보인다.

126) "신옥을 위하여 글을 쓰다"라는 뜻인데, 신옥이 누구인지 알 수 없다.

섬 위에는 오래된 소나무가 있으며 호수 둘레 네 면에는 봉우리들이
멀고 가까이 서로 겹쳐지면서 배치되어 있으니 마치 그림 속에 들어선
듯하였다. 마침 가랑비가 내리고 안개가 옅게 끼어 있어서 흥취를 더욱
돋워주었다.

　오후가 되어 천천히 노를 저어 돌아와서 종일토록 암자 기둥에 기대어
있었다. 경치가 뛰어나 집에서 멀리 떠나와 있다는 것을 깨닫지 못하겠다.
저녁이 되어 관의 하인 5~6명이 와서 스님들을 호출하여 채선(彩船)을
끌게 했다. 맨몸에 비를 맞아가며 일을 하니 그 고통이 작지 않을 터인데,
이러한 일이 고관이 한 번 유람할 때마다 있다 하니 실로 커다란 폐단이다.
관리들이 생각이나 하는지.

*매향비(埋香碑)

매향비란 향나무나 전단목 같은 나무를 바닷가에 묻어 훗날 다시 꺼내어 쓰기 위한
것인데, 이를 매향이라 하고 묻어둔 나무를 침향(沈香)이라 한다. 침향은 부처님 앞에
올리는 공양물로 매우 중요하게 여겼다. 매향은 미륵사상에 기초한 매우 중요한
불교의식이므로 성대한 의식을 거행하게 마련이었다. 그리고 매향비는 이러한 매향
을 기념하기 위하여, 혹은 훗날 사람들이 알아보기 위하여 세운 것이지만, 불순한
목적으로 침향을 꺼내는 것을 피하기 위해 반드시 매향한 바로 그 지점에 매향비를
세우지는 않았다. 지금까지 알려진 매향비는 전국적으로 10여 기가 발견되었다.
정시한이 보았던 매향비는 곧 삼일포매향비란 것인데, 고려시대인 1309년(충선왕
1)에 강릉도 존무사(강원도 관찰사에 해당하는 관직) 김천호가 주축이 되어 묻은
것이다. 이 삼일포매향비는 옛날부터 유명하였던 듯, 1349년 당대의 유명한 문인
이곡(李穀)이 찾아가 기록을 남겼는데, 단서암에 미륵당이 있고 불상이 봉안된 내용이
있다. 또 조선시대의 대표적 문인 김창협(金昌協, 1651~1708)도 매향비에 대한 글을
남겼다.

**홍귀달(洪貴達, 1438~1504)

조선 전기의 문신. 본관은 부계(缶溪). 호는 허백당(虛白堂)·함허정(涵虛亭). 아버지
는 홍효손(洪孝孫)이며, 어머니는 노집(盧緝)의 딸이다.
1460년(세조 6) 강릉별시문과에 을과로 급제하였다. 1467년 이시애(李施愛)의 난을
평정하는 데 공을 세워 공조 정랑에 승직하면서 예문관 응교를 겸하였다. 1469년(예종
1) 교리가 되었다가 장령이 되니 조정의 글이 모두 그의 손으로 만들어졌다. 사예(司

藝)가 되었을 때 그를 외직인 영천 군수로 내려보내려고 하자 대제학 서거정(徐居正)이 "그는 글을 잘하여 조정에 없어서는 안 될 사람이다."라고 하여 외직전출이 취소되고 홍문관·예문관의 전한(典翰)이 된 일이 있을 정도로 문장에 뛰어났다. 글씨에도 능하였으며, 성격이 강직하여 부정한 권력에 굴하지 않았다.

9월 19일 새벽부터 비가 종일토록 내렸는데 저녁에 더욱 심했다가 밤에야 그쳤다

| 고성 몽천암

아침 일찍부터 뱃사공과 관인이 비를 맞아가며 왔다갔다 하면서 고함치는 소리가 그치지 않는다. 정자 위에는 남녀 수십 명이 올라가 있다.

문원건이 연립이를 시켜서 게 젓갈(蟹鹽) 수십 개를 보내왔다. 오후가 되어 향소(鄕所)[127]에서 나온 사람이 관아의 하인들과 노비들을 데리고 와서 음식을 준비하기에 통성명을 하니 이름이 최운해(崔雲海)고 방백(方伯)의 감선(監膳)[128]일 때문에 왔다고 한다. 조금 있다가 준비한 음식을 갖고 비를 맞으며 배에 올라타 음식을 섬 안에 있는 정자로 나른다. 해가 기울려 할 때 방백이 앞에서 말을 타고 나타났는데 뒤따르는 사람만도 100여 명이나 된다. 스님들이 놀라 비를 무릅쓰고 호숫가에 서서 기다리고 있다. 잠시 뒤에 방백이 말을 달려오는데 행차를 알리는 나팔 소리가 땅을 뒤흔들 듯이 요란하다. 채선에 다가가니 주위에서 우렁차게 소리를 높이고 또 붉은 옷을 입은 두 명의 관인도 함께 배에 올라갔다. 빗줄기는 더욱 심해졌지만 백기(百騎)가 모래사장에 그대로 시립해 있고, 채선이 바야흐로 바나로 나아갈 때 피리 소리가 울려 피진다. 구름이 섬 둘레를 몇 겹으로 감싸고 있어 그 광경이 우아하였다. 멀리서 바라보니 마치

---

127) 유향소(留鄕所). 고려 말기와 조선시대에 지방 군·현의 수령을 보좌하던 자문관. 향청·향소청이라고도 한다. 초기에는 덕망이 높고 문벌이 좋은 사람을 사심관(事審官)으로 삼았다. 조선시대에 들어와서는 태종 초에 수령과 대립하여 중앙집권을 저해하는 성향을 띠게 되어, 1406년(태종 6)에 폐지되었다. 1428년(세종 10)에 부활되었다가 1467년(세조 13)에 폐지, 1488년(성종 19)에 부활되었다.

128) 임금이 먹는 수라상에 올릴 음식을 미리 점검하는 것.

신선이 타는 배 같다. 날은 어두워지려 하는데 정자에 올라 노래 부르고 악기를 부는 모습이 아득하게 보인다. 다 어두워져서야 다시 배에 올라 물길을 따라 오랫동안 다니다가 바닷가에 횃불을 피우니 그림 같은 풍경으로, 이 역시 기이한 볼거리였다. 밤이 깊어서야 스님들이 쉴 수 있었다.

9월 20일 흐림. 오후에 비바람이 일어 밤까지 계속되었다 | 간성 민가

　새벽에 경숙이가 말을 끌고 와 바로 읍내로 갔다.

　아침식사 뒤에 문원건과 함께 출발하여 대호루(帶湖樓)[129]에 올랐다. 서북쪽으로 금강산이 구름 사이에 둘러싸여 있는 것이 보인다. 기다란 강은 정자를 감싸며 동쪽으로 흘러 바다로 들어간다. 바닷가에는 섬들이 나열해 있어 경치에 운치가 있으며 실로 기이한 경승지였다. 정자 역시 새로 지은 것이고, 그 앞에 솔숲이 있으며 그 아래에 작은 배 한 척이 매여져 있다.

　정자에 올라 잠시 바라보고 곧바로 배를 타고 40리를 가서 명파역(明波驛)[130]에 닿았다. 이 곳에서 밥을 해먹고 말을 쉬게 했다. 오는 길에 호수가 있었는데 매우 맑고 깨끗하였고, 한가운데에는 섬도 있는 매우 큰 호수였다.

　바닷가에는 매우 기이한 석봉이 있어 말에서 내려 가장 높은 곳까지 올라가 보았다. 그 위에는 커다란 바위가 있는데 마치 집처럼 감실(龕室)을 이루고 있어 열 명도 넘게 앉아 있을 만하다. 감실 안은 하늘이 기묘하게 빚어 놓아 풍우를 피할 수 있다. 그 오른편에는 맑은 호수가 있고, 왼편은 바다에 임해 있어 시야가 넓게 트여 있다. 그 기이한 경관이 총석정과 비슷하다.

---

129) 대호정(帶湖亭). 강원도 고성군에 있던 정자. 『여지도서』에 따르면 고성군의 남쪽 2리에 있었다고 한다.
130) 강원도 간성군에 있던 역. 『여지도서』에 따르면 간성군의 북쪽 60리에 있었다고 한다.

오후가 되니 바람이 세차게 불며 어둡고 흐려졌으므로 말을 달려 10여 리를 갔으나 빗속이라 할 수 없이 길가의 마을 사람의 집에 들어가서 묵었다. 오늘 약 50여 리를 왔다.

나중에 들으니 아까 갔던 해변의 기암은 바로 현종암(懸鐘巖)으로 그 밑에 있는 배 모양의 암석이 곧 유점사(楡岾寺) 53불이 배에 실려 닿았던 곳이라고 한다.[131]

9월 21일 새벽부터 비가 오다가 오후에야 갰다 | 고성 박승준네 집

새벽에 일어나 출발하려 했으나 빗줄기가 여전히 드세다. 아침식사 뒤에 비를 무릅쓰고서 10여 리를 가서 열산현(烈山縣)[132] 운근역(雲根驛)[133] 마을의 역리(驛吏) 박승산(朴承山)네 집에 갔다. 옷이 전부 젖어서 갈아입고 앉아 쉬었다. 연립이를 보내어 모자 하나를 사오게 했다. 쌀 한 말로 밥을 지어먹었다.

오후에 찰방(察訪) 및 방백이 현의 관사에 들어왔다.

점심식사 뒤에 방백과 간성(杆城) 태수, 찰방 등이 모두 앞길로 향하였다.

빈대가 많아서 저녁에 박준승(朴俊承)의 집으로 옮겨서 묵었다.

9월 22일 맑음 | 건봉사 보림굴

아침에 박승산의 집으로 돌아와 식사한 뒤에 건봉사(乾鳳寺)*로 떠났다. 20여 리를 가서 절에 도착하여 법당을 둘러본 뒤에 바로 낙서암(落西庵)으로 갔다. 반야암(般若庵)[134]으로 올라가는 길을 지나 상서암(想西庵)[135]에

---

131) 이 말은 유점사 53불의 전래 유래와 관련되어 매우 중요한 기록이다.
132) 강원도 간성군 일대.『여지도서』에 따르면 간성군의 북쪽 30리라고 한다.
133) 강원도 간성군에 있었던 역.『여지도서』에 따르면 간성군의 북쪽 30리에 있었다고 한다.
134) 건봉사의 산내암자.
135) 건봉사의 산내암자.

건봉사. 1920년대 사진

도착하니 종장 도신(道信) 스님이 맞아주었다. 송대(松臺)에 올라 큰절을 내려다보니 볼 만했다.

　도신 스님이 저녁을 준비해주어 저녁을 먹은 다음 문원건은 큰절에 남고 나는 곧바로 망해암(望海庵)[136)으로 올라갔다. 수좌 희언(熙彦) 스님은 일흔아홉 살로 홀로 머물고 있었다. 함께 잠시 얘기한 다음에 봉암(鳳庵)[137)을 거쳐 보림굴(寶林窟)[138)에 닿았다. 수좌 보경(寶瓊) 스님은 서른 다섯 살인데 조금 함께 얘기할 만했다. 암자는 아주 깊은 곳에 자리해

---

136) 건봉사의 산내암자.
137) 건봉사의 산내암자. 지금은 봉암암(鳳巖庵)이라고 부른다.
138) 건봉사의 산내암자. 보림암이라고 한다.

있으며 암자 뒤에는 매우 기이한 입석이 있다. 보경 스님과 함께 얘기하며 잤다.

***건봉사**(乾鳳寺)
강원도 고성군 거진읍 냉천리 금강산에 있는 절. 520년 아도 스님이 원각사(圓覺寺)로 창건했다고 전한다. 그러나 창건주와 창건연대가 맞지 않아 확실하지는 않다. 758년(경덕왕 17) 발징(發徵)이 염불만일회를 열며 중건하였는데, 이것은 우리나라 염불만일회의 처음이었다. 이후 고려시대에서 조선시대에 걸쳐 강원도 일대의 가장 대표적인 사찰로 널리 알려졌다. 일제강점기에도 사세(寺勢)를 유지하면서, 전통불교문화와 일반인 교육에 공헌이 많았다. 그러나 1950년 6·25전쟁 때 완전히 폐허가 되었고, 휴전 뒤 소규모로 중건되었으나 3·8선 이북의 민통선 안에 있어서 일반인의 출입이 통제되어 발전에 큰 제약을 받았다. 최근에는 출입이 완전 자유로워져 점차 예전의 규모를 회복하고 있다.

9월 23일 맑음 | 간성 청간역 민가

보경 스님이 아침을 준비하였다. 아침식사 뒤 큰절에 내려가니 주지 일학(日學) 스님이 맞이해 주었다. 문원건의 방에서 함께 얘기를 나누고는 곧바로 길을 떠났다.

25리를 가서 간성군(杆城郡)[139]에 도착하여 성(城) 안을 지나는데 새로 지은 연당(蓮堂)이 있어 들어가 보려 했으나 못 보았다.

다시 10여 리를 가니 호수가 나온다. 호수 둘레는 7~8리 정도이며 호숫가에는 소나무가 있는 정자가 있어서 사람과 말을 먼저 보내고 문원건과 함께 정자에 올라 잠시 앉아 있다가 다시 길을 떠났다.

간성에서부터의 10여 리 간에는 솔숲 속을 지났는데, 송림을 나오니 맑은 모래사장이 있다. 문원건이 먼저 달려갔고 나는 혼자 천천히 가면서 문원건이 달려간 말 자취를 따라 가다가 짐말을 잃어버렸다. 한 들판에 도착하니 문원건이 들판 위에 앉아서 말을 먹이고 있었다. 지나가는 사람

---

139) 강원도의 군.

청간정

에게 물어본즉 여기에서 청간정(淸澗亭)까지 7~8리라고 한다.

　말에 올라 청간정[140]에 닿았다. 정자는 바닷가에서 지척의 거리에 있다. 왼쪽으로 석대(石臺)가 있는데 역시 보기 드문 절경이기는 하지만 좌우로 어촌이 가까이 있어 비린내가 심하여 오래 참기가 힘들었다. 짐말이 뒤따라 왔으므로 바로 역[141]이 있는 마을에 가서 묵었다. 오늘 약 60여리를 왔다.

---

140) 강원도 간성군에 있던 정자. 『여지도서』에 따르면 간성군 남쪽 40리에 있는 만경대 (萬景臺) 남쪽 1리에 있는데, 간수(澗水)에 맞닿아 있어 그렇게 불렀다고 한다. 바로 옆으로 바닷물이 지나간다고 한다.

141) 청간역(淸澗驛). 『여지도서』에 따르면 간성군의 남쪽 40리에 있었다고 한다.

영랑호

9월 24일 맑음 | 양양 낙산사

아침식사 뒤 길을 떠나 15여 리를 가서 영랑호(永朗湖)[*]에 닿았다. 호수 둘레가 20여 리나 되며 물가는 둘러져서 굽어 있으며 바위는 기괴하나. 호수 동쪽으로는 작은 봉우리가 잘려져 호수 중심으로 들어가 있고 호숫가 에는 수많은 커다란 소나무들이 울창하여 그늘을 이루고 있었다. 커다란 바위에는 '永郎湖'라는 글씨가 새겨져 있고 붉은 칠이 되어 있었다. 문원건 과 함께 올라가 사방을 조망하니 설악산이 병풍같이 펼쳐져 있고 동쪽으로 는 대해에 임해 있어 밝고 산뜻하기가 비길 데 없다. 떠날 줄을 모르고 한참을 바라보다가 길을 떠났다.

낙산사 의상대

홍련암 관음굴

이어서 큰 호수를 지나 30여 리를 가서 낙산사(洛山寺)에 도착했는데, 방백이 오늘 아침에 왔었다고 한다. 절의 동쪽은 대해에 임해 있다.

이화정(梨花亭)에 들어가 둘러보니 경치가 뛰어난 것이 과연 명불허전이었다. 동별실에 올라가보니 빈일료(賓日寮)라는 글씨가 있다.

스님이 내게 묻기를,

"이번 길이 원주 법천에서 오시는 길이 아닙니까?"

한다. 그렇다고 대답하면서

"어떻게 아셨소?"

하니, 어떤 도사(都事)^{**}가 오래 전에 편지를 맡겨놓았다고 한다. 뜯어서 읽어보니 도사 김주(金澍)가 지난 달 그믐에 집에서 보낸 편지를 전해주고 간 것이었다. 집안에는 아무 일 없다고 한다. 또 손자 사신이가 삼등(參榜)으로 과거에 합격했다고 한다. 기특한 일이다. 곧바로 집에 답장을 써서 스님에게 부탁했다.

저녁식사 뒤 문원건과 함께 의상대(義湘臺)[142]에 갔다가 관음굴(觀音窟)[143]도 보았다. 두 칸짜리 전각이 굴 위에 있는데 관음상을 봉안하고 있다. 바닷물이 그 아래로 항상 드나들고 있다. 불존승 새명(璽明) 스님이 맞아주었다.

관아의 동자 한 명이 의상대로 왔다기에 문원건과 함께 의상대에 가니 잠시 있다가 동자가 만나뵙기를 청하여 잠시 만나보고 돌아갔다. 용모가 청수한 소년이었다.

주지 덕윤(德潤) 스님이 함께 따라와 앉아 있다가 저녁에 인사하고 돌아갔다.

---

142) 낙산사 경내에 있는 정자. 지금의 의상대는 최근에 새로 지었다.

143) 낙산사 경내에 있는 관음보살이 상주하는 곳으로 알려진 굴로, 지금은 홍련암(紅蓮庵)이라고 부른다. 『삼국유사』 낙산이대성(洛山二大聖)조에 의상 스님이 이 곳에서 기도 끝에 관음보살을 친견한 내용이 자세히 실려 있다.

오늘 약 50리를 왔다.

9월 25일 비바람이 밤까지 종일토록 불었다 | 양양 민가

아침 일찌감치 관아의 동자가 쌀 한 말과 반찬 약간을 보내왔으나 받지 않았다. 식후에 장차 떠나려 하는데 관아에서 온 사람이 인사하므로 이름을 물어보니 안중겸(安重謙)[144]으로 나이는 스물두 살이며 말을 하고 듣는 태도가 훌륭하다. 그가 하는 말이 그의 아버지가 고을 경계까지 방백을 모시러 떠나가면서 자신에게 분부하기를 내가 이 절을 지나거든 찾아가서 양식과 반찬거리 약간을 보내라고 했는데, 내가 어제 받지 않으므로 미안하여 오늘 이렇게 다시 찾아오게 되었다고 한다. 그의 말이 믿음이 있고 성실하여 받기를 허락하고 작별하여 길을 떠났다.

---

144) 1666~1732. 우암 송시열의 문인으로, 학행이 뛰어나 참봉에 천거된 다음 내섬시(內瞻寺) 직장을 지냈다.

비바람이 내리기 시작하여 5리도 못 가서 빗줄기가 더욱 심해지므로 말을 몰아 길가의 마을 사람 집에서 하루를 묵었다.

9월 26일 새벽부터 눈비가 번갈아 오며 밤까지 내렸다 | 양양 최동직네 집

아침 일찍 흰죽으로 식사를 한 뒤에 경숙이와 함께 비를 맞으며 먼저 출발하였다. 10리쯤 가서 양양(襄陽)[145) 읍내를 지나 강가에 닿았다. 갯가에서 뱃사람을 여러 번 불렀으나 끝내 오지 않았다. 나 혼자 발을 저는 사람과 함께 사람이 겨우 건너갈 만한 밭으로 난 작은 길로 갔는데 비가 심하여 진흙길이었으므로 사람과 말이 엎어지고 넘어져 위험하기도 했다.

다시 10여 리를 가서 생원 최동직(崔東稷)의 집으로 갔다. 성씨(成氏) 누이가 나와서 오랫동안 보았고, 최 형이 노비와 말, 그리고 우구(雨具)를 보내어 문원건과 짐 실은 말을 맞아주었는데, 저녁 무렵이 되어서야 도착했다.

최 형의 양아들 최진병(崔震炳)과 외손주 이원룡(李元龍) 등은 모두 좋은 사람들이다. 최 형은 구면인 듯이 대해 주었다.

문원건이 거문고를 탔고, 술과 안주를 대접받았다. 밤이 깊어서야 잠자리에 들었다. 최 형의 외사촌 조심(趙潯)과 문원건은 어릴 적 친구라고 한다.

9월 27일 하루종일 눈비가 내려 그대로 이 곳에 머물렀다 | 양양 최동직네 집

9월 28일 흐린 뒤 갰다 | 양양 최동직네 집

느지막이 경인이가 방(榜)을 갖고 왔다. 나와 같은 해에 진사가 되었던 박호(朴灝)[146)가 와서 함께 얘기하였다. 주인집에서는 떡을 내왔다. 박호

---

145) 강원도의 군.
146) 1631~1695. 정시한과 박호는 1650년에 함께 과거에 합격했다.

하조대

는 오랫동안 있다가 돌아갔다.

9월 29일 흐린 뒤에 갰다

주인이 쌀과 반찬을 주었으나 말이 병들어 다 싣지 못하고 백미 두 말 다섯 되와 말 편자(馬鐵) 2부, 말이 먹을 죽 두 말, 우리가 먹을 죽 두 말, 그리고 서너 종류의 생선 말린 것 등만 받았다. 누이에게 감사하고 느지막이 길을 떠났다. 최 형과 그 아들 최진병이 함께 따라 나왔다.

상운역(祥雲驛)[147]에서 20리쯤 지나니 하조대(河趙臺)[148]가 나온다.

---

147) 강원도 양양군에 있던 역. 『여지도서』에 따르면 관문에서 동쪽으로 20리라고 한다.
148) 강원도 양양군 현북면 하광정리에 있다. 조선 개국공신 하륜(河崙)과 조준(趙浚)이 숨어살던 곳이라 하조대로 불렀다고도 하며, 조씨 총각과 하씨 처녀의 사랑에

그 봉우리는 바다 가운데로 잘려 들어가 있으며 앞뒤 좌우로 솟은 돌 봉우리들은 매우 기괴하다. 시야가 탁 트여 있는 것이 의상대보다도 더욱 경치가 좋았다. 사람들과 더불어 오랫동안 얘기를 나누고는 배 대여섯 개를 잘라 나누어 먹었다. 떠나는 게 아쉬워 늦도록 머물러 있다가 오후에야 서로 맞잡은 손을 놓고 길을 떠나, 20리쯤 가서 동산역(銅山驛)에 도착했다. 역에서 묵었는데 역인(驛人) 김교립(金敎立)네 집에서 잤다. 오늘 약 45리를 왔다.

9월 30일 흐림 | 강릉 정태방네 집

일찌감치 출발하여 30여 리를 갔다. 큰 호수들을 넘어 신촌(新村)의 신 진사 댁에 가서 아침을 먹었다. 신성사(申聖泗)가 와서 말하기를, "이 집은 바로 저희 백부의 집입니다. 백부는 나이 여든 살이 넘었는데, 지금도 들[草土] 중에 있습니다. 백부의 양아들은 진사에 합격했구요. (백부께서) 멀리 떨어진 곳에서 타작을 하느라 영접을 못했습니다만 이제 곧 이 곳으로 오실 겁니다."

내가 (백부가 찾아오는 것을 만류하여) 곧 헤어지고 길을 떠나 바닷길로 30여 리를 가서 경호(鏡湖)149)에 닿았다. 경포대(鏡浦臺)150)가 어딘가

얽힌 이야기에서 명칭이 유래한다고도 한다. 해안에 기암절벽이 솟아 있고 노송이 어우러져 있으며 남쪽으로 조도(鳥島)가 있어 절경을 이룬다. 1955년 건립된 하조대 정자가 있으며 부근에는 하조대해수욕장을 비롯하여 여러 해수욕장이 있다.

149) 강원도 강릉시 저동에 있는 석호(潟湖). 경포호(鏡浦湖)라고도 한다. 둘레 8km. 강릉시 성산면에서 발원한 경포천에 의하여 형성되었으며, 호수로 흘러드는 모래의 퇴적으로 수심이 얕아졌다. 호수 주위는 노송림(老松林)과 벚나무가 어울려 아름다운 호반경치를 이루고 있다. 호반 서쪽에 경포대가 있다. 호수를 동해로부터 분리시키는 해안사주(海岸沙洲)는 백사장의 길이가 6km에 이르는 국내 최대의 해수욕장을 형성하고 있어 많은 관광객이 찾고 있다.

150) 강원도 강릉시 저동에 있는 정자. 고려시대인 1326년(충숙왕 13) 안렴사(按廉使) 박숙(朴淑)이 방해정(放海亭) 뒷산에 창건한 것을 조선시대에 들어와 1508년(중종 3) 강릉부사 한급(韓汲)이 지금의 자리에 옮겨 지었다. 앞면과 옆면 5칸씩의 건물이

하고 물었더니 이미 지나와 길을 놓쳤다고 한다. 다시 호숫가를 따라서 서북으로 5리쯤 가니 비로소 경포대에 닿을 수 있었다. 즉시 물가를 돌아 촌락을 지나서 고개 하나를 넘으니 경포대와 정자가 나온다. 올라가 주위를 둘러보니 20리쯤에 해오라기 수십 마리가 물 위에 떠 있는데 그 흰 빛깔이 마치 하얀 서리나 눈이 내린 것 같다. 무수히 많은 물새들이 우짖으며 날고 있다. 동남으로는 죽도(竹島)가 보인다. 거울 같은 대해가 펼쳐져 있는 남쪽으로는 초당(草堂)과 솔밭이 있어 그 경치가 깔끔하고 맑기가 뛰어나다. 끝 간 데 없이 푸른 바다가 펼쳐져 있으니 과연 명불허전이다. 근처를 배회하며 먼 곳을 쳐다보니 마치 신선의 동네와 있는 듯하다. 문원건이 거문고를 몇 곡 탔다.

날이 저물어 가므로 서둘러 길을 떠나 강릉(江陵) 읍내를 지나 도사(都事) 정태방(鄭泰邦)[151]네 집 근처에 도착했다. 정 도사가 바로 찾아와 맞아주어 같이 그의 집으로 가서 객랑(客廊)에서 묵었다. 그의 동생인 정태정(鄭泰庭)[152]과 함께 얘기를 나누다가 밤이 깊어서야 잠자리에 들었다. 오늘 약 70리를 걸었다.

10월 초하루 흐렸다가 갰다. 정 도사 집에 머무르고 있다 | 강릉 정태방네 집

권시일(權時一) 형제가 찾아왔는데 바로 판관(判官)[153]인 권흥익(權興益)의 아들들이다. 마주 앉아 종일토록 얘기를 나누었는데, 중간에 이강(李堈)도 왔다가 저녁에 함께 돌아갔다. 주인이 술과 안주를 내오며 아침저녁으로 반찬도 푸짐하게 수륙(水陸)의 진미를 내오니 매우 미안하였다.

다. 편액은 헌종 때 한성부 판윤을 지낸 이익회(李翊會)가 쓴 것이다. 관동팔경의 하나이며, 1982년 경포대와 주변의 누각·정자·해수욕장 등을 포함하여 경포도립공원으로 지정되었다. 강원도지방유형문화재 제6호로 지정되어 있다.

151) 1626~1695. 1654년 생원이 되었고, 의금부 도사를 지냈다.

152) 1638~1703.

153) 조선시대 중앙과 지방에서 실무를 맡던 종5품의 관직.

문원건은 잠시 최예천(崔醴泉)의 집에 갔다가 왔다.

10월 2일 흐린 뒤 맑음. 바람이 차가웠다 | 강릉 정태방네 집

수리를 보내어 제수용 건어를 사오라 해서 느지막이 홀로 경포에 갔는데 바람이 몹시 세찼다. 이경과 권시일 형제가 먼저 와 있었고, 또 한 소년도 있었다. 바람이 심하여 등져서 바닷가를 바라보며 준비해간 술과 찬을 늘어놓고 거문고를 타며 노래도 부르고 놀았다.

바람이 너무 차가워 일어나야겠으므로 서둘러 술과 음식을 권하고 나도 반 잔을 마셨다. 그리고 말을 타고 호수 주위를 5리 가량 돌아가서 경포대를 넘어 생원 김기정(金基亭)네 집에 갔다. 이 곳에는 벽에 시를 써 붙여 놓았는데, 그 가운데는 감사(監司)를 지낸 사촌 대부의 시 몇 수도 있어 삼가 한참 동안 바라보았다. 다시 주위를 둘러보니 솔숲으로 낙조가 희미하게 내려앉고 있고, 물새들은 우짖으며 날아가니 그 경치가 실로 맑고 빼어났다.

다 보고 나서 주인에게 인사하고 나와 곧바로 말 타고 돌아오니 날은 이미 저물었다. 주인이 기다리고 있다가 배와 감 등의 과일을 내놓으시고, 저녁도 역시 정성스레 찬을 차려서 준비하셨다. 함께 앉아 얘기 하니 밤이 깊어만 간다.

주인의 후실 아들인 억만(億萬)이는 열두 살로 기운과 절도가 매우 침착하고 단정하며 맑고 빼어났다. 스스로 지은 시와 행문(行文)을 보이므로 살펴보니 역시 재주가 보인다. 또 주인의 손자 후상(後相)이는 열세 살로 시문이 억만이보다 낫지만 기운이 약한 게 걱정이다. 그 밖에 마을에 최태만(崔太晩)이라는 아이가 있는데 후상이와 같은 나이로 문재도 서로 엇비슷하다.

10월 3일 흐리다 갬 | 강릉 정태방네 집

오봉서원

아침 일찌감치 생원 권시일이 왔고, 아침식사 뒤에는 이경도 찾아왔다. 주인이 떡과 과일과 화전을 내어와 술 마시며 서로의 헤어짐을 애석해했다. 양식 세 말과 말먹이[馬太] 두 말, 말 죽 세 말과 생선 등을 받고 느지막이 인사를 하고 떠났다.

구산역(丘山驛)[154]에 도착하여 서원에 갔다. 방도교(訪道橋)를 건넜는데 나리 옆의 근 곳에 마주하여 대(臺) 하나가 있고 입석도 있다. 입석에는 커다랗게 '방도교(訪道橋)'라고 써 있고, 대 위에는 소나무가 열 그루 남짓 심어져 있다.

문생과 함께 잠시 주위를 거닐다가 말에 올라타 몇 리를 가서 오봉서원(五峰書院)[155]에 닿았다. 서원의 노비가 향촉을 태우자 나는 문생과 함께

---

154) 강원도 강릉시에 있었던 역.『여지도서』에 따르면 관문에서 서쪽으로 15리라고 한다.
155) 강원도 강릉시 성산면 오봉리에 있는 조선시대 서원. 현재 강원도유형문화재

사배(四拜)를 하고, 분향 후에 다시 사배를 하였다. 밖으로 나와 풍영루(風詠樓)에 앉아서 심원록(尋院錄) 명부에 내 이름을 적었다. 주인집으로 돌아오니 날은 이미 저물었다.

오늘 약 15리를 걸었다.

10월 4일 맑음. 날이 추워 길이 얼었다 | 강릉 송태원네 집

일찌감치 구산역을 출발하여 4~5리를 가서 고개를 넘었다. 올라가는 길이 험준하여 사람과 말들이 넘어지고 엎어지기도 하여 겨우 반쯤 가서 말을 잠시 쉬게 했다. 다시 정상까지 올라가서 밑을 내려다보니 강릉성과 경호가 함께 눈 아래에 들어온다. 멀리 바다가 바라다 보이는데 역시 일대장관이다.

오시(午時)[156]에 홍계역(洪溪驛)[157] 역리(驛吏) 송태원(宋太元)네 집에 갔다. 주인이 음식을 차려놓으며 매우 반긴다. 아까 반쯤 왔을 때 석문에서 짐을 실은 말이 넘어지면서 허리와 다리를 다쳐 제대로 가지 못했다. 진보역(珍寶驛)[158]의 역리 김신(金信)은 임진생(1652)인데 삼척(三陟)[159]에 갔을 때 알게 된 사람이다. 마침 이 곳을 지나다가 다시 만나게 되어 기뻤다.

제45호로 지정되었다. 1556년(명종 11)에 강릉부사 함헌(咸軒)이 사신으로 중국에 갔을 때 유명한 화가 오도현(吳道玄)이 그린 공자의 진영을 가져와서 1561년(명종 16)에 서원을 세우고 모셨다. 1782년(정조 6)에는 주자의 영정, 1813년(정조 13)에는 송시열의 영정을 모셨다. 그러나 1868년(고종 5) 서원철폐령으로 폐쇄되자 공자의 영정은 강릉향교로 옮겼고 주자와 송시열의 영정은 연천 임장서원으로 옮겼다. 1902년 다시 제단을 설치했으나 3년 뒤 홍수로 파손되었다.

156) 오전 11시에서 오후 1시 사이.
157) 橫溪驛. 강원도 강릉시에 있던 역.『여지도서』에 따르면 관문에서 서쪽으로 50리라고 한다.
158) 강원도 강릉시에 있던 역.『여지도서』에 따르면 관문에서 서쪽으로 90리라고 한다.
159) 강원도의 시.

월정사 팔각구층탑

10월 5일 맑음. 새벽에는 몹시 추웠다 | 평창 월정사 향로전

아침을 일찍 먹고 떠나려 했으나 급기야 말이 병이 나 김신이와 여러 곳을 치료하느라 잠시 쉬었다. 주인이 닭을 잡아 대접하므로 부채와 잣을 주어 그의 후의에 보답했다.

다시 말을 달려 5리쯤 갔으나 말이 주저앉으며 일어나지를 못하였다. 마침 홍계역에서 말을 보살피는 사람을 만나 길가에서 치료하게 한 뒤 다시 말을 타고 20리쯤을 갔다. 여기에서 문생과 길이 나누어지게 되었다. 문생은 경숙과 바로 원주 집으로 돌아가기로 하고 나는 월정사(月精寺)[160]를 들러서 오대산으로 들어가기로 했다.

커다란 시내를 건너고, 다시 다리를 건너 20리를 가 월정사에 닿았다. 절 문 밖에 있는 금강연(金剛淵)[161]의 반석에 앉았다. 못이 깊고 맑은 것이 정말 볼 만하다. 여든세 살 되신 처암(處庵) 노스님과 잠시 얘기를 나누고 있으려니 불존승(佛尊僧) 도안(道安) 스님이 찾아왔다. 또 희원(希遠) 스님은 을축생(1625)인데 임진년에 스님의 아버지인 심춘남(沈春南)의 집에서 만난 적이 있어 서로 반갑게 맞으며 오랫동안 앉아 얘기했다.

절 문에 들어서니 금자(金字)로 월정사(月精寺) 세 자를 쓴 편액이 걸려 있는 것이 보인다. 범종각과 정문을 지나 법당에 가니 칠불보전(七佛寶殿)[162]이라고 쓴 편액이 걸려 있다. 안에는 칠불좌상이 있다. 스님이 말하는데 이 칠불은 중국에서 가져온 것이라 한다.

법당 앞에는 구층석탑[163]이 있는데 그 모습이 기이한 것이 가히 하늘이 만든 것 같다. 일찍이 못 보던 것이다. 희원 스님이 저녁을 정성스럽게 차려주셨다.

---

160) 강원도 평창군 진부면 동산리 오대산 동쪽에 있는 절. 643년(선덕왕 12) 자장 율사가 창건했다. 고려시대인 1307년(충렬왕 33) 불이 났으나 곧이어 중창했다. 조선시대에 들어와 1833년(순조 33) 불이 나 건물 전체가 없어졌으나 1844년(헌종 10) 중건했다. 1951년 6·25전쟁중인 1·4후퇴 때 건물 상당수가 불태워졌다가 1964년 이후 중창된 뒤 지금의 규모로 발전했다.
161) 강원도 강릉시에 있는 못. 『여지도서』에 따르면 월정사 옆에 있으며, 강릉부에서 서쪽으로 110리라고 한다.
162) 1951년 1·4후퇴 때 불태워졌다.
163) 팔각구층석탑으로 현재 국보 제48호로 지정되어 있다. 10~11세기 고려시대에 세운 것으로 추정된다.

해천(海天) 스님은 청룡사(靑龍寺)[164] 광수(廣修) 스님의 상좌인데 30년 전에 청룡사에서 본 적이 있었다. 도안 스님도 계해년(1683)에 법천(法泉)에서 만났었다. 함께 옛일을 얘기했다.

향로전(香爐殿)에서 묵었다. 지리산 금선대암(金仙臺庵)의 성인(省印)[165] 스님이 이 곳을 지나다가 만나 서로 기뻐하고 있는데, 도희(道希) 노스님도 건너와 함께 즐거워했다. 절은 비어 있는 편이고, 노스님 몇 분만 계신다고 한다.

10월 6일 흐리고 추웠음. 저녁 무렵이 되어 맑아졌다 | 평창 월정사

아침식사 뒤 혜찰(慧察)·희원 스님과 그 상좌 해상(海祥) 스님과 같이 주위를 둘러보며 여러 요사와 빈 전각들을 보았다. 서북쪽으로 비석 하나가 있으니 바로 고려 때 이제현(李齊賢)이 쓴 것이다. 글씨가 많이 떨어져 나가 전부 읽지는 못하겠다.

곧이어 두 스님과 함께 절 뒤의 산봉우리에 올라가서 밑을 내려다보았다. 절터는 넓고 반듯한데 법당과 여러 요사들이 평행하게 위치해 있고 행랑은 전부 300여 칸이나 된다. 그리고 그 밖의 땅도 매우 넓다. 산세는 주산(主山)을 안으며 안산(案山)과 합해지는 지세인데, 안산이 너무 높고 또 너무 가까우니 이것이 흠이다.

오랫동안 있다가 밑으로 내려와서 다시 법당과 탑을 보았다. 탑은 매우 빼어나다. 범종각과 금강문을 지나 시내 앞의 대(臺)에 앉아 쉬었다. 반석과 회목(檜木)이 앞뒤 좌우로 열 지어 있다. 반석에 내려가 앉아 위를 쳐다보니 닥나무를 물에 담가두는 사람이 바라다보인다.

불존(佛尊)에 다시 들어가 발을 뻗었다. 도안 스님이 저녁을 차려주셨다.

---

164) 충청북도 충주시에 있던 절. 『여지도서』에 따르면 충원현(忠原縣)의 북쪽 50리인 성태양면(省台陽面)에 있었다고 한다.
165) 정시한은 1786년 8월 15일에 함양 금선대에서 성인 스님을 처음 만났다.

오대산 사고지

10월 7일 새벽에 큰바람이 불며 비를 뿌렸다. 흐리다가 늦게 개었다 | 평창 영감사

일찌감치 수리에게 한 냥 반을 주고 짐말을 끌고 강릉에 가서 제수용으로
건어를 사오게 했다. 희원 스님에게 쌀 한 말 한 되를 빌려 경복더러
옷과 이불과 쌀 등속을 지게 한 뒤 혜찰 스님과 함께 영감사(靈鑑寺)[166]에

---

166) 강원도 평창군 진부면 동산리 오대산에 있는 절. 645년(선덕왕 14) 자장 율사가
월정사와 함께 창건했고, 고려시대의 고승 나옹 혜근이 이 곳에서 1년 6개월
동안 머무르며 후학들을 가르쳤다. 조선시대에 와서 1606년(선조 39) 왕조실록을
보관할 장소로 선정되어 중창하여 오대산 사고(史庫)를 짓고 사고를 돌보는 역할을
맡았다. 이로부터 사고사(史庫寺)라고 했다. 그러나 1914년 이 곳 사고에 보관되던
실록 전부가 일본으로 반출되었다. 6 · 25전쟁 때 사고는 불태워졌고, 절은 1961년
중창되면서 얼마 뒤 본래의 이름인 영감사로 부르게 되었다.

올라가 사자연(獅子淵)에 닿았다. 아래위의 맑은 못은 맑고 깊으며 짙고 푸른 색깔을 띤다. 좌우로 반석이 있고 바위가 우뚝 솟아 있어 즐겁게 바라보았다. 혜찰 스님과 함께 석대(石臺) 위에 올라가 오랫동안 경치를 감상했다. 금강대암(金剛臺庵)에 가보니 절이 비어 있어 잠시 주위를 둘러보았고, 혜찰 스님은 돌아가고 나는 영감사로 돌아왔다.

수좌승(首座僧) 설행(雪行) 스님은 임술생(1622)으로 홀로 절을 지키고 계셨다.

저녁식사 뒤에 객실과 사고(史庫)[167]를 둘러보고는 다시 금강대암에 올라갔다. 이 암자는 깊은 곳에 자리하고 있으나 크게 볼 것은 없다.

날이 저물어 영감사로 돌아와 보니 한 스님이 와 있는데 이름은 해신(海信)이라 하고 나이는 스물네 살이라 한다. 쌀 너더댓 말을 지고 와서는 장차 겨울을 자씨암(慈氏庵)에서 보내러 왔다고 한다. 내일 함께 가기로 약속했다. 오늘 약 13~14리를 걸었다.

10월 8일 맑음. 밤에 큰바람이 불었다 | 평창 적조암

아침식사 뒤에 해신 스님더러 (자씨암으로 가는) 길을 인도하게 하고서 떠나며 설행 스님과 작별했다. 절 뒤 고개를 넘어 계곡을 따라 올라가니 화려하게 단청이 된 전각이 있다. 이것이 바로 의천(義天) 국사가 지은 것이다. 그러나 벽의 칠이 벗겨지고 부서져 비어 있는 지가 5~6년이나 된다고 한다. 스님들이 호현사(虎賢寺)로 가서 비게 되었다고 한다. 커다란 바위 밑으로 빈 전각 한 채가 있고 그 위의 옛 절터에 몇 칸짜리 초가가 있다. 이 곳에 머물고 있는 스님은 동냥 나가고 없다. 주위를 둘러본 뒤 앞에 있는 내를 건너 계곡을 따라 7~8리를 간 다음 다시 작은 시내를 넘어서 적조암(寂照庵)에 올라갔다. 이 절의 수좌 의규(義圭) 스님은 올해

---

167) 조선왕조실록과 왕실족보인 『선원보략』을 보관하기 위해 지었던 오대산 사고는 6·25전쟁 때 불타 없어지고 1992년에 새로 보원하였다.

여든한 살인데 마치 친구를 만난 듯이 반겨주셨다. 스님과 잠시 얘기를 하고 있으려니까 자운암(紫雲庵)의 수좌인 스물여덟 살의 지영(智永) 스님과 마흔세 살인 법기(法機) 스님이 강릉에서 쌀을 지고 왔다. 함께 저녁을 지어 먹고 있는데 해신 스님도 오셨다. 지영 스님은 불경에 매우 밝으며 수좌행(首座行)에도 힘을 기울이고 있는 분으로 사람됨도 진실하고 맑아 사랑스러운 분이다. 저녁식사 뒤에 법기 스님과 지영 스님은 다시 강릉으로 돌아갔다.

어두워진 뒤에 함화당(含華堂)의 수좌 밀선(密禪) 스님과 화암암(華巖庵)[168]의 수좌 도무(道毋) 스님이 쌀을 지고 찾아와 함께 묵었다. 오늘 약 7, 8리를 왔다.

10월 9일 새벽부터 큰바람이 불며 눈을 뿌렸다. 늦게는 흐렸다 개었다 했으며 바람도 불었다 | 평창 적조암

아침식사 뒤 도무 스님은 돌아가고 저녁식사를 마친 다음에는 해신 스님도 돌아갔다. 나는 오늘도 적조암에서 머물기로 했다.

10월 10일 맑음 | 평창 함허당

아침식사 뒤 성규 스님과 작별하고 밀선 스님, 그리고 경복과 함께 북대(北臺)에 올라가 사자암(獅子庵)에 갔다. 정상으로 오르는 길이 매우 높고도 험하여 바위에 매달려 가며 온힘을 쏟아 올라갔다. 또한 환희점(歡喜岾) 위에 있는 삼인봉(三印峰)에도 올라가니 멀리 동해가 내려다보인다. 고개를 들어 북대를 쳐다보니 상두암(象頭庵) 등이 보인다. 여기에 한참 앉아 있다가 다시 올라가서 북대에 닿았다.

이 곳 사자암[169]은 땅이 바르고 넓으며 시계가 확 트여 있다. 한겨울에도

---

168) 강원도 평창군 진부면 오대산 중대에 있던 진여원(眞如院)의 다른 이름.
169) 강원도 평창군 진부면 동산리 오대산에 있는 절. 월정사의 산내암자로, 지금은

물이 얼지 않고 감로수가 흐르니 실로 오대(五臺) 가운데서도 가장 낫다고 해야겠다.

명당암(明堂庵)[170) 역시 정묘하게 지어져 있으나 비어 있는 지 오래되었다고 한다.

서북쪽으로 수십 보 올라가니 상두암이 나온다. 바람이 없으면서도 넓게 트여 있으며 삼인봉으로써 안봉(案峰)을 삼고 있으니 정말 도인의 수도처라 할 만하다. 그러나 여기도 역시 비어 있다. 벽에는 나옹(懶翁) 스님의 화상이 걸려 있다.

다시 동으로 6∼7리쯤 가서 함허당(涵虛堂)에 닿았다. 이 곳은 곧 밀선 스님이 있는 곳이다. 깊고 그윽하여 이 산 가운데서도 가장 깊숙한 곳에 있다. 이 곳 역시 정묘하게 자리하고 있어 보통 사람이 보기에도 신령한 곳임을 알 수 있다.

밀선 스님은 스물다섯 살로 춘천(春川) 사람이다. 용모가 단정하고 사람 됨됨이도 훌륭한 분인데, 유점사(楡岾寺)에서 출가하였다가 수좌행을 하기 위해 이 곳으로 와서 벌써 4∼5년 동안이나 혼자 머물고 있다.

중대암(中臺庵)이라고 부른다. 7세기 후반 왕자인 효명(孝明)과 보천(寶川)이 오대산의 오대를 참배하던 중 비로자나불과 문수보살을 친견한 중대에 절을 지었다. 이 때 문수보살이 사자를 타고 다니므로 사자암이라고 했다. 조선시대에 들어와 1401년(태종 1) 왕명으로 중건되었고, 이 해 11월에 태종이 참석한 낙성식을 열었다. 그 뒤의 연혁은 전하지 않고, 근대에 와서 한암 중원(漢巖重遠, 1876∼1951) 스님이 입적 때까지 산문을 나서지 않고 26년 동안 수도했다. 현재 상원사의 적멸보궁에 속한 부속암자로 되어 있다.

170) 강원도 평창군 진부면 동산리 오대산 북대 아래에 있는 절. 월정사의 산내암자로 지금은 미륵암(彌勒庵)이라고 부른다. 8세기 신문왕의 아들 보천의 유언으로 왕실에서 창건했다. 보천은 오백나한이 머문다는 이 곳에 나한당을 지을 것을 유언하여 그 뒤 오랫동안 나한도량으로 법등을 이어왔다. 고려시대인 1358년(공민왕 7) 원나라에서 돌아온 나옹 혜근이 1360년에 이 곳에 머물다가 이듬해 왕사가 되었다. 당시의 이름은 상두암이었으나 그 뒤 언제인가 미륵암으로 바뀌었다. 한때는 북대암(北臺庵)으로 부르기도 했다. 6·25전쟁 때 건물 모두가 불탔으나 근래에 중창하였다.

스님이 저녁을 차려주셨는데 염장(鹽醬)이나 채소 없이 단지 솔잎으로만 화식(和食)을 한다. 실로 괴이한 은행(隱行)이다.

의규(義圭) 스님은 아흔 살이나 되셨어도 아침저녁으로 삼단칠불(三壇七佛)에 대한 예불을 혼자 너끈히 하며, 밤에는 오경점(五更點)을 타종도 한다. 법복을 입고 앉아계시니 그 이름이 헛되지 않았음을 알겠다. 오늘은 30리를 왔다.

10월 11일 맑음. 바람이 크게 불었고 날이 추웠다 | 평창 적조암

아침식사 뒤 밀선 스님과 함께 북대암(北臺庵)171)에 갔다. 여기에서 잠시 쉰 뒤 상두암에 들렀다가 다시 밑으로 내려가 한 절터를 지났다. 위쪽으로 백호봉(白虎峰)을 올라 자씨암으로 내려갔다. 내려가는 길이 하도 험해 절에 도착해서는 오랫동안 앉아 쉬었다. 다른 곳에서 볼 수 없는 것은 샘인데 항상 감로수가 솟아나온다. 이 산에서 가장 추운 겨울에도 따뜻하고 여름에는 차가운 물이 솟으며, 넓고 많아 언제나 마르지 않는다고 한다. 다시 밑으로 몇 리를 내려가서 계곡을 따라가니 물이 아주 세차게 흐르고 맑은 못도 많이 있어 볼 만했다.

이 곳을 지나 중대산(中臺山)에 올라가니 길이 험하고 좁아 매우 힘들여 올라가야 했다. 기운이 다 빠지고 피로해지며 땀이 비오듯 흘러 온몸을 적셨고, 열 걸음에 한 번씩 쉬며 갔다. 겨우 다 올라가니 바람이 크게 불어 제대로 주위를 살피기가 힘들었다. 빈 전각이 하나 있는데 커다란 글씨로 적멸보궁(寂滅寶宮)의 네 자가 쓰여 있으니 바로 개성(開城) 사람 홍명기(洪命基)가 아홉 살 때 쓴 것이라 한다. 홍명기는 현재 스물아홉 살로 개성에서 산다고 한다. 전각과 요사는 단청되었고 그림도 그려넣었는데 다른 절에서 볼 수 있는 인물그림과는 다르다. 나는 새, 달리고 있는 동물, 그리고 초목 등이 네 벽에 열 지어 그려져 있고 또한 지붕도 온갖

---

171) 강원도 평창군 오대산에 있던 절. 『범우고』에 그 이름이 보인다.

기교를 다하여 꾸며 놓았다. 이것은 바로 신름(頤凜) 수좌가 중창한 것이다. 신름 스님은 성정(性淨) 스님의 제자고 의규 스님은 신름 스님의 제자가 된다. 전각과 요사 뒤로 돌을 쌓아놓은 곳이 있는데 석가불의 두골을 모신 곳이라고 한다.

한가운데로 산세가 옹호하고는 있으나 혈(穴)이 넉넉하고 두텁지가 않고, 맞은편의 안봉(案峰)도 너무 멀리 떨어져 있다.

다 보고 나서 밑으로 내려가 금몽암(金夢庵)에 갔다가 사자암에 들러서 상원사(上院寺)*로 갔다. 단지 스님 한 분만이 절을 지키고 있는데 이름은 신영(信英)이라고 하며, 경진생(1640)이라고 한다. 노비 두 명이 올라왔는 데 자씨암에 간다고 하기에 경복이더러 그들을 오라고 해서 보니 과연 집에서 보낸 사람이었다. 그들이 갖고 온 편지를 읽어보니 10월 6일에 보낸 것인데 집안에는 별일 없다 한다. 태남이가 식량을 싣고 토곡(土谷)에 도착했는데 용공(龍恭)이를 데려왔다고 한다. 바로 큰절(월정사)로 보내 말을 먹이게 하고는 내일 새벽에 용공이를 여기로 보내라고 했다.

밀선 스님과 신영 스님이 저녁을 지어주셨다.

밀선 스님과 함께 상원사 주위를 둘러보고 절의 기물과 종을 보았다. 종은 그렇게 크지는 않지만 아이 우는 소리가 나니 일찍이 보지도 듣지도 못하던 것이다.[172] 여러 요사 건물들은 온갖 인력과 기교를 다하여 만들었 다. 법당의 채장(綵帳)은 예로부터 전해오던 것으로서 이른바 빙전화완포 (氷蚕火浣布)라고 한다. 이 절은 중대(中臺)에 있는데, 안봉(案峰)[173]이 아주 가까이 있어 보기에 좋다.

밀선 스님과 함께 진여원(眞如院)[174]으로 내려갔다. 이 곳은 중창한

---

172) 상원사 범종으로 현재 국보 제36호로 지정되어 있다. 이 범종은 현재 전하는 우리나라 종 가운데 가장 오래된 것으로 725년(성덕왕 24)에 만들었다.
173) 절이 자리한 뒷산을 주산(主山)이라 할 때, 그 산과 마주하고 있는 건너편 산. 안산(案山)이라고도 한다. 절의 금당은 대체로 주산 한가운데에 자리하는데, 금당 중앙에서 바라볼 때 주산과 안산이 일직선이 되면 좋은 자리로 볼 수 있다.

상원사 문수동자상

174) 상원사가 처음 창건될 당시의 이름이 진여원인데, 정시한의 이 기록으로 보아서는
   적어도 조선시대 중기에는 상원사 아래에 별도의 수행공간을 두고 그 곳을 진여원
   이라 한 것으로 생각된다.

지 얼마 되지 않아 금벽휘황하다. 다시 밑에 있는 보질도암(寶叱徒庵)에 내려갔는데 이 곳 역시 볼 만한 곳이다. 상원사·진여원·보질도암 모두 중대에 있다. 기운이 아직 남아 있어 다시 길을 걸어 계곡을 넘어서 적조암에 갔다. 의규 노스님이 반갑게 맞아주신다. 오늘 약 60리를 왔다.

> **＊상원사**(上院寺)
> 강원도 평창군 진부면 동산리 오대산 중대에 있는 절. 월정사의 산내암자로, 705년(성덕왕 4) 신문왕의 아들 보천·효명이 진여원(眞如院)이라는 이름으로 창건했다. 고려 말에 나옹 혜근 스님이 1376년(우왕 2) 중창하였다. 조선에서는 세조가 이 절에서 문수동자를 만나 병이 나았고, 또 고양이의 도움으로 자객의 습격을 피하기도 했다. 그런 연유로 1465년(세조 11) 중건을 시작하여 1469년(예종 1)까지 여러 차례 불사를 이루었고, 또 세조의 원찰이 되었다. 1951년 6·25전쟁 중에 불태울 위기에 처했지만 고승 한암 중원 스님이 지켜냈던 일은 유명하다. 강원도유형문화재 제28호로 지정된 적멸보궁을 비롯하여 국보 제221호 문수동자상과 복장 유물(보물 제793호), 국보 제36호 상원사 범종 등의 문화재가 있다.

10월 12일 맑음 | 월정사 동관음대

아침식사 뒤 노스님과 작별하고 밀선 스님과 함께 4~5리를 갔는데 도중에 도무 스님이 뒤따라와서 함께 10여 리를 더 갔다. 자운암의 지영·법기 스님을 만나서 잠시 함께 얘기를 나누었다. 다시 계곡을 따라가며 경치를 감상하는데 굽이치는 맑은 못과 반석 폭포 등이 있어 걸음마다 절경이었다. 앉아서 읊조리다가 다시 걷고 했다.

두 스님은 먼저 돌아가고 경복과 함께 혹은 걷고, 혹은 앉아 쉬며 길을 가니 날이 저문 것도 몰랐다.

부도대(浮屠臺)[175]에 도착하니 큰절(월정사)의 희원 스님이 맞아준다. 함께 길을 가 냇가에 이르렀는데, 나이 여든 살로 병이 든 지원(智院) 스님이 음식을 얻으러 밖으로 나가다가 물에 빠진 것이 보였다. 희원

---

175) 정시한이 뒤이어 찾아간 동관음대(관음암)의 부도를 모아놓은 곳. 절 입구에서 약 700m쯤 떨어진 곳에 있다. 현재 조선시대의 부도 22기가 있다.

스님이 달려가서 부축해 나왔다.

전부 다같이 동관음대(東觀音臺)176)에 올라갔다. 노스님이 토굴에 머물고 있어서 쌀 몇 되와 엿을 조금 드렸다. 희원 스님은 큰절로 돌아가고 나와 경복이 둘이서 위로 더 올라가니 절이 하나 나온다. 문에 관음암(觀音庵) 세 자가 써 있고 그 밑에 가늘게 칠한 글씨로 '동양위서(東陽尉書)*라는 네 자가 보인다. 문을 들어서니 이 절의 자징(子澄) 스님이 나오고, 지환(智環) 노스님도 나오시므로 절을 하며 인사했다. 조금 뒤에 태남이가 쌀 네 말과 장염 등을 갖고 와 바로 저녁을 짓도록 했다.

저녁을 먹고 절 주위를 둘러보았다. 이 절은 월정사의 뒷봉우리에 위치해 있는데 매우 깊은 곳에 자리한다. 높고 넓으며 앞뒤로 시야가 탁 트여 있어 이 곳에 도인이 많이 머물렀다고 한다.

지환 스님은 혜원(惠遠) 스님의 법제(法弟)로 자징 스님과 같이 벽곡행(辟穀行)177)을 하고 있는데, 지금은 수좌행을 하는 중이라 한다.

연일 약 30여 리를 올랐더니 기력이 빠지고 피곤하며 허리와 다리가 전부 아파 밤에 편하게 잠을 이루지 못했다. 새벽에 일어나 건욕을 하고 나니 기운이 매우 편해졌다.

*신익성(申翊聖, 1588~16442)
조선 중기의 문신. 병자호란 때의 척화5신(斥和五臣)의 한 사람. 본관은 평산(平山). 자는 군석(君奭), 호는 낙전당(樂全堂) · 동회거사(東淮居士). 영의정 신흠(申欽)의 아들이며, 선조의 부마(駙馬). 정숙옹주(貞淑翁主)와 혼인하여 동양위(東陽尉)에 봉해졌

176) 강원도 평창군 진부면 동산리 만원산에 있는 절. 동대암(東臺庵), 혹은 본문에도 나오는 것처럼 관음암이라고도 했는데, 정시한이 적은 것처럼 동관음대라는 이름은 처음 나온다. 동대암과 관음암이라는 이름을 혼동하여 섞어서 쓴 것인지, 혹은 실제로 동관음대라는 이름으로도 불렸는지 확실하지 않다. 월정사의 산내암자로, 8세기 초에 신문왕의 아들 보천(寶川)의 유언으로 창건되었다. 1950년 6 · 25전쟁 때 불탔으나 1971년 중창되어 오늘에 이른다. 오대산의 동대에 있다고 하여 동대암, 혹은 관음보살의 상주처라 하여 관음암이라고도 불렸다.
177) 일정 기간 동안 곡기(穀氣)를 끊고 생식만 하는 불교 수행법의 하나.

고, 임진왜란 때 선무원종공신(宣武原從功臣) 1등에 올랐으며 1606년(선조 39) 오위 도총부부총관이 되었다. 광해군 때 폐모론이 일어나자 이를 반대하다가 쫓겨났다. 1623년(인조 1) 인조반정 후 재등용되어 이괄(李适)의 난이 일어나자 왕명으로 3궁(宮)을 호위(扈衛)하였으며, 1627년 정묘호란 때는 세자를 모시고 전주에 피하였고, 1636년 병자호란 때는 인조를 호종하여 끝까지 성을 지켜 청군과 싸울 것을 주장하였다. 주화파(主和派) 대신들이 세자를 청나라에 볼모로 보내자고 하자 칼을 뽑아 그들을 위협하기까지 하였다. 호종의 공으로 재상과 같은 예우를 받고, 1638년에는 오위도총부도총관을 제수하였으나 사퇴하였다. 화의가 성립된 뒤 삼전도비사자관(三田渡碑寫字官)에 임명되었으나 이를 거부, 사퇴하였다.

1642년 명나라와 밀무역하다가 청나라에 잡혀갔던 선천부사 이계가 조선이 명나라를 지지하고 청나라를 배척한다고 고하여, 이 일로 최명길(崔鳴吉)·김상헌(金尙憲)·이경여(李敬興) 등과 함께 심양(瀋陽)에 붙잡혀가 억류당하였으나 조금도 굴하지 않았다.

소현세자(昭顯世子)의 주선으로 풀려나와 귀국하여 시·서로써 세월을 보냈다. 문장·시·서에 뛰어났으며, 특히 김상용(金尙容)과 더불어 전서의 대가였다.

글씨는 회양 청허당휴정대사비(淸虛堂休靜大師碑), 광주(廣州) 영창대군의 비, 파주 율곡 이이의 비 등이 있고, 저서로는 『낙전당집』·『낙전당귀전록(樂全堂歸田錄)』·『청백당일기(靑白堂日記)』 등이 있다. 시호는 문충(文忠).

10월 13일 새벽에 비가 뿌려지며 흐렸다가 맑아졌다 했다 | 월정사 향로전

아침식사 뒤 태남이가 다시 쌀 한 말을 갖고 올라왔고, 느지막이 수리가 강릉에서 건어를 사갖고 왔다. 그런데 정 도사가 답서를 보내왔는데 아울러 쌀 한 말과 말죽 한 말, 생선 한 손, 대구 한 손, 배 열 개를 보냈다. 스님과 함께 배 두 개를 나누어 먹었다.

저녁식사 뒤에 지환 스님과 헤어져 자징 스님과 같이 육수암(六水庵)에 내려갔다. 큰절의 희원 스님과 불존승 도안(道安) 스님이 기다리고 있었다. 잠시 앉아 있다가 바로 큰절로 내려가니 스님 예닐곱 분이 맞아주신다. 향로전(香爐殿)으로 가서 여러 스님들과 홍시를 나누어 먹었다.

내일 아침 일찌감치 출발하므로 스님들이 미리 와서 만나보고 갔다. 오늘 약 5리를 걸었다.

스님들이 말하기를 여기에서 함허당까지 60여 리나 되는데다 길이

험하여 월정사 노스님 가운데는 한 번도 못 가보고 죽은 사람도 있다고
한다. 희원 스님은 봄에 나물을 캐러 가다가 한 번 가보았을 뿐이라고
한다. 이전의 유람객들도 대부분 못 가보았다는데 나는 이렇게 쉽게 갔다
왔으니 실로 괴이한 일이라고들 한다. 북대에서 함허당에 이르기까지
버섯이 많다고 한다.

10월 14일 새벽에 비바람이 불다가 아침에는 비가 그쳤다. 스산한 바람도 불었다
| 강릉 태화역

아침 일찍 절을 떠나 문밖에서 스님들과 작별했다. 계곡을 따라 30여
리를 가서 진보역에 닿아 밥을 해먹은 다음 말을 풀었고, 수리가 건어
등의 짐을 지고 갔다. 십여 리를 가서 청심대(淸心臺)에 올랐다.

다시 시내를 건너고 모로령(毛老嶺)[178]을 넘어 태화역(太華驛)[179]에
도착했다. 마을 사람의 집에서 묵었다.

오늘 약 80리를 왔다.

10월 15일 맑음 | 횡성 안흥 민가

새벽에 길을 떠나 방림(芳林)[180]을 지나 운교역(雲橋驛)[181]에서 밥을
지어먹고는 말을 놓고 갔다. 독현(禿峴)[182]을 넘어서 안흥(安興)[183]에

---

178) 모로현(毛老峴). 강원도 강릉시에 있는 고개. 『여지도서』에 따르면 강릉부의 서쪽
  125리라고 한다.
179) 대화역(大和驛). 강원도 강릉시에 있는 역. 『여지도서』에 따르면 관문에서 서쪽으로
  140리라고 한다.
180) 방림역. 강원도 강릉시에 있었던 역. 『여지도서』에 따르면 관문에서 서쪽으로
  165리라고 한다.
181) 雲交驛. 강원도 강릉시에 있었던 역. 『여지도서』에 따르면 관문에서 서쪽으로
  190리라고 한다.
182) 강원도 강릉시에 있는 고개. 『여지도서』에 따르면 강릉부의 서쪽 189리에 있다고
  한다. 횡성 봉복산(奉福山)으로부터 곧게 뻗은 곳이며, 남쪽에서 횡성과 강릉과의
  경계가 된다고 한다.

도착했다. 비녀(婢女)네 집에서 묵었다. 오늘은 70리를 걸었다.

10월 16일 새벽부터 밤까지 종일 비가 내렸다 | 횡성 안흥 민가

아침에 안현(鞍峴)[184]의 이태(李菭)[185]・이배(李菭) 형제가 찾아왔다. 마침 강릉 근처가 집이라 하므로 강릉의 정 도사에게 보내는 감사의 편지를 써서 전해달라고 부탁했다. 비가 와서 계속 이 곳에 머물렀다.

10월 17일 흐리다 맑음 | 원주 구룡사 불존방

아침 일찍 안흥촌을 출발해 실미촌(實味村)을 지나 회현(檜峴)[186]을 건너 오원역(烏原驛)[187]을 거쳐 점심 때 토곡의 용인(龍寅)이네 집에 도착했다. 점심식사 뒤에 태남이와 짐 실은 말 한 필을 먼저 법천에 보내고 수리와 짐 말 한 필은 용인이네 집에 남아 있게 했다. 용공이더러 옷가지와 이불을 지게 하고 경인이는 말을 잡게 해서 시내를 따라 12~13리를 가서 구룡사(龜龍寺)[188]에 도착했다.

법당을 본 다음 바로 월봉암(月峯庵)[189]에 올랐다가 내려와 불존방(佛尊房)에 들어갔다. 불존승인 천조(天照) 스님은 서른여섯 살인데 잠시

---

183) 안흥역. 강원도 횡성군에 있는 역. 『여지도서』에 따르면 횡성현의 동쪽 50리라고 한다.
184) 강원도 원주에 있는 고개. 안치(鞍峙)라고도 한다. 『여지도서』에 따르면 관문에서 서쪽 20리라고 한다.
185) 1650~1712.
186) 강원도 횡성군에 있는 고개. 『여지도서』에 따르면 횡성현 동쪽 40리라고 한다.
187) 강원도 횡성군에 있는 역. 『여지도서』에 따르면 동쪽 30리라고 한다.
188) 강원도 원주시 소초면 학곡리 치악산 비로봉에 자리한 절. 668년(문문왕 8) 의상 대사가 九龍寺로 창건하였다. 도선 국사를 비롯하여 조선 태조의 왕사였던 무학 자초, 서산 대사로 널리 알려진 청허 휴정 등 고승들이 머물면서 발전했으나, 조선시대 중기부터 쇠락되자 절 이름을 지금처럼 龜龍寺로 바꾸었다. 대웅전은 강원도유형문화재로 지정된 문화재였는데, 2003년에 불이 나 타버렸으나 2004년 11월에 복원되었다.
189) 치악산 비로봉 북쪽 줄기에 자리하고 있었던 절. 지금은 폐사되었다.

같이 잠시 얘기하고 있는데 곧바로 구룡사의 자흡(慈洽) 노스님과 해영(海瑛)·신명(信明) 스님 등이 찾아왔다. 천희 스님이 배 두 개를 내놓으셨다. 또 본사에서 저녁을 준비했으니 오라 했으나 사양하고 가지 않았다. 불존 방에서 잤다. 오늘은 50리를 왔다.

10월 18일 흐림. 식후에 비가 잠시 내리다 곧 그쳤다 | 원주 검암 당숙부 댁

아침식사 뒤 용공이가 말을 끌고 와 바로 토곡촌으로 내려갔다. 중도에 비를 만나 말을 몰아 권기남(權奇男)네 집으로 들어갔다. 조애선(趙愛善)도 찾아왔다. 주인이 배를 내오며 술을 권하였으나 사양하고 마시지 않았다. 애선은 배 다섯 개를 내왔다. 비가 그쳐 바로 길을 떠나서 저녁 무렵에 진사 이재(李載) 형의 집에 도착했다.

저녁식사 뒤 검암(儉巖)의 당숙부를 찾아가 인사드렸다. 당숙부께서는 몸도 건강하고 정신도 여전하며 늙지 않으셨다. 오늘은 50여 리를 왔다.

10월 19일 흐리다 맑음 | 원주 검암 당숙부 댁

검암의 당숙부 댁에 머무르고 있다. 진사 이재 형이 그의 아들 이운한(李雲漢)[190]과 함께 찾아와 얘기하다 저녁 때 돌아갔다.

정도민(丁道敏)[191]이 영천(榮川)에서 왔다.

10월 20일 | 원주 본가

일찍 숙부께 인사드리고 길을 떠났다가 길에서 아들 도항이를 만났다. 점심 무렵에 여앙(汝昂) 이두령(李斗齡)의 집에 들렀다가 바로 집으로 돌아왔다. 먼저 사당과 선영에 인사 드렸다.

이번 여행은 말 타고 간 길이 1,860보였고 걸어서 440리를 갔으니

---

190) 1654~1742. 진사.
191) 1653~1721. 정언황의 맏아들인 정시원의 맏아들.

구룡사 보황루

전부 2,300리를 다녔다. 폭류영지(瀑流影池)의 승경과 그윽하고 고요한 절, 그리고 여러 좋은 산들을 둘러보았다. 이로써 앞서간 현인들이 소박함을 누리는 은거(隱居)로 오히려 꽃다운 이름을 후세에 드날림을 알 수 있었다.

금강산은 천하에 그 면목을 떨치며 장안사(長安寺)·극락암(極樂庵)·표훈사(表訓寺)·정양동각(正陽東閣) 및 부덕암(夫德庵)은 그 정기가 뛰어났고, 마하연(摩訶衍)·영원암(靈源庵)의 산은 그야말로 형승이었으며, 은선대(隱仙臺)·발연폭포(鉢淵瀑布) 및 그 동구(洞口)는 기관(奇觀)이었다. 사람들이 말하기를 국도(國島)와 금강은 서로 엇비슷하다고 하여

처음에는 믿지 않았으나 한 번 본즉 실로 기경(奇景)으로 금강은 특히
조화가 무궁했다. 학포(鶴浦)와 경포는 백중했으며 시중대(侍中臺) · 삼일
호(三日湖) · 영랑호(永朗湖)는 모두 절경으로 우리나라에서도 드문 곳이
다. 오대산은 가장 그윽한 곳이니 사랑스럽고, 다른 곳에서는 볼 수 없는
곳일 것이다.

무진년(1688)

4월 10일 | 충주 홍여회네 집

사당과 선영에 인사드리고 내려와 행구를 챙겼다. 느지막이 경신(敬愼)·손노(孫奴)·경숙(庚宿)·기민(己民)·순선(順善) 등을 데리고 길을 떠났다.

봉황천(鳳凰川)에 다다라서 억남(億男) 등을 만났다. 상주(尙州)의 시장에서 돌아오면서 조태윤(趙泰胤)의 편지를 보고서야 비로소 무량동(無量洞) 이매(李妹)의 부음을 들었다. 또한 외고모의 병이 중하다고도 한다.

오후에 천안(天安) 군수를 지냈고 가흥(可興)에 사는 이하징(李夏徵)네 집에 닿았으나 그는 마침 나가고 없고 그 동생인 이대징(李大徵)[192]을 만났다.

밥을 지어먹고 쉰 후에 금천(金遷)[193]에 가서 황 생원을 만났는데 그의 아들 황명삼(黃命三)도 나와서 맞아주었다.

저녁에는 충주 읍내에 도착해서 청주 목사를 지낸 홍여회(洪汝會)네 집에 갔다.

4월 11일 계축 흐리고 비가 종일 내렸다 | 충주 홍여회네 집

여회네 집에 머무르고 있다. 영장(營將)[194] 심박(沈樸)과 수찬(修撰)[195] 이후항(李后沆)이 찾아왔다.

---

192) 1650~1690. 생원.

193) 충청북도 충주시 일대. 『여지도서』에 따르면 금처진(金遷津)으로, 충원현의 서쪽 10리라고 한다.

194) 무인의 직위. 1627년 각도의 지방 군대를 통솔하기 위해 설치한 진영(鎭營)의 장관.

195) 홍문관의 정5품 관직. 정원은 2명이며, 문한편수(文翰編修)의 임무를 맡았다. 부제학 이하 부수찬까지의 관원과 더불어 지제교(知製敎)를 겸하였다.

덕주사

4월 12일 갑인 새벽에 비가 내렸다 | 제천 상덕조사 향로방

아침식사 뒤에 비가 와 계속 이 곳에 머무르고 있다. 경신이를 남겨두고 느지막이 떠났다. 홍여회 노형과 작별하고, 위양(渭陽)의 아들 기룡(己龍)이를 데리고 떠났다.

오후에 길을 떠나 청풍(淸風)[196] 신당(新塘)에 도착했다. 전에 아들 도항(道恒)이가 머물던 집인데, 우리 집안의 노비 금이(金伊)가 밥을 차려준다. 여회가 머물렀던 집을 한 번 둘러본 뒤 앞내에 나가 발을 씻었다.

짐말하고 경숙이를 이 곳에 남겨 두고 길을 떠나 저녁에 월악산(月岳山) 덕조사(德照寺)[197]에 도착했다. 다시 뒷산 봉우리에 4, 5리 올라 상덕조사

---

196) 충청북도 제천시 일대.
197) 충청북도 제천시 한수면 송계리 월악산 남쪽에 자리한 절. 지금의 덕주사(德周寺)를

(上德照寺)[*]에 닿았는데 매우 깊이 자리해 있다. 수좌승 밀영(密英) 스님은 전에 속리산에서 도항이를 만났던 적이 있다고 한다. 향로방에서 묵었다.

***상덕조사**(上德照寺)

덕주사는 편의상 상덕주사와 하덕주사로 구분해서 부르기도 했다. 두 개의 절을 말하는 것이 아니라 하나의 절인데 지금 마애불이 있는 곳을 상덕주사, 그리고 지금의 덕주사 자리를 하덕주사라고 했다. 이러한 구분이 언제부터 있었는지 정확하지 않는데 정시한의 이 기록에 따라 적어도 17세기 중반에도 상·하 덕주사의 구분이 있었던 것을 알 수 있다. 조선시대 이래 꾸준히 법등을 이어오다가, 하덕주사는 조선시대 중기에, 상덕주사는 6·25전쟁 때 폐사된 것으로 보인다. 상덕주사는 하덕주사, 다시 말해서 지금의 덕주사 자리에서 1.7km 자리에 있었는데 1951년 이전만 해도 고색창연한 기도 사찰이었다. 또 마애불 주위에는 보호각도 있었고, 우공탑(牛公塔)으로 부르던 삼층석탑도 있다. 근래에 상덕주사 절터 주변에서 1622년(광해군 15)에 만든 기와도 발견된 적 있었다. 하덕주사, 곧 지금의 덕주사는 예전부터 '절골'로 부르던 곳으로, 여러 유적으로 보아서 옛날에 꽤 커다란 규모의 절이 있었던 것을 짐작할 수 있다. 1970년 이래 몇 차례 중건불사를 하면서 오늘에 이른다.

4월 13일 을묘 흐리다 맑음 | 아산 민가

아침식사 뒤 밀영 스님과 함께 천보암(天保庵)에 올랐는데 가는 길이 매우 험하였다. 몇 리를 가서 암자에 닿으니 절은 산허리에 위치해 있어 위로는 높다란 봉우리가 있고 밑으로는 그 모양이 마치 엎드린 거북이 같은 반석이 있다. 반석 위에 세 칸짜리 초옥을 지어놓았다. 이 곳에서 상덕조사로 내려가 보니 사면이 산에 둘러싸여 있고 좌우로 암석이 있는 것이 매우 기이하다. 이 곳에 샘이 솟고 있다. 여기에는 단지 스님 한 분만 있을 뿐으로 인적이 매우 드물다. 느긋하게 한때를 지내며 있기에 좋을 것 같아 스님과 약속하고는 밑으로 내려왔다.

가리키는 것으로 보인다. 덕주사의 역사에서 정시한이 쓴 것처럼 '덕조사'라는 이름으로 있었던 것은 이 기록에서 처음 나타나므로 중요한 자료가 된다. 덕주사는 935년 신라가 망하고 경순왕의 공주인 덕주공주가 마의태자 일행과 함께 창건했다고 한다. 6·25선생 중에 불태워졌다.

상덕주사 마애불

절에 와서는 스님에게 길을 물어 험한 고개 하나를 넘고 십여 리를 걸어가 연풍(延豊)[198] 온정(溫井)[199]에 닿았다. 경신이와 경숙이도 왔다. 생원 서문재(徐文在)가 찾아왔고, 기룡(己龍)이는 자기 집으로 돌아가게 했다.

4월 14일 비. 병진. 흐린 뒤 오후에 갬 | 괴산 백운암

아침식사 뒤 서생원과 헤어졌다. 연풍 후동(後洞)에서 밥을 지어먹고 쉰 다음에 가파른 고개를 넘어 양산사(陽山寺)[200]에 닿았다.

저녁식사 뒤에 경신이와 기민이와 같이 뒷산 봉우리에 있는 백운암(白雲庵)[201]에 올라가봤다. 절은 석봉 밑에 위치해 있는데 백운대가 내려다보인다. 맑고 빼어나며 아름다운 곳인데, 역시 매우 높고 한적한 위치에 있다. 이 곳에 있는 혜균(慧均) 스님은 진실하고 순박하여 같이 얘기할 만했다. 이 절은 옛터에 새로 지었다고 한다. 회신(懷信)·원일(垣一) 스님도 착하고 선량한 분이다. 이 곳에서 묵었다.

---

198) 충청북도 괴산군 일대.
199) 지금의 충청남도 아산시 온양온천 일대.
200) 경상북도 문경시 가은읍 원북리 희양산 남쪽 기슭에 있는 봉암사(鳳巖寺)의 다른 이름. 9세기 후반에 창건되었고, 881년(헌강왕) 봉암사가 되었다. 935년(고려 태조 18) 중창되었고, 조선 초기에 득통 기화(得通己和) 스님이 중수한 이래 여러 차례 중건이 있었다. 지증대사적조탑(보물 제137호)과 탑비(보물 제138호), 정진대사원오탑(보물 제171호)과 탑비(보물 제172호), 삼층석탑(보물 제169호), 석종형 부도(경상북도문화재자료 제135호), 마애보살좌상(경상북도유형문화재 제121호), 환적당지경탑(경상북도문화재자료 제133호), 함허득통탑(경상북도문화재자료 제134호) 등의 문화재가 있다.
201) 충청북도 괴산군 사리면 소매리 백마산(白馬山)에 있는 절. 1321년(고려 충숙왕 8) 창건되어 처음에는 대흥사(大興寺)라고 했다. 조선시대에 들어와 영조(재위 1724~1776) 때 폐사된 것으로 알려졌다. 1933년 서울 봉국사(奉國寺)에서 법당을 새로 짓고 중수했으나 1960년 불이 나 건물 전체가 타버렸다. 그러나 곧바로 중창하여 오늘에 이른다.

봉암사

4월 15일 정사 맑은 뒤 저녁에 흐려짐. 밤에 비바람이 일어 새벽까지 불었다 | ^{괴산} 백운암

소식(素食)을 시작했다. 아침식사 뒤에 경신이와 혜균·회신 스님과 함께 뒷산에 올라 산기슭을 따라 수백 보를 걸어올라가 한 절에 들어갔다. 터가 바르고 양산사의 주봉(主峰) 아래에 남향하여 자리해 있어 장풍안산 (藏風案山)이라 할 만하다. 주위에 있는 석봉과 입석은 금강산의 그것과 비슷하게 높은 곳이라 그윽하고 떨어져 있어 인적이 닿지 않는 곳이다. 혜균 스님의 말로는 내년에 윤판옥(輪板屋)을 지을 것이라 한다. 또 혼자 있을 때 먹을 것이 떨어지면 중백운암(中白雲庵)에 가 있겠다고 한다.

이 절은 상백운암이고 어제 묵었던 곳은 중백운암이며, 그 아래에 하백 운암이 있다고 한다. 함께 한가하게 이야기를 나누며 오랫동안 앉아 있다

백운사

가 앞에 있는 바위로 해서 밑으로 내려왔다. 두 곳에 석굴이 있으나 그리 볼 만한 것은 아니다.

중백운암에 가니 석정(石井)이 있어 샘이 맑게 솟아오르는데 겨울에 따뜻하고 여름에 시원하다고 한다. 바위 위에 앉아서 경치를 감상하다가 절에 돌아왔다.

4월 16일 무오 새벽부터 비가 내리다가 오후에 그쳤고 바람이 일었다. 계속 이 곳에 머무르고 있다 | 괴산 백운암

4월 17일 기미 어두워지면서 바람이 심했으며 밤에는 큰바람이 불었다 | 괴산 쌍룡암

아침식사 뒤 혜균 스님과 헤어져서 지로승(指路僧) 석민(碩敏) 스님과 함께 큰절(양산사)로 내려갔고, 오후에는 추심사(推尋寺)202)에 닿았다.

저녁식사 뒤 노비와 말을 대정동(大井洞)에 있는 정도증(丁道曾)203)네 노비 집에 보내고 나는 쌍룡암(雙龍庵)에서 경신·순선과 함께 청화산(靑華山)204) 의상대(義相臺)에 올랐다. 산길은 험하고 급해 근근이 올라갔는데 7~8리쯤 가서 절에 닿았다. 절은 바야흐로 중창중인데, 수좌승 계안(戒安) 스님과 현일(玄一) 스님이 나와서 맞아주었다. 절터는 높고 드넓으면서 경사가 지지 않았으니 실로 명불허전이다. 판도방(判道房)에는 노스님

---

202) 경상북도 문경시 화산(華山)에 있던 절. 『가람고』에 그 이름이 나온다. 지금은 폐사되었다.
203) 1633~1699.
204) 충청북도 괴산군 청천면 삼송리와 경상북도 상주시 화북면, 문경시 농암면 경계에 있는 산. 높이 984m. 경상북도와 충청북도 3개 시군의 경계를 이루며 괴산군 중앙에 솟아 있다. 산죽군락과 소나무가 많아 겨울에도 푸르게 보인다. 조선시대의 이중환(李重煥, 1690~?)이 『택리지(擇里志)』에서, "청화산은 뒤에 내외의 선유동을 두고 앞에는 용유동에 임해 있다. 앞뒷면의 경치가 지극히 좋음은 속리산보다 낫다."고 할 정도로 경관이 뛰어나다.

원적사

한 분이 계시는데 법명이 무설(無說)로 나이는 아흔한 살이다. 보고 듣는
것이 쇠하지 않고 정신도 뚜렷한데다 안색도 좋다.

4월 18일 경신 날이 어둡고 큰바람이 불었다 | 문경 원적암

아침식사 뒤 스님들과 더불어 절 옆의 폭포를 구경했다. 높이는 5,
60척쯤으로 폭포에서 흘러내리는 물이 10보 앞까지 튄다. 혼이 다 맑아지
는 것 같다.

곧바로 다시 뒷산 봉우리에 올랐다. 도영(道英) 스님이 짐을 지고 안내했
다. 길이 매우 높고 험준한데 4~5리를 가서 원효대(元曉臺)에 닿았다.
주위를 오랫동안 둘러본 후에 다시 출발해서 큰 고개를 넘으니 멀리
앞에 속리산의 여러 봉우리들이 열 지어 솟아올라 있어 맑은 기운이

가득한 것이 보인다. 여러 산들을 살펴본 후에 발길을 옮겨 곧장 아래로 몇 리를 내려가니 마치 깊은 우물 속으로 내려가는 것 같다. 원적암(圓寂庵)[205]에 닿았는데 이 곳의 편액은 바로 아들 도항이가 썼다.

수좌 혜종(慧宗)과 신은(信블)·해운(海雲) 스님 등이 나와서 맞아주었다. 절터는 뒷산이 잘 감싸고 있다. 곁에는 백운암(白雲庵)이 있다.

도중에 두드러기가 났다. 괴목정(槐木亭)에 닿았으나 들어가 보지 않고 바로 나와 원적암으로 돌아와 쉬었다.

4월 19일 신유 흐리다 갬 | 상주 황령사

아침식사 뒤 스님 여섯 분과 함께 하산하였다. 10여 리를 가서 대원사(大元寺)에 닿았다. 절터는 숨은 듯 치우쳐져 있으며 깊고 그윽하다. 뒤에는 산이 있고 앞에는 물이 있는 청룡의 지세다. 산의 입석들도 기이하다. 시내를 따라 100여 보를 내려가니 용유반석(龍遊盤石)이 있다. 희고 깨끗하며 반듯한 것이 보기 어려운 것이다. 오랫동안 앉아서 경치를 바라보다 다시 시내를 따라서 내려갔다. 10여 리쯤 되는 곳에 용추반석(龍湫盤石)이 있어 역시 구경하며 내려갔다. 다리가 피곤하지만 계곡 좌우로 철쭉꽃이 만발해 있어 구경하느라 쉴 틈이 없다.

쌍룡암(雙龍庵)에 이르러 밥을 먹었다. 경숙이 등은 이미 와서 기다리고 있는데, 홍수구(洪受九)도 먼저 절에 도착해 있었다. 함께 밖으로 나와서 용추 근처에 있는 괴목정 밑에 앉아서 애기를 나누다가 다시 길을 떠났다. 20여 리쯤 가서 함창(咸昌)[206]의 황령사(黃嶺寺)[207]에 닿았다. 생원 권징

---

205) 경상북도 문경시 총암면 청화산(淸華山)에 있는 절. 김룡사(金龍寺)의 산내암자로, 660년(무열왕 7) 원효 대사가 창건했다고 한다.

206) 지금의 경상북도 상주시 함창읍.

207) 경상북도 상주시 은척면 황령리 칠봉산(七峰山)에 있는 절. 정확한 창건연대와 창건주는 알려지지 않았다. 1254년(고려 고종 41) 몽골 장군 차라대(車羅大)가 상주산성을 공격하자 이 절의 홍지(洪之) 스님이 크게 활약하여 적의 포위를 풀었다

황령사 극락전

선(權徵先)이 있어서 만났다. 향로방에서 묵었다. 불존승 상흡(尚洽) 스님
과 승통 태일(太日) 스님도 만났다.

4월 20일 임술 흐리다 갬 | 상주 읍내

아침식사 뒤 길을 떠나 오후에 공섬시(公儉池)[208]에 갔다. 못 부근에

고 한다. 1901년과 1928년에 각각 중수된 기록이 전한다.

208) 경상북도 상주시 공검면 양정리에 있는 저수지. 恭儉池라고 한다. 둑의 길이 860보
(步), 폭 800보, 둘레 22리(8,646m)로 수축 당시 남한에 있는 저수지 중 가장 규모가
컸다고 알려져 있다. 문헌기록으로는 1195년(고려 명종 25)에 상주사록(尙州司錄)
최정빈이 예부터 있던 제방을 다시 수축하였다고 한다. 토사를 판축(板築)하여
단면이 사다리꼴이 되도록 쌓아올렸으며, 판축법은 안팎의 물매를 더하여 수압에
견디도록 아랫부분의 폭이 부채꼴로 넓게 되어 있다. 잔자갈과 흙을 다질 때에
뻘흙을 사용하였고 빈틈을 거의 없앰으로써 물분자가 공극으로 흡수될 틈을 막아버

빈 정자가 있어 안에 들어가 한참동안 주위를 둘러보고는 다시 내려와 수리를 가서 둑에 닿았다. 또 올라가 잠시 둘러보고는 송정(松亭)에 앉아 밥을 지어먹으며 쉬었다.

저녁에 상주 읍내에 도착해 경신이를 생원 조태윤(趙泰胤)네 집으로 보내고 나는 정 생원의 과수댁에 갔다. 잠시 있으려니 경신이가 와서 말하기를 원주에서 사람이 와 조 생원 집에서 이미 이틀을 기다리고 있었다 한다. 만나 집 소식을 들어보니 손자아이 둘이 함께 홍역을 앓고 있다고 한다. 권집(權縡)이 와서 기다리는데 이 사람은 과수의 6촌 시동생이 된다고 한다.

4월 21일 계해 흐리며 추웠다 | 문경 무량동 외고모 댁

아침에 과수께 인사하고 막 떠나려 하는데 조태윤이 찾아와 잠시 얘기를 하고 길을 떠났다.

오전에 무량동에 도착해 외고모께 인사드리고 나왔다. 상을 당한데다가 큰병이 들어 기운이 전같지 않으셨으나 점차 나아지시니 다행이다. 이종제인 이재하(李在夏)와 이재형(李在亨), 그리고 조카 중약(仲若) 이성지(李性至)가 와서 서로 기쁘게 만나 얘기를 나누었다. 생원 이후방(李后昉)[209]이 왔다가 바로 돌아갔다.

4월 22일 갑자 아침에 비가 약간 내리며 서늘한 바람이 불었고 밤에도 비가 내렸다 | 문경 무량동 외고모 댁

집으로 편지를 써서 보내면서 기민이를 원주로 돌려보냈다. 경숙이는 상주 장에 갔다가 저녁에 돌아왔다.

리는 원리를 이용하였다. 현재 규모는 주변이 모두 논으로 개답되고 만수시 1,000평 정도의 작은 규모만 남아 있다.
209) 1622~1701.

아침식사 뒤 중약과 경신이와 함께 이 생원을 찾아갔다. 그리고 강가의
석벽에 가서 작은 배 한 척을 타고 강을 건너 합강정(合江亭)에 올랐다.
그런 다음 다시 몇 리를 가서 단양(丹陽)[210]에 사는 유천지(柳千之)[211]를
찾아갔으나 마침 향회(鄕會)[212]에 나가 없기로 그 아들인 유경하(柳經
河)[213]와 조카 유장하(柳章河)[214]·유석하(柳錫河)[215]·유창하(柳昌
河)[216]가 맞이한다. 또 생원 정중항(鄭重恒) 및 유세일(柳世一)도 만나
앉아서 얘기하다가 강가로 돌아왔다. 유세일이 여기서 나를 전송하고
돌아갔고, 나는 배를 타며 노를 저어 건너와서 다시 사의정(四宜亭)에
올랐다가 돌아왔다.

4월 23일 을축 아침에 비가 내리다가 느지막이 개었다 | 문경 무량동 외고모 댁

늦게 유경하·정중항·유세일이 찾아왔다가 돌아갔다.

4월 24일 병인 맑음 | 의성 광덕촌

느지막이 외고모께 인사하며 작별하니 아쉬운 마음을 참을 수 없었다.
1리쯤 가서 돌아보니 외고모께서 아들 손자들을 거느리고 문밖에 기대
어 서서 바라보며 눈물을 흘리시는 게 보였다.
강가에 닿아 강을 건너 30여 리를 가 대곡사(大谷寺)[217]에 도착하였다.

---

210) 충청북도의 시.
211) 1616~1689.
212) 마을의 일을 의논하기 위한 모임.
213) 1663~1713.
214) 1648~1694.
215) 1651~1711.
216) 1654~1693.
217) 경상북도 의성군 다인면 봉정리 비봉산(飛鳳山)에 있는 절. 1368년(고려 공민왕
　　17) 지공(指空)과 나옹 혜근 스님이 대국사(大國寺)라는 이름으로 창건했다. 조선시
　　대에 와서는 1597년(선조 30) 정유재란으로 모든 건물이 불타버렸으나 1605년
　　중창하면서 지금처럼 대곡사로 절 이름을 바꾸었다. 9개의 산내암자가 있었으나

대곡사 13층석탑

지금은 적조암만 남아 있다. 대웅전은 경상북도유형문화재 제160호, 범종각은 경상북도유형문화재 제161호로 지정되어 있으며, 고려 말에 세운 13층 청석탑 등의 문화재가 있다.

이 곳은 예천(醴泉)땅이다. 밥을 지어먹으며 말을 먹이니 시간은 벌써 신시[218]가 되었다. 다시 몇 리를 가서 낙동강에 닿았는데 물이 깊고도 넓다. 발도 적시며 짐도 물에 닿고 하면서 20여 리를 가서 강을 건넜다.

어두워져서야 광덕촌(廣德村)에 닿았다. 도사 유세명(柳世鳴)*은 홍역을 피해서 마침 마을 밖으로 나갔다고 한다. 그의 어린 셋째 아들 유후익(柳後益)[219]이 왔는데, 내일 아침에 역의 하인을 보내어 부친이 있는 곳에 알리겠다고 한다.

***유세명**(柳世鳴, 1636~?)

조선 후기의 문신. 본관은 풍산(豊山). 자는 이능(爾能), 호는 우헌(寓軒). 안동 출신. 유운룡(柳雲龍)의 증손, 유원리(柳元履)의 아들이며, 유원지(柳元之)의 문인이다. 1660년(현종 1) 사마시에 합격하여 진사가 되고, 1675년(숙종 1)에 증광문과에 병과로 급제하여 1678년에는 검열을 지내고, 이어 사관(史官)·이조좌랑을 거쳐 1689년에 지평·교리·헌납을 역임하였다. 1689년 3월 홍문록에 등재되고, 다시 윤3월에 재차 홍문록에 등재되었다. 또 그 해 12월 사가독서(賜暇讀書)를 하였다. 공충도도사(公忠道都事)로 있을 때 서천 군수의 비행을 탄핵하여 파면시킴으로써 도내가 숙연하였고, 교리로 있을 때는 부교리 민창도(閔昌道)와 함께 노론의 송시열(宋時烈)·김수항(金壽恒)·김석주(金錫胄)를 엄벌에 처하고 민정중(閔鼎重)을 엄히 다스려야 한다는 차자(箚子)를 올려 민정중을 뒷날 벽동(碧潼)으로 유배하게 하였다. 그는 읽지 않은 글이 없다고 할 만큼 많은 책을 섭렵하였고, 궁리하지 않은 이치(理致)가 없다고 할 만큼 사물의 이치에 통달하였으며, 늘 혼자서 자신을 성찰하는 공부에 열중하였다.

4월 25일 흐리다 맑음 | 안동 병산서원

아침식사 뒤 길을 떠나 4, 5리를 가서 강을 건너 하회촌(河回村)에 닿았다. 곧바로 짐말을 병산서원(屛山書院)[220]에 보냈고, 경신을 데리고 봉화(奉化)[221] 현령을 지낸 유의하(柳宜河)를 찾아갔다. 유의하는 나이

---

218) 오후 3시에서 5시 사이.
219) 1670~1731.
220) 경상북도 안동시에 있다. 유성룡을 제향하며, 그의 아들 유진(柳袗)을 배향한다.
221) 경상북도의 군.

안동 병산서원 전경

일흔세 살로 백발에 몸이 크며 뚱뚱한데 정력은 시들지 않은 모습이다. 그의 동생 유만하(柳萬河)[222]도 나왔는데 곁에는 손자인 유성화(柳聖和)[223]가 있다. 전부터 알던 사이인 것처럼 함께 즐겁게 얘기하였다. 내가 서애(西涯)와 옥연(玉淵)[224] 등을 구경하고 싶다고 하니까 유 생원이 성화를 데리고 같이 가주었다. 만송정(萬松亭) 바로 맞은편에 서애의 취병철벽(翠屛鐵壁)이 마치 비단 병풍마냥 펼쳐져 있으며 거울처럼 맑은 호수가 둥그렇게 둘러서 십여 리를 흐른다. 그야말로 경승이다. 촌락은 수백여

---

222) 1616~1698.

223) 1668~1748.

224) 옥연정. 『여지도서』에 따르면 유성룡이 지은 정자로 겸암(謙巖) 아래에 있다고 한다.

옥연정사

가옥이 솔밭 사이로 늘어서 있는네 들이 마치 거북등과도 같고 높지도 낮지도 않으며 삼면이 물에 잇닿아 있다. 만송(萬松)이 은은하게 자리한 것이 실로 그림 속의 삶 같아 일찍이 못 보았던 곳이다.

함께 배를 타고 옥연서당(玉淵書堂)[225]에 닿았다. 우선 참배를 올리고 나서 벼랑을 따라 달관대(達觀臺)에 올라 하회의 형세를 내려다보았다.

---

225) 경상북도 안동 하회에 있는 유성룡(柳成龍)이 지은 서재. 지금은 옥연정사(玉淵精 舍)라고 한다. 중요민속자료 제88호로 지정되어 있다.

병산서원

산명수려하고 맑은 기운이 가득하니 어디 비할 데가 없다. 유 생원이 말하기를 임진왜란 이후에 당나라의 장군이 이 곳을 보고,

승리란 대개 지리의 이로움도 겸해야 얻을 수 있는 것이다. 이 곳은 사람이 살 만한 곳으로는 천하에 둘도 없는 곳이다.

라고 했다고 한다. 그 말이 정말 거짓이 아니다. 오랫동안 경치를 바라보다

서당으로 향했다. 작은 문에 들어서니 부채 형태의 나무판에 종이가 붙여져 있다. 유 생원이 종이를 갖고 와 본즉 오언절구가 먹으로 희미하게 적혀져 있다. 공손히 받아들고 여러 번 읽어보니

어느 봄날 가랑비 강 위에 후드득 떨어지니 　組雨春江上
앞산은 담담히 저녁을 맞네 　　　　　　　前山淡將夕
마음 속 간직한 사람 아직 보지 못했건만 　不見意中人
매화는 스스로 피고 지더라 　　　　　　　梅花自開落

라고 써 있고, 옆에 "을사년(1605) 봄에 짓다."라고 되어 있다. 바로 서애(西崖) 선생의 필적이다.

당에 올라 밑을 내려다보았다. 맑은 강 솔숲 사이로 촌락이 보이며 사방에 산들이 둘러싸고 있고, 깊은 강물이 마을 앞을 돌아가고 있다. 앞에는 집들이 배치되어 있는데, 사치스럽지도 그렇다고 누추하지도 않다.

동쪽에 요사가 있다. 앉아 쉬다가 걷다가 하며 두루 살펴보니 어느새 떠날 때가 되었다. 하늘이 위대한 현인에게 이와 같이 두터운 청복(淸福)을 내렸구나.

둘러보느라 벌써 날이 저무는 것도 깨닫지 못했다. 주인이 돌아갈 것을 재촉해 다시 배를 타고서 벼랑을 따라가다가 배에서 내려 상봉정(翔鳳亭)에 걸어 올라가보니 경치가 탁 트여 있다. 또 서애·수암(修巖) 등도 보인다. 비단 병풍이 드리워진 것 같은 경치는 옥연서당에는 없는 것이지만 정자 터라든가 건물의 배치는 그만 못하다.

다시 걸어서 겸암서원(謙巖書院)에 갔다. 터가 좁고 비도 새 앞으로 허물 것이라 한다. 역시 승경이지만 옥연·봉상 등이 있어서 빛을 잃고 있다.

배를 타고 돌아가 만송정에 걸어서 갔다가 유봉화(柳奉化)네 집으로

왔다. 점심이 준비되어 있어서 같이 먹었다. 생원 유세하(柳世河),226) 진사 유후광(柳後光)227)도 와서 만나 오랫동안 얘기했다.

주인에게 인사하고 나와서 5리쯤 가 병산서원에 도착했다. 서원 앞으로 그림속 풍경 같은 병풍철벽이 있다. 강물은 깊은 못을 이루었는데 그윽하고 푸른 것이 하회나 옥연 만한 경승이다. 조화가 무궁하다. 아무리 보아도 싫증이 나지 않아 한참동안 있는데 생원 유만하(柳萬河)228)가 왔다. 바로 이 서원의 원장이다. 서원에서 저녁을 준비하여 전부 함께 먹었다. 도사 유세명은 수십 리 떨어진 곳에 있다가 내 소식을 듣고 서원으로 와 머무르고 있었다. 험한 길을 마다 않고 찾아온 그 마음이 고마워 함께 묵었다.

유 도사가 밤에 신음을 하면서 잠을 편히 들지 못한다. 병이 이미 깊어 고질이 되었으니 매우 근심스럽다.

4월 26일 무진 흐리다가 낮부터 비가 내리기 시작하였고, 밤에는 더욱 많이 내리며 새벽까지 이어졌다 | 안동 청성서원

아침에 경신이와 함께 서원의 사당을 알현했다. 서애 선생은 주벽(主壁)에 모셔졌고 수암(修巖) 선생이 곁에 모셔져 있다. 수암은 곧 서애 선생의 아들이다.* 대를 이어 서원에 모셔지는 것은 매우 드문 일이니 이채롭다.

경숙이가 어제 저녁 두 손가락을 칼에 크게 다쳤고, 자원이도 매우 앓으며 땀을 흠뻑 쏟으니 길을 떠날 수 없어 유 원장과 도사에게 청하여 나흘 동안 머물러 있게 했으나 마음이 편치 못하다. 느지막이 자원이가 차도를 보인다고 하고, 경숙이도 걸을 만하다고 말한다.

유봉화가 양손(養孫) 성화를 보내어 비복(婢僕)들의 안부를 물어와 인사하며 보내고 즉시 길을 떠났다.

---

226) 1633~1705.
227) 1648~1715.
228) 1624~1711. 앞서 만났던 유만하와는 동명이인이다.

청성서원

갓길로 해서 5~6리를 가 들판으로 나온 다음 풍산현(豊山縣)[229] 수동
(壽洞) 등을 지나서 청성서원(靑城書院)[230]에 도착했다. 이 청성서원은
권송암(權松巖)** 선생의 사당이다. 경신이와 함께 참배했다.

저녁식사 뒤 뒷산에 있는 석문정(石門亭)[231]에 올랐다. 이 곳은 바로
김학봉(金鶴峯)*** 선생이 유식지소(遊息之所, 노닐며 쉴 만한 곳)로 지으
신 곳이다. 정사(亭榭)는 관리하는 사람이 없어 비가 새어 장차 퇴락하려
하는데, 마당에는 단지 어떤 스님 한 분만이 관리하고 있으나 기력이

---

229) 경상북도 안동시 일대. 『여지도서』에 따르면 안동도호부의 서쪽 35리라고 한다.
230) 권호문을 제향하는 서원. 『여지도서』에 따르면 안동도호부의 서쪽 15리라고 한다.
231) 김성일이 지은 정자. 『여지도서』에 따르면 안동도호부의 서쪽 20리 청성산(靑城山)
　　에 있다고 한다.

매우 쇠해 보인다. 스님더러 먼지를 털고 방석도 깔게 하고서 정자에
올랐다. 정자는 바르고 높은 곳에 있어 눈 아래 수백 리에 운산(雲山)이
둘러싸여 있는 것이 보이고, 낙동강이 굽이굽이 산을 감싸안으며 돌아가는
것도 보인다. 경치가 청광명상(淸曠明爽)하니 하회에서도 못 보던 기이한
장관이었다.

송암 선생의 정자는 서원 곁에 있는데 수리 간의 경치가 또한 흥겹다.
현인이 정자를 지어 강론하는 한편 유식(遊息)을 하는데 또한 강산의
경치가 아름다우니 얼마나 기쁜 일인가.

이 곳을 지나며 잠시 생각에 잠기는데 강의 남쪽으로 구름과 노을이
가득히 생겼다 사라졌다 하고 있다. 산하의 경치를 바라보고 있노라니
마음이 일렁이며 세속의 때를 벗는 것만 같다. 정자에서 일어나 경신이와
함께 비를 맞으며 서원으로 내려와 빈 누각에 앉아서 창강을 바라보았다.
맞은편의 솔숲도 기이한 경관으로 말로 표현을 못하겠다. 인지당(仁智堂)
에서 묵었다.

***유진**(柳袗, 1582~1635)
조선 후기의 문신. 본관은 풍산(豊山). 임진왜란 뒤 아버지에게서 글을 배우고 1610년
(광해군 2) 사마시에 합격하였고, 1616년에 유일(遺逸)로 천거되어 세자익위사세마
(世子翊衛司洗馬)에 제수되었으나 사양하였다.
1623년(인조 1) 인조반정 뒤 다시 학행으로 천거되어 봉화 현감이 되었다. 수령으로
있으면서 전무(田畝)와 부세(賦稅)를 바로잡았다. 이듬해 형조 정랑이 되었는데, 오랫
동안 해결하지 못한 원옥(冤獄)을 해결하여 판서 이서(李曙)의 경탄을 샀다. 1627년에
청도군수가 되었다가, 이듬해에 수포장인(收布匠人)에 대한 보고에 허위가 있다 하여
파직 당하였다.
고관대작을 역임하지는 않았지만 세신(世臣)의 후예답게 깨끗하고 성실하게 생애를
보냈다. 이조 참관에 추증되었으며, 병산서원에 제향되었다.

****권송암**(權松巖)
권호문(權好文, 1532~1587)을 말한다. 조선 선조 때의 문인·학자. 본관은 안동.
호는 송암(松巖). 1549년(명종 4) 아버지를 여의고 1561년 29세에 진사시에 합격했으

나, 1564년에 어머니상을 당하자 벼슬을 단념하고 청성산(靑城山) 아래에 무민재(無
悶齋)를 짓고 그 곳에 은거하였다. 퇴계 이황(李滉)을 스승으로 모셨으며, 같은 문하생
인 유성룡·김성일 등과 교분이 두터웠고 이들로부터 학행을 높이 평가받았으며,
만년에 덕망이 높아져 찾아오는 문인들이 많았다. 집경전참봉(集慶殿參奉)·내시교
관(內侍教官) 등에 제수되었으나 나가지 않았다. 56세로 일생을 마쳤다. 청성서원에
제향되었다. 그는 평생을 자연에 묻혀 살았는데, 이황은 그를 소쇄산림지풍(瀟灑山林
之風)이 있다고 하였고, 벗 유성룡도 강호고사(江湖高士)라 하였다. 작품으로는 경기
체가의 변형형식인 독락팔곡(獨樂八曲)과 연시조인 한거십팔곡(閑居十八曲)이『송
암집』에 전한다.

***김학봉(金鶴峯)

김성일(金誠一, 1538~1593)을 말한다. 조선 중기의 문신. 본관은 의성, 호는 학봉(鶴
峰). 안동에서 태어났다. 1556년(명종 11) 아우 김복일(金復一)과 함께 도산(陶山)의
이황을 찾아 학문을 등을 익혔으며, 1564년 진사가 되어 성균관에서 수학하였다.
그 뒤 다시 도산에 돌아와 이황에게서 배우고, 그로부터 요순(堯舜)이래 성현이 전한
심법을 적은 병명(屛銘)을 받았다.
1568년 증광문과에 병과로 급제, 승문원 권지부정자가 되고, 이듬해 정자(正字)가
되었다. 이어서 검열·대교 등을 거쳐 1572년 봉교가 되었다. 이듬해 전적과 형조·예
조의 좌랑을 거쳐 정언이 되었고, 이어서 홍문관수찬으로 지제교·경연검토관·춘추
관 기사관을 겸하였다. 1577년 사은사 서장관으로 명나라에 파견되었으며, 돌아와
이듬해 홍문관교리가 되고, 이어서 장령·검상·사인 등을 역임하였다.
1580년 함경도 순무어사(咸鏡道巡撫御史), 1583년 사간이 되고, 이어서 황해도 순무
어사로 다녀왔다. 이듬해 나주 목사로 부임하여 민원(民冤)의 처리에 노력하고, 오랫
동안 끌어온 이 고을 임씨(林氏)·나씨(羅氏)간의 송사(訟事)를 해결하는 등 선정을
베풀었다. 또한 이 곳 금성산(錦城山) 기슭에 대곡서원(大谷書院)을 세우고 김굉필(金
宏弼)·정여창(鄭汝昌)·조광조(趙光祖)·이언적(李彦迪)·이황 등을 제향하는 한
편 선비들을 학문에 전념하게 하였다.
1590년 통신부사(通信副使)로 일본에 파견되었는데, 이듬해 놀아와 일본의 ㄱ성을
복명할 때 "왜가 반드시 침입할 것"이라는 정사(正使) 황윤길(黃允吉)과는 달리 민심
이 흉흉할 것을 우려하여 왜가 군사를 일으킬 기색은 보이지 않는다고 상반된 견해를
밝혔다. 1592년 형조 참의를 거쳐 경상우도병마절도사로 재직중 임진왜란이 일어나
자, 전일의 복명에 대한 책임으로 파직되었다. 서울로 소환 중, 허물을 씻고 공을
세울 수 있는 기회를 줄 것을 간청하는 유성룡 등의 변호로 충청도 직산(稷山)에서
경상우도초유사로 임명되어 다시 경상도로 향하였다.
의병장 곽재우(郭再祐)를 도와 의병 활동을 고무하는 한편, 함양·산음(山陰)·단
성·삼가(三嘉)·거창·합천 등지를 돌며 의병을 규합하는 동시에 각 고을에 소모관
(召募官)을 보내 의병을 모았다.

또한, 관군과 의병 사이를 조화시켜 전투력을 강화하는 데 노력하였다. 그 해 8월 경상좌도관찰사에 임명되었다가 곧 우도관찰사로 다시 돌아와 의병규합·군량미확보에 전념하였다. 또한 진주 목사 김시민(金時敏)으로 하여금 의병장들과 협력, 왜군의 침입으로부터 진주성을 보전하게 하였다. 1593년 경상우도순찰사를 겸하여 도내 각 고을의 항왜전(抗倭戰)을 독려하다가 병으로 죽었다.

4월 27일 기사 어젯밤부터 아침까지 비가 매우 많이 내려서 내에 물이 불어 넘쳤다. 낮에는 흐렸다 | 안동 도산서원

아침식사 후에 늦게야 비가 그쳐 바로 길을 떠나 20여 리를 가서 안동에 사는 진사 이조명(李朝鳴)232)네 집 초당에 갔다. 주인은 기유생(1609)으로 여든 살이시지만 정정하신데 단정히 앉아서 나를 기다리고 있었다. 음식거리를 주어 감사하다고 했다. 가난하여 많은 음식을 내오지 못하였다. 다 먹은 뒤 인사하고 나왔다.

예안현(禮安縣)233)에 도착해서 애일당(愛日堂)을 찾아갔다. 이 애일당은 강가로 난 길 근처에 있는데 바로 이농암(李聾巖)* 선생이 지은 것이라고 그의 후손인 세수(世守)가 말한다. 석대에 올라가서 바라보았는데 강에 임하고 있어 청광(淸曠)한 것이 노닐 만하다.

도산서원(陶山書院)234)까지 1리쯤 되므로 바로 말을 달려 서원에 도착하니 날은 이미 저물어 있었다. 재(齋) 중에 여러 선비들이 있는데 한 사람은 예천에서 온 전오관(全五寬)이고 다른 한 사람은 영주(榮州)에서 온 박동철(朴東轍)인데, 책을 읽고 있었다 한다. 재 중에서 음식을 놓고 저녁을 함께 먹었고, 말도 먹이었다. 서재(西齋)에서 묵었다.

---

232) 1610~?.

233) 경상북도 안동시 일대. 삼국시대는 매곡현(買谷縣), 통일신라시대는 선곡현(善谷縣), 고려시대는 길주(吉州) 예안현, 조선시대에 예안현에서 예안군이 되었다. 1914년 예안군이 폐지되고 안동군에 속하였다.

234) 경상북도 안동시에 있는 서원. 퇴계 이황을 제향한다.

애일당

이현보(李賢輔, 1467~1555)를 말한다. 조선 중기의 문신·시조작가. 본관은 영천(永川). 호는 농암(聾巖). 참찬 이흠(李欽)의 아들이다. 1498년(연산군 4) 식년문과에 급제한 뒤 예문관검열·춘추관기사·예문관봉교 등을 거쳐, 1504년 사간원 정언이 되었으나 서연관의 비행을 논하였다가 안동에 유배되었다. 그 뒤 중종반정으로 지평에 복직되어 밀양부사·안동부사·충주목사를 지냈고, 1523년에는 성주목사로 선정을 베풀었으며, 병조참지·동부승지·부제학 등을 거쳐 대구부윤·경주부윤·경상도관찰사·형조참판·호조참판을 지냈다. 1542년 76세 때 지중추부사에 제수되었으나 병을 핑계로 벼슬을 그만두고 고향에 돌아와 만년을 강호에 묻혀 시를 지으며 한거하였다. 홍귀달(洪貴達)의 문인이며, 후배인 이황(李滉)·황준량(黃俊良) 등과 친하였다. 조선시대에 자연을 노래한 대표적인 문인으로 국문학사상 강호시조의 작가로 중요한 자리를 차지하고 있다. 작품으로는 전해 오던 어부가(漁夫歌)를 장가 9장, 단가 5장으로 고쳐 지은 것과 효빈가(孝嚬歌)·농암가·생일가(生日歌) 등의 시조작품 8수가 전하고 있다. 1612년 향현사(鄕賢祠)에 제향되었다가 1700년 예안의 분강서원(汾江書院)에 제향되었다.

4월 28일 경오 흐린 뒤에 맑았으며 바람이 있었다 | 안동 월천서당

얼굴을 깨끗이 씻고 머리카락을 빗은 다음 옷을 갈아입고, 분향하며 알현하였다.

박·전 두 사람과 함께 진도문(進道門)으로 나아가 예전 선생이 지내던 곳에 가보았다. 세 칸 가운데에 한 칸은 방이며 동쪽 한 칸은 마루, 그리고 서쪽 한 칸은 부엌이다. 문을 열고 방에 들어가 보니 서가·좌석(坐席)·대나무 베개(簟枕)·투호(投壺)·청려장(靑藜杖)·혼천의(渾天儀)·연갑(硯匣)·책상 등이 옛 모습 그대로 놓여져 있다. 오랫동안 경건한 마음으로 배관하고 나니 마치 선생을 모시며 곁에 있는 듯하다.

밖에서 기침소리가 들리고 청계서당(淸溪書堂)235)의 원장 생원 이희격(李希格)이 그의 동생과 함께 들어온다. 그는 퇴계선생의 형 이하(李河)236)의 후손이라고 한다.

---

235) 경상북도 안동시에 있던 서원.『여지도서』에 따르면 예안현 북쪽 15리에 있었고, 이식(李埴, 1584~1647)을 제향한다고 한다.
236) 1482~1544.

역동서원

북쪽 벽에는 팔분서로 쓴 '안서헌(巖栖軒)' 세 글자가 걸려 있고, 또 남영서(南楹書)로 쓴 '도산서원(陶山書院)' 네 글자도 있다. 이 원장과 함께 오랫동안 앉아 있다 다시 서쪽으로 가서 둘러보았다. 재사(齋舍)는 방이 한 칸이고 헌(軒)이 한 칸 반으로, 여기에 '농운정사(壟雲精舍)'·'관란헌(觀瀾軒)'·'동몽재(童蒙齋)'라고 쓰여 있는 편액 세 점이 걸려 있다. 전부 팔분서로 선생이 직접 쓰신 것이다.

밥이 다 되었다 하여서 함께 전교당(典敎堂)에 올라가서 참을 먹었다.

역동서원(易東書院)237)에 가려고 한다니까 이 원장이 말하기를 오늘 여기에서 도산서원의 원장과 만나 의논할 일이 있으니 내가 좋다면 잠시 역동서원 근처에 있는 상가(喪家)까지 함께 가주겠다고 한다. 즉시 함께 진도문·입덕문(入德門)을 나와서 걸어서 천연대(天淵臺)238)에 올랐다. 맑은 강과 너른 들이 보이고 멀리 바위들이 둘러 있다. 앞에는 옛날 현(縣) 자리가 있고 넓고 무성한 솔숲이 있다. 대는 2층으로 홰나무와 소나무가 울창하다.

잠시 있다가 밑으로 내려와 말 타고 다리를 건너려 했으나 다리가 약해 위험하므로 물가를 따라 돌아가서 애일당(愛日堂)에 닿았다. 앞에 배가 있어 물을 건넌 다음 말에서 내렸다. 함께 당에 올라가 보니 현판에 시가 적혀 있는데 바로 회재(晦齋)239)·퇴계 두 선생의 율시 및 애일당 주인의 차운시였다. 잠시 경건하게 읽었다.

걸어 나와 역동서원 동네 입구에 닿았다. 여기에서 이 원장과 헤어지고 나는 바로 승명교당에 들어갔다. 건물은 무척 깨끗하며 계단에는 작약꽃이 가득한데 한껏 피어 있는 모습이 아주 홍농(紅濃)하여 마치 불길이 타오르는 것 같다. 이 서원은 퇴계 선생이 지었기 때문에 건물에 걸려 있는 제영(題詠)이 모두 선생이 직접 쓴 것들이다. 건물의 계단과 담장은 가로 세로가 반듯하게 격자와 사각형으로 쌓여져 있으며 헌(軒)도 밝고 상쾌하게 배산임수로 자리해 있다.

사당을 알현한 다음 내려와서 관수정(觀水亭)에 올랐다. 십리 장강과 애일당이 바라다보이고 그 밑으로 월천(月川)이 있는 승경이니 대현(大賢)께서 이 곳을 지은 것이 결코 범상치가 않다.

---

237) 경상북도 안동시에 있는 서원.『여지도서』에 따르면 예안현의 동쪽 10리에 있고, 우탁(禹倬, 1263~1342)을 제향한다고 한다.
238) 경상북도 안동시 도산(陶山) 동쪽 기슭에 있는 정자.
239) 이언적(李彦迪, 1491~1553).

월천서당

진사 성문하(成文夏)[240]는 부라원(浮羅院)[241] 마을에서 산다고 한다.
여기까지 5~6리쯤을 왔다는데 그에게 들어보니 천연두가 10리 밖까지
퍼져 있어 피하느라 왔다고 한다.

배를 타고 나루를 건너 월천서당(月川書堂)[242]에 갔다. 월천* 선생의
서손(庶孫)인 스물다섯 살의 조중려(趙重呂)가 밝은 모습으로 나와서 반겨
준다. 당은 세 칸인데 맑고 순후한 헌에 1,400여 권의 장서와 침연(枕硯)·
서안(書案) 등이 전부 잘 보존되어 있다. 벽 안팎과 방헌(房軒)의 벽 위로

---

240) 1638~1726.
241) 경상북도 안동시에 있던 원.『여지도서』에 따르면 예안현의 동쪽 10리라고 한다.
242) 경상북도 안동시에 있는 서당.『여지도서』에 따르면 부용산(芙蓉山) 남쪽에 있으며,
    월천 조목(趙穆)의 서책을 보관하고 있다고 한다.

안동 도산서원 전경

선생이 직접 쓰신 시가 많이 적혀 있다. '月川書堂(월천서당)'이라고 크게 쓴 글씨는 퇴계 선생의 글이라 한다. 당은 산 밑, 평원 위에 자리하고 있으며 강물이 평원을 감싸며 돌고 있다. 바로 맞은편에는 묵봉(墨峰)·연로(硯路)·송림(松林)·백사(白沙) 등의 경승처가 있다.

조중려가 족보와 소장되어 오는 책록(冊錄)을 꺼내 왔는데 전부 선생의 육필이다. 예순 살 이후에 쓴 글들이지만 필적이 살아 있는 듯 단정하고 무거우며 속되지 않다. 다 보고나서 일어나려 하는데 주인이 음식을 내오므로 잠시 있다가 돌아오니 날은 이미 저물고 있었다.

곧바로 역락재(亦樂齋)에 가서 운영대(雲影臺)243)에 올라갔다. 진사

---

243) 경상북도 안동시에 있는 정자.『여지도서』에 따르면 천연대와 마주보고 있다고

안동 도산서원 전교당

김화(金瓛)와 이 원장이 암서헌(巖栖軒)에 앉아 있다가 같이 대에 올랐다. 김 진사 역시 재임(齋任)인지라 모임에 온 것이고, 이 원장은 천연두를 피해 왔다고 한다. 대에 올라가 보니 아주 높아서 아까 천연대에서 본 것과 다름없이 시계가 매우 넓다.

다 보고 나서 함께 역락재로 돌아왔다. 전교당(典敎堂)에 앉아 얘기를 나누었다.

저녁식사 뒤 서재(西齋)에서 묵었다. 김엽은 벌써 돌아갔다. 암서헌의 터는 큰 강의 곁에 있어 두 산에 둘러싸여 있는 형국을 하고 있다. 옆의 강물에 헌이 비추이는데 고요하고 맑은 모습이 마치 세상과 동떨어져 있는 듯하다. 천천히 걸어서 대에 오르니 강산이 맑고 상쾌한 것이 참 보기 좋다. 비록 하회에는 미치지 못하는 것 같지만 세상과 동떨어져

한다.

그윽하게 들어앉은 것은 하회만하다.

선생이 지은 당재(堂齋)와 충문시비(衝門柴扉)는 맑고 엄숙하여 보는 사람으로 하여금 숙연케 하여 경배하는 마음을 갖게 한다. 서원은 헌의 뒤편에 있으며 헌에는 진도문(進道門)과 입도문(入道門)이 있다. 내원(內院)에서는 유생들이 학문을 닦고 있다. 고을의 방백수령들이 유달리 이 서당을 기꺼이 돌보기 때문에 노비며 전답이 매우 많아 사방에서 오는 학자와 과객들에게 어느 때라도 제한 없이 음식을 제공한다고 한다.

*월천

조목(趙穆, 1524~1606). 조선 중기의 문신·학자. 본관은 횡성(橫城). 아버지는 참판 조대춘(趙大椿), 어머니는 안동권씨로 권수익(權受益)의 딸이다. 3세에 글을 읽기 시작하였으며, 12세에 사서삼경을 다 읽었다. 15세 때에 이황(李滉)의 문하생으로 들어가서 학업에 더욱 정진하였다. 23세에 어머니 상을 당하였는데, 효심이 지극하여 이황은 대성할 그릇이 약관으로 몸을 상하지나 않을까 염려할 정도였다. 1552년(명종 7)생원시에 합격하였으며, 대과(大科)는 포기하고 독선일신(獨善一身)에만 매진하였다. 1566년 공릉참봉에 봉직되었으나 학덕이 부족하다는 이유로 사양하고 이황을 가까이 모시면서 경전 연구에 주력하였다. 1594년 군자감 주부로 잠시 있으면서 일본과의 강화를 극력 반대하였다. 그는 이황과 동향인 예안에서 생장하여 일찍 이황의 문하생이 된 이후로 일생 동안 가장 가까이 스승을 모신 팔고제(八高弟)의 한 사람이다. 이황이 죽은 뒤 문집의 편간, 사원(祠院)의 건립 및 봉안 등에서 항상 성의를 다하였고, 마침내 도산서원 상덕사(尙德祠)에 유일한 배향자가 되었다. 그는 신민(新民)보다 명덕(明德)을 중시하여 벼슬은 사양하고 현사사(玄沙寺)·광흥사(廣興寺)에 들어가 독서를 즐겼으며, 이황을 수행하며 명산대천을 주유하면서 심신을 수양하였다.

4월 29일 신미 맑음. 저녁에 비가 내렸다 | 청송 동산현촌

원장인 주부(主簿)[244) 이극철(李克哲)[245)이 일찌감치 찾아와서 아침을

---

244) 조선시대의 관직명. 1392년(태조 1) 고려 말의 관제를 이어받을 때 종6품의 주부(注簿)·승(丞)·부사(副使)와 종8품의 주부(注簿)가 있었는데 이들이 1466년(세조 12) 종6품 주부(主簿)로 개칭되었다. 각 아문(衙門)의 문서와 부적(符籍)을 주관하였다.
245) 1624~1712.

마련해 주고는 쌀과 콩 한 말씩을 주었다.

느지막이 이 원장과 진사 김화(金瓛)와 수재 박동식(朴東軾)과 작별하고 길을 떠났다.

나루를 건너 뱃길로 60여 리를 가서 동산현촌(東山峴村)에서 묵었다.

5월 초하루 임신 맑음 | 청송 이융일네 집

아침 일찍 봉람서원(鳳覽書院)[246]에 도착해서 사당을 알현하고서 아침을 먹었다.

서원은 진보(眞寶)[247] 땅에 있으며 바로 퇴계 선생을 모신 곳이다. 서원 안에서 여럿이 함께 음식을 먹고 나서 서대(西臺)에 올라갔다. 솔밭 사이를 걸어 올라가니 맑은 못과 푸른 암벽이 있는 경치가 나온다.

다시 출발해서 수십 리를 가 석보촌(石保村)에 닿았다. 마을 앞에서 말에서 내려 냇가 나무그늘에서 쉬었다. 나무 아래서 농사를 감독하는 한 노인에게 길을 물어보았다. 그는 이름이 이융일(李隆逸)인데 바로 지평(持平) 이현일(李玄逸)[248]의 동생이라고 한다. 그래서 이 지평이 어디 있는가 물으니 이 곳에서 4~5리 가량 떨어진 산의 계곡 가운데에 집이 있다고 하며, 오늘 아침에 30리 밖에 있는 친구 집에 장례 일로 갔다고 한다.

이융일의 집에 가보니 그의 셋째 아들 이면(李檹)이 점심을 준비하면서 반긴다. 사람을 지평의 집에 보냈더니 지평의 셋째 아들 이재(李裁)*가 찾아왔다. 같이 얘기를 하고 있으려니 주인이 저녁을 내와서 먹고 있는데 이 생원이 돌아왔다.

---

246) 진보현 북쪽 15리에 있던 서원. 퇴계 이황을 제향했다.
247) 경상북도 청송군과 영양군에 걸쳐 있던 지역. 주로 지금의 청송군 진보면에 해당한다.
248) 1627~1704. 이조 판서를 지냈고, 문경(文敬)이라는 시호를 받았다.

***이재**(李栽, 1657~1730)

조선 후기의 학자. 본관은 재령(載寧). 호는 밀암(密庵). 아버지는 이현일(李玄逸)이며, 어머니는 무안박씨(務安朴氏)다. 어려서부터 작은아버지 이휘일(李徽逸)과 이숭일(李嵩逸)에게 배웠다. 아버지가 함경도 종성으로 유배되었을 때 따라가서 시봉하였고, 1700년(숙종 26) 유배에서 풀려나자 안동군 금수(錦水)에서 살았다. 벼슬은 주부에 이르렀으나 사직하고 오직 학문에만 몰두하여 성리학의 대가가 되었다. 그는 주리론(主理論)으로 영남학파를 이끌었으며 후진양성에 힘써 많은 문인을 배출하였다. 1704년 정시한의 은거지 법천우사(法泉寓舍)로 가서 이기사칠지변(理氣四七之辨)·건순오상지덕(健順五常之德)·인물품수지동이(人物稟受之同異)를 강론하였다. 그 뒤 아버지가 쓰다가 완성하지 못하고 절필한 『홍범연의(洪範衍義)』를 완성하였으며, 『성유록(聖喩錄)』·『금수기문(錦水記聞)』·『주서강록간보(朱書講錄刊補)』·『안증전서(顔曾全書)』·『주어요략(朱語要略)』 등을 저술하였다. 그의 대표적 제자로는 이상정(李象靖)·이광정(李光靖)이 있다. 저서로는 『밀암문집』 25권 13책이 있다.

5월 2일 계유 맑고 바람 불었다 | 청송 이융일네 집

주인 이융일이 아침을 차려주셨다. 아침식사 뒤 이 지평의 맏아들 이정(李梃)과 넷째 아들 이심(李杺)이 함께 와 만나보았다. 이 집 주인(이융일)은 아들 여섯을 두었는데 이은(李檼)·이경(李樫)·이면은 결혼했으나 나머지 세 아들은 아직 어리다 한다.

느지막이 생원 이면과 함께 5리쯤 가서 이 지평(이현일) 댁에 도착했다. 오시249) 사이에 이 지평이 돌아왔는데 수염이며 머리카락은 백발이지만 얼굴은 홍안이다. 잠시 함께 얘기하고 있는데 생원 이융일도 와서 함께 즐겁게 얘기했다.

저녁에 이 생원은 돌아가고 나는 초당에서 이 지평과 함께 묵었다. 지평의 여러 아들들도 진실하며 문필도 뛰어났다.

5월 3일 갑술 맑음 | 청송 이현일네 집

주인이 아침을 준비해 주셨다. 아침식사 뒤 잡제(雜題) 및 상소를 엮은

---

249) 오전 11시에서 오후 1시 사이.

책과 문장 등을 보았다. 전부 경전의 내용에 근거해서 지은 것인데 그 뜻이 모두 강개격렬하여서 사람의 마음을 감동시키기에 충분했다. 특히 다섯 조목의 상소는 애군우국의 정성이 절절이 표현된 것인데, 이러한 분이 이렇듯 산중에 있으니 안타까운 일이다.

5월 4일 을해 흐리다가 밤에 비가 내렸다 | 영덕 남강서원

일찌감치 식사를 마친 뒤 주인과 정원에서 손을 잡고 작별을 하니 아쉬움이 끊이지 않고 더욱 깊어진다.

이 생원(이융일)의 집에 들렀다가 바로 길을 떠났다. 고개를 넘어 냇가에 이르러 밥을 지어먹으며 쉰 다음 영덕(盈德)[250]의 엄곡(嚴谷)에 있는 서원[251]으로 갔다.

서원 안에서 여럿이 함께 밥을 먹었다. 어두워진 뒤 원임(院任)인 생원 신망벽(申望壁)이 와 함께 묵었다.

5월 5일 병자 어젯밤부터 비가 내리더니 아침에 가는 비가 되었다가 늦게는 더욱 심해지며 어두워질 때까지 내렸다 | 영덕 신경창네 집

아침에 남강서원의 사당을 알현했다. 회재·퇴계 두 선생이 함께 모셔져 있는 앞에 가서 분향하고 두 번 절 했다.

아침식사 뒤 영덕 읍내로 가서 통진(通津)[252] 현령을 지낸 오시겸(吳始謙)[253]을 잠시 만나보았는데, 나를 붙잡고서 통곡하며 운다. 바로 작별하고 나오려니 발길이 떨어지지 않는다. 손을 붙잡고 헤어지려니 처연한 마음뿐이다.

---

250) 경상북도의 군.
251) 남강서원(南江書院).『여지도서』에 따르면 영덕현의 남쪽 5리에 있으며, 이언적과 이황을 제향한다고 한다.
252) 강원도의 군.
253) 1636~1690. 통진 현감, 당진(唐津) 현감 등을 지냈다.

그의 아들인 오상중(吳尙仲)[254]과 함께 청심루(淸心樓)[255]에 걸어갔다. 주위를 살펴보니 기다란 강과 너른 들이 빚어진 경치가 있다. 이 곳에도 유명한 사람이 읊은 제영이 많이 걸려 있다. 누를 내려와서 상중이와 헤어진 다음 비를 맞으며 몇 리쯤을 가는데 비가 더욱 심해지므로 죽산촌(竹山村)에 있는 신경원(申慶遠)의 초당에 들어가 비를 피했다.

다시 비를 무릅쓰고 나와서 5리쯤을 가 소월천(素月川) 신기촌(新基村)에 있는 신경창(申慶昌)의 집에 도착했다. 객실이 매우 큰데 신경원의 형인 신경만(申慶蔓)이 앉아 있다가 나와서 매우 반겨준다. 젖은 옷을 벽에 걸고 신경만과 얘기했다. 주인이 저녁식사를 정성스럽게 준비하며 대접해 주었다. 두 사람의 마음 쓰심이 극진하여 미안하다. 주인은 기해생(1659)이고 아버지는 생전에 이 현의 향임(鄕任)이었다고 한다. 방사는 매우 깨끗하고도 따뜻하다. 밤이 되어 편하게 잠을 이룰 수 있었다. 여기에서 현(縣)까지 10리 거리다.

5월 6일 정축 맑음 | 포항 보경사 문수암 조실

아침 일찍 주인과 작별하고 길을 떠났다. 10리를 가서 남역(南驛)[256] 마을에 닿아 아침을 먹었다. 이 곳은 송라도(松蘿道)에 속한 역이다.

오후에 청하(淸河)[257]의 내연산(內延山) 보경사(寶鏡寺)[258]에 도착했다. 승통 도인(道仁) 스님이 나와서 맞이하시는데, 바야흐로 천왕문을

---

254) 1660~?.
255) 경상북도 영덕군에 있던 정자. 『여지도서』에 따르면 성(城)의 서문루로, 1423년에 처음 세웠고, 1543년 불타 없어졌다가 다시 중수하였다고 한다.
256) 경상북도 영덕군에 있던 역. 『여지도서』에 따르면 영덕현의 남쪽 20리라고 한다.
257) 경상북도 포항시.
258) 경상북도 포항시 북구 송라면 중산리 내연산(內延山)에 자리한 절. 602년(진평왕 24) 지명(智明) 스님이 창건했다. 지명이 중국 진나라에 갔을 때 한 도인에게서 받은 팔면보경을 가져와서, 내연산 아래에 있는 큰 못을 메우고 여기에 팔면보경을 묻은 다음 절을 창건했다. 고려와 조선시대에서도 대찰로 발전하였다.

문수암 계곡

짓느라 스님들이 여러 가지 물건들을 옮기고 있었다.

비어 있는 누에 들어가 보았다. 자원(紫遠)이의 숙부가 스님이 되었는데 바로 이 절의 태웅(太雄)이다. 저녁을 차려주어 여럿이 함께 먹은 다음에 자원이를 영천(永川)의 노비가 있는 곳으로 보내어 양식을 준비해 가지고 법광사(法廣寺)에서 기다리라고 했다.

수좌 신환(信環) 스님이 솔차를 내왔는데 현재 묵언행 중이라 내가 물어봐도 말씀이 없다.

경신·경숙 및 문수암(文殊庵)259)의 탁기(卓杞)·경담(敬淡)·초겸(楚兼) 스님 등과 함께 문수암에 올라갔다. 계곡을 따라 갔는데 좌우의 봉우리들이 매우 기이하다. 흐르는 계곡과 떨어지는 폭포는 들어가 보면 볼수록 더욱 기이하다. 문수암에 도착해 쌍폭(雙瀑)을 바라보았다. 바로 사자(獅子) 쌍폭이다. 오랫동안 앉아 있다 다시 힘을 내어 3~4리를 가서 문수암에 도착했다.

이 곳은 아주 높은 곳에 위치해 있어 멀리 바다 포구가 바라다 보인다. 장기(長耆)260)의 산은 바닷속으로 60여 리가 잘려 들어가 있다. 암자에서 바다를 바라보면 굽이친 것이 마치 호수 같기도 하다. 이 주위 수백 리 경치가 모두 아주 기이하다. 날이 저물었으나 바다 색깔은 여전히 푸르고 아득하여 심신이 상쾌해진다.

밤에 조실(祖室)에서 묵었다.

5월 7일 무인 흐림. 오전에 때때로 비가 내렸고 오후에 갰다. 밤에는 바람도 불었다 | 포항 보경사 상원암 조실

암자에서 음식을 차려 아침을 먹은 뒤 기둥에 기대어 앉아 경치를 바라보고 있는데 홀연히 한 스님이 지나가므로 보니 치악산 상원사(上院

---

259) 보경사의 산내암자.
260) 경상북도 경주시 일대.

보경사 보현암

寺)의 유선(唯善) 스님이었다.[261] 마주서서 기쁘게 얘기했다.

탁기·유선 스님과 함께 산을 내려와 몇 리를 가서 보현암(普賢庵)[262]에 닿았는데 암자는 비어 있었다. 다시 적멸암(寂滅庵)[263]에 갔는데 퇴락되어 있다. 용추(龍湫)에 다다르니 좌우의 석봉이 마치 비단병풍처럼 펼쳐지며 사방으로 연결되어 있어 아무 흠도 없다. 폭포는 4층으로 물이 돌아나가며 깊고 흐리다. 곳곳에 암석이 감실을 만들고 혹은 석실을 이루어 놓았다. 또 돌기둥 두 개가 우뚝 솟아 허공을 받치고 있는 것이 마치 오두막의 그것 같다. 그래서 왼쪽 편 석봉을 중허대(中虛臺)라 한다. 중층(中層)에는

261) 정시한은 1687년 3월 13일 상원사에서 유선 스님을 처음 만난 뒤 여러 차례 산행을 함께 했었다.
262) 보경사의 산내암자.
263) 보경사의 산내암자. 지금은 없다.

길이가 몇 길이나 되는 쌍폭을 이루었는데, 그 소리가 마치 벼락 같다. 백설 같이 밝게 빛나는 물줄기가 흰 구름 같다. 이 산의 정기가 이렇듯 화려하고 기경이니 금강산에서도 찾기 드물 듯하다.

높다란 바위에 오르기도 하고 혹은 못 속의 반석에 앉아 경치를 감상하면서 떠날 줄을 몰라했다. 스님들이 갈 것을 재촉해 벼랑을 따라 대비암(大悲庵)[264]에 올라가니 이 절의 탁름(卓凜) 스님이 맞아주었다.

암자는 폭포의 꼭대기에 위치해 있으며 앞에는 석대가 있는데 다른 곳에서는 못 보던 기묘한 것이었다.

내원암(內院庵)의 각준(覺俊) 스님이 나를 맞이하기 위해서 이 곳에 왔다가 돌아갔다. 이 절의 스님이 저녁을 준비해 주어 먹은 뒤에 탁름·유선 스님과 함께 계조암(繼祖庵)[265]에 올라갔다.

계조암은 터가 바르고 폭포 위에 있는데 옛터는 아니고 무미지처(無味之處, 별다른 멋이 없는 자리)에 중창한 것이다. 수좌 초능(草能) 스님이 나와 맞이하였다. 무언행 중인 스님이 쌀 여러 되와 초 한 개를 보내어 여행길을 돕게 했다. 나는 이것을 다시 초능 스님에게 주었다.

잠시 앉아 있다가 옛터로 올라갔다. 비록 흠은 많지만 매우 정취가 있는 곳이다.

내원암의 각준 스님도 와서 함께 상원암(上院庵)[266]에 올랐다. 암자 터는 남향인데 바위 사이로 작약이 한껏 흐드러지게 피어 있다. 수구(水口)를 감싸는 형세로 이 산중에서도 으뜸 되는 곳이다. 뜰 앞의 바위와 꽃 사이에 앉아서 쉬다가 다시 비어 있는 누에 올라서 주위를 한참 바라보았다. 다른 곳에는 없는 볼 만한 곳이다.

조실에서 묵었는데 밤새 바람이 세게 불었다.

---

264) 보경사의 산내암자. 지금은 없다.
265) 보경사의 산내암자. 지금은 없다.
266) 보경사의 산내암자. 지금은 없다.

암자에서 아침을 먹은 뒤 각준·유선 스님과 같이 계조암에 돌아왔다. 유선 스님은 대 앞에서 돌아가고 각준 스님과 같이 돌이 많은 비탈길로 내려갔다. 길이 매우 험하고 힘들었다. 석대에 가서 폭포를 구경하고 반석으로 내려간 다음 다시 폭포를 보았다. 폭포의 흘러내리는 물줄기는 비단병풍 같아 신기(神氣)가 맑다. 오랫동안 앉아 있어도 싫증이 나지 않는다.

각준 스님이 길을 재촉하여 적멸암·사자암 등을 지났다. 가는 길에 사자폭포와 사자담(獅子潭)을 보았는데, 이 곳을 지나면 아무런 볼 만한 경치가 없다.

보경사에 돌아와 빈 누에 올라 앉아 있는데 수좌 신환(信環) 스님이 솔차를 내왔다. 스님에게 붓 한 자루를 드렸다. 어제 태웅 스님에게 빌린 쌀 일곱 되를 돌려드리는데 받지 않으므로 작은 모자 하나를 드렸다. 태웅 스님이 꿀물을 내왔다.

곧바로 출발했다. 한 스님을 길 안내자로 삼았는데 이름은 선택(善擇)이다. 떠나려 하니 여러 스님들이 문 밖까지 나와서 전송을 한다.

청하현(淸河縣) 송라역을 지나서 40여 리를 가 경주(慶州) 비학산(飛鶴山) 법광사(法廣寺)[267]에 도착했다. 지찬(智贊) 스님이 나와 맞아주어 같이 얘기를 하였고, 선택 스님은 보냈다. 절에서 저녁을 지어 불존승 철홍(哲弘) 스님의 방에서 여럿이 아래위로 앉아 같이 먹었다.

다 먹은 뒤 지찬 스님의 안내로 뒷산에 올라갔다. 암자가 절 뒤 수백 보 거리에 있는데 시야가 탁 트여 있다. 암자 이름은 의상암(義相庵)[268]인

---

267) 경상북도 포항시 북구 신광면 상읍리에 있는 절. 원효 대사가 창건했다고 전한다. 조선시대에 여러 차례 중건되었는데, 1746년(영조 22) 오층석탑을 중수할 때 진신 사리 22과가 발견되었고, 1887년(고종 24)에 사리탑을 중수할 때 1750년에 지은 중수비가 발견되었다. 법광사지가 경상북도기념물 제20호로 지정되었다.
268) 보경사의 산내암자. 의상 대사가 주석한 곳이라 하여 의상암이라 한다.

법광사

데 본래 터보다 수십 보 위에 옮겨 지었다. 이 곳의 찬영(贊英) 스님이 나와 맞아주었으며, 큰절(보경사)의 묘청(妙淸) 스님도 밖에 나갔다 돌아와서 우리를 보고는 반갑게 맞아주었다. 저녁에는 큰절 스님들이 와서 인사하고 돌아갔다.

5월 9일 경진 맑음 | 포항 보경사 의상암

묘청·철홍·찬영 스님이 왔다 갔다. 찬영 스님은 아침을 차려주었다. 자원이가 영천에서 예생(禮生)·덕상(德尙)·준발(俊發) 등 세 노비를 데리고 왔다. 덕상이는 쌀 두 말을 갖고 왔고 예생이는 콩과 쌀 각각 일곱 되와 건어, 그리고 준발이는 건어를 갖고 왔다. 곧바로 돌아가라고 했다.

느지막이 지찬 스님이 찾아와 인사하고 갔다.

이 곳은 그리 높지는 않지만 시계는 넓어 멀리 장기의 바다굽이가 눈앞에 펼쳐져 있어 빼어난 경관을 보이고 있다. 홍해군(興海郡)[269]까지의 거리는 30리지만 마치 바로 눈앞에 있는 것 같다. 하루 종일 바다를 바라보니 강개한 마음 가눌 길 없다.

영인(英印) 스님이 저녁을 차려주었다.

5월 10일 신사 아침에 비가 내렸다가 식후에 갰다 | 경주 옥산서원

아침식사 뒤 길을 떠났다. 50리를 가서 옥산서원(玉山書院)[270]에 닿았다. 원장인 진사 이암(李壧),[271] 생원 권상경(權尚經)과 함께 용추 위에 마주앉아 잠시 얘기하다가 주위를 둘러보았다. 반석에는 '세심대(洗心臺)' 세 자가 있는데 편경(遍徑) 선생의 글씨다. 일어나서 빈 누로 들어가 여럿이 함께 저녁을 먹었다.

누방(樓房)에서 묵었다. 이 원장의 맞아들 이덕보(李德普)[272]가 찾아왔다. 나이는 스물두 살인데 기운과 용모가 맑고 훌륭하다.

5월 11일 임오 맑음 | 경주 옥산서원

옥산서원에 있다.

아침 일찍 세수하고 머리 빗고 옷을 갈아입은 다음 사당에 나아가 분향하고 두 번 절했다. 경신과 함께 알현하면서 흰 죽을 올렸다. 체인묘(體仁廟) 옆에는 회재(晦齋) 이언적(李彦迪) 선생의 신도비(神道碑)가 있는데

---

269) 경상북도 영덕군 홍해읍 일대.
270) 경상북도 경주시 안강읍 옥산동에 있는 서원. 회재 이언적을 제향하고 있다.
271) 1641~1696.
272) 1671~1751.

옥산서원

고봉(高峯) 기대승(奇大升, 1527~1572)이 짓고 이산해(李山海, 1539~1609)가 쓴 것이다. 비석은 크고 넓으며 귀부(龜趺)가 교묘한 것이 보기 드물게 잘 만든 것이다. 한 번 경건하게 읽어보니 관찰사 박소립(朴素立)*이 지은 찬문도 있다. 원장이 말하기를 본래 이 신도비는 묘 앞 채소와 가시덩굴이 우거진 곳에 세워져 있었는데, 사람들이 찾아보기 힘들고 목동이나 와서 볼 뿐이었으므로 선비들이 서로 논의해서 묘 앞에 묘갈(墓碣)을 세우고 묘 옆에 이 비를 세운 다음 집을 지어 바람과 비를 가리게 하고 문과 담장을 지어 사방의 잡인이 드나드는 것을 막았고, 선비가 오더라도 평생의 경모하는 마음을 보여야만 한 번 비문을 읽도록 허락하였다 한다.

식후에 선생이 노닐던 계정(溪亭)을 보고 싶어했더니 원장 이암이 친히 같이 가주었고, 생원 권상경, 수재 이덕보(이 원장의 아들이다)도 함께 갔다. 용추로 나가 세심대(洗心臺)273)로 해서 시내를 따라 위로 가니 솔밭 그늘 우거진 사이로 촌락이 있고, 여기에서 몇 리를 더 가서 정자에 닿았다. 정자는 솔밭 사이 반석 위에 있는데 맑고 그윽한 곳에 자리하여 속세의 때가 묻지 않았다. 여럿이 정자에 올라갔다. 정자는 계곡에 가까워 맑은 물과 솔숲에 둘러싸여 있다. 관어대(觀魚臺)와 어영귀(魚詠歸) 등은 단정하고 평평하며 넓은데다 계단도 반듯하게 잘 쌓아놓아 조화를 이루었다. 사람 손에 의한 것이 아니고 하늘이 이룬 것인 듯하다. 당·헌·방사는 사치스럽지도, 또 간소하지도 않다. 냇가의 층암입석은 전부 각각의 이름이 있다. 선생이 일찍이 오르내리면서 스스로 지어놓은 것이다. 숙연한 마음으로 감상했다.

헌에는 '계정(溪亭)' 두 글자가 걸려 있는데 바로 석봉(石峯)[274]이 쓴 것이다. 방 위에도 커다란 글씨로 쓴 '양진암(養眞庵)'이라는 세 자가 있으니 곧 퇴계 선생의 글씨다. 주인이 이끌어 독락당(獨樂堂)[275]에 갔다. 이 곳은 선생이 대부인(大夫人)을 맞이했던 집이다. 집이 매우 넓고 크며 단정하게 만들어 완벽하다. 주인이 퇴계 선생의 육필인 원나라 때 만든 오잠(五箴) 및 커다란 글씨로 대호(臺號)[276] 대여섯 장, 안평대군의 친필, 대병풍, 그리고 초서 10장을 꺼내 보여주었다. 전부 달빛처럼 맑다. 오랫동안 경건하게 감상하였다.

주인과 함께 옆방에 가니 손자 이익규(李益圭)[277]가 있는데 그 됨됨이가 속되지 않다. 뿐만 아니라 원장의 아들과 조카 두 사람, 그리고 동자 세 명 모두가 그렇다. 다시 계정으로 나와서 주위의 방사를 잠시 둘러보고는 주인 및 원장, 다른 여러 사람들과 헤어져 말을 타고 길을 떠났다.

시내를 따라 나무 그늘 사이로 몇 리를 가서 정혜사(定慧寺)[278]에 도착했

---

273) 경상북도 경주시에 있는 바위. 『여지도서』에 따르면 옥산서원 행단(杏壇) 아래에 있으며, 이황이 쓴 '洗心臺' 세 글자가 새겨져 있다고 한다.
274) 석봉 한호(韓濩)를 말함.
275) 옥산서원 위에 있는 정자. 이언적의 별장이라고 한다.
276) 대(臺)의 이름을 지어 쓴 것.
277) 1625~1706.

정혜사 13층석탑

278) 경상북도 경주시 안강읍 옥산리에 있던 절. 淨慧寺라고도 한다. 신라 때 창건된
    것으로 보이지만 자세한 연혁은 전하지 않는다. 조선시대에 회재 이언적을 받드는
    옥산서원을 세운 뒤 정혜사를 서원의 수호사찰로 삼았다. 1845년(헌종 11)에 나온
    『동경잡기(東京雜記)』에, "정혜사에 『회재문집』이 있다."는 기록이 있다. 20세기
    초에 폐사된 것으로 보인다. 통일신라 때 세운 정혜사지 13층석탑은 현재 국보
    제40호로 지정되어 있다.

다. 법당에 앉아 쉬었다. 절은 신라 때 세운 것이나 아직도 여전히 튼튼하며 기울지 않았다. 도덕사(道德寺) 아래에 위치한다. 절 앞에는 아주 기묘한 암석이 있는데 계정의 상류에 해당한다. 길을 돌아가서 자세히 살폈다.

그리고 곧바로 도덕봉 도덕암에 올라갔다. 매우 높고 험준한 길로 4, 5리를 가서 암자에 닿았는데, 봉우리 허리께에 자리한다. 좌우로 평평하고 넓은 반석이 있어서 거닐 만했다. 오른쪽에 있는 입석은 마치 병풍을 펼쳐놓은 것 같으며, 그 밑으로 샘이 있어 맑은 물이 솟아오르고 있었다. 법당은 매우 넓으나 단지 사산사포(四山四抱)[279]라서 바라다볼 만한 경치는 적다.

암자에서 저녁을 먹었다. 보명(普明)·쌍민(雙敏)·초가(稍家) 스님과 함께 이야기를 나누었다.

***박소립**(1514~1582)
조선 중기의 문신. 본관은 함양(咸陽). 판서를 지낸 박세무(朴世茂)의 아들이다. 1555년(명종 10) 식년문과에 을과로 급제하여 이듬해 승정원 주서가 된 뒤, 홍문관 정자, 수찬·이조 좌랑 등을 지냈다. 1563년 이조 정랑이 되었으나 당시 명종의 총애를 받던 척신 이량(李樑)과 사이가 나빠 대사헌 이감(李戡)의 탄핵을 받고 파직되었다. 그러나 심의겸(沈義謙)의 도움으로 다시 홍문관 부교리로 복직되었다. 1567년 동부승지로 재직하던 중 명종이 후사 없이 죽자 이준경(李浚慶)·이양원(李陽元) 등과 같이 덕흥군(德興君)의 셋째아들 선조를 왕으로 즉위시키는 데 공을 세워 대사성이 되었다. 1571년(선조 4) 성절사(聖節使)로 명나라에 다녀왔으며, 도승지·대사헌 등을 거쳐 지중추부사(知中樞府事)에 이르렀다.

5월 12일 계미 흐리다 오후에는 비가 잠시 내리다가 그쳤다 | 경주 옥산서원
아침식사 뒤 좌우의 석대를 둘러본 다음 산을 내려갔다. 몇 리를 가서 청련암(淸蓮庵)에 닿아 잠시 쉬었으나 볼 만한 것이 없어 곧바로 다시 정혜사로 내려가서 문 앞에 앉아 쉬었다. 냇가의 탁영대(濯纓臺)에 한참

---

279) 절 주변이 온통 산으로 둘러싸인 형세.

세심대

앉았다. 냇가를 따라가 징심대(澄心臺)[280]에 앉았다. 대마다 퇴계 선생이 지은 이름이 계정 주인집에 보관되어 있었다.

세심대(洗心臺) 위 용추 두 곳에 있는 암석에도 글씨를 모각해서 새겼다. 아래 위를 오가며 둘러보다가 오시[281]에 법당에 들어갔다. 기둥 위에는 회재 선생이 쓴 표덕(表德)[282] 및 이인표덕(二人表德)이라는 글씨가 깊게 새겨져 있다.

수재 이덕보가 이 곳에 와 있어서 함께 계정에 놀러갔다. 주인 이익규의

---

280) 『여지도서』에 따르면 탁영대와 함께 정혜사 동쪽 냇가 언덕에 있다고 한다.
281) 오전 11시에서 오후 1시 사이.
282) 으뜸이 되는 덕. 주희의 어록인 『주자어류(朱子語類)』 권94에 다음과 같은 말이 보인다. "先生 日 此是一事一物之極 總天地萬物之理 便是太極 太極本無此名 只是箇 表德".

아들 이수엽(李壽曄)283)이 마침 찾아왔기에 함께 구경했다.

스님이 점심식사를 차려주어 먹었다. 이 수재와 헤어진 다음 이수엽과 함께 절문을 나서서 나무그늘 사이로 해서 냇가에 가서 앉아 폭포수가 흐르는 것을 보았다. 계정이 대나무와 솔밭 사이에서 은은하게 비추이고 있다. 앉아 쉬다가 혹은 거닐다가 하면서 영귀대(詠歸臺)에 닿았다. 주인이 나와 함께 잠시 얘기를 나누다가 다시 대에 올라 붉은 글씨로 쓴 싯귀들을 보았다.

경숙 등이 말과 함께 와서 주인과 인사를 나눈 다음 서원에 돌아왔다. 원장 및 권상경과 재임 손여필(孫汝弼),284) 정자(正字) 손덕승(孫德升)285) 이 찾아와 서로 반갑게 얘기를 나누었다. 저녁이 되어 정자는 돌아갔다. 손 정자의 자(字)는 현수(玄叟)다.

5월 13일 갑신 흐렸다 갬 | 경주 안강 이언적 생가

아침식사 뒤 서원의 여러 사람들과 작별했다. 헤어지려니 아쉬움이 많았는데 원장 이암(李壧)이 말하기를 안강촌(安康村)286)에 사는 진사 김건준(金建準)이 어지니 한 번 찾아가 보라고 한다. 바로 길을 떠나 20여리를 가서 노당촌(魯堂村)에 닿았다. 김 진사가 집에 있어 내 이름을 말하니 김 공이 바로 나오는데 백발이 아름다운 장자(長者)의 모습이다. 정묘생(1627)으로 병이 있어 날로 쇠약해지고 있다 한다. 마주앉아 마치 이미 만난 적이 있었던 사람인 양 기쁘게 이야기를 나누었다. 또 지평 김종일(金宗一)*의 아들인 세평(世平)이도 있어 함께 앉아 얘기했다. 자리 를 옮겨 점심을 먹은 뒤 손을 잡고 인사하며 헤어졌다.

---

283) 1665~1704.
284) 1650~1703.
285) 1659~1725. 사헌부 지평을 지냈다.
286) 경상북도 경주시 안강읍.

이언적 생가

10여 리를 가서 회재 선생이 자라난 본가에 갔다. 마을 이름은 양좌동(良佐洞)이다. 마을에는 600~700가구가 즐비하게 늘어서 있다. 선생의 위패를 모시는 후손의 집이 이 곳에서 10리 떨어진 안계촌(安溪村)에 있다기에 즉시 말을 달려 가보았다. 먼저 진사 이덕현(李德玄)**을 만나야 하겠기에 마을 사람에게 그의 이름을 물어보아 집으로 찾아갔다. 그러나 원장은 병이 있어 만나지 못했다. 집을 나오려는데 그의 아들 이성중(李誠中)[287] 과 사촌동생 이덕장(李德璋)[288]이 나와서 맞이하므로 고맙다고 말하고 도로 들어가 선생의 객실로 들어갔다.

주위를 둘러보니 담장은 퇴락해 있고 집은 기울어져 서글픈 마음이

---

287) 1660~1705. 이현일의 문인으로, 사마(司馬)를 지냈다.
288) 1656~1720.

인다. 산의 형세는 청하(淸河)[289]로부터 내려와 서남쪽으로 가서 경주에 맞닿고, 북쪽은 경주부 및 기계(杞溪)[290]·옥산(玉山)[291] 등지와 이어지고 있다. 대천(大川)은 산 앞에서 만나 바다로 흘러 들어가고 있으며, 물길이 둥글게 굽이치면서 수백 리 너른 들을 감싸고 있다. 이것이 전부 옥전수답(沃田水畓)이다. 기계·안강(安康)·양좌·경주부의 들판과 좌우 산 밑으로 사람들이 살고 있으며 촘촘하게 심은 소나무와 대나무가 마을을 두르고 있어 마을이 마치 별천지인 듯하다.

정자 손덕승이 전에 머물던 곳에서 집으로 돌아왔는데, 노비를 보내어 안부를 묻기에 나도 곧바로 그를 찾아갔다. 초당에 들어가서 여럿이 함께 저녁을 먹었다.

저녁에 생원 이성중과 진사 이덕현이 함께 찾아와 밤늦도록 얘기하다 돌아갔다. 손 정자와 함께 잤다.

***김종일**(金宗一, 1597~1675)
조선 중기의 문신. 본관은 경주. 호는 노암(魯庵). 신지제(申之悌)·정경세(鄭經世)·이명준(李名俊)의 문하에서 수학하였다. 1624년(인조 2) 생원시·진사시에 합격하고, 이듬해 별시문과에 병과로 급제하였다. 1628년 정언이 되고, 1630년 지평을 거쳐 진주 목사가 되었다. 1636년 병자호란이 일어나자 순찰사의 종사관으로 일하였다. 1651년(효종 2) 수찬이 되고, 교리를 거쳐 1657년 울산 부사를 지냈다. 저서로 『노암문집』이 있다.

****이덕현**(李德玄, 1648~1707)
조선 중기의 문신·학자. 본관은 여강(驪江). 호는 안재(安齋). 교관 이채(李埰)의 아들이며, 어머니는 옥천 전씨로 감역 전극염(全克恬)의 딸이다. 학문에 힘써 이현일(李玄逸)을 찾아가 의심나는 곳을 묻곤 하였다. 1682년(숙종 8) 사마시에 합격한 뒤 1694년 이현일의 천거로 광릉(光陵) 참봉에 임명되고, 1696년 사도시 직장(司徒寺直長), 1697년 내섬시 봉사(內贍寺奉事), 1699년 사헌부 감찰을 거쳐 형조 좌랑에

---

289) 지금의 포항·영덕 일대에 있었던 현(縣).
290) 경상북도 포항시 북구 기계면.
291) 경상북도 의성군 옥산면.

백률사

이르렀다. 1701년 파직당한 뒤 고향으로 돌아가 오직 학문과 후진교육에 힘썼다. 예학에 밝아 효종의 1년 복제가 잘못되었다는 상소를 올린 바 있으며, 권두경(權斗經)·홍집(洪楫) 등과 교유하였다. 저서로 『안재문집』이 있다.

5월 14일 을유 맑음 | 경주 서악동 민가

아침에 생원 이급(李圾)의 집에 정자(正字) 손덕승(孫德升)과 함께 가서 진사 이덕현(李德玄)과 생원 이성중(李誠中)을 만나서 인사를 나누었다. 생원 이급 역시 회재 선생의 후손이라고 한다.

바로 정자 손덕승의 집으로 돌아와 세 사람이 함께 얘기하고 있는데 주인이 아침을 준비하여 내왔다. 아침식사 뒤 작별하려니 섭섭한 마음을 누를 길이 없었다.

시내를 따라 40여 리를 가서 경주부 백률사(栢栗寺)292)에 닿았다. 스님이 점심식사를 내와 먹은 다음 뒷산에 올라갔다. 시계가 매우 넓어 경주부가 내려다보인다. 그 형세는 태백산에서부터 남쪽으로 달려와 100리 간에 이어지고 있으며, 바닷가는 경주부 남쪽으로 30리에 걸쳐 굴곡을 이루며 펼쳐져 있다. 서북쪽으로는 수십 리에 걸쳐 평원을 이루었고 백 여리에 걸쳐 경주부의 터전이 되고 있는데 사방에 산이 둘러 있다. 넓고 밝으며 툭 트여 있는 게 일찍이 못 보던 곳이었다. 이 산은 경주부의 동쪽에 있는데 이름은 금강산(金剛山)이다. 일찍부터 기우제를 지내던 매우 영험 많은 산이라고 한다. 산 위에는 어린 소나무가 있는데 다른 산의 소나무와는 다르다고 한다.

산을 내려와 십여 리를 가니 경주부 성이 나온다. 동문으로 해서 서문으로 나와 대천을 건너서 서악서원(西岳書院)293)에 갔다.

마을의 집에서 묵었다.

5월 15일 병술 흐리다 갬. 새벽에는 바람 불고 비가 내렸고 밤에는 늦게까지 바람이 크게 일었다 | 경주 석굴암

아침에 서원의 사당을 알현했다. 설(薛) 선생, 김 각간, 최 고운 등이 함께 모셔져 있다. 분향하고 두 번 절 했으며, 경신이도 함께 알현했다.

사당 터는 바르고 고르며 새로 단청을 했다. 좌우 담장 옆으로 소나무와 대나무가 나열되어 있다. 뒷산 및 좌우 산에는 커다란 무덤이 있는데 오른쪽 것은 태종왕294)의 묘로 마치 산처럼 크다. 그 뒤편에 토산 네

---

292) 경상북도 경주시 동천동 금강산(金剛山)에 있는 절. 693년(효소왕 2) 이전에 창건된 것으로 알려져 있다. 신라시대에 봉안된 관음보살상은 중국에서 만든 것이었는데 영험이 컸다고 『삼국유사』에 기록되어 있다. 1592년 임진왜란으로 폐허가 되었다가 전쟁 뒤에 중창했다. 대웅전은 경상북도문화재자료 제4호로 지정되었고, 이곳에 있던 금동약사여래입상(국보 제28호)과 이차돈공양석당은 현재 국립경주박물관에 소장되어 있다.

293) 경상북도 경주시 서악동에 있는 서원. 설총(薛聰)·김유신(金庾信)·최치원(崔致遠)을 제향하고 있다.

석굴암

---

294) 태종무열왕 김춘추(金春秋, 602~661).

418 산중일기 하권

첨성대

개가 있는데 역시 매우 크다.

서원 안에서 식사를 한 다음 길을 떠났다. 경주부의 남문 밖으로 지나가며 보니 조산(造山)이 매우 많다. 남쪽 것은 높이 4~5장 가까이 되고 몇 리에 걸쳐 이어지고 있다. 길가에 첨성대(瞻星臺) 불탑295)이 있는데 사람이 만든 것 같지가 않다.

동남으로 40여 리를 가서 불국사(佛國寺)에 도착했다. 돌계단이나 돌탑 등이 해인사(海印寺)에 비해서 매우 기괴하다. 법당에 들어가 앉아서 살펴보니 그 규모가 다른 것에 비해 달리 매우 넓고 크다. 신라시대에 창건하였다고 한다. 주위를 둘러보았다. 전각 몇 곳을 보니 안에 금동불 두 분이 있는데 모두 높이가 한 장이 넘고 매우 기괴한 것이 하늘이 빚은 것 같다.296) 좌우로 들어선 행랑도 수십 칸이나 된다. 이 절은 경주부 의 남쪽에 자리하며, 산기슭에 있다. 보통 사람의 눈으로는 좋은 곳인 줄 깨닫지 못할 것이다.

향로실에 앉아 불존승 국연(國衍) 스님과 함께 얘기를 나누었다. 저녁식 사 뒤 국연 스님이 꿀물과 엿, 곶감 등을 가져와 함께 먹으며 오래 앉아 있었다.

승통 스님과 함께 뒷산에 올랐다. 길이 매우 험하고 급해 온 힘을 기울여 십여 리를 갔고, 고개를 넘고 1리쯤 내려가서야 석굴암(石窟庵)에 닿았다. 이 절의 해명(海明) 스님이 나와 맞이하여 함께 잠시 앉아 있다가 석굴로 올라갔다. 이 모두가 사람의 노력으로 만든 것이다. 석문 밖 양쪽 바위에 각각 불상 4, 5위씩 새겨져 있는데 기이하고 묘한 것이 하늘이 빚은 듯하다. 석문은 돌을 무지개처럼 쌓아올렸으며 그 가운데에 커다란 석불상이 마치 살아 있는 듯 생생하게 모셔져 있다. 좌대석도 바르고 고르게 되어 있어 그 기이한 기교가 돋보인다. 굴 위에는 뚜껑돌과 여러 돌들이 올려져 있는데 바르고 깔끔하여 기울어지거나 흠이 있는 곳이 하나도 없다. 불상

---

295) 첨성대의 기능에 대한 해석은 여러 가지가 있다. 제사유적, 천문관측소가 그 가운데 하나인데, 정시한은 탑으로 보고 있는 것이 색다르다.
296) 금동불 두 분이란, 대웅전 석가여래좌상과 비로전 비로자나불좌상을 말한다.

들이 살아있는 듯 열을 지어 서 있다. 참으로 기괴하여 그 모습을 말로
다 할 수 없다. 이런 기관(奇觀)은 보기 드물다.[297] 한참 동안 보고 나서
내려와 석굴암에서 묵었다.

5월 16일 정해 바람이 크게 불며 안개가 끼었고 느지막이 바람이 잠시 그쳤으며
흐렸다 | 경주 불국사 우경루 별실

아침식사 뒤에 순선(順善)이와 불국사의 스님이 말을 몰고 왔다. 아침
일찍 길을 떠나려 했으나 바람이 불고 안개가 매우 심했다. 해명 노스님
및 채안(彩眼) 스님이 좀더 있으면서 날이 좋아지는 것을 살피고 가라는
말씀에 따라 머물러 있다가 길을 떠났다.

다시 석굴암에 올라가 보니 역시 매우 기이하다.

급한 고개를 천천히 5리쯤 내려온 다음 말을 타고 산등성이를 넘어
마을을 지났다. 마을 이름은 범속촌(凡俗村)인데 암석 위에 자리하고
있어 매우 그윽하다. 길을 가다가 기림사(祇林寺)*의 준환(俊還) 스님을
만났다.

15리를 가서 골굴암(骨窟庵)[298]에 닿았다. 앞에 있는 고개에 올라가
바라다보니 석봉이 기괴하다. 괴석(怪石)처럼 생긴 바위들이 층층이 쌓여
있고 거기에 굴이 있다. 굴 앞에는 간략하게 목조가옥을 세워 놓아 처마와
창이 달려 있다. 벽에는 채색도 했다. 바위 사이에 단청이 된 전각 5,
6채가 걸려 있는 것이 바라다보이는데, 마치 그림 속의 광경 같다. 법당굴에

---

297) 석굴암에 대한 정시한의 이 기록은 미술사에서 매우 중요한 자료가 된다. 당시
　　석굴암의 형태와 보존 상태, 그리고 현상에 대한 유일하면서도 자세한 기록이기
　　때문이다.

298) 경상북도 경주시 양북면에 있는 절. 6세기 무렵 인도에서 온 광유(光猷) 스님이
　　12개의 인공 석굴로 가람을 조성하여 창건했다. 정시한이 언급한 사자굴·설법
　　굴·정청굴·승당굴·달마굴·선당굴 등은 바로 12석굴의 일부로서, 12석굴의
　　명칭을 알려주는 귀중한 자료가 된다. 맨 꼭대기에 보물 제581호로 지정된 마애여래
　　좌상이 조각되어 있다.

골굴암

들어갔는데 법능(法能) 스님이 자리를 마련하며 맞아 주어 잠시 앉아
있었다. 밥을 지어 먹은 다음 수민(修敏) 스님과 병든 노인인 김운길(金雲
吉)과 함께 사자굴(獅子窟)에 올라갔는데 암자는 비어 있다. 설법굴(說法
窟)을 지나 정청굴(正廳窟)과 승당굴(僧堂窟)에 갔는데 역시 비어 있다.
달마굴(達摩窟)에 도착했는데 이 곳은 곧 수민 스님이 머무는 곳이다.
다시 선당굴에 올랐는데, 이 곳에 있는 쌍성(雙性) 스님과 운길의 아들인
선청(善淸)·선개(善皆) 스님은 모두 밖에 나가고 없다. 방은 매우 깔끔하
다. 경신이와 함께 앉아서 구경했다. 능선(能禪) 스님이 식사를 차려주어
먹은 다음 바로 길을 떠났다.

동산치(東山峙)를 넘었다. 이 고개는 길이 험하고 매우 길어 안팎으로
20여 리나 된다.

저녁에 불국사에 돌아왔다. 불존방에 들어갔더니 속리산의 성희(性
熙)·의섬(義暹) 스님이 이미 와 있었다. 놀랍기도 하고 기쁘기도 하여
마주 앉아 오랫동안 얘기하다 돌아갔다. 기림사의 준환(俊還) 스님이
와서 만났다. 성오(性悟)·성준(性俊) 노스님이 건너와 함께 얘기했다.
우경루(右景樓)의 별실에서 묵었다.

***기림사**(祇林寺)

경상북도 경주시 양북면 호암리 함월산(숨月山)에 있는 절. 643년(선덕왕 12) 인도에
서 온 광유(光有) 스님이 임정사(林井寺)라는 이름으로 창건했다. 그 뒤 원효 대사가
머물면서 지금과 같은 이름으로 바꾸었는데, '기림'이란 석가부처님 당시 세워졌던
인도의 기원정사를 뜻한다고 한다. 조선시대에 여러 차례 중건을 거치면서 대찰이
되어, 일제강점기에는 이 일대의 본사가 되었고, 지금은 불국사가 그 자리를 대신하고
있다. 대적광전은 보물 제833호, 대적광전의 비로자나불은 보물 제958호, 비로자나불
에서 나온 복장은 보물 제959호, 건칠보살좌상은 보물 제415호, 응진전은 경상북도유
형문화재 제214호, 삼층석탑은 경상북도유형문화재 제205호로 지정되어 있다.

5월 17일 무자 흐리다 갬 | 경주 천룡사

아침식사 뒤 20여 리를 가서 금오산(金鰲山) 개선사(開善寺)299)에서 잠시 쉬면서 이 절의 충신(冲信) 스님과 얘기를 나누었다.

바로 길을 떠나 뒷산을 넘을 때는 두 노비더러 짐을 나누어서 짐말을 이끌고 먼저 천룡사(天龍寺)에 가서 기다리도록 했다. 나는 경신이와 경숙, 그리고 짐말꾼과 함께 힘들여 고개를 넘어 험한 길 10여 리를 가 매월당(梅月堂)300)에 도착했다. 당 뒤에는 금오산의 석봉이 있는데 마치 금강산과 비슷하다. 지대가 높고 그윽한데 매월당301)이 일찍이 암자를 지었는데, 비록 다른 곳에 가더라도 늘 이 곳을 고향으로 삼았다. 암자 이름은 용장암(茸長庵)302)이다. 민주면(閔周冕)*이 부윤으로 있을 때 암자 곁에다 세 칸짜리 집을 짓고 매월당의 영정을 벽에 걸어 놓고서 스님들로 하여금 사철마다 제를 올리게 했다. 그리고 관둔전(官屯田) 한 마지기도 내렸다. 이것이 아직까지 이어지고 있다고 한다.

수좌 사밀(思密)과 옥현(玉賢) 두 스님이 점심을 준비해 주었다. 식사 후 사당에 들어가 영정에 경배했다. 그 모습이 청수한 것이 마치 살아있는 듯하여 절로 감흥이 인다. 오랫동안 있다가 4~5리를 걸어 내려와 마을 입구를 나와서 다시 천룡사로 향했다.

---

299) 경상북도 경주시 남한동 금오산(金鰲山)에 있던 절. 정확한 창건연대와 창건주는 알 수 없다. 1628년(인조 6) 불타서 1631년에 대승암(大乘庵)으로 이름을 바꾸었다고 한다. 그런데 정시한의 이 기록을 보면 1687년 현재 다시 개선사로 바꾼 것으로 보인다. 1799년(정조 23)에 나온 『범우고』에 현존사찰로 나오므로, 그 뒤 어느 때인가 폐사된 듯하다.
300) 매월당 김시습의 사당. 『여지도서』에 따르면 경주부 남쪽 30리 금오산에 있는데, 바로 용장사의 옛터라고 한다.
301) 김시습(金時習, 1435~1493).
302) 경상북도 경주시 내남면 용장리 남산(南山)의 서쪽 중턱에 있던 절. 8세기 중반 유가종(瑜伽宗)의 고승 태현(太賢)이 이 절의 장륙상(丈六像)을 참배했던 일이 『삼국유사』에 나온다. 조선시대 초기에는 매월당 김시습이 이 곳에서 『금오신화(金鰲新話)』를 썼다. 현재 이 절터에 보물 제187호 석불좌상, 보물 제186호 삼층석탑, 보물 제913호 마애여래좌상이 있다. 석불좌상은 태현 스님이 참배하던 그 불상이다.

천룡사

　뒷산을 오르니 등에 땀이 흐르며 기운이 떨어져 10보 걸으면 1보는
쉬면서 힘들게 10여 리를 가서 천룡사(天龍寺)303)에 닿았다. 이 곳의
묘혜(妙慧)·도신(道信) 스님 등이 나와서 맞아주었다.

　빈 누에 들어가 앉아서 더위를 식히고 있으려니까 불존승 지초(智楚)
스님이 나왔고, 정원(淨圓) 스님이 불존방으로 안내해 주었다.

　저녁식사 뒤 천룡사에서 묵었다. 이 곳에는 다른 데서 볼 수 없는 경치가
있다. 절 뒤에 있는 석봉은 매우 뛰어나고, 스님들의 품격도 역시 좋다.

303) 경상북도 경주시 내남면 용장리 고위산(高位山) 천룡곡에 있는 절. 신라시대에
　　천녀(天女)와 용녀(龍女) 두 딸의 부모가 창건하고 딸의 이름을 한 자씩 따서
　　천룡사로 했다고 한다. 신라 말에 폐사되었다가 고려에 들어와 1040년(정종 6)
　　최제안(崔齊安, ?~1946)이 중창하고 석가만일도량을 두었다. 18세기 말에 다시
　　폐사되었다가 최근에 중창되었다.

용장암 석불좌상

***민주면**(閔周冕, 1629~1670)

조선 중기의 문신. 본관은 여흥(驪興). 호는 수월당(水月堂). 목사를 지낸 민진량(閔晉亮)의 아들이며 어머니는 첨정(僉正) 유대비(兪大備)의 딸이다.

1648년(인조 26) 진사가 되고 1653년(효종 4) 알성시에 장원하고, 성균관 전적, 공조·예조·병조의 좌랑, 춘추관 기사, 황해도 도사, 병조 정랑, 성균관 직강, 장흥 현감, 충청도 도사, 시강원 사서, 사간원 정언, 사헌부 지평 등을 지냈다. 1660년(현종 1) 인천 부사로 임명되어서 그 곳에 있는 자연도(紫燕島)에 대한 국방시설을 엄중히 하여 후환이 없게 하였다. 그 뒤 길주 목사를 거쳐 광주 부윤이 되었다. 내직에 들어와서는 승정원 동부승지, 장례원 판결사, 승정원 승지를 지냈다. 1669년 경주 부윤으로 임명되어 특히 궁핍한 부민에 대한 시혜가 돈독하여 부민으로부터 칭송이 자자하였고, 『동경지(東京志)』 3권을 새로 증보하기도 하였다.

5월 18일 기축 맑다 흐려짐 | 울주 연고사

아침식사 뒤에 떠나려 하는데 황여필(黃汝弼)과 이하재(李夏材)가 먼저 이 곳에 묵고 있다가 찾아와서 잠시 함께 얘기를 하고 떠났다.

몇 리를 걸어 내려간 다음 말 타고 40여 리를 가서 장천사(障川寺)[304]에 닿았다. 절은 평지에 있다. 부근에 마을이 있는데 시내와 어울린 바위의 풍광이 매우 뛰어나다. 산세도 앞쪽 산을 안고 있으니 역시 맛이 있다.

빈 누에 들어가 앉아 흐르는 시내와 반석들을 굽어보고 있었다. 잠시 후 거사(居士) 한 사람이 짐을 지고 와서 말하기를 전주(全州)에 사는데 불국사·석굴암·골굴암 등지를 아내와 함께 보고 오는 길이라고 한다. 그런데 전에 영기(靈機) 수좌로부터 내가 여행 다니는 얘기를 들은 바 있었는데 이제 여기에서 이렇게 만나게 되었다고 한다. 구면인 듯 반가웠는데 나이도 을축생(1625)으로 나와 자기가 동갑인 것도 이미 알고 있다고 한다. 기뻤다.

절에서 점심식사를 한 뒤 자원이에게 말에 짐을 싣고 곧바로 연고사(連高寺)[305]가 있는 언양(彦陽) 땅으로 먼저 가 있으라고 했다.

---

304) 울산광역시 울주군 두동면 천전리에 있던 절.
305) 울산광역시 울주군 언양읍 고헌산에 있던 절.

반구대

　이 절의 설탄(雪坦) 스님더러 반구대(盤龜臺)306)까지 길을 안내하게
했다. 경신이와 함께 시내를 따라 밑으로 5리쯤 내려가서 반구에 도착했다.
가장자리를 지나 상·중·하 삼대(三臺)를 바라보았다. 완연히 금강산의
한 자락 같다. 하대는 단정한 것이 마치 사람이 깎아 세워 놓은 듯하다.
반석 위에 올라가 오랫동안 주위를 바라보았다. 암석을 따라 곧바로 시내
를 건넌 다음 하대에 올라가 앉았다. 금강산에 다시 온 듯하여 기뻤다.

---

306) 언양읍 대곡리에 있는 바위와 정자.『여지도서』에 따르면 언양현의 남쪽 70리라고
　　한다. 바위가 마치 거북이 엎드려 있는 모습이라서 반구대라는 이름이 붙었는데,
　　바위 위에 정자를 지었다. 반구대는 울산으로 흐르는 태화강 상류 인공호수의
　　서쪽 기슭에 있는데, 1970년대에 바위 면에 새겨진 선사시대 이래 통일신라시대까
　　지 이르는 암각화(巖刻畵)가 발견되면서 국보 제285호로 지정되었다.

이 아래는 옛날의 절터로, 물이 흘러가는 모습도 그 터에 따라 간다. 절터는 매우 평평하고 바르게 되어 있고, 앞뒤 모두 몇 보씩 되는 너른 반석이 있어서 앉을 만하였다. 주위를 둘러보니 사방의 산이 연이어져 둘러싸여 있고, 이 터도 땅이 평평하고 넓으며 근처에 시내가 흘러 위험하고 기울어진 곳이 없고 또한 물로 인한 근심도 생길 곳이 아니다. 이곳에 서당을 짓고 노닐며 쉬었으면 좋겠다는 생각이 들었으나 이루지 못할 꿈일 것이다.

설탄 스님을 돌려보내고 다시 시내를 건너서 서쪽으로 20리를 가서 연고사에 닿았다. 승통 원기(元機), 불존승 지민(智敏) 스님 등이 맞아주었다. 누에 앉아 있다가 향로실로 들어갔으나 잠자리가 좋지 않아 다시 뒤에 있는 요사로 가서 수좌 인흡(印洽)과 자운(慈雲) 스님과 함께 잤다.

5월 19일 경인 흐림 | 양산 통도사

절에서 식사를 한 다음 출발했다. 15리를 넘게 가서 언양성[307] 밖에 있는 역촌(驛村)[308]을 지났는데, 간월사(肝月寺)[309] 입구에 있는 선유동(仙遊洞)의 암석을 보고 가기로 했다. 가다가 길을 잃어 율수촌(栗藪村)을 지나 선유동에 닿았다. 수석이 맑아 다른 곳보다 뛰어나다. 시내를 따라 걸음을 옮겨 반석 위에 올라갔다. 평평하고 넓으며, 냇물은 맑고 깨끗해 화산(華山) 용유동(龍遊洞)보다 낫다. 감상할 만한 곳이다. 무릇 이런 곳이 다섯 군데 있는데 가면 갈수록 더욱 기이한 게 나온다. 가장 위에 있는

---

307) 언양읍성. 언양읍 동부리·서부리에 걸쳐 있다. 사적 제153호로 지정되어 있다.

308) 덕량현(德良縣). 울산광역시 언양읍에 있는 역.『여지도서』에 따르면 언양현의 남쪽 5리에 있다고 한다.

309) 울산광역시 울주군 상북면 등억리에 있는 절. 630년대 초반 자장 율사가 창건했다. 1799년에 편찬된『범우고』에 현존 사찰로 절 이름이 나와 있으나 그 뒤 어느 때인가 폐사되었다가 근래에 중창되었다. 문화재로 보물 제370호 석조여래좌상이 있고, 절터기 경상남도기념물 제54호로 지정되어 있다.

반석 위에는 동향한 정자터가 남아 있다. 오래 전부터 비어 있었던 모양이다. 주위를 둘러보며 형세를 살펴보니 사방이 합해지는 것이 매우 묘하다. 실로 은자(隱者)가 지낼 만한 곳이니, 이 곳에서 천지의 비기를 기다리는 사람도 있지 않을까!

아래 위를 두루 살펴본 다음 어쩔 수 없이 떠나야 했다. 말을 풀밭에 풀어놓고 물에 밥을 말아 배불리 먹었다. 날이 기울어 가매 서둘러 통도사(通度寺)로 향했다. 계곡 입구 가장자리를 따라 10리를 가니 좌우에 솔밭이 있는데 매우 맑고 그윽하여 마치 도원에 들어선 듯하다. 입석도 옥규(玉圭)[310]처럼 우뚝 솟았고, 산의 형세도 기이하고 빼어나다.

절 문으로 들어가 누에 올라가서 법당과 좌우의 여러 요사들을 살펴보았다. 지난 해 정월에 불이 나 타버렸다가 올해 다시 지었다는데 매우 크고 화려하다. 스님들이 노역을 맡아 힘들어하는 것이 보기에 안타깝다.

절에서 식사를 하고 나서 법당 뒤 불골(佛骨)이 모셔진 곳을 보았다. 불존승 조근(祖根)과 승통 탄변(坦卞) 스님이 손가락으로 가리키는 곳을 바라보니 담장과 축대·계단 등 세 부분으로 이루어졌고, 불골을 모신 탑은 엎어진 항아리 모양이다. 석병(石屏) 등에 전부 불상이 새겨져 있으나 중간 중간에 깨어지고 부서진 곳이 많다고 한다. 임진왜란 때 왜인들이 부수어 불골을 꺼내 갖고 갔으나 중도에 우리나라의 거사(居士) 편에 돌려보냈다. 난이 끝나고 다시 쌓고 봉안했으나 전보다 못하다고 한다. 터가 평평하고 넓다. 스님이 말하기를 예로부터 내려오는 말에 구룡(九龍)이 이 곳에 있었으나 조사(祖師)가 쫓아내고 못을 메워 여기에 불골을 봉안하였다고 한다.

냇가를 따라가며 경치를 바라보다 다시 안산(案山)에 올라갔다. 산 위에 탑이 있는데 이것 역시 왜인들이 훼손했다. 두 스님은 돌려보내고

---

310) 옥기(玉器)의 한 종류로, 직사면체로 위로 기다랗게 솟은 형태를 하고 있다.

통도사 금강계단

경신·경숙이와 함께 부도전(浮屠殿)에 갔다. 뒤에 서너 개의 부도가 있다. 전각과 요사는 바로 남한승장(南漢僧長) 지일(智日)이 창건했는데 크고 화려한 것이 다른 암자의 그것과 비길 수가 없다. 종장(宗匠) 신묵(信默) 스님이 나와서 맞아주었다. 기둥 앞에 앉아서 오랫동안 함께 얘기를 나누었다.

서쪽으로 조실·방사·누각이 있는데 단청이 되어 있어서 휘황하다. 지일 스님은 이 곳에서 생을 마칠 생각이라고 말한다.

신묵 스님이 내게 차를 권하신다. 나는 약간의 나물 안주와 함께 청주 두 잔을 드렸다. 곧바로 잠자리에 들었다. 산 이름은 영축산 통도사라고 한다.

암자에서 밥을 먹은 뒤 문밖에서 신묵 스님과 작별하였다. 큰절(통도사)에 들어가지 않고 바로 입구로 나와 20리쯤을 가서 원적산(元寂山)[311] 입구에 닿았다. 양쪽에 고개가 있는데 마치 한데 묶여져 있는 듯하다.

시내를 따라 오르는데 길이 매우 위험하여 걷기도 하고 말을 타고 가기도 했다. 소나무가 그늘을 이루어 그윽하고 깊은 길을 10여 리 가서 대둔사(大芚寺)[312]에 도착했다.

누에 올라가 앉아 있으려니 원식(圓識) 노스님이 나와 맞이해 주셨다. 전라도에서 온 탄오(坦悟) 스님도 있는데 전에 금강산에서 만난 적이 있다. 인사를 나누며 즐거워하였다.

절에서 점심식사를 한 뒤 노비와 말은 그대로 남겨두고 불지암(佛池庵)[313]을 향했다. 탄오 스님더러 두루마기와 바지 등을 빨게 한 다음 경사진 고개를 몇 리 넘어 암자에 닿았다. 석겸(釋謙) 스님이 나를 보더니 놀라며 사철(思哲) 수좌에게 가서 알렸다. 사철 스님이 나와 보고는 놀란다. 다가가 마주하였는데 너무 기뻐 서로 말을 잊고 있었다. 이윽고 가만히 얘기를 나누었다.

저녁을 먹고 초성(楚性)·경순(敬淳) 수좌와 앉아 얘기하고 함께 주위를 둘러보았다. 금수(金水)[314]를 보았는데, 물은 석굴 안에 있다. 석굴은 몇 칸 규모로 제법 큰데, 앞면에 창문 같은 구멍이 나 있다. 수면은 금색으로 찬란하게 빛나 눈이 부시다. 물속에는 물고기 여섯 마리가 노닐고 있다.

---

311) 圓寂山. 경상남도 양산시에 있는 산.『여지도서』에 따르면 양산군의 북쪽 32리에 있으며, 일명 천성산(千聖山), 또는 소금강산이라 한다고도 한다.

312) 경상남도 양산시 천성산 내원암에 있는 절. 대둔노전(大芚爐殿)이라 한다고도 한다. 원효 대사가 창건하였고, 1695년(숙종 21)과 1792년(정조 16)에 각각 중창하였다.

313) 佛池庵. 경상남도 양산시 원적산에 있는 절. 지금은 폐사되었다.

314) 불지사 뒤 바위 굴에 있는 샘.『여지도서』에 따르면 황금과 같은 샘물이 넘치지도 마르지도 않는데, 샘 속에는 서너 마리의 물고기가 산다고 한다.

맑고 깨끗하여 다른 데서는 찾아볼 수 없는 것이다. 커다란 바위가 병풍처럼 열을 지어 서 있는데 그 웅장한 모습이 다른 곳과 비할 데가 없다. 굴 앞에는 매우 평평하고 넓어 100명도 넘는 사람이 앉을 만하다. 다만 암세(巖勢)가 매우 드세 누르는 위압감이 있어 마음이 불안한 것이 흠이다. 암자 터는 좁지만 맑고 깨끗하여 신선이 머물 만한 곳이다. 여럿이 함께 감상하고 돌아와 같이 묵었다.

5월 21일 임진 맑음 | 양산 불지암

석겸 수좌와 경순 스님과 함께 셋이서 저녁을 먹었다. 탄오 스님은 옷가지를 빨아주었다. 그의 스승인 응안(應眼) 스님은 전에 금강산에서 본 분으로 이 곳에서 만났다. 탄오 스님과 함께 원적암(元寂庵)에서 지낸다고 한다.

5월 22일 계사 흐렸고, 오후에는 바람과 함께 비가 내렸다 | 양산 원적암

자리를 옮겨 초성 스님이 아침을 차려주어 여럿이 함께 먹었다. 각수승(刻手僧) 연희(演熙) 스님이 아래 암자에서 나를 만나러 올라왔다. 됨됨이가 믿을 만하고 착실했다. 홀로 불경 새길 것을 발원하여 11년째 수천 매를 새기고 있는데 하루도 조금이나마 게으름을 부리지 않았다고 한다. 말하기를, 묘시[315]에 일을 시작하여 유시[316]에 마치는데 처음에는 뼈가 녹고 정신도 혼미하고 했으나 열흘이 지나면서 조금씩 나아지다가 3개월이 지나자 약간씩 기운을 회복하였고, 3년이 지나자 평소처럼 되었다고 한다. 새벽부터 저녁까지 일하므로 보는 사람도 힘이 드니까 혼자서 공양하고 참선도 한다고 말한다. 경신이가 나무판자에 시주자 명단을 적었기에 그것을 종이에 써서 주었다. 판자 2매에 수백 글자씩 썼다.

---

315) 오전 5시에서 7시 사이.
316) 오후 5시에서 7시 사이.

점심 때가 되어 연희 스님이 점심을 차려주어 여럿이 함께 먹었다.
경신·경숙과 함께 원적암으로 향했는데 석겸 스님이 길 안내를 해주었다.
성불암(成佛庵)[317]에서 잠시 쉬고 난 다음 도솔암(兜率庵)을 지나 원적암
에 도착했다. 날은 어두워져 간다.

극민(克敏) 수좌와 함께 조실에서 묵었다. 말에 쇠 발굽을 붙였더니
다리를 전다고 해서 걱정이 된다.

5월 23일 갑오 흐림 | 양산 불지암

새벽에 극민 스님과 얘기를 나누었다. 스님은 깨달음을 위해 온 힘을
쏟은 지 오래되었다고 한다. 그래서 이제는 말을 아주 잘 할 수 있게
되었으니 다음에는 쓸 만한 말을 많이 하는 데 힘을 쏟아야겠다고 한다.
유가(儒家)의 말에도 능하다. 공부를 많이 하여 숱한 책을 널리 읽었다고
한다.

아침을 먹었다. 응안·탄오 스님이 오래 전부터 아는 사이처럼 너무
정성스럽게 차려주어 매우 미안했다.

식후에 바로 불지암으로 돌아가려니 극민 스님이 매우 아쉬워한다.
탄오 스님은 짐을 지고서 따라 내려왔다. 먼저 떠났던 경숙에게 말이
어떤가 물어보니 병들었다고 하고, 자원이도 돌아와 말하기를 말이 다리를
절어 갈 수 없다고 한다. 그래서 쉬어 가기로 했다.

오후에 양산(梁山)[318]의 수령인 아동(衙童) 유광적(柳光迪)이 동래(同
來) 김 생원과 함께 와 금수(金水)를 구경하고 돌아갔다.

원적암의 화주 귀일(歸一) 스님이 왔는데 구례(求禮) 사람이다. 됨됨이
가 믿을 만하고 착실하여 함께 오랫동안 얘기했고, 인사하고 돌아갔다.

암자에서 탁의(卓衣)와 침장(寢帳)을 만들고 있다. 또 연등을 만드는

---

317) 경상남도 양산시 천성산 내원암의 산내암자.
318) 경상남도 양산시.

스님들이 왔는데 쉴 틈이 없을 정도로 바쁘게 일한다.

5월 24일 을미 맑음. 아침에는 추웠으나 오후에는 따뜻했다 | 울주 장천사

새벽머리에 재를 지냈다. 새벽에 경숙을 큰절로 보내어 말의 병이 어떠한지 물어보려 했는데 자원이가 돌아와서 말하기를 말이 아직 조금 전다고 한다.

식후에 길을 떠나려는데 사철·석겸 등 여러 사람이 고개 위까지 나와 전송하였고, 응안 스님 역시 따라나오니 매우 미안했다.

아래로 내려가 큰절에 이르렀는데, 원식 노스님은 냇가까지 와 작별하면서 곶감 두 첩을 내게 준다.

집강승(執綱僧) 삼학(三學) 스님도 따라왔는데 여기에서 돌아가라고 했다. 걸어서 입구로 나왔는데, 말이 다리를 절어 걸을 수 없다기에 노비아이에게 짐을 나누어 지게 하고서 40리를 갔다. 덕천역(德川驛)에서 밥을 지어 먹고 쉰 다음에 다시 30리를 가서 장천사(障川寺)에 닿았다.

절에서 저녁 식사를 한 다음 불존승 법능(法能) 스님의 방에서 잤다. 법능 스님은 일흔아홉 살이지만 정력이 시들지 않았다. 저녁이면 범종을 치고 부처님에게 절하며 마당까지 쓰니 경내가 매우 깔끔하다.

5월 25일 병신 흐리다 맑아짐. 바람이 차가웠다 | 경주 장흥사

절에서 아침식사를 한 다음 길을 떠났다. 법능 스님이 문 밖까지 따라나오시며 전송해 주었다.

40여 리를 가서 광의역(廣矣驛)과 노곡역(盧谷驛)[319]을 지나 마을에서 밥을 지어 먹었다. 촌가에는 주인이 없고 보리타작하는 이해창(李海昌)이라는 사람만 있었다. 스스로 말하기를 양반의 서출이라고 한다. 그가

---

319) 奴谷驛. 경상북도 경주시에 있던 역.『여지도서』에 따르면 경주부의 남쪽으로 25리라고 한다.

신선사 마애불

앉을 만한 곳을 가리키는데 나무 그늘이 있어 편하게 쉬었다.

다시 30리를 가서 단석사(斷石寺)[320] 밑에 있는 장흥사(長興寺)[321]에 닿았다. 절은 새로 지어서 아직 기와를 얹지 못하였다. 이 절의 지동(志

---

320) 경상북도 경주시 건천읍 송선리 단석산 꼭대기에 있는 절. 신선사(神仙寺)라고 한다. 자장 율사의 제자 잠주(岑珠) 스님이 창건했다고 한다. 김유신(595~673)이 머물며 수도하였는데, 칼로 벤 바위가 셀 수도 없이 많아서 이렇게 불렀다고 한다. 1969년 신라오악조사단이 이 절의 상인암(上人巖) 바위에서 불상군(佛像群)과 명문을 발견하여 이 절의 본래 이름이 신선사임을 밝혀냈다.
321) 경상북도 경주시 서면 방내리에 있던 절. 지금은 폐사되었다.

憧)·덕홍(德弘) 스님이 맞아주며 저녁을 차려주었다. 말의 다리가 부러져 발굽을 달지 못해 걷지를 못하니 근심이 된다.

5월 26일 정유 흐리다 맑음 | 영천 사곡 덕상이네 집

아침 일찍 길을 떠나서 40여 리를 가 영천(永川)[322] 경계에 도착하여 솔나무 그늘에 앉아 말을 풀밭에 매어두고 밥을 지어먹고 쉬었다. 다시 20여 리를 가서 영천읍내를 지나 노비 예생(禮生)이네 집에 도착했다. (노비인) 말생이도 찾아와 인사를 한다. 말을 먹인 다음 곧바로 출발하였다. 예생이에게 말을 빌려 짐을 싣고 20리를 가서 사곡(沙谷)의 노비 덕상(德詳)이네 집에 도착했다. 방이 깨끗이 청소되어 있고 이부자리도 깔끔하다.

5월 27일 무술 새벽부터 흐리며 어두웠다 | 영천 덕상이네 집

아침식사 때 비가 내려 오후에야 갰다.

새벽에 일어나서 현주(玄酒)[323]로 향촉을 밝히고 곡을 하며 두 번 절했다.

5월 28일 기해 맑다 흐리고 바람 불었음 | 영천 덕상이네 집

아침식사를 한 다음 경신이와 함께 임고서원(臨皐書院)[324]에 갔다. 30여 리를 가서 서원에 닿았는데, 영천 동북 방향 위쪽으로 10여 리에 있다.

누에 들어가 앉았는데, 기와를 새로 입혔다. 너른 들과 마주하고 있고

---

322) 경상북도의 시.
323) 물을 말함. 현주라고 한 것은 물처럼 마시되 취하지 않도록 마음을 가다듬고 술의 고마움을 알고 마시라는 의미다. 흔한 물이지만 특별한 용도로 쓰이는 영험한 물이라 생각하여 술로 표현한 것이다.
324) 경상북도 영천시에 있는 서원. 1553년 포은 정몽주를 제향하기 위해 세워졌다. 현재 경상북도기념물 제62호로 지정되어 있다.

임고서원 전경

왼쪽에는 깊은 못이 있으며, 못 위에 대(臺)가 하나 있다. 이름은 조룡대(釣龍臺)다.

경신이와 함께 포은(圃隱) 정 선생325)의 사당을 참배했다. 가운데 벽에 여헌(旅軒) 장 선생*이 배향되어 있다. 분향하고 두 번 절한 다음 경건히 영정을 바라보았다. 얼굴이 마치 살아 있는 듯 하며 호방하고 준일한 기상 속에 덕이 있는 얼굴이다. 영민함 가운데 순박하고 진실함이 있으며 기상이 밑바탕에 있는 모습으로, 살이 쪘으며 수염이 적다. 오른쪽으로 바라보고 있는데 눈이 크다. 선생의 모습을 올려다보니 마치 내가 모시고 있는 듯하다. 한참 동안 있다가 밖으로 나와 사당 주위를 둘러보았다.

---

325) 정몽주(鄭夢周).

문충공묘(文忠公廟)라는 편액 글씨 네 자는 바르고 당당한데 임고서원(臨 皐書院)이라고 쓴 커다란 네 글자는 사액(賜額) 글씨로 한석봉체인 듯하다. 동쪽에는 명성재(明誠齋), 서쪽에는 경의재(敬義齋)라고 쓰여 있다. 모두 전서체다.

점심식사를 한 다음 조룡대에 올라갔다. 시계가 넓고 상쾌하다. 밑을 내려다보니 못의 물이 보인다. 아주 경치가 좋다.

바로 말을 몰아 덕상이네 집으로 돌아오니 말생이와 예생이가 각각 보리쌀 두 말과 쌀 일곱 되를 갖고 왔다.

*장현광(張顯光, 1554~1637)
조선 중기 학자. 호는 여헌(旅軒). 본관은 인동(仁同). 1576년(선조 9) 학행으로 조정에 천거되어 예빈시 참봉 등에 임명되었으나 나가지 않았고, 1602년(선조 35) 공조 좌랑 으로 부임, 『주역』 교정에 참가하였다. 이후 사헌부 지평, 대사헌·공조 참판 등 전후 20여 차례 관직에 임명되었으나 모두 사퇴하고 오로지 학문연구에만 전념하였 다. 1624년 이괄(李适)의 난 뒤 부름을 받아 왕에게 정치에 대한 건의를 하고, 1636년 병자호란이 일어나자 각 주·군에 격문을 보내어 군왕의 군사를 일으켰으나, 다음 해 삼전도(三田渡)에서의 항복 소식을 듣고 동해안의 입암산에 들어간 지 반 년 후에 죽었다. 경상북도 성주(星州)의 천곡서원(川谷書院), 구미(龜尾)의 여헌영당(旅軒影 堂) 등에 제향되었다. 저서로 『여헌집』(11권), 『속집』(5권), 『성리설(性理說)』(6권), 『역학도설(易學圖說)』(9권), 『용사일기(龍蛇日記)』(2권) 등이 있다. 영의정에 추증되 었다. 시호는 문강(文康).

5월 29일 경자 호림 | 영천 운부사 약사전

아침식사 뒤 노비네 집을 출발하여 20여 리를 가서 팔공산(八公山)[326] 은해사(銀海寺)에 도착했다. 짐말을 먼저 운부사(雲浮寺)[327]에 보냈다.

---

326) 신라 때 오악의 하나인 중악(中岳)으로 숭상되던 명산. 대구광역시를 비롯하여 경상북도의 영천시·경산시·군위군·칠곡군 등에 걸쳐 있다.
327) 경상북도 영천시 청통면 치일리 팔공산에 자리한 절. 은해사의 산내암자. 711년(성 덕왕 10) 의상 대사가 창건했다. 그러나 창건연대와 창건주의 활동시기가 달라 확실하지 않다. 원통전에 봉안된 보살좌상은 보물 제514호로 지정되어 있다. 현재 는 운부암으로 되어 있는데, 정시한이 갔을 당시의 이름은 운부사였던 듯하다.

운부암

법당에 앉아 잠시 쉬었다가 다시 몇 리를 갔는데 경신이가 인종대왕 태봉(胎封)328)을 보고 싶다고 하기에 은해사 스님과 같이 감상하고 왔다. 경숙이만 데리고 7, 8리를 가서 운부사에 닿았다. 종장(宗匠) 진언(振言)은 임술생(1622), 혜원(惠遠)은 정묘생(1627)인데 나를 맞아주었다.

누에 앉았다. 절은 깊은 계곡에 자리하여 사방이 산으로 둘러싸여 있다. 수목이 울창한데 이것은 태봉이 있어서 벌목을 금하였기 때문이다. 다른 산에서는 보기 드문 일이다. 그윽하고 깊어 사랑스럽다.

진언 스님이 꿀물과 곶감을 주고, 또 저녁식사를 차려주시어 여럿이서 다함께 먹었다. 식후에 노비와 말을 은해사로 보냈는데 이 곳에는 말먹일

---

328) 팔공산에 인종(仁宗, 1515~1545)의 태를 묻은 태실이 있다. 은해사는 조선시대 중기 이 태실을 관리하는 사찰이기도 했다. 2000년에 경상북도매장문화재연구소 에서 인조대왕 태실에 대한 발굴조사를 한 바 있다.

도구가 없기 때문이다. 이 절에서 공부하는 스님들은 100여 명인데 대부분 동냥차 마을로 내려갔다고 한다.329) 불존 벽원(碧元) 스님은 섭심(攝心)에 뜻이 있는 재사인데 불지암(佛池庵)으로 사철 수좌를 찾아간 적이 있다고 한다. 서로 조용히 얘기를 나누었는데 초선(超善)·자신(自信) 스님도 자리를 같이했다.

저녁에 약사전(藥師殿)330)에서 대영(大英) 스님과 같이 잤다. 대영 스님은 병이 있으나 신심으로 불도를 깨우치겠다고 한다.

속리산의 성희(性熙)·의섬(義暹) 스님이 저녁에 찾아와 만났다.

5월 30일 신축 새벽부터 비가 내렸고 낮에는 더욱 심하게 내리다가 오후가 되어서야 그쳤다 | 영천 운부사

혜원 스님이 아침을 준비했다. 식후에 진언 종장이 법당에서 여러 학도들을 모아 놓고 경전을 강설하는 것을 보았다. 금고(金鼓)가 울리자 책상 앞에 앉아 말을 시작하는데, 먼저 『치문(緇門)』*과 『서장(書狀)』331)을 강하고, 다음에 『화엄경』과 『원각경』을 강했다. 강이 끝나자 여러 사람들이 일어나 조용히 절을 드리고 나가는데 그 광경이 볼 만했다.

잠자던 방으로 돌아와 벽원 스님과 얘기했다. 여기에서 공부하는 보기(普機) 스님은 속성이 정(丁)씨로 관향은 나주고 신녕(新寧)332) 사람이다.

---

329) 100명이 있을 정도면 대단한 규모라고 할 수 있다. 당시 운부사의 사세를 짐작할 만하다. 그런데 '공부하는 스님'이라고 한 것으로 볼 때 운부사에 강원이 있었지 않을까 한다.

330) 현재 운부암에는 약사전이 없다.

331) 중국 송(宋)나라의 대혜선사(大慧禪師)가 사람들에게 써 보낸 글을 모은 책으로 본래 이름은 『대혜서(大慧書)』라고 한다. 필자의 고제(高弟)인 혜연(慧然)과 정지(淨智)가 공동으로 편집하였다. 불교 교리를 연구할 때 반드시 보는 필수 교과처럼 되어 있다. 대혜선사는 이 책 말고도 『어록(語錄)』(80권)이 『대장경(大藏經)』에 수록되어 있어서 널리 읽히고 있다.

332) 현재 영천시 신녕면에 속한다.

선비 집안인데 집에 변고가 생겨 머리를 깎고 승려가 되었으며 나이는
병신생(1656)이라 한다. 애처롭다.

북녘의 종장(宗匠)인 천우(天佑) 스님은 『화엄경』을 강하러 올해 3월에
이 곳에 왔다고 한다. 얘기를 나눠볼 만했다.

벽원 스님이 저녁을 차려주었다.

*『**치문**(緇門)』

『치문경훈속집(緇門警訓續集)』, 『치문집설(緇門集說)』, 『치문집주(緇門集註)』라고
도 한다. 승려들이 공부하는 데 교훈으로 삼을 만한 고승들의 글을 모아 엮은 책.
지은 사람은 누구인지 알려져 있지 않으나, 중국 명(明)나라 때 가화(嘉禾) 여근(如卺)
이 속편을 편찬한 것으로 알려져 있다. 우리나라에서는 1695년(숙종 21) 백암 성총(栢
庵性聰) 스님이 주를 붙여 하동 쌍계사(雙磎寺)에서 간행한 것이 널리 알려졌다. 내용
은 지원(智圓)의 면학(勉學), 영우(靈祐)의 대원경책(大圓警策), 연수(延壽)의 지각수
계(智覺垂誡), 지의(智顗)의 관심송경법(觀心誦經法) 등 주로 중국 고승의 권학(勸
學)·경유(警諭)·서장(書狀) 및 기타 잡저(雜著) 50여 편이 실려 있다. 쌍계사판 외에
1539년(중종 34) 표훈사(表訓寺)판, 1588년(선조 21) 운문사(雲門寺)판, 1664년(현종
5) 순천 흥국사(興國寺)판 등이 전한다.

6월 초하루 임인 흐리다 맑음 | 영천 상용암

보기 스님이 아침을 차려주었다.

자원이가 은해사에서 왔다. 두 노비를 시켜 짐을 지게 하고서 상용암(上
聳庵)에 걸어 올라갔다. 진언·혜원·천우 스님 등이 문 밖까지 나와
전송해 주었고, 산을 내려오는데 초선·보기·대영 스님 등은 산허리까지
같이 가며 전송해 주었다. 벽원 스님은 계속 같이 가며 길 안내를 해
주었다.

나무 그늘 사이로 가며 가파른 고개 5리쯤을 가서 암자에 닿았다. 아래를
바라보니 단청한 미륵전(彌勒殿)이 높은 봉우리와 암석 사이로 은은히
비추고 있어 마치 신기루를 보는 것 같다. 상용암 앞에 있는 누각에 들어가
앉아 있는데 종장 상학(尙學) 스님이 나와 맞아준다. 한참동안 앉아 쉬니까

흐르는 땀이 조금 말랐다.

벽원 스님, 그리고 암자의 스님 몇 사람과 함께 미륵전에 올랐다. 벼랑을 따라 암벽을 오르고 다시 바위틈을 지나 가장 높은 곳에 다다르니 이층 누각이 있다. 올라가 앉아서 보니 (밑에) 커다란 바위가 있어서 이층이 되어 있다. 바위에 새긴 불상이 있는데 매우 기교하다. 곁에 비어 있는 암자가 있다.

다시 바위틈을 따라 올라가니 움직이는 돌이 있는데 기우제를 지내는 석대다. 위로 올라가 내려다보니 수백 리 평야가 있고 신녕·영천 등의 군현이 마치 무릎 아래 있는 듯하다. 뭇 산들은 모두 밭이랑이나 논둑처럼 나지막하게 깔려 있고 옥산과 경주부, 그리고 불국사의 여러 산들이 눈 아래 나열되어 있다. 비가 온 뒤라 하늘이 맑아 산과 그 바깥쪽의 바다가 서로 맞닿아 있는 것까지 아주 멀리 잘 바라다보인다. 의흥(義興)333)·의성(義城)334) 등지가 역시 눈앞에 보이고, 남쪽으로는 동래(東萊)·울산(蔚山)까지 좌우로 수삼백 리가 전부 시야에 들어오니 실로 반평생 못 보던 기이한 경관이었다.

다시 남쪽으로 10여 걸음 내려가서 걸어서 바위틈을 지나가니 고봉암(高峰庵)335) 터가 나온다. 전후좌우의 암석이 기괴하니 실로 도인의 수행처라 할 만하다. 벼랑을 따라 내려가 거의 엎드리다시피 해서 바위 혈에 들어가 중암(中庵)336)에 도착했다. 이 곳에는 단지 스님 한 분만이 있다.

---

333) 경상북도 군위군 일대.

334) 경상북도의 군.

335) 경상남도 영산현(靈山縣) 영축산(靈鷲山)에 있었던 절. 『신증동국여지승람』에, "절벽 위에 겨우 뚫린 돌 길이 있어서 사람들이 붙잡고 오르내린다."는 기록이 있다.

336) 경상북도 영천시 청통면 치일리 팔공산에 자리한 절. 현재는 중암암(中巖庵)이라고 하며, 은해사의 산내암자 가운데 가장 높은 곳에 자리한다. 834년(흥덕왕 9) 심지(心地) 왕사가 창건했다. 주변에 삼인암(三印巖), 건들바위, 김유신 장군이 17세 때 이 곳에서 수련하며 마셨다는 장군수(將軍水) 등이 있다.

은해사 중암암

암자 자리는 경사가 져서 위태로워 보이지만 석정(石井)에서 맑은 물이 솟고 있다.337) 또 서대(西臺)는 올라가 볼 만한 곳이다. 여기에 앉아서 오랫동안 쉬었다.

자원이를 은해사에 보냈다.

수백 보 내려가서 다시 서쪽 봉우리로 올라 사자암(獅子庵)에 닿으니 수좌 도신(道信) 스님이 맞아주었다. 기둥 앞에 앉아 보니 시야가 툭 트여있어 아까 움직이는 돌 위에서 바라보는 경관에 버금 간다.

다시 묘봉암(妙峰庵)338)에 갔더니 수좌 진안(進安)·묘훈(妙勳)·초영

---

337) 장군수를 말하는 듯하다.

338) 경상북도 영천시 청통면 치일리 팔공산에 자리한 은해사의 산내암자. 833년(홍덕왕 8) 심지 왕사가 창건했다. 원통전은 안에 커다란 바위가 있고, 그 아래에 관음보살상을, 그리고 바위 위에 석가여래상을 봉안하여 2층으로 된 특이한 형태를 하고

묘봉암

(楚英) 스님 등이 나와서 맞이한다. 여유(如有)·시평(始平)은 원주에서
온 목수(木手) 스님이다. 양호(良浩) 상좌가 말하기를 일찍이 들판에서
나를 본 적이 있다면서 특히나 매우 반겨준다. 그리고 여러 스님들 역시
내가 지금까지 다니는 행적을 들어본 일이 있다고 한다. 점심을 먹고
모여 앉아 오랫동안 얘기를 나누었나.

일어나 돌아가려니까 여러 스님들이 묵고 가라고 청하였으나 그러지
못하고 다시 사자대(獅子臺)를 지나 상용암으로 돌아왔다. 말생이가 와서
말발굽 하나, 대구어 한 손을 갔고 왔다. 벽원 스님은 인사하고 돌아갔다.
상학 스님이 떡과 과일을 주셨다. 저녁식사를 다함께 하였다. 중암의
청안(靑眼) 스님이 와서 인사하고 갔다. 상학 스님의 방에서 잤다.

있다.

동화사 대웅전

6월 2일 계묘 흐리다가 가는 비가 내리기 시작하여 밤까지 내렸다 | 대구 동화사 향로실

상학 스님이 아침식사를 차려서 여럿이 함께 먹었다. 묘봉암의 진안·시평·묘훈(妙勳)·낭흡(朗洽) 스님 등이 찾아와 늦게야 여러 스님들과 작별했다. 시평 스님은 짐을 지고 앞장서 주었고, 상용암의 지민(智敏) 스님 등은 멀리 봉우리 위까지 따라와서 전송하고 돌아갔다. 험한 고개를 오르내리니 비와 이슬이 땀에 섞여 온 몸에 흐른다.

20여 리를 가서 대구땅 동화사(桐華寺)에 도착했다. 절의 위치는 평평하고 바른 곳이어서 팔공산의 최고 명당이다. 올라가 누에 앉았다. 비록 탁 트인 전망은 아니지만 매우 널따랗다. 젖은 옷과 버선을 경숙이와 스님들더러 빨게 하였다, 불을 쬐어 말렸는데, 잠시 있다가 비가 많이 내렸다.

승통 윤학(允學)·벽담(碧潭), 불존승 여민(呂敏) 등이 맞아주어 잠시 쉰 다음, 곧바로 여민·벽담과 함께 금당을 보았다. 안에는 삼존불상이 있고 금당 좌우에 석탑339)이 단정하게 서 있다.

금당 뒤에 한 칸짜리 전각이 있는데 금동불상이 봉안되어 있다. 높이는 한 장쯤 된다. 석대좌 위에 앉아 있는데 그 모습이 사실적이면서 아주 단정하며 위엄이 있다.

누에 돌아와 앉았는데 윤학 스님이 꿀물과 곶감을 갖다 주었고, 곧이어 저녁을 차려주었다. 식사 뒤에 비가 심하게 내려 법당으로 옮겼다가 다시 향로실로 갔다. 이 곳은 여민 스님의 방이다. 벽담 스님이 약용 겨자(芥子)340) 한 되를 주었다.

6월 3일 갑진 비바람이 심하게 불었다 | 대구 동화사 향로실

여민 스님이 아침식사를 준비해서 여럿이 함께 먹었다. 벽담·윤학·영준(靈俊) 스님이 와서 인사하고 돌아갔다.

여민 스님이 종이 두 장을 주었고 저녁도 차렸다. 윤학 스님도 두꺼운 종이 두 장을 주었다.

---

339) 이른바 금당암 동서 삼층석탑이다. 금당암은 고려 때 보조 국사가 창건하고 1838년 (헌종 4) 무익(無益) 대사가 중건하였는데, 지금은 금당선원으로 부른다. 동화사 창건과 관련된 참당(懺堂) 우물이 있던 곳이라고 알려져 있다. 9세기 중반에 세운 금당암 동서 삼층석탑은 현재 보물 제248호로 지정되어 있는데, 1957년 해체 수리할 때 서탑에서 99개의 흙으로 빚은 작은 탑을 비롯한 사리장엄이 발견되었다.
340) 겨자 씨는 가루로 만들어 향신료로 쓰이지만 또는 약용으로도 사용된다. 겨자 가루를 물에 개서 복용하면 폐렴과 신경통 등에 좋다고 한다.

6월 4일 을사 흐리며 안개가 끼었다. 저녁 무렵이 되어 비가 내리기 시작하여
밤까지 내렸다 | 대구 동화사 염불암

아침식사 뒤 바로 경숙과 시평이더러 짐을 지게 하고서 뒷산 염불암(念
佛庵)[341)]에 올라갔다. 여민 스님이 따라와 길 안내를 해 주었다. 1리쯤
가서 부도암(浮屠庵)[342)]에 닿아 잠시 쉰 다음 다시 6, 7리쯤 올라가서
염불암에 도착했다. 암자는 높고 깊은 곳에 자리한다. 주봉이 춤추듯
있고 바위들이 그 오른쪽으로 합쳐져 있어 암자가 자리한 터는 꽤 너른
편이다. 암자 뒤에 있는 입석은 매우 기이하여 혈(穴)이 쌍룡을 이루어
기운이 합해져 있고, 석봉 셋은 서로 떨어져 우뚝 솟아 있다. 보조 국사[343)]
가 창건한 절이라고 한다.

우징(宇澄) 스님은 원주 치악산 상원암(上院庵)에서 거처를 옮겨 수행하
고 있다. 이 곳 암자는 매우 맑고 깨끗하므로 우리들은 서로 바라보며
기뻐했다. 날씨가 점점 더워지더니 비가 내렸다. 사정이 허락된다면 마음
같아서는 이 곳에서 여름을 지나고 싶다.

암자에서 저녁을 준비해 주었다. 식후에 경숙이를 은해사로 보내 내일
노비와 말을 데리고 동화사로 가도록 했다.

시평 스님도 인사하고 돌아갔다. 저녁에 경신이와 함께 우징 스님의

---

341) 대구광역시 동구 도학동 팔공산 남쪽 중턱에 자리한 동화사의 산내암자. 928년(경순
　　왕 2) 영조(靈照) 스님이 창건했다. 고려 중기에 보조국사 지눌(知訥, 1158~1210)이
　　중창했고, 조선시대에 들어와서도 여러 차례 중건이 있었다. 극락전 옆 바위에
　　새겨진 마애불상은 대구광역시유형문화재 제14호로 지정되어 있다.
342) 대구광역시 동구 도학동 팔공산 남쪽 기슭에 자리한 동화사의 산내암자. 1658년(효
　　종 9) 도오(道悟) 스님이 창건했다. 정시한이 간 지 불과 30년도 안 된 때 창건된
　　셈이다. 1790년(정조 14) 중수되었는데, 절 뒤 서쪽 산기슭에 있는 12기의 부도가
　　있는 자리에서 지금의 자리로 옮겼다는 이야기가 전하는데, 정시한의 기록으로는
　　염불암에서 6~7리 정도의 거리라고 했으므로 참고로 삼을 만하다. 1841년(헌종
　　7)에 쓴 양간록 등의 문서에 당시 72명의 승려가 머물고 있었다고 하므로 상당히
　　규모가 컸던 절이었다고 생각된다.
343) 보조(普照) 국사 지눌(知訥, 1158~1210).

동화사 염불암 청석탑

거처인 동조실(東祖室)에서 묵었다. 방이 매우 깨끗하고 깔끔해 다른 곳과 비할 바가 아니다. 밤이 늦도록 우징 스님과 얘기를 나누었는데, 됨됨이가 영특하여 다른 스님들에 비할 수 없을 정도로 학문에 정통한 것이 지금까지 못 보던 인물이다.

부도암의 스님이 승병(僧餠)[344] 여러 가지를 가지고 왔다.

---

344) 옛날 정초에 승려들이 집집마다 방문해서 나눠주는 떡으로 아이들이 먹으면 천연두에 걸리지 않는다고 믿었다.
혹은 시주받은 떡을 말하기도 한다. 1930년 무렵까지 전해지던 풍속 가운데 하나로 정초에 승려들이 서울시내 민간의 문전을 찾아다니며 복을 빌어주는 일인 법고(法鼓)가 있었다. 이 법고에는 한 해 동안 각 가정에 복이 들기를 기원하기 위하여 승려들이 작은 북을 치며 염불을 외면서 떡을 시주 받는데 이 떡을 복떡[福餠] 또는 승병(僧餠)이라 했다.

6월 5일 병오 흐리고 안개가 끼었으며 밤에 비가 내렸다 | 대구 동화사 염불암

절에서 아침과 저녁 식사를 했다. 집으로 보낼 편지를 썼다.

저녁식사를 한 다음에 경숙이와 자원이, 순선이를 보내 말을 동화사에 두고 짐을 지고 올라오도록 했다. 순선이는 바로 보냈고, 자원이는 저녁때가 되어서야 보냈다.

6월 6일 정미 큰비가 내리다가 오후에 조금 그쳤다 | 대구 동화사 염불암

암자에서 아침, 저녁 식사를 했다. 경신이는 겨자 아홉 개를 복용했다. 『주서(朱書)』345) 수십 장을 읽었다.

저녁식사 뒤 경숙이를 큰절에 보내 백미를 가져오고 또 집으로 편지를 보내게 했다.

6월 7일 무신 흐리다 갬 | 대구 동화사 염불암

절에서 아침과 저녁 식사를 준비해 주었다. 경신이는 겨자 조금을 복용했다.

잠시 후 경숙이 쌀을 찧고 돌아와서 옷을 빨았는데, 자원이와 순선이가 말을 데리고 오늘 아침식사 뒤에 비로소 출발했다고 한다. 큰절의 벽담(碧潭)·보철(普哲) 스님이 불가사(佛袈裟) 점안346)차 와서 묵었다.

---

345) 주자(朱子)의 편지를 모아 엮은 책. 우리나라에서는 정조(正祖)가 강호부(姜浩溥, 1690~?)의 『주서분류(朱書分類)』를 간략히 줄여 『어제주서분류』를 펴낸 것이 널리 유통되었다. 하지만 시기로 볼 때 정시한이 읽은 주서는 정조의 『어제주서분류』는 물론, 강호부가 편찬한 『주서분류』도 아닐 것이므로 중국에서 수입된 주자 관련 책으로 보아야 할 듯하다. 우리나라에서는 특히 정조 재위 때 주자의 글이 상당수 간행되었는데, 1794년 12월에 나온 『주서백선(朱書百選)』은 그 가운데 하나가 된다.

346) 불상의 가사를 새로 입히는 것을 말한다. 실제로 비단으로 옷을 지어 불상 위에 입히는 경우도 있고, 또는 불상에 표현된 가사를 새로 칠하는 경우도 있다. 여기서는 아마도 앞의 경우를 말하는 듯싶다. 사찰에서는 불상 점안만큼은 아니지만 불가사 점안 역시 중요한 행사가 된다.

동화사 영산전

6월 8일 기유 흐리다 맑음 | 대구 동화사 염불암

부도암에서 밀운(密運), 운부시에서 처경(處瓊) 스님이 점안차 왔다. 점안식 뒤 모든 스님들이 큰절로 갔다.

불존승 여민 스님이 와서 잣씨(海松子) 한 되 남짓을 주는데, 큰절의 여러 스님들이 조금씩 모아 보낸 것이라고 한다. 나는 건포도 조금을 보냈고, 또 목면 한 필, 양관(凉冠) 한 벌을 주고 쌀로 바꾸게 했다.

이 절에는 인형(印泂)·성행(性行)·묘혜(妙慧)·응열(應悅)[347]·종

347) 본문에는 응설(應說)로 되어 있으나 6월 29일자 일기에는 응열(應悅)로 되어 있어

혜(宗慧)·쌍호(雙祜) 등 일곱 분의 스님이 있다고 한다.『주서』6장을 다섯 번 읽었고 김생(金生)의 글씨 100여 자를 썼다.

6월 9일 경술 흐림. 안개가 끼고 어두웠으며 비도 뿌렸는데, 저녁에서 밤늦게까지는 비가 많이 내렸다 | 대구 동화사 염불암

당중(堂中)에서 식사를 하고 어제처럼 책을 읽고 글씨를 썼다. 경신이는 겨자 환(丸)을 복용했다.

성연(性衍) 스님이 저녁을 준비했고, 경신이는 겨자 환을 복용했다.

6월 10일 신해 새벽에 비가 내리며 안개도 끼어 어두웠다가 오후에 안개는 개었다 | 대구 동화사 염불암

쌍우(雙祐) 스님이 아침을 준비했다. 저녁에 처음 보리쌀을 먹었다.

우징·응열 스님이 큰절에 내려갔다.

어제처럼 글을 읽었다.

6월 11일 임자 흐리며 안개 끼다가 저녁부터 밤중까지 비가 내렸다 | 대구 동화사 염불암

아침식사 뒤 종혜 스님이 보리를 탁발하러 나갔다.

운부암의 상민(尙敏) 스님이 저녁에 왔고, 우징 수좌와 응설 스님이 큰절에서 돌아왔다.

송도(松都)[348]의 도매상인 통정(通政)[349] 박유만(朴有萬)이 은포(銀布)로 사람을 고용해서 가마에 깃발을 꽂고 바라를 불며 암자에 왔다가 돌아갔다고 한다. 어제처럼 글을 읽었다. 경숙이가 옷 일곱 벌을 빨았다.

여기에 따른다.
348) 지금의 개성(開城).
349) 조선시대 문관의 정3품 품계.

동화사 염불암 마애여래의상

6월 12일 계축 흐리고 때때로 비가 약간씩 내렸다 | 대구 동화사 염불암

인형 스님이 식사를 준비하여 여럿이 함께 아침을 먹었다.

아침식사 뒤에 경숙이를 영천 신곡(新谷)의 노비 덕상, 산저(山底)의 노비 말생·예생이네 집에서 돌아왔다.

상민 스님이 운부사로 돌아갔다.

어제처럼 글을 읽었다.

성행 스님이 빨래한 옷을 다리고 찢어진 버선을 기워 주었다.

경신이가 행선축(行禪祝)350)을 썼는데 우징 스님이 청했기 때문이다.

---

350) 축원문(祝願文), 혹은 축문의 일종. 법회나 행사 때 수행을 장려하고 나라의 발전을 기원하는 내용이 담긴다. 중국이나 우리나라에서는 예로부터 여러 종류의 축문이

동화사 입구 마애불좌상

지어졌는데, 주로 고승이나 문장이 뛰어난 승려 또는 문인이 지었다. 우리나라에서는 고려 말 보제존자 나옹 스님이 지은 행선축원이 있다.

법당의 창호지를 발랐다.

6월 13일 갑인 흐리고 안개가 끼었으며 비도 뿌렸다 | 대구 동화사 염불암

암자에서 아침을 먹었다.

경신이는 다시 축문을 썼는데 또 청이 있었기 때문이다.

묘혜 수좌가 음식을 준비해서 여럿이 함께 먹었다.

전라도 사람 남석조(南碩祖)라는 사람이 왔다가 금방 갔다.

경숙이가 영천 노비네 집에서 돌아왔다.

어제처럼 글을 쓰고 읽었다. 아랫방에서 편히 지냈다.

6월 14일 을묘 흐리고 안개가 끼었으며 밤부터 새벽까지 비가 내렸다 | 대구 동화사 염불암

경신이가 회충약을 먹었는데, 바로 지렁이를 끓인 물[蚓土水]이다.

어제처럼 글을 읽었다.

경숙이가 옷 세 벌을 빨았다.

6월 15일 병진 어젯밤부터 아침까지 비가 많이 내리다가 오후에 맑게 개었다 | 대구 동화사 염불암

태남이가 와서 집에서 5월 28일에 보낸 편지를 전했다. 집이 조금 안정되어서 손자아이 다섯 명이 천연두 앓는 경과가 좋다고 하니 기쁘다.

우리가 지나 왔던 영천(榮川)·풍기(豊基)·예안(禮安)·영덕(盈德) 등지에 물난리가 아주 심하다고 한다. 백성들 일이 아주 걱정스럽다.

어제처럼 글 쓰고 세 장을 읽었다.

6월 16일 정사 흐리며 안개 끼다 맑아짐 | 대구동화사 염불암

집으로 보내는 편지를 썼다.

동화사 삼존불

오후에는 대둔산(大芚山)의 사인(思忍) 스님이 왔다. 병자생(1636)인데 공부에 매우 힘을 쏟는 스님이다.

6월 17일 무오 흐리다 맑음 | 대구 동화사 염불암

아침식사 뒤 집으로 보내는 편지를 봉해서 태남이 편으로 부쳤다.

거사 여러 명이 와서 인사하고 곧바로 돌아갔다.

사인 스님이 재식(齋食)을 준비해서 낮에 당중(堂中)에서 먹었다.

노비 덕상이가 겉보리[皮麥] 스무 말을 지고 와 큰절에 두고 왔다고 알리므로 곧바로 경숙이를 보내 헤아리고 받아오도록 했다.

큰절의 충헌(沖憲) 스님이 장(醬)을 갖고 왔다.

전처럼 글을 읽고 썼다.

6월 18일 기미 흐림 | 대구 동화사 염불암

사인 스님이 점심 때 국수를 차려주어 당중에서 먹었다.

충헌 스님은 돌아갔고, 어제처럼 글을 읽었다.

저녁에 방을 청소하고 머리 빗고 세수했다.

당중에서 저녁을 먹었다.

6월 19일 경신 아침부터 흐리다 때때로 비가 내렸다 | 대구 동화사 염불암

새벽에 현주와 향촉을 차려놓고 망곡(望哭)[351]하며 두 번 절 했다.

경숙이를 큰절(동화사) 불존방으로 보내 여민 스님에게 양식을 팔 것인지 물어보게 했다. 스님이 답하기를 목면을 팔아가지고 사온 쌀로 방아를 찧은 쌀이라고 한다.

관(冠)을 메밀[木米] 세 말과 바꾸었는데 다시 재보니 두 말 남짓이었다. 이것을 50리쯤의 여러 곳에 두었는데 이 때 주인집에서 서당(徐當)과 경숙이가 함께 지고 왔다.

6월 20일 신유 아침에는 흐리고 안개가 끼었다가 오후부터 비가 내려 밤까지 퍼부었다 | 대구 동화사 염불암

당중에서 아침을 먹었다.

오늘 처음으로 가사(袈裟)를 지었다.

전처럼 글을 읽었다.

---

351) 공간적으로 먼 곳에 있는 곳을 향해 곡을 하는 것. 나랏님이 승하하면 팔도의 백성들은 서울을 향해 엎드려 곡을 하는데, 이것도 망곡이다. 이 날은 정시한의 어머니의 기일(忌日)이다.

오후에는 큰비가 쏟아붓듯이 내려 모두들 놀랐다.

6월 21일 임술 흐리다 맑음 | 대구 동화사 염불암

아침식사 뒤 경숙이가 큰절에 내려가서 저녁식사 후 여민 스님의 상좌 원응(圓應)과 함께 쌀 일곱 말을 지고 왔다. 이것은 곧 목면을 팔아 산 것으로 방아를 찧은 쌀이다. 원응 스님은 내려갔다. 두 말은 갚고 다섯 말은 봉해 두었다.

어제처럼 글을 읽었다.

6월 22일 계해 흐리며 안개가 끼었고 때때로 비가 내렸다 | 대구 동화사 염불암

경숙이가 옷 네 벌을 빨았다. 어제처럼 글을 읽었다.

6월 23일 갑자 아침부터 비가 많이 내리다 오후에 그쳤고 흐렸다 | 대구 동화사 염불암

원응 스님이 오이와 장(醬)을 가져왔다가 저녁 재 때 가사 점안을 한 다음에 돌아갔다.

이 절의 해안(海眼) 스님이 지난 달에 나가 유람하고 지금 돌아왔다.

경신이는 겨자를 복용했다.

『주서』7·8편 90여 장을 다섯 번 읽었고 마쳤다. 어제처럼 글씨를 썼다.

6월 24일 을축 아침에 흐리며 때때로 비 오다 저녁에는 많이 내렸다 | 대구 동화사 염불암

큰절의 영준(靈俊) 스님은 갑자생(1624)인데 청 오이와 감장(甘醬) 등을 가지고 와 사양 않고 받았다. 스님은 비를 무릅쓰고 돌아갔다.

신녕 수도사(修道寺)의 응담(應湛) 스님이 우징 스님을 만나러 왔다.

수도사는 여기에서 10여 리 떨어진 곳에 있는데, 역시 팔공산 안이라고 한다. 저녁식사 뒤에 돌아갔다.

다시 『주자서절요(朱子書節要)』 제7편 첫머리 세 장을 10번 읽고 김생 글씨 100여 자를 썼다.

경신이는 겨자 환을 복용했다.

6월 25일 병인 흐리다 맑음. 저녁부터 밤까지 비가 내렸다 | 대구 동화사 염불암

성행 수좌가 그저께 빨았던 옷 네 벌에 풀을 먹였다.

아침식사 뒤 인형 수좌와 함께 내원암(內院庵)[352]에 내려갔다. 극린(克麟) 종장은 경자생(1600)으로 올해 여든아홉 살이지만 보고 듣는 것이 전혀 쇠하지 않아 능히 일어나고 움직일 수 있다. 나와 앉아 잠시 얘기를 했다.

곧바로 나와서 험한 고개를 넘어 염불암에 도착하니 정오였다. 10여 리를 왕복했다.

저녁식사 뒤에 경숙이가 큰절에 갔다가 여민 수좌와 같이 돌아왔다. 여민 스님이 사과(林檎)[353]를 대접하여 당중에서 나누어 먹었다. 또 오이와 장 등도 갖고 왔다.

어제 읽은 것을 썼다.

6월 26일 정묘 새벽에 비가 내렸다 | 대구 동화사 염불암

해안 스님이 아침을 차려주었다.

경신이는 검은 팥을 끓인 물[黑小豆湯][354]과 앙금을 복용했다. 여민

---

352) 대구광역시 동구 도학동 팔공산 남쪽 기슭에 자리한 동화사의 산내암자. 1626년(인조 4) 유찬(惟贊) 스님이 창건했는데, 미륵보살의 상주처인 도솔천 내원궁을 상징하여 내원암이라 했다고 한다. 1827년(순조 27)과 1937년에 각각 중창하였다. 1960년부터 비구니 참선도량이 되어 오늘에 이른다.

353) 사과를 뜻하는 순 우리말인 '능금'은 바로 이 임금(林檎)에서 유래되었다고 한다.

동화사 금당선원 불좌상

스님이 회충에 알맞은 약이라고 했기 때문이다.

우징 스님이 검정콩(黑太)을 내주어 탕을 만들었다.

여민 스님이 비를 무릅쓰고 돌아갔고, 큰절의 충헌 스님과 객승인 청익이 왔다.

하루 종일 비가 오고 흐렸다.

어제처럼 글씨 쓰고 두 장을 열 번 읽었다.

---

354) 소두(小豆)는 팥을 말한다. 한방에선 적소두(赤小豆), 곧 붉은 팥은 종기나 농(膿)이 생긴 것을 없애거나, 갈증과 설사를 멈추게 하는 효과를 나타내는 한약재로 알려져 있다. 그런데 여기에서 말하는 흑소두는 무엇을 말하는지 자세히 모르겠다.

경신이는 종일 밥을 먹지 못했다.

6월 27일 무진 흐리다 맑음 | 대구 동화사 염불암

새벽머리에 충헌 스님이 자신의 상좌를 위해 오재(五齋)를 지내고 여럿에게 음식을 대접했다.

아침식사 뒤 객승과 함께 모두 갔다.

어제처럼 글씨를 쓰고 6장을 일곱 번 읽었다.

경숙이 큰절에 가서 여민 스님이 준 약태(藥太) 세 되와 옥섬(玉暹) 노장 스님이 준 장을 받아가지고 돌아왔다.

6월 28일 기사 아침에 안개가 끼고 흐리다 맑아졌으며 저녁부터 새벽까지 비바람이 불었다 | 대구 동화사 염불암

아침에도 어제처럼 식사를 했다. 식후에 내원암의 노스님 민호(敏湖)가 와서 미역(甘藿) 10여 장을 놓고 가셨다. 운부사의 처경(處瓊) 스님이 찰떡[粘餠]을 대접했다.

어제처럼 6장을 세 번 읽고 또 4장을 여섯 번 읽었다.

경숙이가 보리 찧으러 큰절에 가는 길에 변포(弁布) 한 자를 옥섬 노장 스님에게 드리라고 했다.

6월 29일 경오 어젯밤부터 바람이 크게 불더니 아침에 비가 많이 내렸다 | 대구 동화사 염불암

경숙이가 아침식사 뒤에 비를 무릅쓰고 돌아왔다가 갔다. 방아를 찧지 못해 큰절에 두었다.

느지막이 운부사의 처경 스님이 왔다가 갔다.

남한승(南漢僧) 서빈(瑞彬) 스님이 응열(應悅) 스님을 만나러 왔다가 갔는데, 큰절의 거사 한 사람도 같이 왔다가 갔다.

4장을 네 번 읽고 5장을 네 번 읽었으며, 어제처럼 글씨를 썼다.

7월 초하루 신미 흐리다 맑음 | 대구 동화사 염불암

경숙이가 큰절에 갔다 왔다. 경신이의 약용으로 쓰기 위해 검정콩 세 되를 바꾸어 왔다.

저녁식사 뒤 객승 인겸(印謙) 스님이 왔고, 지리산에서 탁심(卓心) 스님도 왔는데 바로 안국사(安國寺) 스님이다. 일찍이 안국사에서 본 적이 있다. 지난 가을에 금강산 유점사(楡岾寺)에서 만났었는데 지금 문득 이 곳에서 만나니 정말 기쁘다.

5장을 여섯 번 읽고 어제처럼 글씨를 썼다.

7월 2일 임신 흐리다 맑음 | 대구 동화사 염불암

가을 기운이 있어 아침에는 시원하다.

아침식사 뒤 우징·성행·묘혜·응열 스님과 객승 인겸 스님, 그리고 경신이와 경숙이 등과 삼성대(三聖臺)를 보러 갔다.

서북쪽으로 가서 높은 봉우리를 넘어 15여 리를 가서 삼성암(三聖庵)[355]에 도착했다. 암자 터는 높고 멀찍이 떨어진 곳에 있어 시계가 널리 트여져 멀리 수백 리가 보인다. 대구·경산(慶山) 등의 읍은 바로 무릎 아래에 있는 것 같다. 칠곡산성(漆谷山城)과 그 밖의 예닐곱 개 군읍이 눈앞에 있어 오랫동안 바라다보았다. 암자에는 비록 감천이 있으나 정기(精氣)가 모이는 자리는 알 수 없었다.

높다란 봉우리를 돌아내려왔다. 객승 인겸 스님은 범음행(梵音行)에 능해 노래를 하니 그 소리가 바위 골짜기에 울려 퍼졌다.

오후에 암자로 돌아왔다. 약 30여 리를 갔다.

저녁식사 뒤에 인겸과 탁심 스님은 인사하고 돌아갔다.

---

355) 삼성대. 은해사의 산내암자. 지금은 폐사되었다.

동화사 당간지주

전에 빠진 것을 쓰고 읽고 썼고, 옷 두 벌을 빨았다.

7월 3일 계유 맑고 추웠으며 바람이 불었다 | 대구 동화사 염불암

아침식사 뒤에 절의 스님이 모두 길을 수리하러 나갔고, 도중에 경숙이도 나갔다가 저녁 때 방아 찧은 쌀 여덟 말을 지고 돌아왔으며, 또 검정콩세 되를 바꾸어가지고 왔다.

여민 수좌가 또 겨자씨 한 되를 보내왔는데 모두 경신이 약으로 쓸 것들이다.

전처럼 4장을 일곱 번 읽었다.

7월 4일 갑술 맑음 | 대구 동화사 염불암

전처럼 3장을 열 번 읽고 글씨를 썼다.

응열 스님이 아침식사를 준비해서 여럿이 함께 먹었다.

큰절의 보철·벽담 스님이 각각 맑은 간장(淸醬)356) 한 그릇씩을 갖고 왔다. 거사 한 명, 사당(舍堂)357) 세 명, 객승 덕한(德閒)·청휘(淸輝) 스님 등이 왔다. 사당들이 암자의 스님들, 그리고 경숙이와 내게도 저녁을 준비해 주었다.

여러 사람들이 모두 갔고, 종혜 스님이 돌아와 옷 두 벌을 빨고 전에 빨았던 옷 네 벌에 풀을 먹였다.

오늘 비로소 전에 놔두었던 보리를 먹었다.

7월 5일 을해 맑음 | 대구 동화사 염불암

통천(通川)358)에 있는 선징(善澄) 스님이 왔다 갔다.

---

356) 담근 지 1년 된 간장.
357) 여자 신도. 혹은 정약용(丁若鏞, 1762~1836)의 『목민심서(牧民心書)』에 보면 무녀(巫女)를 우바(優婆)라 칭했는데 이 말은 바로 사당(舍堂)의 방언이라는 견해가 있다.

우징 수좌가 큰절에 갔다 와서 무[菁菜]를 심었다.

경숙이는 관을 팔아 쌀을 갖고 오기 위해 대구 읍내로 나갔다.

성연 스님은 큰절로 가서 소금 두세 되를 바꾸어 갖고 왔다.

어제처럼 글을 읽었다.

경신이는 저녁식사 때 겨자와 함께 먹었다.

7월 6일 병자 흐리다 맑음. 저녁에는 비가 왔다 | 대구 동화사 염불암

경신이는 아침식사로 겨자를 먹었다.

경숙이가 쌀을 짊어지고 와서 큰절에서 방아를 찧고 저녁에 암자에 도착했다. 여기서 다시 한 번 재보니 두 말이다.

어제처럼 글씨를 쓰고 글을 읽었다.

부도암의 스님들이 성연 스님을 통해 장 몇 종지를 보내왔고, 여민 스님은 백지 다섯 장을 보내왔다.

객승 덕현(德玄) 스님이 왔다가 바로 갔다. 양구(楊口)[359] 사람이라고 한다.

7월 7일 정축 새벽부터 밤까지 종일 비가 내렸다 | 대구 동화사 염불암

경신이는 아침식사로 겨자를 먹었다. 경숙이가 쌀 다섯 되를 검정콩으로 바꾸어 비를 맞으며 돌아왔는데 겨자도 한 되 남짓 가지고 왔다.

7월 8일 무인 흐리며 안개 끼다가 느지막이 때때로 비가 내렸다 | 대구 동화사 염불암

경신이가 아침 일찍 검정콩을 먹고 나서 다 토해 버렸다.

암자의 스님 세 사람이 큰절에 가서 입적한 스님을 다비할 나무를

---

358) 강원도에 있는 군. 지금은 북한 지역이다. 관동팔경의 하나인 총석정(叢石亭)으로 유명하다.

359) 경기도에 있는 군.

동화사 삼층석탑

베고 돌아왔다.

어제처럼 글씨를 쓰고 글을 읽었다.

7월 9일 기묘 흐리다 오후에는 천둥번개가 치며 여러 차례 큰비가 내렸다 | 대구 동화사 염불암

경신이가 아침 일찍 검정콩을 복용하다가 다시 토해냈는데, 팔과 손바닥에 붉은 반점이 생겼다. 우징 스님은 이것은 필시 약의 효과가 나타나기 때문이라고 한다.

여러 스님들이 내원암의 길을 청소하고 또 측목(厠木)[360]을 베어 왔다. 쌍우 스님은 등창이 나서 하양(河陽)[361] 등지로 나갔는데, 약수에 목욕할 거라고 한다.

어제처럼 글을 읽었다.

저녁식사 때 다시 보리쌀 한 말을 꺼냈다.

7월 10일 경진 흐리다 맑음. 비가 뿌리가 저녁에는 천둥도 쳤다 | 대구 동화사 염불암

큰절의 옥섬(玉暹) 노장스님은 일흔아홉 살인데 여민 스님과 같이 찰떡을 들고 와서 당중의 여러 스님들을 대접하고 돌아갔다.

옷 두 벌을 빨았다. 어제처럼 글을 읽었다.

7월 11일 신사 흐리고 안개가 끼었으며 밤에는 천둥번개가 치며 새벽까지 비가 내렸다. 선영의 묘가 걱정된다 | 대구 동화사 염불암

여러 스님들이 아침식사로 떡을 먹었다.

우징과 스님 네 사람이 열반식 일로 큰절에 내려갔다.

경숙이는 학질에 걸렸다.

---

360) 밑씻개로 쓰이는 나뭇가지나 나뭇잎.
361) 경상북도 경산시 하양읍.

어제처럼 글을 읽었다.

7월 12일 임오 새벽에 비가 내리고 흐렸으며, 때때로 비가 내렸다 | 대구 동화사 염불암

경신이는 검정콩을 먹고 반 종지만큼 토했다.

낮에 여러 스님들이 모두 큰절에서 돌아왔다.

어제처럼 글을 읽었다.

7월 13일 계미 흐리며 비가 뿌렸다 | 대구 동화사 염불암

경신이가 검정콩을 복용하고 두 차례 동안 일곱 번을 토해 하루 종일 뱃속이 편치 않다.

객승 도환(道還) 스님이 왔다가 저녁식사 뒤에 갔다.

상용암 곁의 중암에서 청안(淸眼) 스님이 왔다. 내가 전에 그 곳을 지날 때 만났던 분이다.

우징 스님은 다비한 스님의 유골을 빻는 재를 지내러 큰절에 내려갔다.

어제처럼 글을 읽었다.

경숙이는 학질을 면했다. 학질은 아니라고 한다. 아마도 설사병[癨亂]이었던 모양이다.

7월 14일 갑신 새벽부터 비가 종일 내렸다 | 대구 동화사 염불암

아침식사 뒤 쌀과 보리 각 한 말씩을 꺼내어 여럿이 함께 썼다.

청안 스님은 돌아갔다.

마을사람 남녀 10여 명이 마를 캐러 왔다가 비를 그으러 들어왔다가 바로 갔다. 그 가운데 노인 한 명이 있었는데 이름이 윤도선(尹道善)이라고 한다.

우징 수좌가 돌아왔다.

동화사 봉서루

　경숙이는 큰절에 내려가 담뱃대[煙竹] 한 개와 부채 한 자루를 팔아서 흑책지(黑冊紙)362) 한 장을 사가지고 돌아왔다. 이것을 우징 스님이 잘라서 첩책(帖冊)363) 세 개로 만들었다. 저녁에 처음 글씨를 써보니 검게 된다.

　내원암의 석륜(碩倫) 스님이 와서 당중에 장 한 종지를 놓고 갔다.

　여주(驪州)364) 사람 허천기(許天己)라는 사람은 나이 스물다섯 살로

---

362) 글씨 연습을 위하여 만든 책. 두꺼운 종이에 먹칠을 하고 만들었다.
363) 종이를 접어서 책으로 만든 것.
364) 경기도의 군.

우징 스님을 만나러 왔는데 장차 승려가 되려 한다며 돌아갔다. 전에 원주 치악산 상원암(上院庵)에서 자주 보았던 사람이다.

7월 15일 을유 흐리다 맑음 | 대구 동화사 염불암

아침에 스님들이 선사(先師)에게 제향 드린 음식을 베풀었고, 저녁 식사는 아침에 먹은 것으로 여럿이 나누어 먹었다.

경숙이는 큰절에 비옷 장비를 돌려주러 갔다 왔다.

어제처럼 글을 읽었다.

7월 16일 병술 흐리다 맑음 | 대구 동화사 염불암

경신은 계속해서 검정콩을 복용하면서 토하여 몸이 아팠으나, 오늘은 처음으로 칠분 정도만 복용하니 아픈 것이 차츰 덜하여 어제보다 나았다고 한다.

객승 지성(知性) 스님이 왔는데 영광(靈光)[365] 모악산(母岳山) 불갑사(佛甲寺) 스님이라고 한다. 저녁식사 뒤에 돌아갔다.

쌍우 스님이 돌아왔다.

어제처럼 글을 읽었다.

7월 17일 정해 흐리다 맑음 | 대구 동화사 염불암

새벽에 우징 스님이 자기 부친의 제사를 지냈다. 아침 식사는 그 재식으로 했다.

아침식사 뒤 이천(利川)[366]에서 성신(聖信) 스님이 왔다. 무오생(1618)으로 나이 일흔한 살인데 여기에 왔다가 바로 갔다.

통천에서 온 선징 상좌는 모레 우징 스님에게 수계(受戒)하기 위해

---

365) 전라남도의 군.
366) 경기도의 시.

동화사 비로암 석조여래입상

쌀을 지고 올라왔다가 곧바로 갔다.

큰절의 충헌 스님이 국수를 준비해 가지고 와서 암자의 스님에게 대접했다.

어제처럼 글을 읽었다.

큰절의 응삼(應森) 스님은 돌아가신 주인을 위해 재를 올리기 위해 상좌 능신(能信) 스님과 함께 쌀과 떡을 짊어지고 올라왔다. 응삼 스님은 계해생(1623)이라고 한다.

7월 18일 무자 흐리다 맑음 | 대구 동화사 염불암

아침에 재를 올린 뒤 그 음식으로 아침과 저녁 식사를 했다.

응삼 스님 등은 전부 돌아갔다.

말생·예생 두 노비가 영천에서 와서 각각 보리와 쌀 한 말씩, 대구어 각 한 손, 그리고 콩잎 약간을 바치고 바로 돌아갔다.

선징 스님이 상좌를 데리고 저녁에 왔다.

어제처럼 글을 읽고, 집으로 편지를 썼다. 여주에서 온 허천기는 우징 수좌가 자신이 승려가 되는 것을 허락하지 않아, 내일 고향으로 돌아간다 하므로 그 편에 편지를 전하기로 했다.

7월 19일 기축 흐리다 맑음 | 대구 동화사 염불암

아침 일찍 우징 수좌가 선징 스님의 상좌를 데리고 법당 부처님 앞에 가서 금고를 울리고 오계(五戒)367)를 베푼 다음 행순(幸淳)이라는 법명을 지어 주었다. 부처님 앞에 음식을 올린 다음 당중에 음식을 나누어 베풀어 이것으로 아침과 저녁 식사를 했다. 선징 스님은 상좌를 데리고 바로 내려갔다.

---

367) 불교에 입문한 재가(在家)신도가 지켜야 할 다섯 가지 계율. ① 살생하지 말라[不殺生]. ② 도둑질하지 말라[不偸盜]. ③ 음행하지 말라[不邪淫]. ④ 거짓말하지 말라[不妄語]. ⑤ 술마시지 말라[不飮酒] 등이다.

객승 계찬(戒贊) 스님이 왔는데 을축생(1625)이라고 한다.

저녁식사 뒤에 여주 사람 허천기는 내가 준 편지를 들고 돌아갔다.

어제처럼 글을 읽었다.

7월 20일 경인 흐리다 맑음. 가을바람이 심해 서늘하다 | 대구 동화사 염불암

욕기(浴器)를 만들었다.

어제처럼 글을 읽었다. 처음부터 끝까지 열 번을 읽었다.

저녁 식사 뒤에 경신이와 두 스님과 함께 동대(東臺)까지 걸어갔다. 대에 올라 산의 형국과 물의 형세를 바라보고 돌아왔다.

7월 21일 신묘 흐리다 맑음 | 대구 동화사 염불암

부도암의 누(樓) 화주 승철(勝哲) 스님이 국수를 가져와 암자의 스님들을 대접하고 갔다.

통천에서 온 지명(智明) 스님과 행순 스님이 왔다 갔다.

어제처럼 다시 『주서』 7·8권 3장을 열 번 읽고 글씨를 썼다.

경숙이는 큰절에 가서 여민 스님이 보낸 지진 된장[煎醬]과 도좌반장(途佐飯醬)을 갖고 왔다.

7월 22일 임진 | 대구 동화사 염불암

대구 팔공산 동화사에 있다.

광석대(廣石臺) 눌암(訥庵)에 올라가서 보조국사가 수도한 곳으로 내려왔다. 염불암 일기에는 국사의 이름이 지눌(知訥)로 되어 있다고 한다.

날씨는 흐리다가 맑았다.

아침식사 뒤에 부도암의 자일(自一) 스님이 학질을 피하기 위해 나한전에서 종일 그 자리에 앉아 기도드렸다.

양양(襄陽)368)에서 온 거사 법신(法身)이 아내를 데리고 와 구경중이라

고 한다. 저녁식사 뒤에 돌아갔다. 자일 스님 역시 학질을 면하고 갔다.

재가 끝난 다음에 우징 수좌와 인형·묘혜 스님, 그리고 경신이와 함께 뒷산에 올라 일인석(一人石)에 올라갔다. 여러 암자들이 내려다보인다.

오랫동안 앉아 있다가 눌암굴(訥庵窟)에 닿았다. 이 곳은 보조 국사가 수도하여 깨달음을 얻은 곳이라고 한다. 전후좌우에 있는 바위도 기묘하여 이 곳이 정기가 모여 있는 곳임을 알 수 있다. 과연 지눌 스님이 어찌 이 곳에서 수도하지 않았겠는가 싶다.

주위를 한참동안 둘러보다 앞쪽의 대로 옮겨 앉았다. 커다란 바위 위에 (뒷산의) 후맥(後脈)이 이어지는 입석이 떨어져 나와 있다. 혈(穴) 좌우의 용호(龍虎)는 우뚝 솟은 앞쪽 바위를 감싸고 있어 기운이 머물러 있는 자리가 된다. 비록 터는 좁지만 바르고 반듯하여 묘한 곳이다. 축대와 계단도 반듯하게 잘 쌓여있는 것이 역시 요즘 사람이 능히 간택할 만한 곳이 아니다. 지세가 높고 그윽하여 (고승이나 선인이 아닌) 보통 사람들369)이 지낼 만한 곳이 아니다. 이리저리 걸으며 생각해 보니 (이 곳에서 지냈던) 그 사람370)의 맑고 깨끗한 탈속의 경지를 알 수 있었다. 비록 내가 인생의 끝자락(末由)까지 유람한다한들 과연 이 만한 곳을 얻을 수 있을지 생각하니 처연한 느낌이 든다. 가슴 속에 흥취를 품고 앉아서 감상 하다가, 자리를 뜨면서 다시 광석대에 올라가 봤다. 돌길은 가파르고 미끄러워 겨우 올라갔다. 비록 암자 터이기는 하지만 사방에서 드는 바람을 막을 수 없으니 사람이 지낼 만한 곳은 못 된다. 다만 시계가 아주 넓게 트여 있어 공산371)의 형세가 마치 손가락으로 가리킬 만큼 한 눈에 들어온다. 공산의 여러 곳 가운데 이 봉우리가 가장 높다. 석봉들이 깎아

---

368) 강원도에 있는 군. 낙산사(洛山寺)가 여기에 있다.
369) 본문에는 이 부분이 '화식을 해 먹는 사람(烟火食人)'으로 되어 있다.
370) 보조 국사를 가리킨다.
371) 팔공산의 딴 이름.

놓은 듯이 둘러 서 있는 모습이 금강산과 흡사하다. 오른쪽 가에 있는 입석들은 하늘을 떠받치는 듯 서 있으며 그 한 가닥이 춤을 추듯 남쪽으로 내려가서 한 바퀴 돌아 20여 리를 뻗어나가 드넓은 들 한복판을 휘감고 있다. 공산은 백 리에 걸쳐 열려 있어 이들을 감싸안고 있다. 여러 물길은 돌고 돌아 이 곳을 휘감고 있으며, 이 혈의 앞쪽에 있는 수구(水口)로 모여든다. 수구 역시 진밀혈(鎭密穴)이다.

앞에 박인촌(博仁村)이 있어 수백 가가 있는데 매우 번성해 보인다. 일찍이 이 곳에 커다란 절이 있었다고 한다.

주변을 오랫동안 바라보다가 왔던 길로 돌아왔다. 약 10여 리를 걸었다. 어제처럼 3장을 다섯 번 읽었다. 보리쌀 두 말을 꺼냈다.

7월 23일 계사 흐리다 맑음 | 대구 동화사 염불암

영천의 노비 덕상이 와서 쌀 세 말을 바치고 갔다. 오후에는 태남이가 기룡(己龍)이와 함께 와서 집에서 보낸 편지를 전했다. 집에는 아무 일 없으나 이 달 6일에 부학(副學)[372] 심중미(沈仲美)[*]가 별세했다고 한다. 분향하고 통곡했다. 영영 이별이다. 나 역시 얼마나 더 오래 살 것인가? 서로가 이렇게 멀어지니 심사가 슬프고 목이 메어 밥을 먹을 수 없었다.

또한 들으니 몽량(夢良)[373]이 4월 26일에 서거했고, 집의(執義)[374]를 지냈던 한은(韓垠)[**]도 6월 3일에 서거했다고 한다. 슬프다. 친구가 세상을 떠나니 나 역시 언젠가는 그러하지 않겠는가.

생원 이홍주(李弘柱)가 사람을 보내 안부를 묻고 소주 한 병, 대구어

---

372) 부제학(副提學). 조선시대 홍문관에 둔 정3품 관직. 대제학 밑에 있으며 직제학 위에 있다. 궁중의 경서 및 사적(史籍)을 관리하며, 문서를 처리하고 왕의 자문에 응하기도 하며, 때로 경연관(經筵官 : 임금에게 경서 등을 강론하는 직)을 겸임하였 다. 1907년(융희 1) 홍문관의 폐지와 함께 없어졌다.
373) 정필상(鄭弼祥).
374) 조선시대 사헌부의 종3품 관직.

한 속을 보냈다. 감사하는 편지를 써서 사람 편에 부쳤다.

어제처럼 글을 읽고 글씨를 썼다.

*심중미(沈仲美)

심유(沈攸, 1620~1688)를 말한다. 조선 후기의 문신. 본관은 청송(靑松). 호는 오탄(梧灘). 응교 심동구(沈東龜)의 아들이며, 어머니는 첨지 김수렴(金守廉)의 딸이다. 1642년(인조 20) 진사가 되고 1650년(효종 1) 증광문과에 병과로 급제, 주서를 거쳐 전적·병조좌랑·용안현감 등을 역임하였다. 현종 때에 지평·정언·장령·헌납·사간·집의 등의 언관을 두루 거쳤고 직강·사성·사도시 정·옥천 군수 등을 지낸 뒤 안변 부사로 나갔다.

1674년(현종 15) 효종의 비인 인선왕후(仁宣王后)가 죽자 자의대비(慈懿大妃 : 仁祖의 繼妃인 莊烈王后)의 복상문제가 다시 제기되어 대공설(大功說)을 주장하였던 서인(西人)이 실각하여 송시열(宋時烈)이 유배당하게 되었을 때, 사간으로서 송시열을 변호하는 주장을 폈다가 이듬해 초에 관작을 삭탈당하고 광주(廣州)에 유배되었다. 1680년(숙종 6) 경신대출척으로 서인이 다시 집권한 뒤인 1682년에 다시 등용되어 수찬이 되고, 교리·응교·사인·동부승지·우승지·병조참지·예조참의 등을 거쳐 황해도 관찰사로 나갔다. 1684년에 대사간이 되었고, 그 뒤 대사성·홍문관 부제학을 비롯하여 이조·예조·호조·형조의 참의를 두루 역임하였다. 저서로 『오탄집』이 있다. 정시한의 셋째 아들 정도진(丁道晉)이 심유의 딸과 결혼했으므로 두 사람은 사돈간이다.

**한은(1619~1688)

조선 중기의 문신. 본관은 청주(淸州). 호는 만은(漫隱). 인조 때 참판을 지낸 한형길(韓亨吉)의 아들이다. 허후(許厚)와 허목(許穆)의 문하에서 수학하였다. 일찍이 과거를 버리고 뜻을 경전(經傳)에 두었으며, 특히『중용』을 중히 여겨 힘껏 공부하였다. 정태화(鄭太和)가 효행으로써 그를 조정에 천거하여 선릉참봉(宣陵參奉)을 받았으나 벼슬이 뜻에 맞지 않는다고 출사하지 않았다.

1675년(숙종 1) 이후 권고를 받고 남대(南臺)에 들어갔다가 1679년에 다시 지평·장령·집의에 제수되었으나 모두 부임하지 않았다. 평소에 명성이 높아 경신변국 이후 상신(相臣) 김수흥(金壽興)·이후정(李后定) 등의 추천을 받는 등 자주 천거된 바 있다. 언젠가 문인(門人)이었던 감사 권흠(權欽)에게 일러 말하기를 "우리나라에는 사화(士禍)가 많아 유술(儒術)에 나가지 않는다. 그것은 다름 아니라 단지 학문이 아직 미숙한데 이름을 앞서 퍼뜨리고, 덕도 미처 쌓지 못한데 책임이 먼저 무겁기 때문에 행동이 꺾이고 팔목 잡힐 일을 저질러 간사하고 아첨하는 데 물들게 되니 어찌 두렵지 아니하랴! 즉, 지금은 당론이 셋으로 나뉘어 예론(禮論)이 대단히 심하다. 필시 사람을 해치는 계기에 빠지게 될 것이다."고 하였다.

집에 편지를 썼고, 약과 수십 개를 부도암과 큰절 등에 보냈다.

경숙은 목면을 팔지 못해 저녁에 돌아왔다. 태남이는 말을 먹이러 부도암에 내려갔다.

큰절의 벽담(碧潭) 스님이 와서 만났고, 저녁에 돌아갔다.

마을 노인 두 명이 왔다가 바로 갔다.

어제처럼 글을 읽었다. 저녁에 쌀 한 말을 꺼냈다.

집에 편지를 썼다.

경숙이가 약과 18개를 갖고 내원암 등지를 갔다. 우징 및 세 스님이 큰절에 갔다 왔다. 행순 스님이 왔다가 바로 갔다.

경숙이가 쌀 다섯 되를 말 편자[馬鐵]로 바꾸어 발굽에 달아가지고 왔다. 또 내원암에서 목면으로 쌀 여덟 말을 사서 태남이와 함께 지고 왔다.

집에 편지를 부치면서 쌀 두 말을 함께 보냈다. 또 태남이에게 보리쌀 한 말을 주어 여름 옷 일곱 벌을 갖고 (집으로) 돌아가게 했다. 경숙이 역시 따라 가서 부도암에서 묵었다.

어제처럼 글을 읽었다.

일찍 일어났다. 느지막이 경숙이가 돌아와서 말하기를 태남이 아침 일찍 식사하고 돌아갔다고 한다.

여민 스님이 왔다 갔다. 통천에서 온 선징 스님이 이 절을 떠나 돌아간다고 알리러 와서는 곧바로 갔다.

큰절의 영준(靈俊) 스님이 와서 장을 놓고 갔다.

동화사 비로암 3층석탑

객승 두 사람과 거사 한 사람이 왔다.

『주서』 6장을 세 번 읽고 100여 자를 썼다.

7월 27일 정유 맑음 | 대구 동화사 염불암

아침식사 뒤 객승 신단(信端)·옥해(玉海) 스님이 갔다.

큰절의 청익(淸益) 스님이 왔다.

경숙이가 옷 두 벌을 빨았다. 그 다음에 기룡이와 함께 솔잎 한 보자기를 따가지고 왔다.

큰절의 덕보(德寶) 노스님, 각수승(刻手僧) 광원(廣元)·의연(義衍) 스님 등 여섯 명과 마을 사람 다섯 명이 재를 지내기 위해 왔다.

6장을 네 번 읽고 3장을 두 번 읽은 다음 어제처럼 글씨를 썼다. 흑책지를 다 썼다.

7월 28일 무술 새벽에 비가 내렸다. 아침에는 안개가 끼었고 느지막이 흐리다가 맑았다 | 대구 동화사 염불암

솔잎을 쪘다.

새벽에 재를 지냈다. 금고를 울리고 여러 사람들이 배례제(拜禮祭)를 했다. 먼저 상한제(常漢祭)를 한 다음 침례(寢禮)의 괴일(壞一)375)에서 끝났다.

재가 끝난 다음 음식을 스님들이 나누어 먹고 내려갔다. 흑책(黑冊)을 광원 스님에게 주어 수월당(水月堂)376)에 전하여 기름을 먹인 다음 보내달

---

375) 배례제·상한제, 그리고 '침례의 괴일'이란 재(齋)의 의식을 설명한 말이지만 현재는 이러한 이름의 재가 이루어지지 않고 있으므로 정확한 의미를 알 수 없다. 다만 배례제·상한제·침례의 순서대로 의식을 행한 것은 알 수 있다. 또 재의 종류마다 의식의 종류와 순서가 다르므로 지금 무어라 단정할 수는 없지만 불교 의식 연구에 좋은 자료가 아닐까 한다.

376) 수월당이 스님의 당호(堂號)인지 아니면 건물 이름인지 분명하지 않다. 요즘에는 스님 이름 뒤에 '당'을 붙여 경칭을 나타내지만, 이 『산중일기』에는 스님의 이름

동화사 나한전 삼존불

라고 했다.

암자의 스님들이 겨울철 땔감용 나무를 벴다. 큰절의 원응 스님 등 네 분이 와서 일을 도왔다. 큰절의 응삼 노장은 원응 스님을 통해 참외(眞苽) 한 개를 보냈다.

그저께 왔던 거사가 돌아갔고, 저녁에는 원응 등 네 분이 돌아갔다. 청익(淸益) 스님도 갔다.

뒤에 '당'을 붙인 경우가 전혀 없기 때문에 건물 이름으로 보아야 하지 않을까 생각된다. 그렇다면 아마도 동화사 내에서 물품을 만들거나 수리하는 역할을 담당 하는 곳으로 추정할 수도 있을 듯하다.

3장을 열 번 읽었고 100여 자를 썼다.

7월 29일 기해 흐리며 안개 끼다가 낮 동안에 비가 내렸다 | 대구 동화사 염불암

이 암자의 스님 여섯 분이 벌목했고, 경숙이도 어제부터 계속 와서 도왔다. 오후에 일이 끝나 돌아왔다. 비도 오고 또 피로하기도 했기 때문이다.

큰절의 선정(善淨) 스님이 재를 지내기 위해 쌀을 짊어지고 와서 암자의 스님에게 전하고 바로 돌아갔다.

대구부 동쪽에 있는 옥산리(玉山里)에 사는 사과(司果)377) 정익형(丁益亨)은 나의 7대 방친(傍親)378)이신 교리공(校理公)379)의 후손으로 내게는 아저씨뻘 되는 항렬이다. 내가 이 암자에 머물고 있다는 소식을 듣고 아들인 정시열(丁時說)을 데리고 걸어서 찾아온 것이다.

어제처럼 3장을 네 번 읽었다.

7월 30일 경자 맑다가 흐려짐 | 대구 동화사 염불암

새벽에 쌍우 스님이 재를 올리고 음식을 대접했다.

아침식사 뒤 정 사과 부자와 함께 걸어서 동대에 올라갔다. 구름에 잠긴 산들을 오랫동안 바라보고 돌아왔다.

의성(義城)에서 온 노인 신일명(辛一明)과 영천 사람이 함께 와서 암자를 구경하고 바로 갔다.

보리쌀 한 말을 냈다. 이제 세 되가 남았다고 한다.

저녁식사 뒤에 정 사과 부자가 인사하고 내려갔다.

---

377) 조선시대에 오아(五衙)에 두었던 정6품 군직(軍職). 일종의 명예직이다.
378) 친족, 혹은 같은 조상에서 갈려 나온 혈족을 말한다.
379) 정수곤(丁壽崑, 1452~1486). 조선 초기의 문신. 본관은 나주(羅州). 자는 불휴(不虧). 아버지는 소격서령(昭格署令) 자급(子伋)이며, 어머니는 황처성(黃處盛)의 딸이다. 어려서부터 시를 좋아하여『시경』을 통독하였으며, 1472년(성종 3) 춘장문과에 병과로 급제하였다. 성균관박사를 거쳐 감찰·승문원교리 등을 역임하였다.

객승 경헌(敬軒) 스님이 왔다.

3장을 다섯 번 읽고 썼다.

8월 초하루 신묘 흐리다 맑음 | 대구 동화사 염불암

아침식사 뒤에 객승 민홍(敏弘) 스님이 왔다.

경헌 스님이 저녁에 암자의 여러 스님들에게 재식을 대접했다.

경숙이가 큰절에 가서 솔잎 말린 것을 가지고 와 솔차를 담갔다.

3장을 열 번 읽고 100여 자를 썼다.

8월 2일 임인 맑음 | 대구 동화사 염불암

새벽에 응열 스님이 재를 드렸는데, 그 아버지가 당중에 음식을 대접했다.

평안도 향산사(香山寺)에서 온 경헌 스님이 인사하고 떠났다.

경숙이와 기룡이 등이 솔잎을 캐 와서 쪘다.

어제처럼 글을 읽었다.

8월 3일 계묘 맑음 | 대구 동화사 염불암

암자의 스님 세 분이 수십 리 밖에 있는 절에 가서 재를 지냈다.

객승 민홍 스님 역시 인사하고 갔다.

솔잎을 햇빛에 말렸다.

어제처럼 글을 읽었다.

성주(星州) 청암사(靑巖寺)380)의 종장 탁린(擢璘) 스님이 여심(呂心) 스님과 함께 우징 수좌를 만나기 위해 왔다. 세 사람 모두 동문으로 혜원(惠遠) 대사의 제자들이다. 나는 일찍이 해인사에서 탁린 스님을 만난 적이 있는데 여기서 만나니 매우 기뻤다.

---

380) 지금의 경상북도 김천에 자리한 청암사를 말한다.

동화사 도학동 석조부도

8월 4일 갑진 새벽부터 비가 내리며 흐렸고 비는 가끔씩 하루 종일 내렸다 | 대구

동화사 염불암

오른쪽 팔이 수십 일 전부터 몹시 아팠는데 7, 8일 전부터는 찢어지는

1688년 8월 **483**

듯한 통증이 오며 더욱 심해졌다. 건욕도 못하고 머리를 빗거나 씻고 글씨 쓰는 일 등을 할 수 없을 정도다.

전처럼 3장을 여섯 번 읽었다.

8월 5일 을사 새벽부터 밤까지 비가 내리며 흐렸다 | 대구 동화사 염불암

세 스님이 돌아왔다. 운부사의 수좌 벽원 스님은 병신생(1656)인데 나를 보러 왔다. 상민 스님은 이 곳으로 거처를 옮기려고 왔다.

글을 읽고 쓰는 것이 전만 못하다.

성행 스님이 경숙이를 데리고 산에 일하러 나갔다가 저녁에 돌아왔다.

8월 6일 병오 흐림 | 대구 동화사 염불암

아침식사 뒤에 성주 청암사의 여심 스님이 인사하고 떠났다. 나는 스님 편에 혜원과 충신(忠信) 스님 있는 곳으로 편지를 부쳤다. 탁린 스님도 운부사 등지로 향하려고 인사하고 갔다. 우징 스님은 내원암까지 따라가서 큰절에 들렀다가 돌아왔다.

저녁 식사 뒤에 벽원 스님이 인사하고 떠났다. 우리는 서로 손을 잡고 작별을 아쉬워했다. 불교에 매우 통달하였으면서도 집착하지 않아『주서』 신오도(信吾道) 중에서 불학(佛學)을 논한 장면을 보고는 "참으로 옳은 말입니다. 이것은 진실로 쉽게 얻을 수 있는 게 아니지요."라고 한 적이 있다. 또 들어보니 어머니를 극진히 봉양한다고 하니 (스님이면서 또한) 유학자라 할 만하다.

경숙이는 성연 스님을 도와 산역(山役)을 했다.

저녁에 솔잎차 맛이 안 좋아 다시 달였다.

글 읽는 것이 전만 못하다.

8월 7일 정미 흐리다 맑아짐. 바람이 부니 가을기운이 완연하다. 밤에는 찬바람이

많이 일었다 | 대구 동화사 염불암

저녁식사 뒤 경숙이가 다듬질한 목면 열다섯 자를 갖고 가 부도암에서
쌀 세 말과 바꾸었다.

글을 읽었지만 전만 못하다.

8월 8일 무신 새벽부터 찬바람이 불며 맑다 흐려졌으며 밤에도 바람이 불었다 | 대구
동화사 내원암

부인사(夫人寺)의 청식(淸湜) 스님이 와서 옥산리의 사과 정익형이 보낸
편지와 약용 검정콩 두 되, 고기 반찬 약간을 전하므로 곧바로 답장을
써서 보냈다.

저녁식사 뒤에 내원암으로 거처를 옮겼다. 우징 수좌 등 세 분이 따라왔
고, 내원암에 도착하자 다시 네 분의 스님이 뒤따라왔다.

노스님 극린(克麟)을 만나 서로 기뻐하였는데, 스님이 수박(西苽)·꿀·
초차(椒茶) 등을 대접했다. 염불암의 스님들은 모두 인사하고 돌아갔다.

저녁에 국수를 먹었고, 전처럼 글을 읽었다.

아침에 집에 보낼 편지를 써서 낮에 경숙이에게 부치도록 했다.

저녁에 큰절에서 청익 스님이 왔는데, 경숙이와 문경 양산사(陽山寺)에
동행하기로 약속했기 때문이다.

8월 9일 기유 흐리다 맑음 | 대구 동화사 내원암

아침식사 뒤 경숙이가 원주 본가로 떠났다.

암자에서 여러 사람과 함께 아침을 먹었다.

민호(敏湖) 노장 스님은 나이 일흔 살인데 여럿에게 저녁을 대접했다.

영천의 노비 말생이와 예생이 등이 쌀 약간씩을 가져왔으나 돌려주고
받지 않았다.

여민 스님이 와서 참외 4개를 주고 갔다.

동화사 경내

전처럼 글을 읽었다.

금강산 마하연(摩訶衍)에서 온 희운(熙運) 스님은 일흔한 살인데 지나가
면서 들렀기에 잠깐 얘기를 나누어 보았다. 우징 스님 말로는 힘이 아주
세기로 유명한 분이라고 한다.

8월 10일 경술 맑음 | 대구 동화사 내원암

인견(印堅) 노장스님은 일흔네 살인데 다섯 사람에게 아침식사를 대접
해 주었다. 식후에 영천의 두 노비는 인사하고 돌아갔다.

염불암의 우징 수좌와 인형·묘혜·응열·종혜 스님, 그리고 큰절의 벽담 스님이 찾아와서 만났다. 솔차 두 병을 받은 다음 모두 내려갔다. 승륜(勝倫) 스님이 음식을 대접해 여럿이 저녁을 먹었다.

성연 스님은 보리쌀 두 말과 짚신 한 켤레를 짊어지고 저녁에 돌아왔다.

어제처럼 글을 읽었다.

8월 11일 신해 맑음 | 대구 동화사 내원암

아침식사 뒤 성연 스님은 염불암으로 돌아갔다. 저녁식사 뒤 우징 수좌가 제자인 종일(宗一) 스님을 데리고 왔다. 이 스님은 전에 원주에서 본 적이 있다. 늦도록 함께 얘기한 뒤 돌아갔다.

글을 읽었지만 전만 못하다.

기룡이가 며칠 전부터 날마다 학질로 아파했는데 오늘 밤은 더욱 심하다.

8월 12일 임자 흐리다가 밤에 비가 왔다 | 대구 동화사 내원암

성탄(性坦) 노장스님은 일흔네 살인데 나와 함께 상조실(上祖室)에서 머문다. 노병이 깊어 고질인데 그의 상좌 종안(宗眼) 스님을 시켜 아침식사를 정갈하게 차려 여럿이 함께 먹었다.

식후에 기룡이를 염불암에 보냈는데 바로 돌아왔다.

민호 장로의 상좌 도청(道淸) 스님이 영덕(盈德)[381]에서 돌아왔고, 홍제(弘濟) 스님은 운부사에서 돌아와 암자를 살펴보고 돌아갔다.

큰절의 윤징(允澄) 스님이 두 스님을 데리고 염불암의 우징 수좌를 만나러 가는 길에 들러서 보고 갔다.

기룡이는 처음 6, 7일 동안에는 춥고 아파하며 밤에는 소리 내며 앓았는데 어제부터 저녁 무렵이 되면 몹시 추워하고 통증도 심하니 학질이 분명하다.

글을 읽었지만 모두 전만 못하다.

___

381) 경상북도의 군.

동화사 금당서원 서탑

극린 대사가 상좌 홍민(弘敏) 스님과 벌초하러 마을에 내려갔다.

8월 13일 계축 새벽부터 비가 내리다 낮에 갰다. 맑다 흐려지곤 했다 | 대구 동화사
내원암

홍민 스님이 아침에 돌아갔다. 스님들이 이 산에 많이 거주한다.

운부사에서 상민 스님이 올라와 벽원 스님의 답서를 전해주었다.

기룡이는 염불암에 갔는데 저녁이 되어도 돌아오지 않는다.

글을 읽었지만 전만 못하다.

경신이는 오늘에야 비로소 글씨 연습을 하기 시작했다.

8월 14일 갑인 맑음 | 대구 동화사 내원암

상민 스님이 돌아갔다.

염불암에서 우징 수좌와 해안(海眼) 스님이 기룡이와 같이 와서 보고
갔다.

쌍우 스님이 다른 곳에 들렀다가 와서 보고 갔다.

이 암자의 스님들은 대부분 마을에 내려가 있다.

전처럼 글을 읽었다.

8월 15일 을묘 맑음 | 대구 동화사 내원암

선영의 산소를 바라보고 참배했다.

스님들이 입적한 선사들의 재를 올렸는데, 떡과 과일을 많이 차렸다.

김해(金海) 중봉사(中峰寺)382)의 법일(法一) 스님이 금강산 영원암(靈
源庵)에서 겨울을 나고383) 김해로 돌아가는 길에 들러서 보고 갔다.

또 계호(戒浩) 스님은 전에 속리산 상고암(上古庵)에서 본 적이 있는
데384) 역시 들렀다가 갔다.

---

382) 경상남도 김해시 장유면 삼장리 불모산(佛母山)에 있던 절. 지금은 폐사되었다.
383) 동안거(冬安居)를 지내고 가는 것을 말한 듯하다.
384) 정시한은 1687년 10월 18일에 계호 스님을 만났었다. 그런데 당시 일기에는 '戒湖'
　　로 되어 있다.

글을 읽었지만 모두 전만 못하다.

기룡이가 이제는 저녁이 되어도 아파하지 않는다.

8월 16일 병진 흐리다 맑음 | 대구 동화사 내원암

아침식사 뒤에 홍제 스님이 운부사로 돌아갔다. 이 암자의 스님들 가운데 밖에 나갔던 분들이 점점 돌아오기 시작한다.

기룡이를 염불암에 보내어 솔차 한 병을 가지고 오게 했는데, 기룡이가 또 아파한다.

다시 전처럼 글을 읽었다.

8월 17일 정사 흐리다 맑다 했다. 저녁 무렵이 되어 벼락이 치며 비가 내렸고 밤에는 비가 내리며 찬바람도 불었다 | 대구 동화사 내원암

아침식사 뒤에 대구 읍 서쪽에 사는 진사 조숭(趙崇)이 산 아래에 왔다가 여민 스님과 함께 큰절에서부터 걸어와 만나고 갔다. 나이는 무술생(1658)인데 전에 낙중(洛中)[385]에서 사신이(思愼)이를 본 적이 있다고 한다.

염불암에서 우징 수좌가 인형·상민·쌍우·묘혜 스님 등과 함께 와서 보고 갔다.

큰절의 승통 윤학(允學) 스님이 선운(禪雲) 노스님과 함께 국수와 떡을 준비해 주시고 돌아갔다. 탄오 스님이 원적산에서 돌아오는 길에 내가 이 산중에 있다는 소식을 듣고 찾아와 만났다. 기쁘게 마주하여 오랫동안 있다가 큰절로 내려갔다. 오늘 내일 중으로 은사 스님과 함께 다시 찾아오겠다고 한다.

글을 읽었지만 전만 못하다.

---

385) 서울, 곧 한양을 뜻한다. 한양 북쪽에 있는 산을 북산(北山), 남쪽에 있는 산을 남산(南山), 서북쪽에 있는 산을 삼각산(三角山)이라 하는데, 이 세 산에 둘러싸인 곳을 낙중(洛中)이라 한다.

8월 18일 무오 새벽부터 늦게까지 찬바람이 불며 흐리다 맑다 했다 | 대구 동화사
염불암

아침식사 뒤에 탄오·응안 스님 등이 와서 보고 갔다. 염불암에서 해안·응열·성연·종일 스님 등이 쌀을 찧으러 가는 길에 와서 보고 갔다.

대구 읍내 옆에 있는 산격리(山隔里)에 사는 정시백(丁時伯)[386]이 정시열(丁時說)과 함께 와서 보았다. 그 편에 정 사과가 편지를 부쳐 보냈고, 또 햅쌀과 몇 가지 반찬을 보내왔다. 정시백은 수박 두 개를 가져왔다. 그는 바로 정이형(丁履亨)[387]의 아들이다.

이 암자의 의경(義瓊) 스님이 음식을 차려서 여럿이 저녁식사를 했다.

글을 읽었지만 전만 못하다.

북쪽 지방에서 온 계행(戒行) 스님은 예순한 살로 염불암에서 내려왔다.

8월 19일 기미 흐리다 맑음 | 대구 동화사 염불암

아침식사 뒤에 정시백과 정시열이 인사하고 갔다. 계행 스님도 돌아갔다.

탄오와 교심(皎心) 스님이 염불암에서 내려왔다. 교심 스님은 곧바로 갔다.

부도암의 승겸(勝謙) 스님은 계미생(1643)인데 나를 찾아와 돌아가며 잣 약간을 주고 갔다. 탄오 스님은 저녁에 큰절로 갔다.

글을 읽었지만 전만 못하다.

8월 20일 경신 아침에 흐리다가 비가 종일 내렸다 | 영천 수도사

아침 일찍 식사를 마치고 내원암을 출발하였다. 극린 노스님은 내원암 옆의 작은 고개까지 따라와 여기에서 작별하였다. 성성(性惺)·인견·민호 등 세 노스님도 따라나와 큰 고개 아래에서 작별했다. 행욱(幸旭)

---

386) 1659~1736.
387) 1636~1710.

동화사 미륵대불

등 너대댓 명은 짐을 짊어지고 고개 위까지 올라가 주었다. 여민 및 염불암
의 수좌 여섯 분, 그리고 탄오 스님 등도 따라나와 주었다. 고개로 올라가니

비가 심하게 내리므로 앉아서 잠시 쉬었다. 인형 스님에게 들어보니 서쪽
에 정시한(丁時漢)의 아들 만추(萬秋)와 만주(萬柱), 조카 재흥(載興) 등
세 사람이 찾아오려다가 내가 이미 출발하자 이름을 적어서 편지를 부쳤
고, 또 수박 한 개, 햅기장쌀[新黍米] 다섯 되, 엿 조금을 보냈다.

성행(性行) 스님이 참외를 주었고, 행욱 스님은 배를 주어 여러 사람과
나누어 먹었다. 우징·인형·해안·성행·묘혜 스님 등과 작별하여 보내
고 도청·경신(敬信)·광익(光益) 스님 등과 상민·탄오·계순(戒順) 스
님 등이 짐을 지고 심하게 내리는 비를 무릅쓴 채 고개를 내려갔다. 나무와
풀 사이에 거침없이 펼쳐진 곳을 가는데, 옷과 짐이 모두 비에 흠뻑 젖은
채 10여 리를 가서 수도사(修道寺)388) 앞 영자전(影子殿)389)에 닿았다.
사람들이 모두 추위하며 비에 젖은 옷을 벗고 마른 옷으로 갈아입었다.
오후에 비가 조금 그쳤다.

승통 응담(應談) 스님이 같이 온 사람들에게 저녁을 대접했다. 식후에
행욱·계순 스님이 인사하고 내원암으로 돌아갔다.

영자전 노스님 처순(處淳)은 나이 여든세 살이며, 옥륜(玉倫)·옥행(玉
行) 스님 등이 나와서 맞아주었다.

암자는 폭포머리 위에 자리하며 동향이다. 매우 그윽한 곳이라 흥취가
난다. 큰절과 비견할 만하다.

글을 읽었다.

---

388) 경상북도 영천시 신령면 치산리 팔공산에 자리한 절. 647년(진덕왕 1) 자장 율사와
   원효 대사가 창건했다고 전한다. 혹은 809년(헌덕왕 1) 혜철 국사가 창건했다고도
   한다. 본래는 금당사(金堂寺)였다고 한다. 고려시대에서는 1208년(충렬왕 22) 중창
   하였고, 조선시대에서는 1805년(순조 5) 중창하였다. 이 곳은 치산관광지 부근,
   치산저수지에서 약 1km 위쪽에 자리한다. 노사나괘불탱은 보물 제1271호로 지정
   되었는데, 현재 은해사 성보박물관에 이운되어 있다.
389) 지금 영천 수도사에는 영자전이 없다. 전각 이름으로 보아서는 조사 진영을 모신
   건물인 듯하다.

수도사 경내

8월 21일 신유 맑음 | 영천 수도사

아침식사 뒤에 탄오·상민 스님이 인사하고 염불암 등지로 돌아갔다.
큰절의 노스님 능오(能悟)는 나이 여든세 살인데 만나고 돌아갔다.
흥익(興益) 스님은 나이 일흔네 살인데 자주 다녀간다.

저녁식사 뒤에 시평(始平) 수좌가 묘봉암으로부터 동화사를 거쳐 와서
만났다. 또 숭헌(崇憲) 종장이 보낸 편지를 가져왔다. 숭헌 스님은 상용암에
서 나를 만나러 오려 했는데, 내가 이미 수도사로 출발했으므로 편지를
보낸 것이다. 또 잣, 곶감 등의 과일 한 개, 밀가루(眞末) 대여섯 되를
보내주었다. 종헌 스님은 전에 성주 쌍계사(雙溪寺)에서 만났었는데 나와

동갑이기도 해서 여러 가지로 잘 챙겨준다.390) 시평 스님은 내게 쌀 네
되를 주었고, 또 묘봉암의 수좌 진안(進安) 스님도 쌀 다섯 되를 보내오니
마음이 매우 미안하다.

영천의 노비 덕상이와 그 동생 준발(俊發)이가 와서 인사하고 공목(貢
木)391)과 수포(收布)392)무명 한 필, 햅쌀 한 말 보리쌀 한 말, 건어 몇
가지를 바쳤다. 또 말생이와 예생이도 공목과 수포 각 한 필, 햅쌀 몇
되, 보리쌀 한 말, 소주 한 병, 생선 반찬 약간을 바쳤다.

오늘 처음으로 수필(水筆)393)로 김생 글씨 100자를 썼다.『주서』3장을
네 번 읽었다.

8월 22일 임술 흐리다 맑음. 저녁이 되어서는 비가 내렸다 | 영천 수도사

큰절에서 아침을 대접해 여럿이 함께 먹었다.

영천의 노비들이 인사하고 떠났다.

홍익·시평 스님과 함께 절 옆 아래 동네에서 1리쯤에 있는 폭포를
구경했다. 절 앞에는 여러 바위와 물길이 모이는 곳이 있다. 반석이 층층이
있어 폭포도 2층으로 떨어진다. 높이는 서너 길쯤 된다. 못과 바위가
맑고 깨끗해 아무런 티끌도 없고 평평하여 앉아 있을 만했다. 실로 공산의
기묘한 경관이다. 오랫동안 앉아 있었다.

신녕의 향소(鄕所)394)에서 마을 사람 수십 명을 데리고 잣을 따기 위해
지나가기에 바위 사이에 올라가 피해 주었다. 사람들이 지나간 다음 천천

---

390) 정시한은 종헌 스님을 3월 30일 쌍계사에서 처음 만났고, 4월 5일에 다시 만났다.
391) 공목이란 노비공목(奴婢貢木)이라 하여 노비가 주인이나 나라에 내는 세금의
     일종이다.
392) 역시 세금으로 내는 베를 말한다.
393) 물에 푹 담가놓은 붓.
394) 각 고을의 최고책임자인 수령의 지방행정을 보좌하는 기관. 향소의 우두머리는
     지방의 토착 유력인사인 향반(鄕班)이 맡았다.

히 위쪽으로 올라갔다. 좀 쉬면서 손을 씻고 입도 헹구면서 편하게 있다가 느지막이 영자전으로 돌아왔다.

수도사는 터는 건좌손향(乾坐巽向)[395]으로 비록 평평한 편은 아니지만 폭포 바로 머리 위에 있어서 이 곳이 곧 정기가 모이는 곳이 아닐까 생각된다.

시평 스님이 인사하고 갔다. 그 편에 응안 종장 스님에게 보내는 답서를 부쳤다. 스님 역시 편지에 시를 써 부쳤으므로 나도 역시 답서를 보낸 것이다.

큰절의 태진(太眞) 노스님은 나이 일흔일곱 살이고 석천(釋天) 스님은 일흔세 살인데 함께 와서 보고 갔다.

신녕 향소의 권상규(權尙規), 그리고 이 곳에 사는 생원 권복형(權復衡)[396]이 저녁에 와서 만났다. 향소 사람들은 곧 산을 내려갔다.

3장을 아홉 번 읽었다. 수필로 글씨 60여 자를 썼다.

8월 23일 계해 흐리다가 맑다가 했고, 비가 내렸다 | 영천 수도사

아침식사 뒤에 권복형이 와서 자리를 옮겨 얘기하다가 인사하고 돌아갔다. 느지막이 옥륜 스님과 함께 수도사의 안산(案山)에 올라갔다. 매우 힘들여 가파른 고개를 올라 두봉(斗峰) 옆에서 내려다보니 신녕 읍내와 의흥·의성 등지가 보인다. 다시 남쪽으로 산 등성이를 타고 5리쯤 올라가 백덕봉(白德峰)에 올라갔다. 영천·하양·옥산 등지가 바라다보인다. 공산의 형승이다. 서남동쪽으로 동화사·염불암이, 동북쪽으로 수도사·진불암(眞佛庵)[397]이 보인다. 산세가 수도사 앞에서 모인다. 보통사람이

---

395) 건(乾)방을 등지고 손(巽)방을 향하는 좌향으로, 서북에서 동남쪽을 바라보는 방위에 해당한다.
396) 1658~1744.
397) 경상북도 영천시 신령면 팔공산에 있는 절. 11세기에 혼수(混修) 스님이 창건했다고 한다. 1637년과 1920년에 각각 중창했다.

수도사 원통전 약사여래좌상

보아도 정기가 모여 동화사 터보다 나은 게 보인다. 앉아서 바라다보고 있는데 얼마 있지 않아서 가랑비가 내려 옷이 젖어 바로 영자전으로 돌아왔다. 약 15리 남짓 걸었다.

수도사의 탄흡(坦洽)이 운부사에서 돌아와 보기(普機) 스님이 보낸 편지와 잣 약간을 전했다. 나는 곧바로 답장을 써서 탄흡 스님에게 전해달라고 했다.

전에 읽지 않은 글 2장을 열 번 읽었다.

8월 24일 갑자 맑음 | 영천 수도사

옥륜 스님이 아침식사를 차려주었다. 석천 노장이 점심식사로 국수를 준비했다.

염불암에서 수좌 우징을 비롯하여 인형·묘혜, 불존승 여민 스님 등이 들러서 잠시 애기하다가 돌아갔다.

옥연(玉衍) 스님이 저녁식사를 차려주었다.

큰절과 주산(主山)을 보았고, 백미 두 말로 흑책지 한 장과 바꾸어 두드려 다듬었다.

염불암에서 성연 수좌가 와서 보았다.

흑책지 네 장을 첩으로 만들었고, 글 3장을 다섯 번 읽었다.

8월 25일 을축 흐리다 맑음 | 영천 수도사

집에서 사람과 말이 오기를 기다렸으나 아직 오지 않았다.

저녁식사 뒤에 경신이를 데리고 성연 스님과 함께 폭포에 갔다. 그 아래에서 의성에서 온 약초 캐는 사람들을 만났는데 이들이 말하기를 애비가 사람과 말을 거느리고 오는 중이라 오늘이면 도착할 거라고 하길래 다시 폭포 아래로 가서 기다렸다.

글 3장을 열 번 읽고 100여 자를 썼다.

어두워진 뒤 아들 도항이가 경숙이와 기민이, 그리고 말 두 마리, 노새 한 마리를 데리고 들어왔다. 태남이는 산운촌(山雲村) 이중훈(李重薰)네 집에 있다고 한다.

동화사의 혜민(慧敏) 스님이 지나가길래 우징 수좌에게 보내는 편지를 부쳤다.

8월 26일 병인 맑음 | 영천 수도사

흑책에 기름을 먹였고, 부채 한 자루에 정일유(淨日油)를 발랐다.

옥륜 스님이 인사하고 마을로 갔는데, 내게 백지 10장을 주고 갔다.

큰절의 스님이 아침식사를 준비해 주었다.

저녁에 성연 수좌가 인사하고 갔다.

글을 읽었다.

8월 27일 정묘 맑음 | 영천 수도사

편지를 써서 약초 캐는 사람에게 주어 의성으로 보냈다.

노잣돈을 마련하기 위해 백지 세 권 묶음, 천자문 책 두 권(한 권은 재단한 것)을 바꾸었다.

오후에 생원 김정기(金鼎基), 생원 권복형이 지산(芝山) 충렬묘(忠烈廟)[398]에서 찾아와 만났다. 충렬묘는 바로 방어사(防禦使)[399] 권응수(權應銖)*의 사당이다. 이들은 마침 하정(下丁)[400]이라 내려와 제사를 모시고 이 곳에 온 것이라고 한다. 김생원은 바로 학봉(鶴峰)[401]의 방손(傍孫)[402]이다. 권씨 집안의 사위여서 사당에 참배하러 왔다고 한다. 오랫동안 얘기하다가 큰절로 떠나갔다.

글을 읽었다.

태남이가 말을 끌고 의성 산운(山雲)의 이중훈네 집에서 왔다.

---

398) 경상북도 경산시 신령읍에 있는 구천서원(龜川書院)으로 일명 경덕사(敬德祠)라고도 부른다. 1592년(선조 25) 임진왜란 때 의병을 모집하여 군위·하양·의홍·추평·영천·복성 전투에 참여하여 혁혁한 공적을 세워 화산군으로 봉해진 권응수 장군을 모신 곳이다. 현재의 건물은 1676년에 창건 되었다가 1868년(고종 5) 대원군의 서원철폐령으로 훼철되었고, 다시 복원하여 지금에 이르고 있다. 강당 4칸, 영정각 3칸을 비롯하여 전부 4동이 있으나 지금은 상당히 허물어져 있다.

399) 조선시대 각도에 배속되어 요지(要地)를 지키는 병권(兵權)을 가진 종2품의 벼슬로, 병마절도사(兵馬節度使) 다음의 직위다.

400) 음력 매달 하순에 드는 정일(丁日). 흔히 이 날에 연제(練祭)나 담제(禫祭) 따위의 제사를 지낸다.

401) 김성일(金誠一, 1538~1593).

402) 방계 혈족의 자손.

***권응수**(權應銖, 1546~1608)

조선 중기의 의병장·무신. 본관은 안동. 호는 백운재(白雲齋). 경상북도 신령에서 권덕신(權德臣)의 아들로 태어났다. 1584년 별시무과에 급제, 수의부위권지(修義副尉權知)를 거쳐 훈련원부봉사(訓鍊院副奉事)로서 의주용만을 지켰으며, 그 뒤 경상좌수사 박홍(朴泓)의 막하에 있다가 임진왜란이 일어나자 고향에 돌아가 의병을 모집, 궐기하였다. 이 해 5월부터 활동을 전개하여 여러 곳에서 전과를 올리고, 6월에 경상좌도병마절도사 박진(朴晉)의 휘하에 들어갔다가 7월에 각 고을의 의병장을 규합하여 의병대장이 되었다. 이 무렵 영천에 있던 적군은 신영·안동에 있던 적군과 연락하면서 약탈을 일삼고 있었기 때문에, 이를 공격할 계획을 세우고 7월 14일 적을 박연(朴淵)에서 치고, 7월 22일에는 소계(召溪)·사천(沙川)까지 추격하여 격파하였다. 한편 이 날 군세를 정비하고 영천성 공격을 위해 선봉장에 홍천뢰(洪天賚), 좌총(左摠)을 신해(申海), 우총(右摠)을 최문병(崔文炳), 중총(中摠)을 정대임(鄭大任), 별장(別將)을 김윤국(金潤國)으로 삼았다. 25일 군사를 동원하여 공격을 시작하고 26일에는 결사대원 500명을 뽑아 적진으로 돌격하여 크게 격파하고, 그 다음 날에는 화공(火攻)으로 대승, 영천성을 수복하였다. 그 공으로 경상좌도병마절도사우후가 되었다. 그 뒤 좌병사 박진의 휘하에 들어가 8월 20일 제2차경주탈환전에 선봉으로 참가하였으나 패전하였다. 12월에는 좌도조방장으로 승진하였다. 1593년 2월 순찰사 한효순(韓孝純)과 함께 7군의 군사를 합세하여 문경 당교(唐橋)에서 적을 대파하고, 2월 25일 산양탑전(山陽塔前)에서 크게 이겼으며, 이어 좌도병마절도사가 되었다. 4월에 안동의 모은루(慕恩樓)밑에서 적을 크게 격파하였고, 7월에는 밀양의 적을 격파하였다. 9월에는 좌도방어사로 특진되었다. 1594년 정월에는 경상도병마좌별장이 되고, 4월에는 황룡사(黃龍寺) 부근에서 적을 격파하였다. 7월에는 충청도방어사를 겸직하고 이사명(李思命)의 군사를 대신 거느리고 은진현감 이곡(李穀)과 함께 창암(倉巖)에서 가토 기요마사(加藤淸正)의 군대를 대파하였다. 1595년 정월에는 경상좌도방어사를 겸하여 4월에는 형강(兄江)에서 적을 대파하였다. 1597년 9월 정유재란 때 관찰사 이용순(李用淳), 병마절도사 김응서(金應瑞)와 같이 달성까지 추격하였다. 11월에는 왕명으로 명나라의 부총병(副總兵) 해생(解生)을 따라 함경·강원 양로(兩路)의 병을 거느렸다. 경리(經理)인 양호(楊鎬)와 마귀(麻貴)를 따라 1·2차 울산전투에 참가하였다. 1599년 밀양 부사를 겸하고, 다음 해 의흥위부사직(義興衛副司直), 1603년 충무위호군(忠武衛護軍)에 오르고 경연에 입시하였으며, 선무공신(宣武功臣) 2등으로 책록, 화산군(花山君)에 봉해졌다. 이어 도총부도총관이 된 뒤 1606년 경상도방어사, 1608년 남영장(南營將)을 겸하였다.

좌찬성에 추증, 신령의 경덕사에 제향되었다. 시호는 충의(忠毅).

8월 28일 무진 맑음 | 군위 빙계서원

아침식사 뒤 길을 떠났다. 수도사에서부터 걸어서 폭포 아래로 내려갔다. 이 절의 스님들이 나와서 전송해 주었다. 김·권 두 생원과 동행하여 지산(芝山)의 사당에 도착해서 들어가 보았다.

생원 권산보(權山甫)[403]는 바로 권복형의 아버지다. 서로 반갑게 인사했는데, 그가 화산군(花山君)[404]의 사적기를 꺼내 보이고 술과 과일을 대접해 주었다.

바로 출발하였는데, 말이 다리를 절어서 말 의사를 불러야겠기에 도항이가 남았고, 나는 경숙이와 함께 둘이서 30여 리를 가서 의홍현(義興縣)[405]에 도착했다. 앞마을에서 말을 먹이고 다시 현을 지나 25리쯤을 가서 빙계서원(氷溪書院)[406]에 닿았는데 날이 저문 지 이미 오래되었다.

의성의 원님 조광원(趙匡源)이 미리 와서 나를 고대하고 있어 만났는데 매우 반가웠다. 술과 과일을 놓고 잠시 얘기를 하다가 피곤하여 잠자리에 들었다.

8월 29일 기사 맑음 | 군위 빙계서원

아침에 원임(院任)[407] 생원 오한기(吳漢基)와 생원 신분석(申賁錫)이 들어와 보았고, 수령과 함께 얘기했다. 신 생원은 세분(世分)[408]이 있는 사람이다.

잠시 빙혈(氷穴)[409]이 있는 곳을 보았다. 바위 곳곳에 있는 구멍인데

---

403) 권산보(1629~1707). 자는 상주(相周), 호는 청류당(聽流堂). 호군(護軍)을 지냈다.
404) 권응수.
405) 지금의 경상북도 군위군 의흥면.
406) 경상북도 군위군에 있는 사당. 『여지도서』에 따르면 김안국(金安國, 1478~1543)을 제향했다고 한다.
407) 서원의 관리 직책. 원장(院長)이나 유사(有司) 등이 그것이다.
408) 세상 일에 대한 의논, 혹은 세속의 인연을 말한다.
409) 얼음이 어는 바위 구멍. 우리나라에 경상남도 밀양의 얼음골, 전라북도 진안군의 냉천, 울릉도 나리분지의 에어컨굴 등이 있다. 여기서는 경상북도 의성군의 빙혈을 말한다.

풍혈(風穴)에 비해 별 것 없었다. 별로 기관은 아니다.

아침식사 뒤 수령은 돌아갔다. 김중(金重)이 산운(山雲)에서 왔다고 한다.

마침 이수성(李秀城)네 집의 노비와 말이 충주에 간다기에 그 편에 모두 돌아가게 하려 하니, 노비들이 와서 인사한다. 곧바로 편지를 써서 산운에 보내 모두 원주로 돌아가라고 했다.

(서원의) 재주(齋主)와 함께 세심정(洗心亭)에 올라가서 잠시 앉아 있다가 마을로 돌아왔다. 낮잠을 잤는데 저녁이 되어서야 깼다.

서원에서 저녁을 먹었다. 막 어두워지려는데 아들 도항이가 산운촌에서 경신이를 급히 보냈다.

재임(齋任)과 함께 명교당(明敎堂)에서 묵었다.

수령이 아침에 쌀 세 말, 약과 16개, 마른 대구 두 손, 생복(生鰒)[410] 30개, 작은 포 한 첩, 청(淸)[411] 한 되, 소주 세 병을 보내왔다. 이 가운데 대구어는 사양하여 받지 않았고, 생복은 재임에게 주었다. 수령은 또 오후에도 참먹(眞墨) 한 동[412]과 송연묵(松烟墨)[413] 두 자루를 보냈다.

9월 초하루 경오 맑았다가 흐려졌다 | 청송 안덕촌 민가

서원에서 아침식사를 했다.

이중훈이 산운에서 왔다가 식후에 작별했다.

여러 사람들과 가파른 고개 하나를 넘어 20여 리를 가서 화목역(和睦驛)[414]에 닿아 여기에서 식사를 했다. 다시 20여 리를 가서 안덕촌(安德

---

410) 본문에는 '生卜'으로 되어 있는데 아마도 익히지 않은 전복을 말하는 生鰒을 이렇게 쓴 듯하다.

411) 본문에는 淸이라 되어 있는데, 아마도 청주(淸酒)를 말하는 듯하다.

412) 1동(同)은 10장.

413) 노송(老松)을 태워 나온 그을음에 아교와 기타 약품을 섞어 만든 먹.

414) 경상북도 청송군에 있는 사당. 『여지도서』에 따르면 청송도호부 안덕현(安德縣)의

村)415)에 도착했다. 날이 이미 어두워졌으므로 말이 갈 수 없어 마을 사람의 집에서 잤다.

9월 2일 신미 흐리다가 오후부터 밤까지 비가 내렸다 | 청송 민가

식전에 일찌감치 길을 떠나 10여 리를 가서 방대조가정(方臺趙哥亭)에 닿았다. 정자는 암벽 위에 있어 맑은 못이 보이는데 경치가 아주 뛰어났다.

말을 타고 가서 시내를 건너서 정자 위로 올라갔다. 정자의 주인 조현(趙峴)이 동자 한 아이를 거느리고 책을 읽고 있다가 나를 보고 안으로 안내하였는데 아주 극진하게 대접한다.

정자마루는 4칸이고 방은 2칸이며 나머지는 부엌과 뒷방이다. 서쪽은 맑은 못을 향하고 있고 동쪽은 비단 병풍 같은 암석에 임해 있다. 커다란 시내가 서쪽으로 돌아나오니 참으로 수구(水口)라고 할 수 있다. 깊고 그윽한 곳이다. '풍수정(風樹亭)' 세 글자가 커다랗게 쓰여 있다. 조현의 선조가 그 근처에 묘를 썼는데, 참의(參議)416) 이민성(李民宬)이 쓴 기록에 그 뜻이 나와 있다.

말이 전부 피로해 하고 날씨도 다시 비가 오려고 하여 아침식사 뒤에 쉬었다가 떠나기로 했다.

어떤 선비가 말을 급히 몰고 와 보니 바로 바로 안덕촌에 사는 조현의 족형(族兄)417)인 조징(趙徵)이다. 그는 청송향교(靑松鄕校)418)의 재임을 맡고 있는데 대왕대비419)의 승하 소식을 듣고 청송부내로 들어가는 길이

서쪽 30리라고 한다.

415) 경상북도 청송군 일대. 『여지도서』에 따르면 청송도호부의 남쪽 53리라고 한다.
416) 조선시대 육조에 소속된 정3품 당상관 관직. 각 조의 참판과 함께 판서를 보좌하면서도 판서와 대등한 발언권을 지니고 있었다.
417) 같은 부모 밑의 형제가 아닌 같은 성씨의 형뻘이 되는 사람.
418) 『여지도서』에 따르면 청송도호부의 동쪽 1리라고 한다.
419) 인조의 왕비 장렬왕후(莊烈王后, 1624~1688). 본관은 양주. 조창원(趙昌遠)의 딸. 1638년(인조 16) 왕비로 책봉되었고, 1649년 인조가 죽고 효종이 즉위하자,

청송 진보향교

었다. 그 얘기를 듣고 나도 황망히 말을 타고 비를 맞으며 40여 리를 달려갔는데 사람과 말이 모두 굶고 피로했다. 날이 어두워져서야 겨우 부내로 들어가 곧바로 객관에서 발상(發喪) 하였다. 의복이 비에 잔뜩 젖었다.

전에 잤던 마을 사람 집에서 묵었다. 비가 더욱 심해져 밤까지 내렸다.

9월 3일 임신 새벽에 비가 내리다가 느지막이 갰다 | 청송진보 객사

일찌감치 객사로 나가보니 청송부의 고을 수령이 이미 와서 앉아 있었다. 조곡(朝哭)[420]을 한 뒤에 수령이 내가 지내온 내력과 거주하는 곳

대비가 되었다. 소생은 없고, 능은 경기도 구리시의 휘릉(徽陵)이다.

등을 물어보기에 통성명을 하였다. 그의 이름은 이동명(李東溟)[421]이라
하며 내 이름을 얘기하니 스스로 말하기를 우리가 세상의 인연이 있다고
하는 데 그게 무슨 말인지 깨닫지를 못하겠다.

　잠시 앉아 있다가 인사하고 나와 관아의 객사에 있는데 성이 홍(洪)인
사람이 와서 이렇게 말하였다.

　　청송 부사께서는 저에게 삼촌 숙부가 되십니다. 부사의 선친은 이즙(李
　楫),[422] 할아버지는 이경절(李景節),* 그리고 증조할아버지는 이우(李瑀)**
　로 율곡 이이(李珥) 선생의 동생이 되지요.

　나는 그제야 비로소 부사가 한 말을 알 수 있었다. 문경 현감을 지낸
이경절은 일찍이 나의 아버지께서 바탕이 착한 사람이라고 한 적이 있으셨
는데, 아버지가 유곡(幽谷)[423] 찰방(察訪)으로 있을 때 이경절은 문경
현감이 되어 덕행으로 사람들을 교화하고 정치를 잘 하여 그야말로 탁무
(卓茂)[424]와 같은 사람이었다. 그래서 병자호란 때 관찰사가 임시 수령으

---

420) 소상(小喪) 때까지 이른 아침마다 궤연(几筵) 앞에서 우는 울음. 저녁에 우는 울음을
　　　석곡이라 한다.
421) 1624~1692. 조선 후기의 문신. 본관은 덕수(德水). 호는 학정(鶴汀). 군수 이즙(李楫)
　　　의 아들이다. 1652년(효종 3)에 생원이 되고, 그 해에 증광문과에 병과로 급제하였
　　　다. 경주 부윤·예조 참의·서천 군수를 역임하고, 여섯 번이나 승정원에서 근무하
　　　였으며, 상신 이시백(李時白)과 판서 송준길(宋浚吉)을 인조묘정에 추배하자고
　　　건의하기도 하였다. 그 뒤 청송 부사가 되었다가 1689년(숙종 15) 기사환국 때
　　　관작을 삭탈당하고 부령으로 유배되었다. 그 곳에서 학생들을 모아 글을 가르치다
　　　가 4년 뒤인 1692년에 유배지에서 죽었다. 이조 참판이 증직되었다.
422) 1597~1671. 평창 군수를 지냈고, 이조 참판을 증직 받았다.
423) 경상북도 문경시에 있던 역원.『여지도서』에 따르면 문경현의 남쪽 40리에 있었다
　　　고 한다.
424) 중국 전한 시대의 유명한 지방관. 밀현 현령으로 있으면서 선치에 관련된 많은
　　　일화를 남겼다. 그러나 왕망(王莽)이 전한을 무너뜨리고 권좌에 오르자 그에게
　　　벼슬하지 않고 병을 핑계로 물러나와 낙향하였다.

로 정하니 사람들이 기뻐하였다. 모든 일을 잘 처리하고 백성을 부모처럼 떠받들며 정치하였다고 말하셨다. 관직에서 물러난 뒤 아버지께서 빨리 가서서 문안하였고, 낙향하기 위해 출발할 때도 그를 매우 정성스럽게 전송하셨다는 말씀도 하였다.

나는 아버지께 매번 이런 일을 들었으나 일찍이 그의 후덕함을 마음속에 두지 않고 있다가 지금 문득 그의 손자를 이 곳에서 만났으니 확실히 이미 들었던 가세(家世)와 인연이 있다는 말이 맞다.

청송 부사가 양식을 넉넉하게 보내고 또 반찬 약간도 보내왔으므로 아들 도항이를 보내 고맙다고 인사하였다. 떠나려 하는데 부사가 찾아와서 보고자 하므로 만나서 옛날의 정을 잠시 이야기하고 작별하였다. 갈 길이 바쁜지라 서둘러 출발하였고, 길에 들어선 다음 다시 아들 도항이를 보내 고맙다고 인사하였다. 변복(變服)을 하겠다고 말했더니 저립(箸笠) 한 벌을 갖추어 주었고, 또 길을 안내할 사람 한 명도 딸려보냈다.

30리를 가서 저녁 무렵에 진보현(眞寶縣)에 도착하였다. 석곡(夕哭)을 하려고 객사 문 앞에 잠시 앉아 있는데 현감 엄찬(嚴纘)이 그의 아들 진사 엄경운(嚴慶運)[425]과 함께 역시 석곡하러 왔다가 나를 보았다. 그는 먼서 곡을 한 다음에 나를 정성스럽게 접대하였다. 내려와서 오랫동안 머물러 있다가 나왔다. 진사 엄경운 역시 내게 와서 보고 갔다. 두 사람 모두 품행이 바른 사람들이었다.

기운이 몹시 고단하였다.

*이경절(李景節, 1571~1640)
조선 중기의 학자. 본관은 덕수(德水). 이우(李瑀)의 아들이며, 율곡 이이(李珥)의 조카다. 1606년(선조 39)에 진사가 되고, 1615년(광해군 7)에 문과 회시에 합격하였으나 과거시험의 공정성에 회의를 품고 전시에 응하지 않았다. 그는 서인계열의 인물로 광해군의 폐모론에 반대하여 향리인 선산군에 돌아가서 야인생활을 하였다. 인조반

---

425) 1659~?. 본관은 영월(寧越). 1697년(숙종 23) 과거에 합격한 뒤 병조 좌랑을 지냈다.

정 이후 황산도 찰방으로 임명되어, 인심을 수습하고 황폐되었던 역로(驛路)를 완전히 복구하여 상을 받았고, 또 중림도 찰방이 되어 역시 훌륭한 업적을 남겼다. 그 뒤 제용감 직장·예빈시 별좌·사헌부 감찰을 거쳐 문경 현감으로 나가서 치적을 남겼다. 이듬해 병자호란이 일어나자 향인들을 규합하여 의병을 일으켜 의병장이 되었으며 백성들도 그를 도와서 그 지역을 잘 지켰으나, 삼전도화약(三田渡和約)의 소식을 전하여 듣고 고향에 돌아가서 관계에 나오지 않고 학문에만 몰두하였다. 그림과 글씨 및 가야금에 능하였다. 1651년(효종 2)에 좌승지에 추증되었다.

****이우**(李瑀, 1542~1609)

조선 중기의 서화가. 본관은 덕수(德水). 이름은 위(瑋) 또는 후(珝). 호는 옥산(玉山)·죽와(竹窩)·기와(寄窩). 이원수(李元秀)의 아들이며, 율곡 이이의 동생으로, 어머니는 사임당 신씨(師任堂申氏)다. 1567년 진사시에 합격하였고, 비안 현감과 괴산·고부 군수를 거쳐 군자감 정(正)에 이르렀다. 시(詩)·서(書)·화(畵)·금(琴)을 다 잘하여 4절(四絶)이라 불렸다. 그림은 초충(草蟲)·사군자·포도 등을 다 잘 그렸는데, 어머니의 화풍을 따랐다. 아들 이경절(李景節)도 가법을 이어 서·화·금에 능하여 삼절이라는 말을 들었다. 그가 초충을 그려 길에 던지면 닭이 와서 쪼았다는 일화가 있을 만큼 화훼초충(花卉草蟲)을 잘 그렸다고 한다. 유작으로는 「설중매죽도(雪中梅竹圖)」(개인 소장), 「노매도(老梅圖)」, 「수과초충도(水瓜草蟲圖)」(서울대학교박물관 소장), 「포도도(葡萄圖)」 등이 전한다.

9월 4일 계유 맑았다 | 청송 진보 객사

고맙다는 편지를 써서 청송 관아에서 온 인편에 돌려보냈다. 일찌감치 객관에 가서 조곡하고 돌아왔다. 향교의 교임(校任)[426] 권정시(權正始)와 생원 이상백(李相伯)이 둘러보고 떠났는데 이상백은 유우(流寓)[427]하는 사람이다.

진보 고을의 수령 엄찬(嚴纘)이 쌀 두 말, 말 먹이 두 말, 그리고 간단한 반찬 등을 보내와 어제 아들 도항이를 보내 인사하게 했는데 도항이는 오늘 돌아왔다. 또 진사 엄경운(嚴慶運)이 와서 한참 동안 있다가 돌아갔다.

경숙이를 영해(寧海)[428] 합진원(陜珍院)에 사는 지평 이현일(李玄逸)네

---

426) 향교의 운영을 맡아보던 임원.
427) 세상을 떠돌아다니며 타향에서 지내는 사람.
428) 지금의 경상북도 영덕군 영해면.

집에 보내었는데, 답장을 받아 저녁에 돌아왔다.

석곡을 하였다.

권극시가 돌아보고 떠났는데, 그는 이 지방 사람이다.

9월 5일 갑술 아침에 안개가 피었다가 맑아졌다 | 청송 진보 객사

조곡을 하였다.

청송 수령 이동명(李東溟)[429]이 엿과 백립(白笠)[430]을 보내왔고, 또 잣 한 말과 송이(松栮) 스무 개를 보내와 받은 즉시 고맙다는 글을 써서 돌아가는 길에 보냈다. 저녁을 먹은 뒤 느지막이 진보 고을의 수령 엄찬이 와서 만나보고 돌아갔다.

석곡에 갔다.

진사 정요천(鄭堯天)은 자우(子雨) 정시윤(丁時潤)과 성균관에서 함께 공부한 친한 친구다. 마치 나를 오래 전부터 알던 사이처럼 정성스럽게 대하였는데 사람 됨됨이가 진실하였다. 저녁에 와서 만나보고 숙소로 돌아갔다.

고을의 수령 엄찬이 신행물(贐行物)[431]로 말 먹이 콩, 말 죽 각 두 말씩과 장지(壯紙)[432] 1권, 백지(白紙) 2권, 죽(糜食)과 다린 간장 각 한

---

429) 1624~1692. 조선 후기의 문신. 본관은 덕수(德水). 자는 백종(白宗), 호는 학정(鶴汀). 군수 이즙(李楫)의 아들이다. 1652년(효종 3)에 생원이 되고, 그 해에 증광문과에 병과로 급제하였다. 그 뒤 경주부윤·예조참의·서천군수를 역임하고, 여섯 번이나 승정원에서 근무하였으며, 상신 이시백(李時白)과 판서 송준길(宋浚吉)을 인조묘정에 추배하자고 건의하기도 하였다. 그 뒤 『산중일기』에 나오는 것처럼 청송 부사가 되었다가 1689년(숙종 15) 기사환국 때 관작을 삭탈당하고 부령으로 유배되었다. 그 곳에서 학생들을 모아 글을 가르치다가 4년 뒤인 1692년에 유배지에서 죽었다.

430) 흰 베로 싸개를 한 갓. 조선시대에 대상(大祥) 후 담제(禫祭 : 대상을 지낸 다음 다음 달에 지내는 제사) 때까지 상제(喪制)가 쓰거나, 국상 때 일반 백성이 썼다. 반면에 평소에 쓰는 갓을 흑립(黑笠)이라고 한다.

431) 길 떠나는 사람에게 전별(餞別)하며 주는 물건.

소쿠리씩, 말 편자 3부를 보내왔다. 마음이 아주 미안하였다.

진사 엄경운이 와서 보고 떠나갔다.

유선(唯善) 스님은 일찍이 내연산(內延山)에서 보았던 분으로,[433] 여기에서 문득 만나게 되었다. 스스로 하는 말이 동량하러 마침 역에 왔다가 생각지 않게 만나게 되었다고 한다.

9월 6일 을해 안개가 끼었다가 식사한 뒤에 갰다 | 영덕 이현일네 집

일찌감치 성복(成服)[434]하러 객사에 들어갔더니 본관(本官)에 있는 유생들이 매우 많이 모여 있었다. 성복한 뒤에 곧바로 고을 수령 엄찬과 작별하고 나와 숙소에 돌아왔다. 진보현에 사는 진사 권문거(權文擧)·신주백(申周伯), 선비 최준성(崔俊晟)·송영길(宋永吉) 등 여러 사람이 와서 보고 떠나갔다. 진사 엄경운 역시 와서 작별하였다.

식사를 마친 뒤에 서로 작별하였다. 아들 도항이와 함께 출발하여 10여 리를 가서 길을 바꾸어, 도항이는 짐말을 데리고 곧바로 봉람서원(鳳覽書院)으로 가게 하였고 나는 말을 타고 경숙이와 함께 20리 쯤을 가서 영해 남악곡(南岳谷)에 사는 지평 이현일(李玄逸)네 집으로 갔다. 서로 만나 기뻐하였는데, 여러 자식들이 모두 같이 있었다. 조금 뒤에 생원 이숭일(李嵩逸)*과 이융일(李隆逸)이 함께 와서 모였다가 저녁 무렵에 마치고 돌아갔다. 익숭(翊嵩) 이현일과 함께 그가 지은 『홍범연의(洪範演義)』**와 『사칠변(四七辨)』[435]에 관한 책 등을 보다가 초당에서 함께 묵었다.

---

432) 두껍고 질긴 질이 좋은 종이. 옛날에 편지지로 많이 썼다.

433) 정시한은 1687년 3월 13일 상원사에서 유선 스님을 처음 만난 뒤 여러 차례 산행을 함께했고, 같은 해 5월 7일에 내연산 보경사에서 다시 만났다.

434) 상례(喪禮)에서 대렴(大殮)을 한 다음 날 상제들이 복제(服制)에 따라 상복(喪服)을 입는 절차.

435) 조선 성리학의 대가 퇴계 이황(李滉)의 주자학에 관한 이론.

***이숭일**(李嵩逸, 1631~1698)

조선 후기의 문신·학자. 정시한과 평생 깊은 우정을 나눈 인물이다. 본관은 재령(載寧), 자는 응중(應中), 호는 항재(恒齋). 아버지는 이조판서에 추증된 이시명(李時明)이며, 어머니는 안동 장씨 장흥효(張興孝)의 딸이다. 아버지와 형 휘일(徽逸)·현일(玄逸)을 비롯하여 부덕이 출중하였던 어머니를 둔 훌륭한 교육적 환경에서 성장하여 뒤에 학자로 대성하기에 이르렀다. 젊은 시절부터 과거공부에는 뜻을 두지 않고, 경학연구와 심성수련에 심혈을 기울였다. 1689년(숙종 15) 세자익위사세마(世子翊衛司洗馬)에 임명되었으나 나아가지 않았고, 그로부터 2년 뒤 다시 장악원주부(掌樂院主簿)를 거쳐 의령 현감에 제수되자, 자신의 포부를 펼 수 있는 길이라 여기고 흔쾌히 받아들여 부임하였다. 그는 모든 행정을 백성을 위하는 방편으로 수립하고, 민폐를 혁신시켰기에 고을사람들에게 '이불자(李佛子)'로 불렸다. 교육을 통하여 인재를 양성하고, 여씨향약(呂氏鄕約)을 권장하여 그 영향이 이웃 고을에까지 미쳤다. 시국의 변동으로 인하여 2년 뒤 고향으로 돌아가 후진양성과 저술로 여생을 마쳤다.

****『홍범연의』**(洪範演義)』

조선 중기의 성리학자 이휘일(李徽逸)·이현일(李玄逸) 형제가 쓴 『서경』「홍범」편의 해설서. 28권 13책으로 되어 있으며 목판본이다. 『서경』 홍범9주(洪範九疇)의 취지를 부연 설명하는 형식으로 유교적 사상과 제도를 집대성한 경세서다. 홍범은 주서(周書)의 편명(篇名)이며, 9주는 기자(箕子)가 무왕(武王)의 물음에 대답한 천하를 다스리는 아홉 가지 대법(大法)을 구한다. 형 이휘일이 편목(編目)과 주 가운데 오행(五行)·오사(五事)·팔정(八政)의 3주를 집필하고 죽자, 동생 이현일이 나머지 부분을 집필하여 1688년(숙종 4)에 간행하였다. 정시한이 이 책을 이현일과 함께 본 것이 1688년의 일이니 간행 직후인 모양이다. 아마도 이현일은 자신이 집필한 부분에 대해서 정시한과 함께 토론하였던 듯하다.

9월 7일 병자 흐렸다 | 청송 봉람서원

아침에 일어나 『사칠변』을 보니 경계(警戒)하고 깨우치는 곳이 보여 이현일과 서로 의논해 보니 수긍되는 면이 있었다.

느지막이 함께 합진원에 가서 생원 이숭일의 집에 들어가 이야기를 나누다가 작별한 다음, 봉람서원에 갔다.

원장인 진사 신주백과 진사 정요천이 먼저 도착해 있었으므로 서로 이야기를 나누었다. 저녁에는 함께 구포대(九苞臺)에 올라갔다가 밤이 되어야 돌아왔다. 정요천은 집으로 돌아갔다.

9월 8일 정축 흐리다가 저녁 무렵에 비가 내렸다 | 청송 정요천네 집

아침에 봉람서원의 사당을 배알하였다. 전임 원장인 생원 권태시(權泰始)가 왔는데 그 역시 심학(心學)[436]에 힘을 쏟고 있다 한다.

식사 뒤에 익승 이현일, 그리고 여러 사람들과 함께 서원의 북문으로 나와 솔숲을 두루 거닐었다. 맑은 연못이 구비부비 잇달아 있었고, 멀찌감치 마을이 바라다보였고, 들판 앞에는 깎아지른 듯한 비취 같은 암벽이 있다. 잠시 있다가 영양촌(英陽村)[437]에 사는 진사 조순(趙順)이 와서 보았는데, 이현일과는 사돈간이라고 한다.

돌아와서 서원에 앉아 있었는데 생원 정요성(鄭堯性),[438] 생원 이숭일도 왔다 갔다. 오후에 이현일 형제가 작별하고 떠났고, 생원 권태시와 정요성도 잇달아 떠났다.

저녁 무렵에 원장 신주백과 작별하고 출발하였다. 진사 조순과 함께 몇 리를 가서 두루 둘러본 다음 권태시를 그의 동생 권태중(權泰中)네 집에서 만났다. 이윽고 곧바로 출발하여 비를 무릅쓰고 10여 리를 가서 어두워진 뒤에야 진사 정요천네 집에 도착했다. 주인집의 노인 정제(鄭燦)[439]는 일흔 살이 넘은 나이에 정요천과 정요성 두 아들을 데리고 나와서 맞이해 주었다. 수염이 허옇고 얼굴 혈색이 좋은데 귀가 크고 인품이 있었다. 맏아들의 접대가 매우 정성스럽고 알뜰했다. 집은 작지만 석지(石池)에 연해 있어 매우 그윽한 멋이 있다.

밤이 깊자 주인인 정제는 들어갔고, 나는 진사 조순·정요천과 함께 잤다. 조순은 정제의 손아래 누이의 아들이다.

---

436) 양명학(陽明學). 중국 송나라 육상산(陸象山), 명나라 왕양명의 학문을 계승한 것. 마음을 수양한 뒤 실천하여 공자와 같은 성인에 가까워지려는 학문이므로 심학이라고 했다.

437) 지금의 경상북도 영양군.

438) 1650~1724. 자는 성지(聖至), 호는 수와(睡窩).

439) 정요천의 아버지. 1618~1693. 자는 거회(居晦), 호는 임천(臨川).

9월 9일 무인 때때로 흐리다가 갰다 | 안동 예안 성문하네 집

아침식사 뒤에 정제 노인 및 여러 사람들과 작별하였다. 동북쪽으로 40리를 가서 장갈치(長葛峙) 주막을 넘어 말을 먹이고 다시 30여 리를 가니 날이 이미 저물어 어두워졌다. 다시 10여 리를 가서 예안(禮安) 부라촌(孚羅村)에 사는 진사 성문하(成文夏)440)네 집에 갔다. 성문하는 마마를 피하기 위해 반년이나 나가 있어서 본집의 객실을 수리하거나 청소를 하지 못해 작은 방에 들어가서 겨우 머물렀다. 하지만 매우 정성스럽게 접대하는 것이 역시 사대부 집안이었다. 그의 선대 영감(令監)[*]의 사람 됨됨이는 찬찬하고 자상하였다고 한다.

***영감**(令監)

성문하의 아버지 성이성(成以性, 1595~1664)을 말한다. 성이성은 조선 중기의 문신으로 본관은 창녕(昌寧), 자는 여습(汝習), 호는 계서(溪西). 승지 성안의(成安義)의 아들이다. 학업에 열중하여 13세 때 정경세(鄭經世)에게 보이니, 정경세가 크게 될 인물이라 하였다. 자라면서 학문에 더욱 정진하여 김굉필(金宏弼)·이연경(李延慶)의 학통을 이은 강복성(康復誠)의 문인이 되었다. 1610년(광해군 2) 진사가 되고, 1627년(인조 5)에 식년문과에 병과로 급제하였다. 1634년 정언·부수찬·부교리를 거쳐 이듬해 지평을 지낸 뒤, 1637년 헌납이 되어 윤방(尹昉)·김류(金瑬)·심기원(沈器遠)·김자점(金自點)의 죄를 논하기도 하였다. 특히 사간을 역임하는 동안 직언으로 일관하여 주위의 시기를 받아 승진이 순조롭지 못하기도 하였다. 외직으로는 진주·강계 등 네 고을을 다스렸을 때, 어사 민정중(閔鼎重)의 선치(善治) 보고로 표리(表裏, 옷감)를 받았고, 강계를 다스렸을 때에는 삼세(蔘稅)를 모두 면제해 주어 백성들이 관서활불(關西活佛)이라고 불렀다. 청백리에 뽑혔고, 부제학에 추증되었다. 저서로 『계서유고』가 있다.

9월 10일 기묘 서리가 내렸고, 맑았다 | 안동 도산서원

주인 성문하가 나와서 만났다. 그의 세 아들 가운데 맏아들은 성세정(成

---

440) 1638~1726. 조선 후기의 학자. 예조 좌랑을 지낸 성세욱(成世頊, 1677~1753)의 아버지다. 퇴계 이황의 5세손으로 학문에 정통했던 이집(李集, 1672~1747)은 그에게서 성리학을 배웠다.

世珽)441)이고 두 아들442)은 아직 어렸다. 이웃인 금봉조(琴鳳操)443)가 왔는데 그는 퇴계 이황 선생의 문인(門人)인 금난수(琴蘭秀)*의 후손이다. 또 경주 양좌동(良佐洞)에 사는 이인중(李仁中)은 경술생444)으로 그의 처갓집에 왔다가 내가 여기에 왔다는 소식을 듣고 온 것인데, 회재 이언적 선생의 양자의 손자였다.

식사 뒤에 느지막이 출발하였는데 주인 성문하가 따라나왔다. 역동서원(易東書院)에 도착하였다.445) 아들 도항이와 함께 사당을 배알하고 걸어서 관수대를 나섰다. 어렵사리 앞 강을 건너 애일당에 들어가 잠시 쉬었다. 농암 이현보의 후손 좌수 이양직(李養直)이 나와서 함께 잠시 얘기한 다음 곧바로 도산서원(陶山書院)에 갔다.446)

성문하와 도항이와 함께 암서헌(巖栖軒) 사이로 난 문으로 들어가 완락재(玩樂齋)에 앉아 다시금 선생이 쓰시던 안석과 지팡이 등을 보노라니 마음이 숙연해졌다. 조금 있다가 재임(齋任) 김세경(金世鏡)이 헛기침 소리를 내고 들어와 앉았다. 다시 자리를 옮겨 전교당(典敎堂)에 올라가 저녁식사를 한 다음 성문하, 원임(院任) 김세경과 함께 잤다.

***금난수**(琴蘭秀, 1530~1604)
조선 중기의 학자·의병장. 본관은 봉화. 자는 문원(聞遠), 호는 성재(惺齋) 또는 고산주인(孤山主人). 경상북도 봉화에서 태어났다. 아버지는 첨지중추부사 금헌(琴憲)이며, 어머니는 영양남씨(英陽南氏)로 교수 남식(南軾)의 딸이다. 처음 김진(金進)에게

---

441) 1665~1751. 수직(壽職, 노인을 공경하기 위하여 나이가 많은 사람에게 나라에서 내려주는 명예직)으로 동지중추부사를 지냈다.
442) 성문하는 성세정, 성세진(成世瑨, 1671~1755), 성세욱, 성세충(成世忠, 1680~1731) 등 네 아들을 두었다. 정시한이 성이성을 만난 해가 1688년이므로 성세충이 태어나기 전이다.
443) 1651~1722.
444) 1670년.
445) 정시한은 1688년 4월 8일과 4월 28일에 역동서원에 간 적이 있었다.
446) 정시한은 1688년 4월 27일과 4월 8일에 도산서원에 간 적이 있었다.

글을 배웠고, 뒤에 이황(李滉)의 문하에 들어가서 공부하였다. 1561년(명종 16) 사마시에 합격하였다. 1577년(선조 10) 제릉(齊陵)의 참봉을 비롯하여 집경전(集慶殿)과 경릉(敬陵)의 참봉을 지내고, 1585년 장흥고봉사(長興庫奉事)가 되었다.

그 뒤 직장(直長)·장례원 사평을 지냈으나, 1592년 임진왜란이 일어나자 노모의 봉양을 위해 고향에 은거하다가 정유재란 때 고향에서 의병을 일으키니 많은 선비들이 호응해서 참가하고 지방민들은 군량미를 헌납했다. 그 해 성주 판관에 임명되었으나 부임하지 않았고, 1599년 고향인 봉화의 현감에 임명되었으나 1년 만에 사임하고 집에 돌아왔다. 사후에 좌승지에 추증되고, 예안(禮安)의 동계정사(東溪精舍)에 제향되었다. 저서로『성재집』이 있다.

9월 11일 경진 맑은 뒤 저녁 무렵에 흐려졌다 | 안동 예안 용수사

아침 일찍이 도산서원의 사당을 배알한 뒤 앞서서 출발하여 몇 리를 갔다. 도중에 원장 이극철(李克哲)을 만나 말에서 내려 잠시 애기를 나누었다. 그는 나를 만나기 위해 일부러 일찍 나섰으니 함께 도산서원에 가서 아침식사를 하고 나서 출발하라고 간절하게 말하므로 어쩔 수 없이 다시 서원으로 돌아와 이야기하였다.

주부(主簿)447) 이인급(李印給) 노선생의 필적 수십 장과 연보(年譜) 한 권을 보았다.

아침 식사 뒤에 느지막이 원장 이극철, 성문하와 작별하고 길을 떠났는데 재임 김세경도 따라나섰다. 10여 리를 가서 냇가 위쪽에 있는 찰방(察訪) 이희철(李希哲)448)네 집에 도착했다.

김세경이 먼저 들어가 주인과 통성명을 하니 이희철이 나와 맞이하는데 나이는 예순여덟이다. 헌당(軒堂)에 들어가 보니 뜰이 깨끗하게 청소되어 먼지 하나 없다. 주인이 술과 과일을 대접하며 이인급 선생의 필적을 보여주어 오랫동안 감상한 뒤 주인과 헤어졌다.

김세경과 함께 이인급 선생의 묘에 올라가 보았는데, 묘는 이희철네

---

447) 조선시대에, 내의원·사복시·한성부 등 여러 관아에 딸렸던 종6품의 낭관(郎官) 벼슬.
448) 1622~1693.

집 뒤에 있고 합장하지는 않았다. 아들 도항이와 함께 두 번 절하고 참배하였다.

주변을 살펴보니 앞뒤가 산과 물로 둘러싸여 있다. 양지를 향해 있어 맑고 밝으나 봉분이 심하게 드러나 있어 장차 자손들이 묘소를 옮기려는 의논을 한다고 했다. 세월이 이미 많이 지났고, 또 대체로 모자란 부분이 있음을 상세하게 알 수 있지 못해 어느 것이 옳은지 모른다고 한다.

아래로 1리를 가서 두루 둘러본 다음 재임 김세경네 집에 들어가 잠시 앉아 있었다. 다시 5리를 가서 온계(溫溪) 이해(李瀣)449) 선생이 자란 집에 닿았다. 먼저 원장 이희격(李希格)을 만나 본 다음 함께 선생의 옛집에 들어가니 선생의 할아버지가 심은 노송이 있었다. 크게 자라 가지와 줄기가 아름드리였고, 줄기가 굽어 있으나 빙빙 돌아서 옆에 있는 집 10여 칸을 덮고 있어 아주 기이하고 별스러웠다. 나중에 들어보니 찰방 이동표(李東標)*가 이렇게 말했다고 한다.

> "온계 이해 선생의 할아버지가 관서(關西)450) 지방에서 종자를 가져온 노송 세 그루를 얻어왔지요. 그 중 하나는 온계에 심고, 하나는 주촌(周村), 그리고 다른 하나는 이 곳에 심었는데 모두 지금까지 살아 있습니다."

참으로 기이한 일이다. 손으로 나무를 어루만지며 감상하니 세상에 보기 드물게 감회가 들었다.

날이 저물려 하므로 잠시 뒤에 바로 출발하였다. 10여 리를 가서 용두산(龍頭山) 용수사(龍壽寺)451)에 도착했는데, 매우 장엄하고 아름다웠다.

---

449) 1496~1550. 본관은 진보(眞寶), 호는 온계. 퇴계 이황의 형이다. 사후에 예조 판서에 추증되었고, 영주 삼봉서원(三峰書院)과 예안 청계서원(淸溪書院)에 제향되었다. 시호는 정민(貞敏).
450) 마천령 서쪽 지방. 평안도를 가리킨다.
451) 경상북도 예안에 있는 절. 『여지도서』에 따르면 고려시대에 성원(誠源) 스님이 창건했다고 한다. 의종(毅宗)이 석윤(釋胤) 스님에게 중건토록 하고 용수사라는

누에 올라가 앉아 있다가 동쪽에 있는 방에서 잤다. 불존승 단호(團瑚)
스님은 함께 이야기할 만한 분이다.

9월 12일 신사 때때로 흐리다가 갰다 | 봉화 청암정

식사한 뒤 출발하였다. 40여 리를 가서 내성현(乃城縣)⁴⁵²)을 지나 청암
정(靑巖亭)⁴⁵³)이 있는 유곡촌(酉谷村)에 도착했다. 아들 도항이더러 진사
권두인(權斗寅)⁴⁵⁴)에게 가서 통성명을 하게 한 뒤 좀더 길을 가니 권두인이
나와서 맞이하였다. 함께 청암정에 올라갔다. 정자는 반석 위에 있는데
형상이 마치 거북의 등 같았다. 연못에 둘러싸여 있고, 돌다리가 있어서
지나다닐 수 있게 되어 있다. 두 냇물이 앞쪽에 있는 수구(水口)에서
합쳐져 물이 많았으며, 집을 지나 정자로 흘러온다. 그 둘레는 담장으로
둘렀고 주변 경치가 매우 좋다. 정자는 충정공(忠定公) 권벌(權橃)＊이 지은

이름을 내렸으며, 최선(崔詵)에게 기문을 짓도록 했다 한다.
452) 지금의 경상북도 봉화군 내성면.
453) 『여지도서』에 따르면 우찬성 벼슬에 있던 권벌(權橃)이 지었다고 한다.
454) 1643∼1719. 자는 춘경(春卿), 호는 하당(荷塘). 공조정랑 등을 지냈다.

삼계서원 충정공사

것이라고 한다. 하늘에 제사 올리는 대현(大賢)의 청복(淸福)이 이와 같은 것은 우연이 아닐 것이다.

　주인인 권두인의 나이는 마흔일곱 살로 단정하고 듬직하였으며, 성품이 맑고 순수하여 몸가짐을 조심하기를 말로 표현하기 어려울 성노었나. 정성스럽고 알뜰하게 접대해 주었다. 그의 동생 권두응(權斗應)[455]이 나와서 만났고, 조금 뒤에 생원 권탁(權濯)[456]도 나왔는데 그는 권두인의 당숙부다. 진사 권두경(權斗經)**이 있는 곳을 물어보니 병이 나서 의원에

---

455) 1656~1732. 자는 문징(文徵), 호는 설송(雪松)·대졸자(大拙子). 글씨를 잘 써 중국에까지 이름이 알려졌다.
456) 1632~1705. 자는 경우(景雨).

게 갔다고 한다. 권두경의 동생 권두위(權斗緯)457)가 와서 만났다. 어두워
진 뒤에 헤어졌다. 주인 권두인과 함께 청암정 방에서 잤다.

> ***권벌**(權橃, 1478~1548)
> 조선 중기의 문신·학자. 본관은 안동. 자는 중허(仲虛), 호는 충재(冲齋)·훤정(萱
> 亭)·송정(松亭). 안동에서 태어났으며, 아버지는 성균관 생원 권사빈(權士彬), 어머
> 니는 주부 윤당(尹塘)의 딸이다. 1507년(중종 2) 문과에 급제한 뒤 중앙의 여러 관직과
> 지방의 수령을 지냈다. 재직기간 동안 경연시독관(經筵侍讀官)·참찬관(參贊官) 등으
> 로 왕에게 경전을 강론하기도 하였으며, 중종 때는 조광조·김정국(金正國) 등 기호사
> 림파가 중심이 되어 추진한 개혁정치에 영남 사림파의 한 사람으로 참여하였다.
> 1588년 삼계서원(三溪書院)에 제향되었으며, 1591년(선조 24)에는 영의정에 추증되
> 었다.

> ****권두경**(權斗經, 1654~1725)
> 조선 중기의 학자. 본관은 안동. 자는 천장(天章), 호는 창설재(蒼雪齋). 권벌의 5세손
> 으로 아버지는 권유(權濡), 어머니는 예안김씨(禮安金氏)며, 처는 김시온(金是榲)의
> 딸이다. 이현일(李玄逸)의 문인으로 이재(李栽) 등과 교유하였다. 1694년 학행으로
> 천거되어 태릉참봉(泰陵參奉)·사옹원봉사(司饔院奉事)·직장(直長)·종부시주부
> 를 거쳐 형조좌랑을 지냈다. 1700년 봄 정랑으로 승진되었으나 곧 이어 영산현감(靈山
> 縣監)으로 부임하여 풍속을 크게 교화시켰다. 1717년 영남에서 만인소(萬人疏)를
> 올릴 때 그 상소문을 기초하였다. 1721년 경종이 즉위하자 고산찰방(高山察訪)에
> 임명되었으나 얼마 뒤 귀향하였다. 1723년(경종 3) 홍문관 부수찬, 그리고 수찬이
> 되었다. 문장이 뛰어났고, 특히 시에 능하였다.

9월 13일 임오 맑았다 | 영주 줄포 정태보네 집

아침 일찍이 생원 권탁과 어제 왔던 사람들이 모두 와서 만났다.
식사 뒤에 권두인과 작별하였다. 수구를 지나 내려가서 돌길이 기울어진
곳에서 말을 매어놓고 걸어서 주변을 살펴보니 진사 권두경과 서너 사람이
걸어 올라오는 것이 보였다. 함께 가서 청계정(淸溪亭)에 다다르니 물과
돌의 경치가 좋았다.

---

457) 1656~1732. 자는 중장(仲章), 호는 송사(松沙).

삼계서원

작별한 뒤 몇 리를 가서 삼계서원(三溪書院)458)에 도착했다. 충정공 권벌의 서원이다. 세 가닥 냇물이 서원 앞에서 모여 내성현 앞으로 흐르고 있다. 이 터는 매우 그윽하고 동떨어져 있는데 서원의 건물은 중창되고 있는 중이다. 누에 올라앉아 서원의 하인을 불러 사당 문을 열게 하여 아들 도항이와 함께 배알하고 분향하며 두 번 절하였다.

곧바로 출발하였다. 20리를 가서 순흥(順興)459) 파문단촌(罷文端村)을

---

458) 경상북도 봉화군 봉화읍에서 내성천을 따라 북으로 들어가는 관문에 삼계리라는
   마을이 있다. 이 마을은 봉화군 물야면에서 흘러오는 하천의 물과 봉화읍 유곡리에
   서 흐르는 하천의 물이 합쳐지는 곳이라 하여 예로부터 쌍계(雙溪)라 불려온 마을이
   다. 쌍계마을 뒷산자락에 권벌의 충절과 학덕을 길이 경모하기 위하여 유림에서
   1588년 사당을 세우고 묘호를 '충정공사'라 하고 위패를 봉안하여 오다 1660년
   삼계서원으로 사액되었다. 1871년 서원 철폐령에 따라 철폐되었다가 1960년 복설
   되어 매년 춘추로 제향하고 있다.
459) 지금의 경상북도 영주시 순흥면.

두루 본 다음 생원 성용하(成用夏)460)네 집으로 갔다. 마침 성용하는 나가고 없고 그의 아들 성단구(成端絿)461)가 나와서 접대하였다.

식사한 뒤 곧바로 출발하여 영천(榮川) 읍내를 지나 줄포(茁浦)462)에 사는 정태보(丁太輔)네 집에 도착하니 이미 날이 어두워졌다.

초당에 들어가 앉아 있으니 정도천(丁道天)도 왔다. 정태보의 아들 정도경(丁道經)은 신해생463)으로 아직 결혼하지 않았다. 사서(四書)와 이경(二經)을 읽고 있다.

정태보와 함께 잤다.

9월 14일 계미 때때로 흐렸다가 갰다 | 풍기 창락역

정도헌(丁道憲)464)이 와서 만났다. 아침식사 뒤에 나의 증조부이신 대사헌공(大司憲公)*의 사당에 참배하였다. 정도민(丁道敏)의 부인이 나와 만났는데 목천(木川)465) 현감을 지낸 조성건(趙性乾)466)의 따님으로 용모와 덕이 있다. 또 아들 셋467)이 있는데 맏아들은 열두 살로 강목(綱目)468)을 배우는 중인데 매우 총명하다. 거기에 글재주가 있고 글씨도

---

460) 1635~1726. 성이성(成以性)의 넷째 아들. 수직(壽職)으로 호군(護軍)을 지냈다.
461) 1663~1707. 본명은 성세구(成世絿)로 성갑하(成甲夏)의 아들로 성용하의 양자가 되었다.
462) 줄포는 보통 전라북도 부안군 줄포면에 있는 포구가 유명한데, 여기서는 경상북도 영주시 줄포를 말한다.
463) 1671년.
464) 1647~1689.
465) 지금의 충청북도 천안시 목천읍.
466) 1626~1652. 자는 건중(健仲). 사헌부 대관(臺官), 목천 현감 등을 지냈다.
467) 조성건의 세 아들은 정필신(丁必愼, 1677~1709), 정일신(丁一愼, 1682~1737), 정오신(丁五愼)이다. 이 가운데 정일신은 정시한에게 배웠다.
468) 『자치통감강목(資治通鑑綱目)』을 말한다. 중국의 역사서로, 남송(南宋)의 주희(朱熹)가 지었다. 편년체로 쓰여져 있다. 강(綱)이란 주희가 대별한 주요 사항, 목(目)은 그의 문인(門人) 조사연(趙師淵)이 강에 붙인 상세한 주석을 말하는데 『자치통감』은 그의 유교적 명분론에 기초하여 강목으로 편집하였다. 이 책은 『자치통감』을

잘 쓴다.

초당과 집터를 두루 살펴본 다음 돌아왔다. 오는 길에 또 다른 오래된 초당에 들어갔는데 두 집은 모두 일찍이 당숙부께서 지은 것으로 아직 수리하지 않아서 지내기에 알맞지는 않았다.

곧 돌아와 정태보 및 세 명의 조카와 함께 오랫동안 얘기하였다. 장차 출발하려 하는데 생원 성용하가 도착하여 다시 잠시 얘기를 나눈 다음 여러 사람들과 작별했다.

길을 떠나 풍기현(豊基縣)을 지나 어두워진 다음에야 창락역(昌樂驛)469)에 도착했다. 찰방 이동표가 풍기현에 갔다가 어둑어둑해질 무렵 도착하여 나를 만나서 과일을 대접하고는 떠나갔다.

***대사헌공**(大司憲公)

정윤복(丁胤福, 1544~1592)을 말한다. 조선 중기의 문신. 본관은 나주(羅州). 자는 개석(介錫). 병조판서 정옥형(丁玉亨)의 손자, 좌찬성 정응두(丁應斗)가 아버지, 어머니는 군수 송충세(宋忠世)의 딸이다. 1567년(명종 22) 사마시에 합격하고, 그 해 식년 문과에 을과로 급제, 승문원에 등용되었다. 이어 예조좌랑·수찬·집의·우승지·대사성·부제학·도승지·병조판서·동지중추부사 등을 지냈다. 1589년 정여립(鄭汝立)의 난이 일어나자 정여립과 친하였다는 이유로 사간원의 탄핵을 받아 파직되었다가 다시 행호군으로 보직되었으나, 계속 말썽이 일어나므로 물러나 수년 동안 한거하였다. 임진왜란 때 동서로호소사(東西路號召使)로 기용되고, 이어 우통어사(右統禦使)가 되었다. 선조가 북쪽으로 피란할 때 다리가 불편하여 따라가지 못하고, 분조(分朝)인 이천(伊川)으로 가서 병조참판을 제수받고 가산군에 이르렀을 때 병이 심해져 죽었다.

9월 15일 갑신 흐리다가 비가 내렸고, 저녁 무렵에 갰다. 바람이 불었다 | 풍기
창락역

아들 도항이를 보내 찰방 이동표에게 감사의 마음을 전했다. 곧바로

간략화한 것으로서 사료적 가치는 낮지만 주자학의 확립과 함께 정통론으로 본다. 총 59권으로 이루어져 있다.
469) 순흥 서쪽 13리에 있던 역.

돌아와서 웃사람들에게 아침식사를 대접하였고, 조용히 얘기를 나누었다.

낮에 영장(營將)[470]이 한 큰 고개를 넘어 풍기현으로 간다고 하므로 곧바로 말을 몰아 만나고 나서 돌아왔다. 영장이 쌀 세 되 다섯 홉과 반찬 약간을 보내와 다시 도항이를 보내 인사했다.

밤에 찰방 이동표가 또 왔다가 밤이 깊어서야 돌아갔는데, 이 사람은 충실하고 총명하여 유학의 책을 널리 읽었다. 또 담론(談論)해 보니 믿음성이 보기 드문 사람이었다.

9월 16일 을유 맑았고 바람이 불었다 | 단양 읍내

아침에 생원 권두경이 마침 우관(郵館)[471]에 왔다가 내가 이 곳에 왔다는 소식을 듣고 찾아와 만났다. 권두경은 나이 서른세 살로 글재주가 있다. 여러 차례 경시(京試)[472]의 초시(初試)[473]에 장원하였다. 순흥 사람이라고 한다. 찰방 이동표와 다시 찾아와 오랫동안 함께 얘기했다.

아침식사를 하고 곧바로 출발하였다. 죽령(竹嶺)* 을 넘어 장림역(長林驛)[474]에서 식사한 뒤에 저녁에 단양(丹陽)[475]에 도착해서 읍내에서 묵었다.

***죽령**

---

470) 진영장(鎭影將)의 준말. 1627년(인조 5) 각 도의 지방군대를 관할하기 위하여 두었던 진영(鎭營)의 장관(將官). 진영장은 임기를 채우면 수령이나 군수로 나아갈 수 있었으며 임기 동안은 군병 교련과 군비 확충에 충실해야 했다. 대개 각 도의 감사·병사가 병정(兵政)을 전담한 데 비해 영장은 조련·군기(軍器)·습진(習陣) 등의 실무를 담당하였다. 그 뒤 현종 때부터는 진영장이 도적을 잡는 직책인 토포사(討捕使)를 겸하였다. 1894년(고종 31)까지 존속하였다.

471) 역마(驛馬)들을 기르는 객사(客舍).

472) 조선시대에 3년마다 한양에서 치르던 과거시험.

473) 조선시대에 문과의 생원·진사시, 그리고 무과·잡과 등의 제1차 시험.

474) 단양군 동쪽 10리에 있던 역.

475) 지금의 충청북도 단양군.

경상북도 영주시 풍기읍과 충청북도 단양군 대강면의 경계에 있는 고개. 일명 죽령
재·대재라고도 한다. 높이 689m로 소백산맥의 도솔봉과 북쪽 연화봉과의 안부(鞍
部)에 있으며 예로부터 영남지방과 호서지방을 연결하는 중요한 통로였다. 1941년
대강면 죽령역에서 풍기읍 희방사역으로 연결되는 4,500m의 죽령터널이 뚫려 중앙
선 철도가 개통되었고, 철도의 개통으로 죽령 북쪽 단양군 일대의 지하자원이 개발되
기 시작하였다. 희방사(喜方寺)역에서 조금만 올라가면 희방사와 희방폭포가 있고,
터널 입구에 죽령폭포가 있다. 삼국시대 신라 아달라왕 5년(158)에 처음 개통된 이래
로 봄·가을에 제사를 지냈으며, 조선시대에는 산신사당이 있었다.

9월 17일 병술 맑았다 | 제천 신당촌

아침식사 전 새벽에 출발하였다. 이락루(二樂樓)[476]와 우화교(羽化
橋)[477]를 지나 절벽으로 난 길로 해서 구담봉(龜潭峰)[478]과 옥순봉(玉筍
峰)[479]을 거쳐 계묘치(鷄卯峙)를 넘어 수산역(水山驛)[480]에 도착했다.

아침식사 뒤에 다시 길을 떠나 주병현(酒餠峴)·주병원(酒餠院)[481]·
황강역(黃江驛)[482]을 지나 청풍(淸風)[483] 신당촌(神堂村)에 닿았다.

금이(今伊)·천향(賤香)[484] 등이 저녁식사를 올렸고, 마을 사람 무언(無
言) 등은 배 네 개를 주었다. 아들 도항이는 전에 지은 집에서 잤는데,
집은 바위 위에 있고 냇가에 잇닿아 있으며 서남향이다.

---

476) 단양군 객사 서쪽에 있던 누. 1444년에 처음 지었다.
477) 단양군 서쪽 1리에 있던 다리.
478) 단양군 서쪽 25리에 있는 봉우리. 『여지도서』에는 산봉우리와 낭띠리지가 좌우에
    합쳐지고 그 사이로 강물이 흐르고 있다고 나와 있다.
479) 단양군 구담 아래에 서로 마주보고 있는 봉우리. 『여지도서』에 따르면 봉우리
    4~5개가 특히 험하고 빛깔이 뛰어나게 맑아 마치 죽순처럼 보이므로 퇴계 이황이
    옥순봉이라고 이름을 지었으며, 손수 '단구동문(丹丘洞門)'이라는 네 글자를 돌에
    새겼다고 한다.
480) 지금의 충청북도 제천시 청풍면 서남쪽 25리에 있던 역.
481) 지금의 충청북도 제천시 청풍면 가라현(加羅峴) 서쪽에 있던 원.
482) 지금의 충청북도 제천시 서쪽 30리에 있던 역.
483) 지금의 충청북도 제천시 청풍면.
484) 금이·천향 등은 정시한 집안의 외거노비로 보인다.

9월 18일 정해 맑았다 | 충주 홍세형네 집

느지막이 아침식사를 한 뒤에 출발하였다. 오후에 충주 읍내 동문(東門) 밖에 사는 청주 목사를 지낸 여회(汝會) 홍세형(洪世亨)네 집에 가서 반갑게 마주했다.

저녁 무렵에 아들 도항이를 수찬(修撰)을 지낸 이후항(李后沆) 및 생원 황우일(黃友一)네 집에 보내어 전에 찾아와 준 것에 대해 인사했다. 저녁에 두 사람 모두 찾아와서 만나보고 돌아갔다.

9월 19일 무자 흐린 뒤 비가 내렸다 | 원주 본가 도착

새벽에 출발하였다. 금탄(金灘)에 이르러 두루 돌아본 뒤에 정휘도(丁徽燾)485)를 조문하고 돌아와 생원 황빈(黃玭)네 집에 도착했다.

황빈은 병이 깊다고 한다. 그의 아들 진사 황명삼(黃命三)이 의원 집에 다니면서 황빈의 병 구완에 애를 쓰고 있는데, 나를 접대하면서 배를 내왔다. 그의 딸이 나와서 만났는데 정상신(丁尙愼)486)의 부인이며, 아침 식사를 대접했다.

삼척(三陟)487) 역리의 아들 최동직(崔東稷)은 임자생488)으로 3년 전 황빈네 집에 상노(商奴)로 왔다가 진사 황명삼에게 글을 배웠다. 성품이 비할 데 없이 근면하여 밤낮으로 책읽기에 열중한다. 『사략(史略)』·『통감(通鑑)』·『전등신화(剪燈新話)』·『소학』·『중용』·『맹자』·『시전(詩傳)』489) 등을 배워 모두 외울 수 있을 정도고, 또 글재주가 있어서 부(賦)490)

---

485) 1626~1702. 자는 도장(道章).
486) 1660~1736. 자는 여경(汝敬).
487) 강원도 삼척시.
488) 1672년.
489) 『시경』의 주해서로 공자가 편찬했다고 전한다.
490) 중국 고전문학의 대표적 문체의 하나. 사부(辭賦)라고도 한다. '부'란 원래 깔아서 늘어놓는다는 뜻으로, 전편에 걸쳐 미사여구를 늘어놓아 몇 십 또는 몇 백 구에 달하는 장편 작품이 대부분을 이룬다. 글귀 끝에 운(韻)을 달고 거기에 맞는 대구(對

를 잘 짓는다. 사람 됨됨이가 착하고 순박하며 성실하고 매우 조용하다. 용모가 온화하고 지니고 있는 뜻도 낮지 않다. 황빈이 나와서 그에게 시를 외우게 하고 또 소리내어 읽게도 하니 마치 물이 흐르는 듯하다. 천한 신분의 사람 가운데 이처럼 기이한 재주가 있는 것이 놀라웠다.

식사를 한 뒤 출발하여 어두워진 뒤에 원주 대야에 있는 본가에 도착했다. 집안은 별일 없이 편안하다.

句)를 짓는 것을 위주로 하는데 문답형식을 사용하기도 하고, 장단구(長短句)를 적당히 섞기도 하므로 운문과 산문의 절충양식이라고 할 수 있다. 중국 고대 귀족문학의 전형적인 문체다.

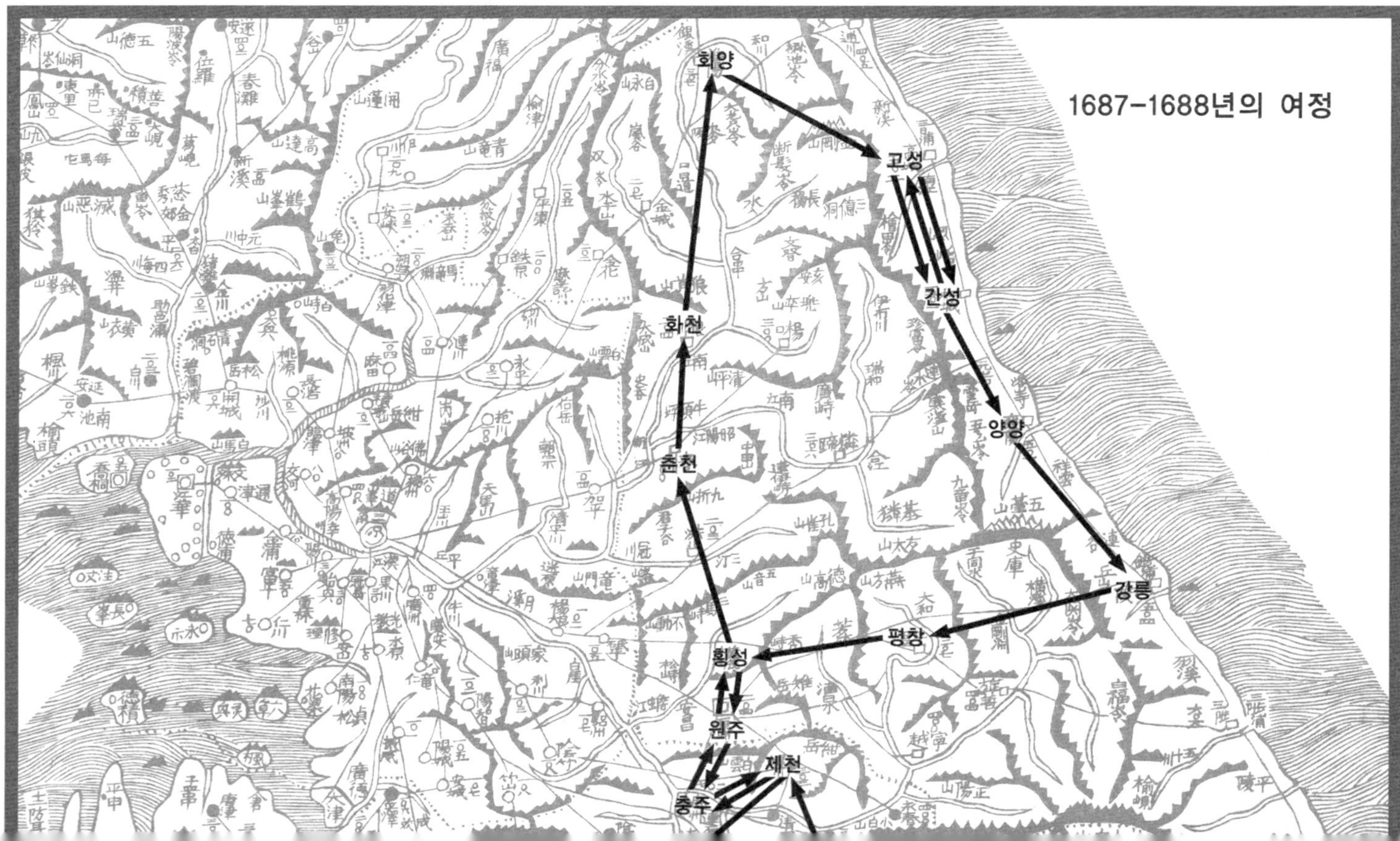

1687-1688년의 여정
회양
고성
간성
양양
강릉
평창
화천
춘천
횡성
원주
제천
충주